本书获宁波城市职业技术学院优秀学术著作出版资助

波文化研究工程·当代发展研究 DD02.201401

宁波在长三角发展中的地位演进及提升研究

吴向鹏 刘晓斌 等著

ZHEJIANG UNIVERSITY PRESS
浙江大学出版社

图书在版编目(CIP)数据

宁波在长三角发展中的地位演进及提升研究 / 吴向
鹏等著. —杭州:浙江大学出版社,2014.4
　ISBN 978-7-308-12985-5

　Ⅰ.①宁… Ⅱ.①吴… Ⅲ.①区域经济发展—研究—
宁波市 Ⅳ.①F127.553

中国版本图书馆 CIP 数据核字(2014)第 043609 号

宁波在长三角发展中的地位演进及提升研究

吴向鹏　刘晓斌　等著

责任编辑	吴伟伟 weiweiwu@zju.edu.cn
文字编辑	殷　尧
封面设计	俞亚彤
出版发行	浙江大学出版社
	(杭州市天目山路 148 号　邮政编码 310007)
	(网址:http://www.zjupress.com)
排　　版	浙江时代出版服务有限公司
印　　刷	杭州日报报业集团盛元印务有限公司
开　　本	710mm×1000mm　1/16
印　　张	21
字　　数	337 千
版 印 次	2014 年 4 月第 1 版　2014 年 4 月第 1 次印刷
书　　号	ISBN 978-7-308-12985-5
定　　价	59.00 元

目　　录

第一章　长三角城市群演变格局中宁波城市发展

　　宁波,取自"海定则波宁",是全国 15 个副省级城市和 5 个计划单列市之一,有制定地方性法规权的较大的市,属于进一步对外开放的 14 个沿海开放城市,又是中华人民共和国文化部批准的全国历史文化名城,浙江对外开放的门户和窗口。宁波地处长江三角洲地区(以下简称"长三角地区")南翼。宁波大都市区是长三角城市群的重要组成部分。新中国成立以来,尤其是改革开放以来,宁波城市面貌日新月异,城市综合竞争力与日俱增。在经济全球化背景下,城市是国际经济的组织节点,组织并连接区域经济和国家经济,进而形成全球经济。随着经济全球化和世界城市化的不断深化,开放世界经济体系下出现的新趋势使城市竞争越来越受到广泛重视和关注。一国或地区的竞争日益表现为城市载体的竞争,特别是具有一定规模和能级的区域中心城市,已成为国际竞争的代表与焦点,成为引领区域经济有效融入全球的"领头羊",发挥日益重要的影响力、控制力和辐射力。宁波市第十二次党代会报告提出,全面实施"六个加快"战略,基本建成现代化国际港口城市,提前基本实现现代化,努力成为发展质量好、民生服务好、城乡环境好、社会和谐好的中国特色社会主义示范区。实现这一目标,需要从历史、现实与未来的维度把握宁波的城市地位,既要注重宁波历史发展的延续性,又要体现发展的阶段性和前瞻性。在长三角地区新的经济社会发展背景下,研究回顾长三角与宁波发展的历程,反思宁波发展道路,从中总结有益的经验与教训,对于进一步提升宁波的城市地位,具有重要意义。

一、长三角城市群演变历程与动力

长三角城市群由若干个已经浮现和正在浮现的都市经济圈组合而成,核心地域范围包括 16 个地级及以上城市,分别隶属上海、江苏(南京、苏州、无锡、常州、扬州、镇江、南通、泰州)和浙江(杭州、宁波、绍兴、嘉兴、湖州、台州、舟山),并形成了以上海为核心、以沪宁和沪杭甬为发展主轴线的网络型布局模式。

(一)长三角城市群的历史沿革

自古以来,长三角就是我国先进生产力和先进文化的代表。从杭州出土的跨湖桥遗址、余杭的良渚文化、余姚的河姆渡文化、嘉兴的马家浜文化、上海青浦县的东桥洋遗址、淮安的青石岗遗址以及南京北阴阳营的新石器时代和湖熟镇的青铜器时代等遗址中可以看出,随着长三角陆地沉积逐渐向海推移,我们的祖先就跟踪开发了水土丰美的沼泽湿地,创造出具有国际领先水平的先进生产力和先进文化,构成了华夏文明中独树一帜的吴越文化,影响极其深远。

纵观中国近现代史,长三角的城市格局一直处在剧烈变化之中。最早的大城市是江宁、扬州、苏州和杭州。江宁即今南京,六朝古都,也是太平天国、"中华民国"的首府,始终是长三角的政治中心和军事中心。扬州的繁荣得益于盐商和漕运,在清代中叶以前就是世界级的大都市,其繁华程度不让伦敦、巴黎,但随着徽州盐商的消亡及运河时代的结束,扬州便快速地衰败下去。苏州、杭州历史悠久,传统文化积淀深厚,在很长的时间里都是长三角的经济、商贸和文化中心,但在 20 世纪初期苏杭的区域中心城市地位被上海所代替。在长三角近代城市化进程中,无锡、南通、常州继上海之后实现了初步工业化。然而,在自新中国成立到改革开放前的 30 年间,长三角的城市化进程几乎处在停滞状态,城市群格局没有大的变化。

自 1978 年改革开放以来,受历史因素、观念差异等影响,长三角两省一市发展模式各不相同。以苏南经济为代表的江苏省坚持实业为本的发展观念,遵循"实业资本+集体经济+国际投资"的发展模式,推动工业化、城市化发展步伐。在以商为先的观念影响下,浙江省以市场为平台,通过"以商为先＋民营资本＋外资嫁接"的模式,创造商机,培养了一大批本土企业,积累了雄厚的民间资本,推动了浙江经济的迅速发展。在浦东开发开放的引领下,上海依托国有资本主导的优势,通过"政府搭台＋国有经济主导＋外资嫁接"的发展模式,并利用浦东综合配套改革先行先试的机遇,实现城市空间再造,推动产业升级、功能开发和制度创新,成为国内外投资热土。

总体而言,自鸦片战争以来,近现代长三角城市群发展的进程主要经历了以下四个阶段:

1. 起步到初步形成阶段(1842—1949 年)

1842 年鸦片战争中国战败,中英签订《南京条约》,上海和宁波被辟为对外通商口岸。1843 年底设立英租界,随后西方列强相继侵入,在上海开设租界,中国的外贸中心也逐步由广州北移到上海。长三角地区及沿江腹地大量的农产品和手工业产品如茶叶、丝绸等经由上海口岸出口,该地区的商品经济迅速形成并走向成熟,区域内城市间关联度大大提高。第二次鸦片战争后,镇江、九江、汉口相继开埠和长江轮运航线的开通,有力地推动了上海航运业的发展,使其跃升为流域性大港。洋务运动时期,中国近代工业和民族资本首先在该区域出现,长三角地区成为中国民族资本的摇篮。《马关条约》签订以后,英、美、日等国资本的大举进入,虽然对刚诞生不久的民族资本造成极大压力,但在一定程度上也进一步加速了该地区的工业化和城镇化进程,加强了各城镇之间的交往与联系。到 20 世纪 30 年代,上海已发展成为中国乃至远东最大的经济、金融、贸易和航运中心,南京、杭州、苏州、无锡、宁波等城市紧紧围绕在其周围,并以各自的鲜明特色参与区域内的经济活动,至此,长三角城市群的雏形基本形成。

2. 城镇功能趋同和城镇化发展相对滞后阶段(1949—1978 年)

从 1949 年新中国成立到 1978 年改革开放,在特殊的历史环境条件下,我国按照苏联模式选择了中央高度集权的计划经济体制和内向封闭的经济发展战略。长三角地区各城市都千篇一律地大办工业,变消费城市为生产城市,城市功能单一趋同,加之城市基础设施的老化和新中国成立以来历次政治运动造成的大量城市人口外迁,城市化进程极其缓慢。在此期间,上海逐渐丧失了作为全国乃至远东最大的金融和贸易中心的地位,仅仅被定位为全国最大的工业基地,城市的综合功能受到了很大的削弱,失去了对整个长三角都市经济圈的整合功能。长三角城市群的发展受到了极大的影响和阻碍。尽管如此,上海仍不失为长江流域和我国最大的经济中心和港口城市,曾有过工业总产值占全国六分之一(1970 年)、港口货物吞吐量占全国近二分之一(1965 年)、出口贸易总额占全国三分之一(1970 年)、财政收入占全国五分之一(1981 年)的辉煌历史。

3. 城市群快速发展新阶段(1978—1990 年)

改革开放以来,随着我国经济体制的转轨、农村经济的崛起、沿海经济发展战略的实施和外向型经济的迅猛发展,我国城市化水平和城镇数量有了较快的提升,1990 年我国实有建制城市 467 个,比 1978 年增长2.42 倍。与此同时,由于城市间竞争日益激烈以及发展道路尚未明确,上海在 20 世纪 80 年代的经济增长速度明显回落,在全国的总体经济地位下降,周边的南京、杭州、苏州、无锡、宁波在此时期的比较优势逐渐凸显。同时,以 16 个城市为核心区域的长三角城市群尽管在城镇数量上有所提升,但在城市规模、城市功能等方面都面临着结构上的调整。长三角地区城市群面临着新的阶段。

4. 城市群高度化阶段(1990 年至今)

1990 年 4 月 18 日,中共中央、国务院正式宣布开发开放上海浦东。中国改革开放的总设计师邓小平曾指出:开发浦东不只是浦东的问题,是关系上海发展的问题,是利用上海这个基地发展长三角和长江流域的问题。江泽民也曾明确提出:开发开放浦东不仅关系到上海的发展,并且是中国改革开放的重要标志。中共中央关于开发开放浦东、把上海建成"一个龙头、三个中心"的重大战略决策,促使上海迅速摆脱了 20 世纪80 年代经济发展迟缓的颓势而走上了高速增长的快车道,重新确立了其作为长三角地区乃至全国最大的经济中心城市的龙头地位,以此为标志的上海乃至整个长三角地区面向经济全球化的开发、开放就此进入了新的阶段。胡锦涛同志在 2006 年明确上海要实现"四个率先"(率先转变经济增长方式、率先提高自主创新能力、率先推进改革开放、率先构建社会主义和谐社会),大力推进"四个中心建设"(经济、金融、航运、贸易)。

2009 年 4 月,国务院发布《关于推进上海加快发展现代服务业和先进制造业建设国际金融中心和国际航运中心的意见》,明确了上海加快发展现代服务业和先进制造业建设国际金融中心和国际航运中心的重要意义和建设目标。2009 年 6 月 10 日,国务院常务会议讨论并原则通过《江苏沿海地区发展规划》,提出将江苏沿海地区建设成为中国东部地区重要的经济增长极。此战略具有重大的现实意义:江苏沿海作为长三角地区的重要组成部分,加快江苏沿海地区的开发与发展,对于长三角地区产业优化升级和整体实力提升有着重要的推动作用。2011 年 2 月,国务院在对《浙江海洋经济发展示范区规划》的批复中,明确提出要"建设综合实力较强、核心竞争力突出、空间配置合理、生态环境良好、体制机制灵活的海洋经济发展示范区,形成我国东部沿海地区重要的经济增长极"。党的十八大报告提出"科学规划城市群规模和布局,增强中小城市和小城镇产业发展、公共服务、吸纳就业、人口集聚功能。"2012 年,习近平总书记在中央经济工作会议指出"要构建科学合理的城市格局,大中小城市和小城镇、城市群要科学布局,与区域经济发展和产业布局紧密衔接,与资源环境承载能力相适应。"这为长三角城市群的发展提供新的指引。2013 年上半年,国务院批复《苏南现代化建设示范区规划》。2013 年 9 月 29 日,中国(上海)自由贸易试验区正式挂牌成立,标志着中国经济升级版的重要引擎全面启动。长三角地区城市的各项经济要素增量明显,城市功能重新分化、重组,城市间的经济联系日趋密切,城镇关系大大提升。

上海在长三角地区已经牢固奠定了第一层次的龙头地位,并极大地促进了以上海为中心的城市间联系不断加强。江浙两省的核心城市在产业结构和居民收入方面已经总体上呈均质化特征,而且与上海差距也较小,推进以核心节点城市功能建设为重点的网络化发展已经具备良好的基础和强劲的动能。今后一个时期,江浙两省的核心城市除了加快与上海的接轨步伐和充分接受上海的综合服务以外,还需要结合自身在全球产业价值链中的地位,通过引进和整合高端要素,来强化连接上海和中小城市发展的区域性中心城市功能,以促进长三角地区整体国际竞争力的提升。同时,在当前信息、技术等"软网络"建设逐步成为城市群发展进程决定因素的情况下,核心城市间对高端要素的争夺也将更趋激烈。一方面,有利于长三角地区更高效地合理配置资源,另一方面,也将使得城市群功能格局出现调整,一些城市既可能实现功能能级的跃升,也可能被淡化在城市网络范畴之外。

(二)长三角城市群演进的动力

区域空间组织的演变始终是以集聚和扩散互为力量的。这种方向相反、交互作用的力量是推动城市体系不断演进发展的最基本的动力。一方面,规模经济使得城市不断吸引资金、技术、人口等的集聚,城市随之成为文化及先进思想和事物的集中地;另一方面,产生于城市的技术、管理和生活方式等又溢出城市,向周边扩散,在周边地域形成新的集聚。空间的集聚和扩散是城市空间演进的基本逻辑,在特定的时空范围内,集聚与扩散取决于哪种力量更能适应和体现区域的现实状况。区域空间与地位演化遵从四个不同属性的逻辑:行政力、市场力、交通力和文化力。

1. 行政驱动力

行政力的作用在很大程度上来自政治归属和行政管理。行政的力量可以促进集聚的产生,如新中国成立后我国部分城市"增长极"式的发展;也可以引导扩散,如我国早期比较完善的"点轴开发"式的国土区域开发策略对城镇体系的宏观布局;还可以在不同的历史发展时期促进各具特色的城市空间演变格局的形成,如改革开放以来长三角地区相继频繁发生的撤(地)区建(地级)市、撤县建市和撤市建区行为(见表1-1)。从我国区域发展实际看,行政力在区域城市体系空间变动中仍将起着持续和突变的作用。近年来,各地的郊区新城建设和卫星城市建设,其背后仍可以看到行政力量的作用。

表 1-1　长三角县级以上行政区划变动表(1978 年以来)

省市	设立地级及以上城市	撤县建市	撤县(市)建区
江苏	扬州(1983) 镇江(1983) 无锡(1983) 苏州(1983) 泰州(1996)	常熟（1983）、仪征（1986）、张家港(1986)、江阴(1987)、丹阳(1987)、兴化(1987)、宜兴(1988)、昆山(1989)、启东（1989）、溧阳（1990）、如皋(1991)、高邮(1991)、吴江(1992)、泰兴(1992)、通州(1993)、太仓(1993)、靖江（1993）、金坛（1993）、江都(1994)、海门、(1994)、扬中(1994)、姜堰(1994)、句容(1995)、吴县(1995)、武进(1995)、锡山(1995)	南京江宁区(2000) 无锡锡山区(2000) 无锡惠山区(2000) 扬州干江区(2000) 苏州吴中区(2000) 苏州相城区(2000) 常州武进区(2000) 南京浦口区(2000) 南京六合区(2002) 镇江丹徒区(2002) 苏州姑苏区(2012) 苏州吴江区(2012)
浙江	嘉兴(1983) 湖州(1983) 绍兴(1983) 金华(1985) 舟山(1987) 宁波(1987) 台州(1994)	湖州（1979）、嘉兴（1979）、绍兴(1979)、余姚(1985)、临海(1986)、海宁(1986)、萧山(1987)、慈溪(1988)、奉化（1988）、诸暨（1989）、平湖(1991)、建德(1992)、上虞(1992)、桐乡(1993)、富阳(1994)温岭(1994)、余姚（1994）、嵊州（1995）、临安(1996)	杭州余杭区(2001) 杭州萧山区(2001) 宁波鄞州区(2002) 绍兴柯桥区(2013) 绍兴上虞区(2013)
上海			吴淞区(1980) 闵行区(1991) 宝山区(1988) 浦东新区(1992) 嘉定区(1992) 金山区(1997) 松江区(1998) 青浦区(1999) 奉贤区(2001) 南汇区(2001)

　　注:(1)1984 年,无锡被列为"较大的市";(2)1993 年,苏州被国务院批准为"较大的市";(3)1987 年经国务院批准,宁波成为计划单列市。

　　资料来源:中国行政区划网(http://www.xzqh.org)中国统计年鉴(1995—2012 年)。

2. 市场驱动力

　　市场力的作用来自社会化规模集聚,表现为生产分工及竞争优势的地域组合。市场力是自下而上的力,能在什么尺度和什么范围内发生,

经济性的集聚就作用到什么程度,完全遵循市场配置的属性。中国早期
"市"的概念即是和城镇的产生联系在一起的,如古时长三角地区太湖水
系和京杭运河沿岸丝绸、茶叶、米等交易集散市镇的形成和繁荣便是市
场充分发育的产物。时至今日,长三角地区块状经济、特色经济和产业
群落的发育继续丰富和改变着区域城镇体系的功能与空间组织。在全
球化、信息化的外界推动和产业关联、市场整合的内部主导因素共同作
用下,长三角地区空间整合取得了动力一致性的改变,市场化力量对行
政区域进行解构和重构,表现在长三角区域内主要城市的空间作用由上
海、南京、杭州三市之间的平等均衡竞争表现为自觉的功能互补基础上
的有序竞争。原来的"上海——南京、杭州(省会)——地级市——县"的
行政区域发展模式演变成"上海——南京、杭州、苏州、无锡、宁波(省会、
副省级城市、发达城市)——县市(含地级市)"的协同发展模式。

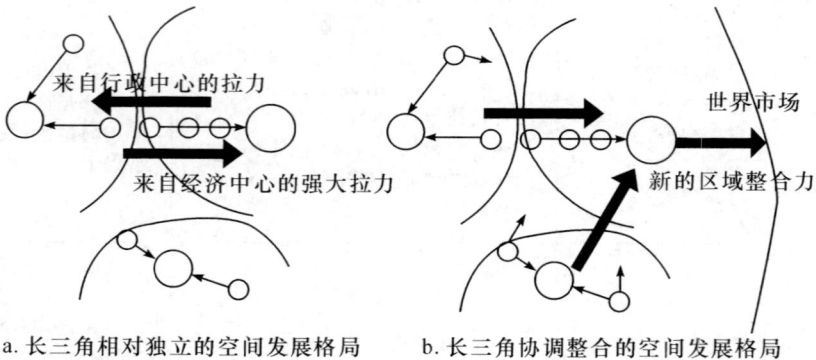

a. 长三角相对独立的空间发展格局　　b. 长三角协调整合的空间发展格局

图 1-1　长三角发展的区域作用力变化

3. 交通驱动力

交通力的作用来自国家基础设施建设对通达性的改变,从而引起的
区域城市网络体系节点地位的改变和城市空间格局的重塑。交通优势
在产业集聚和城市竞争中的作用普遍而言是无法替代的。交通的作用
在于提供了社会发展的物质通道,而通道促进和推动社会经济的发展及
观念氛围的传播,在人、物空间移动的渠道上提供区域发展的背景框架。
交通力为区域城市空间开发提供了集约化的路径,并且通过对城市之间
往来的时间距离和心理距离的改变影响着城市间的交互作用和城市网
络体系的交互态势。随着苏通大桥、杭州湾大桥、长江隧道、宁杭高速等

基础设施的建成通车,长三角区域产业联系更加密切,产业布局沿"Z"形向沿海、沿路等方向延伸,网络和格局初步形成。随着城际轨道、高铁等设施进一步建设,长三角区域联系将更加通畅便捷,同城效应将更为显著。

4. 社会文化驱动力

文化力的作用在韦伯对新教伦理与资本主义精神的阐述中就有所揭示,即文化力的经济社会属性。长三角受吴越文化浸润,古有越国陶朱公范蠡去仕经商,今有沿袭"经世致用"传统的苏南文化与浙东文化,区域文化的重商性为长三角地区古往今来城镇空间的密集产生与分布奠定了经济社会发展的文化、观念等基础性要素。江浙文化很早提出"固商人、明商法",吴越文化重格物致知与经世致用,在此文化承袭下,集体、个体、私营等商业经营制度形成了江浙商业文化的显著个性,尊重个性、尊重个体、尊重能力,强调勤俭敬业和突破变通。文化的地域特质和延续性决定了文化对区域格局变动的柔性约束。文化既可以促进区域的发展与空间演变,也可以起反方向的作用。文化的空间广域性决定了文化对空间格局的柔性引导。

二、宁波城市发展历程与绩效

宁波历史悠久,是具有7000多年文明史的河姆渡文化发源地。春秋时为越国地,战国中期以后为楚国辖地。公元前222年,秦定楚江南地,置鄞、鄮、句章3县,属会稽郡。东汉永建四年(公元129年)起,由三国至魏晋南北朝时期,3县除隶属的州、国和郡名时有变动外,其区域范围基本未变。隋开皇九年(公元589年),3县同余姚合并,称句章城,县治置小溪(今鄞州区),仍属会稽郡。唐开元二十六年(公元738年)设明州,辖鄮、慈溪、奉化、翁山4县,州治在小溪。唐长庆元年(公元821年)州治从小溪迁至三江口,并建子城,为其后一千多年来宁波城市的发展奠定了基础。在唐代,宁波成为"海上丝绸之路"的起点之一,与扬州、广州并称为中国三大对外贸易港口。宋时又与广州、泉州同时列为对外贸易三大港口重镇。鸦片战争后被辟为"五大通商口岸"之一。1945年5月浙东解放,鄞县城区建置宁波市,城区亦为宁波专署驻地。1983年撤销专署,实行市管县体制,随着北仑深水良港的开发建设,宁波逐渐由河口城市向海港城市演进，并形成三江、镇海、北仑三片滨海临江发展的空间格局。1986 年宁波被列为全国历史文化名城，1987 年经国务院批准，成为计划单列市。新中国成立以来，宁波地方党委、政府带领全市人民，积极探索、建设现代化国际港口城市，走过了一个奠基、起航、世纪跨越、科学发展的历程，推动着宁波从贫穷落后的农业社会升级到现代化的工业社会，升级到和谐富裕的小康社会，沿着科学发展道路，阔步朝信息化社会迈进，普写了一段鲜活的转型升级史。

（一）宁波发展的历程

1. 奠基——新中国成立初期的探索

地处中国东部沿海的宁波，是国家军事战略要地，在建设和规划上首先要服从于国家的战略布局和政治斗争需要。为此，宁波按照"自己动手，丰衣足食"的方针，提前完成社会主义三大改造，超额完成"一五"计划生产任务，人民生活得到明显改善。随后受"左"倾错误影响，"二五"、"三五"、"四五"三个五年计划没能得到很好地贯彻落实，工农业生产屡次停滞、倒退。总之，从"一五"到"四五"，在"全国一盘棋"和"上下一条线"的大格局上，宁波主要依靠自身力量和智慧，力所能及地建立起一批零散的中小型工业企业，镇海港区、镇海发电厂、浙江炼油厂等四项工程开始落户宁波，社队工业发展迅速，走在全省前列，实现三次产业结构由 1＞3＞2 到 1＞2＞3，再到 2＞1＞3 的两次转型，初步完成由农业主导的消费性城市向以工业为主的生产性城市的转型升级，为改革开放时期宁波城市跨越腾飞奠定了基础。

2. 起航——改革开放的浪潮

"五五"以来，特别是十一届三中全会后，宁波及时、果断地把工作重点转移到经济建设上来，确立了建设现代化港口的奋斗目标（1980 年），先后胜利完成了"五五"、"六五"、"七五"三个五年发展计划。宁波发展进入了快车道。"五五"时期，宁波地区生产总值年均增速（名义增速）达 16.3％，"六五"达 19.2％，"七五"达 14.7％，三次产业结构实现由 2＞1＞3 到 2＞3＞1 的转变。国家、浙江省开始把一大批重大项目放到宁波，浙江炼油厂、镇海港区、镇海发电厂等重大项目取得阶段成果，北仑港建设开始启动。宁波开始从国防前沿阵地向改革开放前哨转变。1979 年宁波港正式对外开放,1984年列入全国14个进一步对外开放的沿海港口城市,1988年各县(市)全部对外开放。宁波城市地位逐步上升,1985年底国务院成立宁波经济开发协调小组,1987年2月被批准为计划单列市,1988年3月被批准为"较大的市"。宁波成为国家重点建设地区,宁波经济技术开发区、宁波保税区、大榭开发区相继获准设立,传统内生型经济和高度集中的计划经济,开始朝外向型经济和有计划的商品经济转变。

3. 跨越——世纪钟声的奏鸣

20世纪90年代,为早日实现小康社会,宁波先后实施了"八五"和"九五"两个跨越性的规划纲要,坚定不移地实施"以港兴市,以市促港"战略,胜利完成了世纪大跨越,提前9年实现翻两番的目标,提前7年完成比1990年翻一番的目标。特别是"八五"时期,地区生产总值年均增速高达33.64%,外贸自营进出口年均增速高达66.80%,进入全国城市综合实力50强、投资环境40优。"宁波速度"开始闪耀全国。到2000年,全市地区生产总值达到1144.57亿元,第三产业比重上升到36%;港口货物吞吐量达到1.15亿吨,迈入亿吨大港行列,投资、贸易、消费三驾马车协调发展,全方位对外开放格局基本形成,初步实现从外向型经济向开放型经济的转变。在这十年,宁波基本完成了国有企业产权制度和劳动关系制度,以及城镇集体企业和乡镇企业产权制度改革,初步实现了经济体制(率先建立社会主义市场经济体制)和经济增长方式(由粗放经营为主转变为集约经营为主)的根本性转变。

4. 转变——科学发展的春天

随着信息化浪潮迭起,知识经济、信息化社会扑面而来,发展面临的物质要素制约越来越突显。为此,宁波先后实施了"十五"和"十一五"两个发展规划纲要,先后提出以结构、转型升级为主线,坚持以科学发展观为指导,深入贯彻实施"六大联动"、"六大提升",成功应对资源要素紧缺、国际金融危机等严峻挑战,提前完成了规划确定的主要目标,推动着宁波朝知识经济和信息化社会转型升级。国民经济持续快速发展,2010年地区生产总值达到5125.8亿元,跻身全国17个5000亿元城市行列,5个县(市)全部进入全国百强县行列;全面建设小康社会的实现程度达97.61%,位居浙江之首。提前两年完成港口运输规划目标,集装箱吞吐量跃升国内港口第 3 名,跻身世界前 6 位。建成了杭州湾跨海大桥、甬台温铁路等重大项目,实施梅山岛封关动作,启动了轨道交通等建设。进出口总额连续闯过五道百亿美元关口,2010 年达到 829.04 亿美元,首次进入全国 36 个省(市)、自治区、计划单列市前十强。城乡统筹发展水平连续五年居全省首位,综合评价得分 87.09 分(2009 年),城市化率达到 65%,进入到城乡全面融合发展阶段,人民生活得到显著改善。在十二五时期,面对区域之间、城市之间的激烈竞争,宁波大力弘扬"三思三创"精神,全面实施"六个加快"战略,在建设"四好示范区"(发展质量好、民生服务好、城乡环境好、社会和谐好)上争先进。

(二)宁波发展的历史成就与现实问题

回首过去,宁波发展的内容、方式、途径等都发生了巨大的变化,经济社会发展取得了辉煌的成就。当前,转型发展成为宁波发展的主线,宁波已步入了科学发展的春天。但是我们必须清醒地看到,宁波的科学发展仍存在着一些亟待破解的问题和挑战。

1. 综合实力显著增强,与先进城市的差距仍较大

改革开放以来,宁波成功实现了从资源小市向经济大市的跨越。随着转型升级的推进,特别是 21 世纪以来,宁波经济总量持续放大,2010年跻身 5000 亿元城市行列,但所处位置靠后,在副省级城市中处于中等水平,与广州、深圳有较大差距,多年落后于杭州、青岛、武汉、成都,与大连、沈阳、南京处于同一水平。上述城市区位优势突出,经济基础较好,而宁波要赶超它们,必须采取非常强有力的科学发展措施。从发展成效来看,宁波地方财政一般预算收入近年来位居全国地级以上城市第 9 位,副省级城市第 4 位,但与先进城市的差距在扩大,而其他城市与宁波的差距在逐步缩小。此外,宁波单位 GDP 能耗 0.78 吨标准煤,高于全国平均水平,土地产出效益 700 万元/平方公里,远低于国际水平。

2. 三大产业结构逐步优化,调整进度仍慢于先进城市

宁波是一个典型的制造业城市。新世纪以来,宁波的第二产业比重长期保持在 55% 左右,居于副省级城市首位,农业比重在副省级城市中基本维持中游水平,第三产业比重基本保持在 40% 左右,长期在副省级城市中处于垫底位置。从发展速度来看,宁波第二产业发展迅速,实现

了对杭州、青岛的反超,但与广州、深圳的差距在逐步扩大,武汉、成都、大连、沈阳与宁波的差距在不断缩小。此外,宁波第二产业从业人员生产效率还不够高,与先进城市有不小差距。2010 年宁波制造业人均增加值 67705 元/人,低于全国的 101052 元/人,宁波人均 GDP(常住人口)是全国的 2.5 倍,但制造业人均附加值只有全国的三分之二。因为宁波是非省会城市,金融机构能级、权限较低,人口和消费规模以及信贷规模的扩大受制约,第三产业落后局面短时难以改变。

3. 投资与规模以上工业增长迅速,总量和速度相对落后

近十年来,宁波社会固定资产投资增长迅速,2010 年投资总额比 2000 年扩大了 5 倍多,"十一五"时期累计投资 9039 亿元,比"十五"时期的 4348 亿元增长了 1 倍多,但在副省级城市中却分别由第 6 位、第 7 位,退居第 12 位、第 11 位。随着投资的增长和经济发展,宁波规模以上工业企业(简称规上工业)总量迅速从 2000 年 2803 家发展到 2008 年 12120 家,跃居副省级城市首位。2010 年宁波规上工业总产值达到 10867.5 亿元,涌现出 135 个销售单打冠军。但是宁波规上工业平均规模(按工业总产值计算)仅为 8700 万元左右,是副省级城市中最小的,约为深圳、武汉的 1/3,低于全国平均水平。这与宁波的工业大市地位很不协调。

4. 港口发展势头极为迅猛,发展空间仍须进一步拓展

经历 60 年的转型升级,宁波港完成历史性跨越。新世纪以来,货物吞吐量先后突破 1 亿吨、2 亿吨、3 亿吨,2010 年登上 4 亿吨台阶,达到 4.12 亿吨;集装箱吞吐量实现从不足百万标准箱到 2010 年 1300 万标准箱的跨越。但是国内其他重要港口发展也极为迅速。2010 年,广州(4.25 亿吨)、天津(4.13 亿吨)两港货物吞吐量超过宁波(不含舟山港部分),宁波近十年来首次退居第四位。特别是上海港远远领先于宁波港。"十五"初期宁波港的货物吞吐量仅为上海港的 56.6%,到 2010 年才上升到 63.09%。同时,宁波港口还存在功能拓展不够,临港工业潜力发掘不足,港口经济效益未达到最大化等问题。

5. 居民收入水平上升很快,城乡统筹发展压力逐步加大

宁波不断深化城乡统筹发展战略,把改善和提高人民生活水平作为每年的实事工程来抓,城乡居民收入持续上升。新世纪以来,城市居民人均可支配收入长期居副省城市第 3 位,2010 年达到 30166 元;农民人

均纯收入由 2000 年前第 3 位升至 2010 年第 1 位。但是从增速来看,近十年间宁波城市居民人均可支配收入年均增速为 10.69%,居副省级城市第 12 位;农民人均纯收入年均增速为 10.90%,仅略高于副省级城市的平均涨幅(9.98%)。城乡居民收入差距缩小到 2.115∶1,是全国差距最小的城市之一,城乡发展率先进入到全面融合阶段,社会保障覆盖率、待遇水平居全国前列,但教育、医疗、住房、环境、物价、收入分配等方面与人民群众期望还有差距。随着改革的深入,推进城市化和工业化深度融合的阻力也越来越大。

6."十二五"时期宁波发展大有作为,周边形势不容乐观

宁波发展基础良好,发展环境优越,只要发展思路科学、正确,是可以大有作为的。当然,宁波面临的周边形势不容乐观。各副省级城市都提出了宏伟的"十二五"发展蓝图。如深圳,提出要加快向中国特色社会主义示范市和现代国际化先进城市迈进,到 2015 年地区生产总值超过 1.5 万亿元。如武汉,提出要全面建成小康社会,到 2015 年地区生产总值超过 1 万亿元。如成都,提出综合实力显著增强等"六大目标",实现经济总量迈上万亿元台阶、人均地区生产总值达到上万美元的目标。面对同类城市迅猛发展势头和宏伟计划(规划),宁波一定要慎重对待,采取更加有力的措施,大胆创新,更好地发挥宁波优势,创造新的"宁波活力"。

三、准确把握提升宁波城市地位的意义

长三角地区作为我国综合实力最强的城市群,未来 20 年将呈现加快发展的趋势。宁波作为长三角区域中心城市,在新一轮的区域发展中拥有良好的机遇,同时也面临着众多挑战。如何在科学发展观的指导下,明确发展方向,有效发挥自身的优势资源禀赋,进一步增强宁波的城市功能,提升宁波在长三角城市群中的战略地位,实现又好又快发展,这是当前宁波经济社会发展的重大战略问题。

(一)深刻领会加快长三角地区发展的战略意义

长三角区位得天独厚,自然禀赋优良,交通联系便利,是我国经济社会最发达、人口和产业最密集、发展最具活力的地区之一。加快长三角

地区发展,不仅有利于增强该区域整体经济实力和国际竞争力,也有利于带动长江流域乃至全国的发展,具有重要的战略意义。

1. 加快长三角地区发展是中央提出的国家战略

随着城镇化水平的提高及城市规模的进一步扩大,相邻城市产业联系与经济合作加强,区域经济一体化的进程正不断加快。推进长三角地区健康发展,是国家区域经济发展的重大战略。党的十七大报告指出,"要继续实施区域发展总体战略,深入推进西部大开发,全面振兴东北地区等老工业基地,大力促进中部地区崛起,积极支持东部地区率先发展。要遵循市场经济规律,突破行政区划界限,形成若干带动力强、联系紧密的经济圈和经济带。以增强综合承载能力为重点,以特大城市为依托,形成辐射作用大的城市群,培育新的经济增长极"。作为全国发展条件最好、发展水平最高的区域之一,长三角地区具备率先跻身世界级城市群的有利条件,将在壮大东部地区经济实力,推动长江流域快速崛起,带动中西部加快发展、促进全国区域协调发展、引领我国全面参加全球竞争中发挥核心作用。

2. 加快长三角地区发展是宁波实现新跨越的迫切要求

改革开放以来,宁波经济社会快速发展,综合实力和竞争力显著增强,实现了从资源小市到经济大市、从区域内河小港到国际深水大港、从浙东商埠小城到现代化国际港城等一系列的跨越,铸就了独特的宁波活力和实力。当前和今后一个时期,宁波的发展进入新的阶段,面临着转变经济发展方式刻不容缓、推进产业结构优化升级刻不容缓、提高能源资源利用效率刻不容缓等问题。要有效解决这些问题,必须立足宁波又跳出宁波,在不断挖掘自身潜力的同时,紧紧抓住长三角区域一体化的历史机遇,利用好区域资源。长三角地区作为我国最具创新能力与竞争力的区域之一,集聚着大量的金融、贸易、信息、技术、人才等优势要素资源,区域中心城市的"溢出效应"明显。加快宁波融入长三角发展,对于宁波积极利用优势资源平台、增强创新发展动力、扩大对内对外开放水平都具有重大的战略意义。长三角地区将进入一个大融合、大发展、大跨越的快速发展时期。面对重大的发展机遇和日趋激烈的区域竞争,宁波要进一步增强创新优势,牢牢把握发展的主动权,加快实现新跨越。

3. 加快长三角地区发展是宁波及其他城市的共同责任

2010年5月公布的《长江三角洲地区区域规划》,提出要深入贯彻落实科学发展观,进一步解放思想,坚持改革开放,着力推进经济结构战略性调整,着力增强自主创新能力,着力促进城乡区域协调发展,着力提高资源节约和环境保护水平,着力促进社会和谐,在科学发展、和谐发展、率先发展、一体化发展方面走在全国前列,努力建设成为实践科学发展观的示范区、改革创新的引领区、现代化建设的先行区、国际化发展的先导区。同时,就长三角区域总体功能定位达成共识,提出要把长三角地区建成亚太地区重要国际门户、全球重要的现代服务业与先进制造业中心、以及具有较强国际竞争力的世界级城市群。长三角地区的三大功能建设是一个庞大的系统工程,必须依靠该地区所有城市的共同努力才能完成。宁波作为长三角南翼经济中心,对共建长三角功能、推进长三角地区发展具有义不容辞的重要责任,必须立足区域整体竞争力的提高,谋划自身的发展,努力推进长三角区域共建共享、共生共荣。

（二）提升宁波城市地位的重要性

宁波在长三角地区发展进程中担当着重要角色。宁波市第十二次党代会报告提出基本建成现代化国际港口城市,提前基本实现现代化,努力成为发展质量好、民生服务好、城乡环境好、社会和谐好的中国特色社会主义示范区。由此,需要进一步研究提升宁波的城市地位。

1. 长三角地区竞争态势要求提升区域集聚辐射能力

在经济全球化与区域化的背景下,以区域化应对全球化、全球化加速区域化、区域化提升全球化的实践和效应不断深化。由于在初始条件、资源禀赋和经济社会政策等方面的不同,长三角的两省一市经济发展各具特色。随着基础设施建设能力的大幅提升,大交通网络的基本形成,信息技术的日益发展,劳动力与资本等要素流动的不断加强,长三角地区竞争与合作的动力并存,这既为宁波发挥特色优势、参与区域合作提供机遇,也对宁波应对区域竞争环境、全面融入长三角提出了更高的要求。在竞争与合作中,宁波需要进一步提升集聚与辐射能力。

2. 新的发展阶段需要调整发展思路

全球增长模式深度调整、外需增长放缓,宁波依赖出口和投资拉动经济增长的发展模式难以为继;新一轮科技创新和产业革命兴起、低碳发展成为共识、资源环境约束趋紧以及商务成本上升背景下,宁波依赖资源和要素投入的发展模式难以为继；制度先发红利衰退、社会利益格局深刻调整、社会矛盾集中凸显，宁波重物轻人、重管制轻服务的发展模式难以为继。支持宁波率先发展的环境和基础性因素发生了重要变化，宁波与先进城市的差距拉大，需要进一步分析影响因素与原因，借鉴吸收典型经验做法、取长补短，重塑发展动力引擎，实现新阶段的科学发展。

3．新的国家战略导向需要重新评估城市地位

在地区发展不平衡的大国发展经济，国家往往对一些对国家发展具有重大战略意义的地区实行特殊的发展政策和发展战略。地区发展的国家战略实际上是获得整合资源、引导资源流入的能力。《长江三角洲地区区域规划》的贯彻实施，上海国际航运中心、国际金融中心的建设推进，江苏沿海开发的战略部署，浙江海洋经济发展示范区、浙江舟山群岛新区、义乌国际贸易综合改革试点、温州市金融综合改革试验区等四大国家战略的实施，加上新形势下社会管理创新和文化强国的战略导向，需要进一步评估宁波的城市地位，谋划宁波的提升路径。宁波要抓住国家战略，充分利用国家战略的导向性，在全球范围内吸引并聚合发展资源，集成发展的各种能力，做好承接辐射，体现示范作用。

（三）紧抓宁波多维发展的机遇

长三角城市群发展有着多个纬度空间，宁波发展可以在策应长三角发展过程中发现和获得多维发展机遇，实现国家战略与宁波发展的契合，培育形成宁波新的竞争优势。

1．维度一：经济、社会、文化

长三角地区发展不仅是经济领域的区际合作，而且是社会、文化等在内的多方面、深层次的合作发展。其主要内容包括：在现有市场经济发展的基础上，进一步拓展经济合作的深层次发展领域，同时全面整合区域内的社会资源，着力推进社会建设和文化交流。强化区域内的教育、卫生、体育等领域的合作与交流，显著提升高校科技创新与服务能力，加快学习型社会建设，构建覆盖城乡的公共卫生服务、医疗保障等体系，加快健全全民健身服务体系。加快完善就业和社会保障体系，建立区域人力资源市场，健全区域内覆盖城乡的社会保障体系。加强文化领

域的交流与合作,拓展全新的文化交流空间,开展多种形式的文化合作活动,促进长三角区域内文化领域的资源共享和创新发展。

2. 维度二:资源、生态、环境

长三角发展的过程也是长三角区域资源、生态、环境的共同建设、共同保护和共同治理的过程。长三角区域内的产业政策、环保政策、节能减排政策将在实现有效衔接的基础上,完善节能减排统一性法规,通过实施节能降耗重点工程,着力推进节能降耗技术进步,并推行循环经济发展,实现清洁发展;通过实行严格的生态和环境保护标准,推进生态建设和环境保护基础设施区域共建、信息共享和污染综合整治;依托统一的法律法规,加大水土流失综合防治力度,加强水土保持清洁型、生态型小流域综合治理;借助区域联动机制,强化地下水资源保护。健全环境违法行为联合惩处机制,加强联合执法检查,完善跨界污染防治的协调和处理机制;通过披露生态和环境信息,建立健全社会公众参与和监督机制,推进长三角区域生态环境补偿机制建设。宁波的发展,一方面要汲取相关地区先发展后治理的教训,在承接产业转移的过程中加大招商选资的力度、严格实施产业准入政策;另一方面,也要通过与长三角地区的互动合作,将资源、生态、环境的利用、保护与治理工作提升到一个新的水平。同时,充分借鉴相关地区的经验,大力发展生态经济,着力发展环保产业,将资源优势转变为竞争优势,将后发优势转变为产业优势。

3. 维度三:城市、城镇、乡村

长三角地区发展既包括中心城市为主体的城市群建设,也包括城镇发展和城乡统筹。为此,将强化特大城市的中心地位与国际竞争力,提升大城市的综合服务功能,增强中小城市的发展实力,加快特色小城镇的发展速度,协调广大乡村的和谐发展,加强城市与城市之间、城镇与城镇之间、乡村与乡村之间以及城市、城镇、乡村之间的统筹发展。在这一过程中,长三角区域要建成以特大城市和大城市为主体,中小城市和小城镇、广大乡村合理发展的网络化城镇乡体系,带动区域整体发展;同时,进一步密切大城市相互间的经济、技术、文化联系,促进要素流动和功能整合,发挥同城效应。两省一市统筹城乡发展,推动城市基础设施、公共服务和现代文明等向乡村延伸,全面促进长三角地区的持续、和谐发展。由此可见,作为长三角区域内经济社会发展水平相对发达的地区,宁波在开发与发展过程中,加强与长三角其他地区城市、城镇、乡村的联系与交流,创新制度、完善体制、走在前列,既可以在一体化的进程中分享到共同发展的成果,而且能够促进本地的城市发展、城镇建设和城乡统筹,从而为区域共同发展提供坚实的区域载体。

4. 维度四:国际、区际、区内

长三角地区发展包含着三个指向:一是以上海作为国际航运中心和国际金融中心为主导,在加快提升长三角地区经济国际化进程中,确立本地区在国际经济事务中的国际竞争力、国际影响力和国际主导力,从而在世界经济中谋求自身利益的最大化;二是以长三角城市群、港口群、产业群为主体,促进区内产业向中西部地区转移,提升对中西部地区的辐射带动能力,在拉动相对落后地区社会经济发展的同时,促进区域内的产业结构优化升级,实现长三角地区与其他地区的区际互动与共同发展;三是以区域内的政府、行业、企业为主体,在不同层面上合作交流,实现区域内不同地区间的相互支撑与共同发展。因此,从区内来看,宁波发展当然可以在长三角地区发展进程中获得应有的发展机遇,所以上述第三个指向容易得到重视,而长三角发展的国际指向和区际指向则容易被忽略。实际上,宁波经济社会的快速发展必然是一个高度国际化的过程,在这一过程中,只有主动融入上海、主动参与国际分工,才能获得应有的地位、应有的影响和应有的收益;同时,宁波作为港口城市,只有通过延伸服务、扩大辐射,才能通过构建经济腹地而获得经济增长的持续动力。

5. 维度五:政府、行业、企业

长三角地区发展区际合作中,存在着双重区际经济联系:一是以各地方政府为利益主体的行政性区际经济联系;二是以地方行业、企业为利益主体的市场性区际经济联系。政府通过协调区域政策、共订发展规划、共建基础设施,可以有效地解决行政屏障所带来的一体化瓶颈问题,行业则可以通过共订行业标准与规范,实行区域分工与合作,来实现互利共赢;企业则可以通过产业转移、纵向合作、横向联系等各种途径,延伸产业链,提升附加值,降低交易成本,减少市场风险。在长三角发展过程中,宁波应在政府、行业、企业等不同层面加强与长三角其他地区的合作与交流,既要重视政府间的联系,更要重视行业和企业间的合作,通过加强政府、行业、企业的区际合作,增强区域的发展支撑。

(四)提升宁波城市地位的关键环节

长三角地区城市转型与创新,承担着推动长三角地区经济社会自身又好又快发展和对全国城市发展起引领、示范作用的双重使命。在这一具有很强的挑战性的发展历程中,宁波需要认真对待、科学操作,切实抓好一些关键环节:

1. 做好规划引领

规划是行动的指南,也是正确前行的保障。要坚持规划先行,统筹做好城市发展的总体规划和专项规划。一是要把握好各个方面的要求,特别是把握好国内外环境变化趋势、长三角地区经济社会发展的总体要求、长三角地区城市发展的现实基础;二是要加强同国家总体和区域规划的衔接,特别是加强与《国务院关于进一步推进长江三角洲地区改革开放和经济社会发展的指导意见》(国发〔2008〕30 号)、《长江三角洲地区区域规划》和已经出台或正在编制的涉及长三角地区的规划文件的衔接,如城镇化发展规划、苏南现代化建设示范区规划、浙江舟山群岛新区发展规划等;三是要准确把握城市发展的规律,切实体现主体功能突出、联动作用明显、宜居宜业等基本要求,符合综合承载能力较强、可持续发展基础良好等必要条件。

2. 夯实产业基础

产业是城市可持续发展的基本支撑,而城市的转型与创新,在很大程度上体现为产业结构的优化升级,要把夯实产业基础作为推动城市发展的重中之重。在这方面,一是要着眼于增强国际竞争力,瞄准国际先进水平,加强自主创新,依托国家重点工程和产业园区,培育和发展先进产业,不断提升和优化产业结构;二是要充分发挥比较优势,立足现有基础,借助先进技术,做强做大传统优势产业,形成具有竞争力的产品和产业集群;三是要更加主动地推进开放合作,积极建设有效合作平台,灵活运用各类合作杠杆,乘力借势,推进产业结构提升,促进新兴产业发展。

3. 推进体制创新

城市发展的关键是体制创新,而体制创新既是城市旺盛活力的源泉,也是城市有序发展的保障。城市体制创新涉及方方面面,特别要在三个方面下工夫：一是要创新行政管理体制，规范行政范围，转变行政方式，提高行政效率，着力构建服务政府和法制政府；二是要创新社会管理体制，坚持以人为本，加强平等沟通与协商，建立健全社会矛盾调处化解的有效机制，推进社会管理的规范化、社会化和法制化；三是要创新工商管理体制，着眼于鼓励发展和增强活力，改进公共服务，调整立法角度，率先建立与国际化相适应的管理体制和运行机制，形成充分体现现阶段发展实际的稳定透明的法制环境。

4. 培育城市精神

城市精神是城市综合素质的集中体现，是城市发展的深层力量源泉。要把培育积极向上、体现人类共同价值标准、中华民族特色和特殊城市品格有机统一的城市精神作为城市转型与创新的重要任务。为此，一是要建立健全公共文化服务体系，努力增强城市文化产品供给，满足城市人民日益增长的精神文化需求；二是要大力推进核心价值体系建设，树立正确的荣辱观和价值观，建立起城市人民群众共同拥有的思想道德基础；三是要大力推进诚信体系建设，依靠体制推动、道德约束与法律强制，树立起政务诚信、商务诚信、社会诚信和司法公信，形成守信光荣、失信可耻的良好环境。

5. 推进公平共享

公平共享状况体现着城市管理水平和制度完善的程度，是城市进一步发展的核心内容。应着眼于城乡统筹，以实现农村转移人口享有城镇基本公共服务为重点，扎实推进保障公平共享的相关制度建设，通过体制创新和法律保障，推进教育、卫生、就业、社会保障等社会事业城市全体人民享有的同权化，使包括进城务工人员在内的全体城市居民都享有平等的发展机会和社会权利。

第二章 城市地位理论与指标设计

对不同城市的城市地位进行比较研究有很多的方法和标准。从总体看,其背后的理论脉络有两个方向:一是城市竞争力理论;二是城市现代化理论。梳理相关研究可以发现,国内外的学者都从其研究立场和角度提出了不同的城市竞争力模型与城市现代指标体系。就宁波而言,现有研究从不同角度、不同层次对宁波的城市地位状况评估和研判做出了有益的探索。但是由于对理论内涵理解的差异,以及选择评价指标、研究方法不同,使得研究结果呈现较大偏差及不一致,不同的研究有不同的结论,从而在客观上造成国内外对宁波经济社会发展与城市地位的看法不一,宁波的城市地位、形象、特色趋于模糊。因此,我们拟把长三角区域竞合发展与宁波城市地位紧密结合起来,着眼于宁波在长三角区域的地位变化和城市竞争力变迁的动态比较,在现有理论研究基础上,更全面地认识和科学地评价宁波城市地位。

一、城市竞争力及相关理论

国内外竞争力理论研究从 20 世纪 80 年代兴起。这一时期,竞争力的研究内容主要集中在产业和企业的竞争力研究上,主要是以比较经济实力为主,包括反映工业经济活动、自然资源等作为基本内容。20 世纪90 年代以后,随着社会经济的发展,各国更加强调经济、社会、环境的协调作用,随之综合竞争力、综合实力相关的主题逐步成为研究和评价的热点。研究领域也逐步从产业(企业)、国家扩展到中观领域——城市(区域),研究体系逐步完善。

从竞争力理论体系的总体发展情况看,存在两条发展轴,如图 2-1 所示。

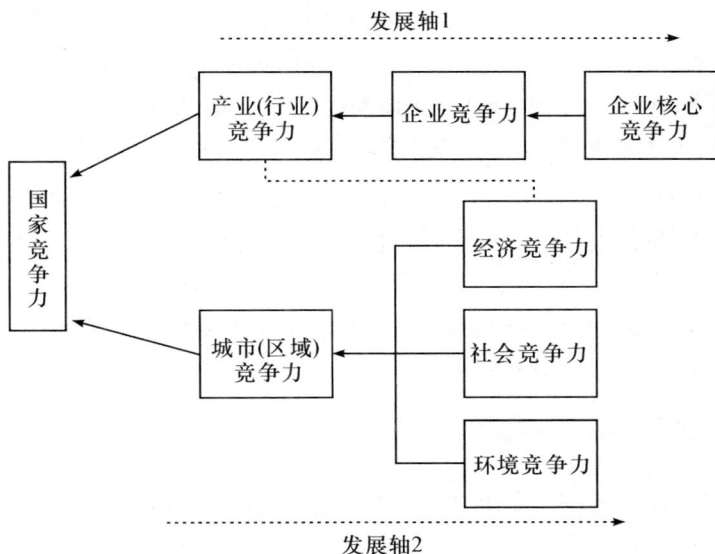

图 2-1　竞争力基本脉络

发展轴 1,是以迈克尔·波特的企业竞争优势和国家竞争优势为理论基础,呈现"条"的发展,下一层对上一层的支撑作用较明显,上下层联系密切。

发展轴 2,是城市与区域竞争理论的研究领域,是一种"块"的发展,目前在理论发展上正在逐步完善。

(一)产业(企业)竞争力研究

20 世纪 80 年代是竞争力研究的兴起阶段。在经济全球化的广度和深度日益扩展的背景下,国际竞争日益激烈,发达的资本主义国家为了在产业竞争中保持竞争优势,在 20 世纪 70 年代末开始由政府推动开展竞争力研究。1978 年美国白宫和参议院要求美国技术评价局(Office Technology Assessment)进行美国竞争力研究。1983 年哈佛商学院的迈克尔·波特教授被任命为里根总统的产业竞争委员会委员,开始引发美国的竞争力讨论。日本和欧洲也于 20 世纪 80 年代初期开始了国际竞争力研究,如日本从 1983 年开始,由通产省组成了对美国和日本产业竞争力进行比较研究的课题组;英国、德国也分别于 1983 年和 1985 年成立专门的课题组进行竞争力比较研究。在学术界,总部设于日内瓦的世界经济论坛(World Economic Forum,WEF)于 1980 年开始进行工业化国家竞争指数排名。从 1985 年开始,该组织和瑞士洛桑国际管理发展学院(International Institute for Management Development,IMD)合作每年出版《世界竞争力年鉴》,对工业化国家和重要发展中国家的竞争力进行综合评价。波特于 1980 年、1985 年和 1990 年先后发表了其竞争力研究成果,即《竞争战略》、《竞争优势》和《国家竞争优势》,系统提出自己的竞争优势理论,并将竞争力的研究由产业和企业层次推广到区域、国家层次。波特的研究在学术界和政府部门引起很大反响,推动了竞争力研究向更多国家和更广泛的领域扩展。

(二)国际竞争力比较研究

国际竞争力比较研究是 20 世纪 80 年代以来国际上兴起的一种全面反映和评价某个国家和地区参与国际市场竞争力的方法和体系。对于国际竞争力的理解,不同的思想流派看法不一,大致归纳起来有新古典经济学、经济历史学、发展经济学、企业经济学、实业界、世界经济论坛(WEF)、瑞士洛桑国际管理发展学院(IMD)等不同观点。回顾 20 多年的发展历程,国际竞争力比较研究从 1980 年创立开始到目前为止的发展可概括为三个阶段。第一阶段是 20 世纪 80 年代,国际竞争力比较研究主要是以比较经济竞争实力为主,反映工业经济活动、自然资源等作为基本内容。评价指标往往是硬指标,而且指标体系比较庞大,指标间关系松散,研究的对象主要是工业化国家。第二阶段是 20 世纪 90 年代,国际竞争力理论和评价方法基本确立,并逐步发展完善。这主要体现在国际竞争力概念、评价原则、软指标的世界范围调查。在实践上把国际竞争力评价从工业化国家逐步扩展到新兴工业化国家和地区、发展中国家以及转型经济国家在内的整个世界范围,使国际竞争力评价体系真正成为世界各国和地区经济社会发展的公共竞争信息平台。第三阶段是从 2001 开始,国际竞争力理论获得的新发展。全球化和信息技术、高新技术的快速发展,大大促进了世界主要国家和地区创新体系的形成,以及社会结构优化调整,推动可持续发展、以人为本、创新能力等新的竞争力结构的形成。

1. 国家竞争优势理论

迈克尔·波特领导的研究小组对 10 个国家的 100 个行业进行了考察,旨在解释为什么一个国家能够在某一行业取得国际性成功。在研究的基础上,出版了《国家竞争优势》,建立国家竞争力模型。波特认为,一个国家的内部竞争环境可以促成或阻碍国家竞争优势的形成,主要有四大因素:要素禀赋,需求状况,相关产业和辅助产业,公司的策略、结构和竞争。同时他认为,政府行为和机遇对上述四大因素有重大影响。波特以企业和产业的竞争力来体现国家竞争力水平,有其积极意义。但是,国家竞争力不仅体现在经济方面,而且体现在社会、生态等各个方面。

2. 世界经济论坛(WEF)对国际竞争力比较的研究

WEF 所定义的竞争力是"决定一国生产率水平(进而是决定一个经济体所能达到的繁荣程度)的一整套要素、政策和制度"(《全球竞争力报告 2005—2006》)。他们认为,国家竞争力所涉及的领域是否广泛,除了宏观经济所处的发展阶段不同,其重要程度也有差异,并且不同因素的重要性还会随着时间的推移发生变化,以及受到全球化力量的影响。

WEF 评比全球竞争力的重要特点是,关注参评经济体未来 5～8 年的经济增长前景和变化趋势。WEF 通常采用两组指标构成评价体系。

成长竞争力指数(Growth Competitiveness Index,GCI),是全球竞争力排名的主要指标,直接构成全球竞争力排名结果。这一指数从中长期推动经济增长的可变因素层面来衡量一个国家或地区的竞争力,包括宏观经济环境指数、公共制度指数、技术指数等子项。

商业竞争力指数(Business Competitiveness Index,BCI),是弥补GCI 不足的辅助指标,其评比结果不影响全球竞争力排名,旨在对微观层面改进效率和生产率提供参照。这一指数反映企业当前生产率和经济体的资源存量有效利用情况,重点关注决定生产率和竞争力可持续水平的基本微观经济因素,包括公司运营与战略和经济体商业环境质量等子项。

3. 瑞士洛桑国际管理发展学院(IMD)研究

IMD 认为,国际竞争力是一国或一个企业在全球市场上较之竞争对手获得更多财富的能力，或者一个国家在其特有的经济与社会结构里，依靠自然资源禀赋以创造附加值，或者着重于改善国内经济环境条件以吸引国外投资，创造并提高附加值、增加一国财富的能力。IMD 强调国家竞争力与企业竞争力二者的互补关系，比较注重一个国家的自然资源、人力资源和经济实力，即各国目前创造财富的能力，属于存量概念。其评价指标体系包括八大要素（国内经济实力、国际化、政府、金融、基础设施、企业管理、科学与技术、人力资源）、40 个领域、224 个指标。

目前竞争力研究没有统一的评价模型和测量指标体系。在国际上，关于国际竞争力的定义、分析范式、理论前提、表现形式、影响因素及测量方法，尚处于不断发展过程中，即使是 WEF 和 IMD，也在不断调整竞争力分析框架和评价指标。不同的理论有各自的研究视角，这都为对城市的研究提供启示。在对城市以及区域的研究过程中，许多研究方法的立足点，包括指标体系的建立，仍是以国家竞争力的研究成果为依据的。

（三）区域竞争力研究

区域竞争力是介于国家竞争力和城市竞争力之间的研究领域，因此，区域竞争力的研究既是相对独立的一个方面，又是与国家竞争力、城市竞争力相联系的研究范畴。由于区域竞争力的研究目前尚未形成独立的系统，大多是运用区域经济学理论从大区域的角度出发，讨论如何提升区域竞争力、创造竞争优势，为本区域的发展争取资源，在区域中进行资源优化配置。目前，区域竞争力的研究，包括指标体系的建立，仍与国家竞争力的研究比较接近，因此，我们可以将区域竞争力归结为国家竞争力的一个方面。

由于区域竞争力研究是以区域经济学理论为基础的，不可避免地侧重于经济结构转变的区域性特征，主要从区位、空间结构、集聚经济、地域综合体、产业布局等方面揭示区域发展的一般规律。从国内发展看，由于我国行政区划的特点，在研究区域竞争力时，往往把研究对象锁定为行政区域范围。

随着我国城市化的推进，城市群的竞争力逐步成为研究热点。因此，国内区域的研究又主要集中在大都市圈、城市群之间要素的比较等。指标体系也逐渐从侧重经济发展扩展到社会、生态等不同层面。区域竞争力的研究方兴未艾,如何将管理学、社会学等学科理论与区域经济学理论紧密结合起来研究这一问题,存在广泛的空间。

(四)城市竞争力研究

不同学者都从其研究立场和角度提出了不同的城市竞争力模型。不同的理论既有相似点,又有各自特色。

1. 彼得·卡尔·科拉索的研究

美国巴克内尔大学的彼得教授在 20 世纪 80 年代开始致力于城市竞争力研究。彼得认为城市竞争力是城市创造财富、提高收入的能力。他认为,由于城市竞争力没有直接被测量分析的性质,人们只能通过它投下的影子来估计质和量。他提出显示性和解释性相结合的分析框架。认为城市竞争力由制造业增加值、商品零售额、商业服务收入体现出来。即城市竞争力=F(制造业增加值,商业零售额、商业服务收入)。在假设城市发展和城市竞争力高度相关的前提下,参考现代增长理论,选择一套解释城市发展的变量,得到城市竞争力的分析框架,即城市综合竞争力=F(经济因素,战略因素),其中经济因素包括生产要素、基础设施、区位、经济结构和城市环境;战略要素包括政府效率、城市战略、公私部门合作和制度灵活性。彼得采用判断分析方法,对显示性框架进行分析,得出城市竞争力的得分与排名,再运用回归分析法得到解释性框架的具体模型。

2. 伊恩·勃格的研究

英国的伊恩·勃格认为城市竞争力是在自由和公平的市场环境下,城市生产好的产品和服务,满足国际市场,同时长期提升居民收入的能力。他认为,竞争力在一定程度上等同于经济表现。他综合了有关城市竞争力的概念和评价方式,将城市竞争资本和潜在竞争结果两者结合起来分析城市竞争力。他提出城市绩效的投入(结构趋势、宏观影响、公司特质、贸易环境、创新和学习能力)和产出(就业率和生产所决定的具体生活水平)的关系,将城市竞争力的显性要素和决定要素的分析结合。

3. 道格拉斯·韦伯斯特的研究

美国斯坦福大学道格拉斯·韦伯斯特认为,城市竞争力是指一个城市能够生产和销售比其他城市更好的产品的能力,提高城市竞争力的主要目的是提高城市居民的生活水平。经济全球化使得国家政策和社会经济状况对城市竞争力的影响变得越来越重要。他将决定城市竞争力的要素划分为四个方面,包括经济结构、区域性禀赋、人力资源和制度环境。其中,经济结构是竞争力的焦点,属于这方面的关键性要素有经济成分、生产率、产出和附加值、国内外投资。区域性禀赋是专属一个特定区域、基本上不转移的地区性特征,包括地理位置、基础设施、自然环境等。人力资源是指技能水平、适用性和劳动力成本。人力资源的价值依赖于其所在的环境。制度环境是指企业文化、管理框架、政策导向和网络行为倾向。

4. 中国城市竞争力研究会的研究

中国城市竞争力研究会认为城市中的政府、企业、居民是城市竞争的主体,在城市的竞争中,发挥不同的作用。城市竞争力应该包含经济、社会、文化、环境四方面的内容。城市竞争力体现的是城市的经营管理能力、学习能力、创新能力、开放能力、聚集能力及可持续发展能力。城市竞争力不仅应该包含了城市综合力,而且应该包含资源潜力、经济活力及成长能力,是规模(总量)、效率(均量)、增长(动态发展量)的统一。2007 年的《GN 中国城市整体竞争力评价指标体系》由综合实力竞争力、产业竞争力、财政金融竞争力、商业贸易竞争力、基础设施竞争力、社会体制竞争力、环境/资源/区位竞争力、人力资本教育竞争力、科技竞争力和文化形象竞争力在内的 10 个一级指标、50 个二级指标、215 个三级指标构成。该研究的数据资料,来源于研究会对各城市政府工作报告、统计公报、城市行政首脑述职报告、媒体信息的收集分析,并尽力参考权威的国家统计报告(其中港、澳、台相关统计年鉴中与大陆统计口径的差异,以大陆统计口径为标准作了适当的调整和估算)、各界专家评价和普遍的问卷调查(通过设计一组可操作的问卷进行问卷调查,取得原始资料,然后在此基础之上运用模糊综合判断法来获取资料)。最后采用主成分分析方法进行数据处理并求得最终的评价结果。

5. 北京国际城市发展研究院的研究

北京国际城市发展研究院认为,城市竞争力是一个国家的城市在全球经济一体化背景下,与其他城市比较,在要素流动过程中抗衡甚至超越现实的和潜在的竞争对手,以实现城市价值所具有的各种竞争优势的系统合力。他们认为,研究比较城市竞争力的核心主要是比较由城市实力为基础的城市核心能力。从市场微观角度看,城市竞争力就是城市生产力。而发展生产力首先必须占有资源和要素,并且占有更多的优势要素和资源,因此,城市竞争力的竞争优势与占有、配置生产要素和资源的能力呈正相关。竞争力的本质体现为市场化占有、配置和利用生产要素权力的大小。竞争力弱,市场化配置资源和要素的权力就小;竞争力强,市场化配置资源和要素的权力就大。

依据国际竞争力理论和国家竞争优势理论,北京国际城市发展研究院建立了基于中国城市的"城市价值链模型"。模型认为,一个城市的竞争力取决于其价值活动和价值流,两者合称价值链。价值活动是城市价值创造过程中实现其价值的每一个环节,包括城市实力系统、城市能力系统、城市活力系统、城市潜力系统和城市魅力系统。价值流是指城市以相应的平台(基础平台、操作平台、服务平台)和条件(政策体制、政府管理、市场秩序、社会文化)吸引区外物资、资本、技术、人力、信息、服务等资源要素向区内集聚,通过各种资源要素的重组、整合来促进和带动相关产业升级和扩充,并将扩大竞争优势和向周边和外界扩张和辐射。

北京国际城市发展研究院设计的中国城市竞争力评价系统由城市实力系统、城市能力系统、城市活力系统、城市潜力系统和城市魅力系统五个层面构成,共设置一级指标 5 个、二级指标 23 个、三级指标 140 个(该指标体系的一、二级指标见表 2-1)。他们认为,城市实力系统主要是对城市经济、社会和可持续发展等方面实力的全面评价,揭示出城市的经济地位和竞争基础。城市能力系统反映了城市集聚、辐射、流通、增长等方面的核心能力,揭示出城市发展的速度与程度、竞争产生对抗效果的水平、作用强度和获得竞争的概率。城市活力系统反映了城市有效利用资源的能力,揭示了城市各要素和资源的活跃性、开放性以及相关约束的合理性,并综合体现为城市运行和发展的效率。城市潜力系统反映了城市在未来或潜在竞争中能够夺取、控制制高点所需的要素支持的完备程度,提示了城市实现生存平台的跨越和生存模式的革新,获得城市再生和更高层次新生的后发优势。城市魅力系统是推动城市快速发展的加速器,是现代城市的灵魂。城市魅力的功能在于对外界施加强烈的影响力,产生巨大的吸引力,充满迷人的亲和力,激发丰富的想象力,对城市发展具有乘数效应。

表 2-1　北京国际城市发展研究院城市竞争力评价指标体系

一级指标	二级指标
城市实力	经济规模、产业结构、城市功能、社会进步、可持续发展
城市能力	集聚能力、辐射能力、流通能力、增长能力
城市活力	企业活跃度、资本市场成熟度、市场开放度、创新环境、城市治理结构
城市潜力	市场空间、资源效率、投资吸引、社会成本、人力资源
城市魅力	城市品牌认知度、城市形象影响力、城市文化凝聚力、城市游客满意度

6. 中国社科院的研究

由中国社会科学院倪鹏飞博士主编的《城市竞争力报告》,是近年来在城市竞争力评价研究方面有一定影响的系列专著。倪鹏飞认为,城市竞争力是指一个城市在竞争和发展过程中与其他城市相比较所具有的吸引、争夺、拥有、控制和转化资源,争夺、占领和控制市场,以创造价值,为其居民提供福利的能力。倪鹏飞认为城市价值收益的获得取决于城市创造价值的能力,取决于竞争力。城市竞争力可以从显示性框架和解释性框架两个方面来理解和把握。

显示性框架:城市综合竞争力＝F(综合市场占有率,综合长期经济增长率,综合人均 GDP,综合居民人均收入水平)。解释性框架:倪鹏飞认为城市竞争力可以从多个角度来表达与解释,因此,可以包含多个解释性指标体系。《中国城市竞争力报告 NO3》主要采用"弓弦箭"模型,来建立解释性指标体系。而《中国城市竞争力报告 NO4》采用"飞轮"模型,来建立解释性指标体系。这之后,在不同年份轮流使用"弓弦箭"模型和"飞轮"模型,也就是说从不同角度来解释城市竞争力。

"弓弦箭"模型:在这一框架内,把硬力比作弓、软力比作弦、城市产业比作箭,建立了城市竞争力评价的"弓弦箭"模型。城市综合竞争力＝F(硬竞争力,软竞争力);硬竞争力＝人才竞争力＋资本竞争力＋科技竞争力＋环境竞争力＋区位竞争力＋基础设施竞争力＋结构竞争力;软竞争力＝文化竞争力＋制度竞争力＋政府管理竞争力＋企业管理竞争力＋开放竞争力。

"飞轮"模型,主要是从主体和环境的角度考察城市竞争力,他认为城市竞争力,从里到外,是人才本体竞争力、企业本体竞争力、产业本体竞争力、公共部门竞争力、生活环境竞争力、商务环境竞争力、创新环境竞争力和社会环境竞争力共同作用的结果,即城市综合竞争力=F(人才本体竞争力,企业本体竞争力,产业本体竞争力,公共部门竞争力,生活环境竞争力,商务环境竞争力,创新环境竞争力,社会环境竞争力)

上述两个模型都采用主成分分析法构造城市综合和分项竞争力指数,对城市竞争力进行测定;同时采用洛斯-阿拉莫斯金融分析小组新开发的模糊曲线分析法计算分析各分项竞争力和各要素对综合竞争力的贡献弹性和相关性系数,对城市竞争力影响因素进行计量检验。

7. 上海社会科学院的研究

上海社会科学院城市综合竞争力比较研究中心提出城市聚集和扩散能力的强弱集中反映了城市综合竞争力。他们认为,由于城市综合竞争力比较的关键是城市经济的集聚和扩散功能,因此,指标体系的设置主要从集聚和扩散功能上着手,并把城市综合竞争力划分为总量、质量和流量三个一级指标。其中:(1)总量指标主要突出体现一个城市的经济实力、实际生产能力及发展状况。总量是城市经济持续发展和综合竞争力的基础,也是城市经济发挥集聚和扩散功能的基础。(2)质量指标反映城市经济的发展质量和社会经济的"健康"状况,质量是决定城市综合竞争力强弱的主要因素。(3)流量指标体现出城市经济集聚和扩散功能的发挥程度,反映各城市在 GDP 流量规模、资本、技术、人力资源、对外开放、资源利用等方面的集聚和扩散能力。流量是总量和质量的综合体现,只有总量和质量的相互协调,整体水平高,才能真正提高流量规模。

该研究设计一共包含三个一级指标,下分列 14 个二级指标和 79 个三级指标(见表 2-2)。该研究采取主观赋权法,对三个一级指标赋予不同的权重,具体为总量指标占 30%、质量指标和流量指标各占 35%。在数据处理上,以上海 1995 年的数据为 100,然后以此为基准,分别计算各城市的相关数据。

表 2-2 上海社会科学院城市竞争力评价指标体系

一级	二级指标	三级指标
总量指标	经济实力	国内生产总值、人均国内生产总值、社会商品零售总额、固定资产投资总额
	金融实力	居民储蓄存款、银行贷款余额、保险金额
	科技实力	研究和发展投入金额、专利申请数、拥有科技人员数
	政府实力	财政收入、财政支出
质量指标	发展水平	GDP、人均 GDP、固定资产投资总额的 10 年平均增长率等指标
	产业结构	第三产业比重
	经济效益	综合生产率、投资效果系数
	城市服务设施	公共服务设施及基础设施等指标
	社会环境	人均居住面积、人均公共绿地面积、空气质量等指标
流量指标	GDP 流量	无数据
	人口流量	旅游方面的流量等指标
	资金流量	对吸引外资及变动状况等指标
	实物流量	货物运输、客运、集装箱运输能力等指标
	信息流量	信息流量等指标

8. 华东师范大学的研究

华东师范大学宁越敏认为,城市竞争力是指城市在社会、经济结构、价值观、文化、制度政策等多个因素的综合作用下,创造和维持一个城市自身发展在其从属的大区域中进行资源优化配置,从而使城市经济获得持续增长的能力。该研究认为,城市综合经济实力是城市竞争力的基础,不仅反映了城市竞争发展的现状水平和所处的阶段,而且也预示着未来城市参与整个区域竞争所具备的能力。产业竞争力是城市竞争力的核心内容之一。基础设施是一个城市经济发展的载体,也是参与区域竞争的基本前提和保证。国民素质是科技进步和竞争力提升依靠高素质的人才来推动,国民素质能力是城市竞争力不可或缺的要素之一。良好的环境质量不但是创建宜居城市的必要条件,而且对吸引人才、吸引外资也具有重要作用。经济综合实力、产业竞争力、企业竞争力、科技竞争力是构成城市竞争力模型的核心因素,并且受金融环境、政府作用。

基础设施、国民素质、对外对内开放程度、城市环境质量等基础和环境因素的支撑,其城市竞争力评价指标体系(见表2-3)。

表 2-3　宁越敏的城市竞争力评价指标体系

一级指标	二级指标
综合经济实力	城市经济总量,城市经济增长速度,城市居民收入,市场购买力
产业竞争力	产业结构的比重,高新技术产业的比重,产业结构的效益
企业竞争力	产品市场占有率,企业结构,劳动生产率,企业文化
科学技术竞争力	科技队伍,科技投入,科技项目和成果,科技转化,高等学校规模,高等学校质量
对外、对内开放程度	经济的外向度,吸引外资的能力,国际旅游活动,国内资本市场的地位,国内旅游活动
基础设施	能源,对外交通,城市道路状况,给排水状况
国民素质	文化素质,健康素质,就业状况
政府作用	政府调控能力,政府管理水平
金融环境	上市公司数量,国内外金融机构数量,金融业务量
环境质量	大气状况,水环境质量,绿化情况,垃圾处理情况

(五)总体评述

总体而言,国内外学术界关于城市竞争力的研究尚处于起步阶段,尚未形成完整的理论体系、尚无一种统一的城市竞争力评价模型和测度指标体系。当前的研究在城市竞争力定义、分析范式、理论前提、分析框架、表现形式、影响因素以及测量方法上,都表述不一。这一方面说明竞争力评价研究在不断完善和发展中,另一方面也说明竞争力评价研究还缺乏成熟的理论,该研究还在不断探索之中。我们认为,城市竞争力是指一个城市与其他城市相比较所具有的集聚资源、创造财富、对外部地区产生辐射作用,实现城市持续发展的能力。从这一定义出发,城市竞争力的内涵可以从以下几个方面理解:

一是从总体来看,城市竞争力是相对的,只有与其他城市相比较才有实际意义,一个城市比另外一个城市竞争力强,表明这个城市发展得更好,更有活力;反之,则表明这个城市发展相对落后。

二是从时间序列看,城市竞争力的强弱不是一成不变的,一个城市目前竞争力强,不代表它今后也同样强,随着时间推移,它的竞争力可能更强、更弱或不变。

三是从影响因子看,城市竞争力由多个因子决定。总体竞争力强,不代表每一个因子的竞争力都强,总体竞争力弱的城市可能在某一方面存在优势竞争力。

二、国内外现代化城市指标体系相关研究

国内外有许多城市现代化及其建设的指标体系的研究,比较梳理相关研究,可以为城市地位的评价提供宏观指导方向和基本的依据标准。

(一)城市现代化指标体系

国际上较常用的一组现代化指标体系,是美国统计学家、斯坦福大学教授、世界上最著名的现代化研究专家之一英克尔斯(Alex Inkless)教授根据世界银行关于世界发展的研究,并结合自己对6个发展中国家的研究,提出了现代化的11个评价指标和标准(见表2-4)。英克尔斯认为现代化的核心是人的现代化,并提出人的现代化是现代化社会稳定、持续和健康成长的基石。英克尔斯提出的现代化11项标准,为传统工业社会现代化的实证研究与定量评价开拓了一条新思路,此标准被国际社会广泛用于评判发展中国家的现代化水平。

表 2-4　英格尔斯现代化评价指标体系

指标	单位	标准值
1. 人均国内生产总值	美元	＞3000
2. 农业增加值占 GDP 比重	％	＜15
3. 服务业增加值占 GDP 比重	％	＞45
4. 非农业从业人员占全部从业人员比重	％	＞70
5. 城市化水平(城市人口占总人口比例)	％	＞50
6. 成人识字率	％	＞80
7. 大学入学率(在校大学生占 20～24 岁人口比例)	％	10～15
8. 每个医生服务的人数	人	＜1000
9. 人口平均预期寿命	岁	＞70
10. 婴儿死亡率	％	＜3
11. 人口自然增长率	‰	＜1

　　由于英克尔斯标准简明、可测、数据容易获得,度量比较直白,因此受到许多统计工作者的青睐,并且迅速地被加以引用,尤其在我国目前向现代化迈进的时期,更被许多人奉为评估现代化的实用工具。无可讳言,英克尔斯标准与现代化的实质要求仍有许多在本质上值得商榷的地方,特别是由于他把现代化的门槛定得过低,使发展中国家在快速发展阶段容易被英克尔斯指标所误导,或者容易从这个纯粹的传统工业化时代指标中得出非真实的结论。因此英克尔斯现代化指标体系有以下不完善之处:

　　英克尔斯指标只是传统工业化时代对于现代化的最低要求,较难适应信息化时代对于现代化目标的动态演进。

　　英克尔斯指标强调的是现代化的外部特征,如人均 GDP、成人识字率、人口自然增长率,而对于现代化的内涵与实质如"推动现代化进程的动力"、"体现现代化水平的质量"和"实现现代化目标的公正",还缺乏清晰的内部逻辑依据。

　　英克尔斯指标只涉及收入水平、产业结构、社会水平等指标,而对于信息化、全球化、生态化以及相关的竞争力、集约化、可持续发展,均未提及,用其衡量 21 世纪的现代化进程,还远远不够。

　　此外,从全国范围看,具有参考价值的指标体系有:中国社会科学院现代化城市指标体系(见表 2-5),清华大学现代化城市指标体系(见表 2-6)。

表 2-5　中国社会科学院现代化城市指标体系

一级指标	二级指标	初级	中等	高度
经济与科技	人均 GDP(美元)	2000	4000	10000
	第三产业增加值占 GDP(%)	45	50	60
	科技进步对经济增长的贡献率(%)	30	50	70
人口与社会	人均预期寿命(岁)	65	70	75
	成年人受中等教育占应受教育人口比重(%)	40	50	60
	劳动者社会保障享受面(%)	70	80	95
	劳动人口就业率(%)	97	97	95
	居民对社会风尚及治安满意率(%)	70	70	70

续表

一级指标	二级指标	初级	中等	高度
城市设施	市内电话普及率（%）	30	60	80
	市区道路占城市土地面积（%）	5	10	15
	市区人均住房面积（平方米）	12	18	25
	平均每十万人的公共文化设施拥有量（个）	2	5	12
城市生态环境	市区人均拥有公共绿地面积（平方米）	4	6	12
	环境直接投资占 GDP 比重（%）	5	1	1.5
	环境终端能源消耗中优质能源比重（%）	50	70	95

表 2-6　清华大学现代化城市指标体系

一级指标	二级指标	初级
政治类	政治决策科学	有高层次的决策智囊团
	行政管理微机化	信息处理高速高效
	民主监督公开化	法律监督与新闻监督并重
经济类	人均 GDP	>1 万美元
	第三产业占 GNP 比重	>50%
	R&D 占 GDP 比重	>2.1%
	商业服务业占第三产业比重	>50%
社会类	恩格尔系数	<20%
	每万人口医生数	>40 人
	婴儿死亡率	<9 人
	每十万人刑事案件数	<1000 件
	每十万人交通事故死亡率	<7 人
	人口平均预期寿命	>70 岁
文化类	文化支出占生活支出比重	>20%
	人均图书占有量	>30 本
	电视机普及率	>90%

续表

一级指标	二级指标	初级
教育类	劳动文化指数	＞10 年
	人口文盲率	＜15％
	青年人口受高等教育比重	＞15％
科学技术类	科技进步贡献率	＞50％
	每万人口科技人员数	＞1000 人
	技术开发费占企业销售收入比重	＞2％
居住水平类	人均居住面积	＞15 平方米
	每万人口商业服务网点数	＞500 个
基础设施类	人均道路面积	＞13 平方米
	人均生活用电量	＞1400 千瓦时/年
	人均生活用水量	＞350 升/日
	煤气普及率	＞90％
	人均年发信函数	＞50 件
	电话普及率	＞40％
环境类	人均绿地面积	＞20 平方米
	人均公园面积	＞15 平方米
	二氧化硫年日平均浓度	＜0.06 毫米/立方米
	悬浮物年日平均浓度	＜0.09 毫米/立方米
	污水排放处理达标率	100％
	城市空间布局建筑环境的优美、舒适性和合理性	
发展类	人的尊严得到法律保障	
	工作权利与报酬得到法律保障、无性别歧视	
	人的发展被承认为社会进步的首要因素	

(二)国内城市发展指标体系相关研究

对国内代表城市的发展指标体系进行梳理,同样可以为城市地位的研究提供启示。

1. 青岛市现代化国际港口城市目标

青岛市在《青岛市城市总体规划 2006—2020》中,提出了依托国际化港口至 2020 年建成现代化国际港口大都市的目标。青岛市作为我国重要的港口城市,发展历史悠久,近年在国家相关政策的支持下以及自身努力下,已经基本实现了国际航运中心的目标。因此在规划中,青岛并未特意提出港口建设目标。指标分为经济现代化、社会现代化、城市现代化和国际化四个一级指标(见表 2-7)。

表 2-7 青岛市现代化国际港口城市目标(2004)

一级指标	二级指标	目标参考值
经济现代化	1. 人均 GDP(美元)	15000
	2. R&D 占 GDP 比重(%)	2
	3. 第三产业增加值占 GDP 比重(%)	70
	4. 进出口总额占 GDP 比重(%)	60
	5. 信息化指数	>300
社会现代化	6. 平均预期寿命(岁)	77
	7. 高等教育毛入学率(%)	55
	8. 恩格尔系数(%)	<20
	9. 万人拥有医生数(名/万人)	40
	10. 基尼系数(%)	40
城市现代化	11. 非农化水平(%)	95
	12. 城市人均道路面积(m²/人)	10
	13. 城市人均住房使用面积(m²/人)	30
	14. 城市人均公共绿地面积(m²/人)	12
	15. 空气悬浮颗粒物平均浓度(微粒/m³)	<50
国际化指标	17. 本地产品出口额占 GDP 比重(%)	100
	18. 进口额占 GDP 比重(%)	80
	19. 外汇市场交易量(亿美元)	600
	20. 外商直接投资占本地投资比重(%)	30
	21. 地铁运营里程(km)	200
	22. 外籍侨民占本地人口比重(%)	2
	23. 入境旅游人数占本地人口比重(%)	100
	24. 市民运用英语交流的普及率(%)	80
	25. 国际主要货币通兑率(%)	100

2. 南京市率先基本实现现代化指标体系

南京市率先基本实现现代化指标体系是在围绕江苏省现代化指标体系的最新研究成果,借鉴北京、深圳、广州、苏州、无锡等城市的经验,结合南京的实际建立起来的(见表 2-8)。其增加了反映南京特色功能的指标,例如增加"软件和信息服务业总收入"体现了软件名城的建设水平;增加"新增世界 500 强和中国 500 强企业研发机构"体现了科技创新水平;增加"机场货邮吞吐量"、"国际航班数量"等体现了城市国际化的口岸功能;增加"新增劳动力人均受教育年限"等体现了南京的科教人才资源优势;增加"主城污水集中处理率"、"城区生活垃圾分类收集覆盖率"体现了生态环境建设。

表 2-8　南京市率先基本实现现代化指标体系(2011)

分类	序号	指标名称		单位	目标值 (省目标)
经济发展	1	人均地区生产总值		元	100000
	2	★服务业增加值占 GDP 比重		%	56(53)
	3	软件和信息服务业收入		亿元	4000
	4	★消费对经济增长贡献率		%	56(53)
	5	★城市化水平		%	83(68)
	6	现代农业发展水平		%	90
	7	★R&D 经费支出占 GDP 比重		%	4.5(2.8)
	8	工程技术研究中心数		家	300
	9	新增世界 500 强和中国 500 强企业研发机构数		家	100
	10	★高新技术产业产值占规模以上工业产值比重		%	50(45)
	11	自主品牌企业增加值占 GDP 比重		%	15
	12	万人发明专利拥有量		件	12
	13	*口岸功能	机场货邮吞吐量	万吨	80
			国际(地区)航班数量	班	7000
			港口集装箱吞吐量	万标准箱	400

续表

分类	序号	指标名称		单位	目标值 （省目标）
人民生活	14	人均预期寿命		岁	78
	15	居民收入水平	城镇居民人均可支配收入	元	55000
			农村居民人均可支配收入	元	23000
	16	居民住房水平	城镇家庭住房成套比例	%	95
			农村家庭住房配套比例	%	80
	17	每千人国际互联网用户数		个	1000
	18	基本社会保障水平	城乡基本养老保险覆盖率	%	98
			城乡基本医疗保险覆盖率	%	98
			失业保险覆盖率	%	98
			城镇保障性住房供给率	%	98
			★每千名老人拥有机构养老床位	张	40（30）
	19	★每千人拥有医生数		人	2.7（2.3）
	20	公共交通服务水平	主城区居民公共交通出行分担率	%	50
			镇村公共交通开通率	%	100
社会发展	21	★主要劳动年龄人口平均受教育年限		年	12.4（12.2）
	22	人力资源水平	＊领军型科技创业人才	人	3000
			每万劳动力中研发人员数	人年	100
			每万劳动力中高技能人员数	人	600
	23	基尼系数		—	<0.4
	24	党风廉政建设满意度		%	80
	25	法治和平安建设水平	法治建设满意度	%	90
			公众安全感	%	90
	26	和谐社区建设水平	城市和谐社区建设达标率	%	98
			农村和谐社区建设达标率	%	95
	27	文化产业增加值占 GDP 比重		%	6
	28	人均拥有公共文化体育设施面积		平方米	2.8

续表

分类	序号	指标名称		单位	目标值 （省目标）
生态环境	29	单位 GDP 能耗		吨标煤/万元	<0.5
	30	主要污染物排放强度	★单位 GDP 化学需氧量排放强度	千克/万元	<1.0(2.0)
			单位 GDP 二氧化硫排放强度	千克/万元	<1.2
			单位 GDP 氨氮排放强度	千克/万元	<0.2
			单位 GDP 氮氧化物排放强度	千克/万元	<1.5
	31	空气质量优良天数比例		%	95
	32	Ⅲ类以上地表水比例		%	60
	33	绿化水平	★林木覆盖率	%	28(23)
			★城镇绿化覆盖率	%	45(40)
	34	*城镇污水处理水平	主城污水集中处理率	%	95
			镇街建成区污水处理率	%	70
	35	城区生活垃圾分类收集覆盖率		%	80
	36	村庄环境整治达标率		%	95
评判指标		人民群众对基本现代化建设成果满意度		%	70

注：(1)涉及价格变化的指标，目标值或基准价格均为 2010 年价。涉及人均的指标，按常住人口计算；(2)标"*"指标是在江苏省指标体系基础上新增的南京特色指标；(3)各指标目标值均以省定目标值为基础。其中：标"★"指标为南京优势指标，目标值高于括号内的省定目标值；(4)主要污染物排放强度指标：化学需氧量五年减排 19655 吨，二氧化硫五年减排 25394 吨。

3. 深圳市"十二五"规划调控指标体系

2011 年，《深圳市"十二五"规划纲要》提出了"十二五"调控指标体系，共 32 项，其中约束性指标 16 项、预期性指标 16 项（见表 2-9）。指标体系既是深圳"十二五"发展蓝图的具体化，又具有明确的导向性。有以下三个特点：一是突出了推动科学发展，加快转变经济发展方式，创造深圳质量的内容。指标设计共分为结构调整、自主创新、社会建设和可持续发展四大类，这四大类指标涵盖面宽，反映了新的五年转型发展的要求，其中结构调整类 6 项指标体现了促进产业升级，实现经济平稳较快发展的目标导向；自主创新类 6 项指标体现了创新引领，增强核心技术自主创新能力的目标导向；社会建设类 12 项指标体现了民生优先的目标导向；可持续发展的 8 项指标，体现了低碳绿色发展的目标导向。二是突出了以民生为重点的社会建设，在指标设计中社会发展的内容占有较大的比重，这是以前规划中所没有的。三是约束性指标分量重，增强了政府工作的可考核性和可评估性。

表 2-9　深圳市"十二五"规划调控指标体系(2011)

类别	序号	指标	2015 年调控目标	指标属性
结构调整	1	本市生产总值	15000(亿元)	预期性
	2	人均生产总值	20000(美元)	预期性
	3	万元 GDP 建设用地	25%(累计下降)	预期性
	4	第三产业增加值占 GDP 比重	60%	预期性
	5	现代服务业增加值占第三产业比重	60%	预期性
	6	战略性新兴产业增加值占 GDP 比重	20%	预期性
自主创新	7	全社会研发支出占 GDP 比重	4%	预期性
	8	每万人口年度发明专利授权数量	12(项)	预期性
	9	科技进步贡献率	60%	预期性
	10	高技术产业增加值占 GDP 比重	35%	预期性
	11	自主知识产权高新技术产品产值比重	62%	预期性
	12	大专以上受教育人口比重	20%	预期性
社会建设	13	居民人均可支配收入	4.9(万元)	预期性
	14	登记失业率	≤3%	约束性
	15	市、区财政一般预算支出中教育拨款比例	每年同口径提高1 个百分点	约束性
	16	千人病床数	3.4(张)	约束性
	17	城镇职工基本养老保险参保率	95%	约束性
	18	公共交通占机动化出行分担率	56%	约束性
	19	人均公共图书馆图书藏量	2.3 册	预期性
	20	主要农产品质量安全检测超标率	≤2.5%	约束性
	21	食品生产监督抽查合格率	≥92%	约束性
	22	药品安全抽样合格率	≥95%	约束性
	23	每万人暴力案件立案数	≤11.5宗	约束性
	24	居民平均预期寿命	79 岁	预期性

续表

类别	序号	指标	2015 年调控目标	指标属性
可持续发展	25	空气质量优良天数	≥360（天）	预期性
	26	万元 GDP 能耗	0.47（吨标准煤）	约束性
	27	万元 GDP 水耗	20%（累计下降）	约束性
	28	万元 GDP 二氧化碳排放量	15%（累计下降）	约束性
	29	化学需氧量排放量	21%（累计下降）	约束性
	30	氨氮排放量	22%（累计下降）	约束性
	31	二氧化硫排放量	4%（累计下降）	约束性
	32	氮氧化物排放量	3.5%（累计下降）	约束性

注：万元 GDP 能耗、万元 GDP 二氧化碳排放量、化学需氧量排放量、氨氮排放量、二氧化硫排放量、氮氧化物排放量指标是国家和广东省规定的约束性指标，尚需根据国家和广东省分解下达意见调整。

三、城市地位评价指标设计

总览国内外关于城市发展的指标体系的研究，城市发展的指标可谓丰富多彩。考虑本研究是基于宁波地位评价的长三角典型城市比较研究，我们对长三角典型城市的指标进行了综合分析和科学筛选。

（一）指标体系设置的原则

建立城市地位指标体系，必须能够准确反映经济、社会和城市的基本属性和主要特征。一方面，需要以现有的各项统计制度和数据为基础；另一方面，城市地位指标并不是原有的经济和社会等领域统计指标的简单照搬和堆砌，必须建立一套科学的完整的综合评价指标体系。因此在建立城市地位指标体系时要遵循以下主要原则：

1. 综合性和代表性原则

城市是一个涉及社会、经济的复合系统，其指标体系应该是一个具有综合性的整体，能够全面地反映其城市特征。既要能够反映城市社会、经济、环境等各个子系统发展的主要特征，又要能够反映子系统之间相互协调的动态变化和发展趋势。代表性原则还要求指标的选取侧重反映长三角城市发展的整体状况，指标体系不可能完全覆盖所涉及的所有方面,因此选择的指标要具有代表性,尽可能概括主要方面和主要内容。同时,各个城市之间的差异是客观存在的,在选取具有共性特征的可比指标的同时,也要考虑一些独特的指标的内涵特征,从而能够形成一个相对基本统一的指标体系来统一衡量对比不同城市的发展程度,同时也能够达到与国际上相关研究的兼容和接轨。

2. 动态性与静态性原则

城市的发展是一个不断变化的过程,指标的选取也要能够反映出这样的变化趋势。因此,所选取的指标应该强调动态与静态相结合,既要能够反映城市某一个时段的水平特征,又要能够反映其发展演变的趋势特征。

3. 科学性与实用性原则

城市的评价是建立在一定的科学理论的基础之上的。指标的选取也要能够客观反映城市的本质特征及质量水平。要考虑理论上的完备性,指标概念要明确,具有一定的科学内涵。同时,也要考虑到资料的可取性和统一的可比性,即权重系数的确定以及数据的选取、计算和合成等要以公认的科学理论为依托,同时避免指标的重叠和简单的罗列。

4. 前瞻性与导向性原则

建立城市地位评价指标体系,不仅要能够反映出城市目前的状况,而且还要通过描述过去和现在的社会、经济和城市等各个要素之间的关系,来为城市未来的发展指明方向。

5. 可量性和可比性原则

指标体系的基本目的就是要将复杂的社会现象变为可以度量、计算和比较的数据、数字。所选指标要易于量化,即要有数据支持。指标要具有可比性,可进行纵向和横向的比较。纵向比较要求城市指标体系具有历史可比性,使评价结果在时间上现在与过去可比,以便反映经济、社会可持续发展的演进轨迹。横向比较则体现其范围的可比性,便于同一层级的城市进行对比,以认清城市的优势和劣势,合理定位,便于及时发现问题并提出相应的解决对策措施。

6. 稳定性与开放性相结合原则

城市可持续发展指标体系中既要有反映城市当前状态的指标,也要有反映城市未来发展变化的指标。指标体系的内容在一定时期内应保持相对稳定性,但随着时间的迁移和研究对象的发展变化,指标体系也应作相应调整,从而体现稳定性和动态性的结合。

(二)评价方法和数据来源

1. 评价方法

选择什么方法进行研究是由研究对象的特点决定的。城市地位是一个综合概念,其影响因子是多层次、多变量的,而且各变量之间相互影响关系复杂,因此其评价属于综合评价的范畴。综合评价是指通过一定数学模型将多个指标对事物的不同方面的评价值综合在一起,以实现对事物的整体认识。一般来说,综合评价方法主要有多元统计分析方法、层次分析方法、多指标数学合成方法、模糊综合评价方法、灰色系统评价方法等。每种方法都有不同的适用条件,为了反映城市地位的综合性和影响因素的多层次特征,我们主要采用层次分析方法来确定指标体系。确定产业发展、开放发展、可持续发展、社会文化发展(城市软实力)为评价的准则层,逐层分解为该准则层的子准则层。指标体系的参考标准主要来源于国内外较为成熟的指标体系(见表 2-10)。

表 2-10　国内外较为成熟的指标体系

(1)美国斯坦福大学现代化指标体系
(2)清华大学现代化城市指标体系
(3)中国社会科学院现代化城市指标体系
(4)河南省可持续发展指标体系(2005)
(5)南京市率先基本实现现代化指标体系(2011)
(6)深圳市"十二五"规划调控指标体系(2011)
(7)宁波市现代化国际港口城市的评价指标体系(1998)
(8)天津建设现代化国际港口城市的评价指标体系(1999)
(9)青岛市现代化国际港口城市指标体系(2004)
(10)宁波建设现代化国际港口城市研究(2003)
(11)宁波市第十二次党代会的相关内容作为依据
(12)根据现有的社会、经济、环境和旅游协调发展的理论,力求定量化作为参考值
(13)对一些重要指标,但统计数据不完整的,暂用类似指标代替

部分指标选择主成分分析法进行评价,因为主成分分析的最大优点

在于能够从众多变量中找到面向目标的主要变量,从而使目标决策简单化。根据指标体系的结构建立评价体系来评价宁波在长三角区域发展中的城市地位(具体指标体系见表 2-11)。该指标体系充分地体现科学发展观的要求,充分体现了"六个加快"战略,进一步凸显科学发展观、构建和谐社会等理论对城市发展提出的新要求。

表 2-11   城市地位评价指标体系

一级指标	二级指标	三级指标
产业发展	现实竞争力	地区生产总值
		人均地区生产总值
		三产占地区生产总值比重
	潜在竞争力	地区生产总值增速
		专利授权量
		城乡居民收入与财政收入增速比
	环境竞争力	常住人口增速
		外商直接投资额
开放发展	吸引外资能力	FDI 占全社会固定投资比重
		实际利用外资
		当年批准外商直接投资项目个数
	走出去能力	新批对外投资项目个数
		对外承包劳务合作实际营业额
	贸易国际化水平	进出口总额
		进口额
		出口额
		外贸依存度
		国际服务贸易额
	基础设施的承载力	港口货物吞吐量
		客运总量
		货运总量
		航空港年进出境旅客数量
		路网、航空、港口设施指数
	城市影响力	年旅游总收入
		接待入境旅游人数
		接待国内旅游人数
		外来常住人口比重
		国际友好城市个数

续表

一级指标	二级指标	三级指标
可持续发展	人才要素	人才总量
		每万人人才资源数
		中高级职称人员占人才总量的比例
		创业人员占人才总量的比例
	土地要素	耕地面积
		人均耕地面积
		土地后备用地
		建设用地占土地总面积的比重
		土地利用率
	资金要素	全社会固定资产投资
		年末金融机构各项存款余额
		中长期贷款
		实际利用外资
		金融机构数量
	生态要素	废气二氧化硫排放总量
		工业废水排放达标率
		生活垃圾无害化处理率
		人均绿地面积
		建成区绿化覆盖率
社会文化发展	文化生活	每万人拥有艺术演出场次
		每万人拥有公共图书馆藏书量
		剧场、影剧院数
		全国重点文物保护单位数
		国家级非物质文化遗产数
	教育发展	普通高校数
		每万人拥有在校大学生数
		普通中小学专任教师与在校生比
		高等教育毛入学率
		初中毕业生升学率
	公共服务	公共管理和社会组织从业人员占从业人员总数
		教育支出占地方财政一般预算支出
		每万人拥有医院、卫生院床位数
		城镇职工基本养老保险参保人数

续表

一级指标	二级指标	三级指标
社会文化发展	城市形象	国家 4A 级及以上风景区数
		接待国际、国内游客人次
		人均国际旅游收入
		每 3 万人拥有专利申请授权量
		每万人拥有专业技术人员

另外需要说明，城市地位的评价方法有很多，我们并不认为我们选用的方法是最理想的，但结合宁波现实，从对城市地位的理解出发，我们认为本研究选择的方法和指标是相对合适的。基于适用性考量，在选取时部分子项的指标有重叠和交叉。

(二)数据来源和处理

在我们设计的指标体系中，尽可能采用统计指标。统计指标是指能够直接利用统计数据的指标。本研究主要是基于相关年份各城市的统计年鉴、各城市国民经济和社会发展统计公报，对个别数字，我们从网络、学术文献等其他途径获得。在城市选择上，我们选择与宁波具有一定可比性的城市，主要包括上海、杭州、南京、苏州、无锡、常州等。

在城市地位评价指标体系中，不同的指标对于城市地位的贡献度有差异。这种差异我们用权重来表示。根据有关文献分类，确定权重的方法一般有两类：一是主观赋权法，基于决策者给出的偏好信息；二是客观赋权法，基于决策矩阵和客观信息的方法。在研究过程中，我们综合运用主观赋权法和客观赋权法。主观赋权主要采用专家咨询赋权的方法，并在专家赋权的基础上进行平均处理，把其中个别偏离较大的估计值予以剔除，从而得出权重分配结果。客观赋权主要通过主成分分析的主成分贡献率得出。

第三章 长三角产业发展演进与
宁波产业竞争力

改革开放以来,以上海为龙头、江苏和浙江为两翼的长三角地区是我国经济发展最迅速、经济总量最大的地区,目前已发展成为全国经济最发达的地区之一。长三角地区也是世界上最具活力、潜力和竞争力的地区之一,被誉为中国乃至世界经济增长的发动机。产业发展是长三角地区经济发展最直接、最主要的推动力。地区间竞争主要表现为地区间资源汲取能力和产业发展环境的竞争,基础在于产业发展能力的竞争。研究地区产业竞争力,目的在于从比较优势出发,寻求具有竞争优势的产业群,并以此为主导重点发展,营造产业竞争优势,获取竞争收益。本章立足长三角地区产业发展演进宏观轨迹,客观分析宁波产业竞争力在长三角地区动态变化情况,在此基础上提出进一步提升宁波产业竞争力的对策建议。

一、长三角地区产业发展演进总体特点

长三角地区是中国近代工业的发祥地,也是我国现阶段产业规模最大、结构最佳、配套能力最强和综合效益最好的地区之一。21世纪以来,长三角地区经济已整体进入了工业化的中高级阶段。

(一)产业发展历程

长三角地区开发历史悠久,长期以来一直是我国经济社会的重要核

心区,是吴越文化、民族工业和乡镇企业的发祥地。根据区域合作过程和产业发展机制,改革开放以来的长三角地区产业发展大体上可以分为三个时期:

1. 20 世纪 80 年代市场经济探索的发展阶段

改革开放以前,在计划经济体制的约束下,私营经济、集体经济的发展受到抑制;上海原有的金融服务功能严重衰退,以"上海制造"闻名的国有经济实力较强,但因每年要上缴国家大量的财政收入,对周边地区的产业带动作用不强,整个长三角的发展受到极大的限制。改革开放以来,长三角地区被压抑的产业发展活力逐渐迸发出来,在计划经济相对宽松的江浙农村,抓住了市场短缺的机会,利用为上海大工业配套、与企业联营、外贸订单、聘用"星期日工程师"等技术力量,蓬勃发展了集体经济为主体的乡镇企业。通过运用非常灵活的生产、销售模式,甚至一些苏、浙企业也挂牌上海企业或产地进行生产经营,乡镇企业迅速发展,占据了长三角经济的半壁江山,并占领了较大比重的国内消费品市场。以农村集体经济为主体的"苏南模式"和以个体、私营经济为主体的"温州模式"并驾齐驱,风靡全国。

2. 20 世纪 90 年代计划经济向市场经济过渡的发展阶段

1990 年,上海浦东的开发开放,带动了长三角地区的巨大的经济变革,促进该区域从计划经济向市场经济过渡。上海浦东开发战略实施,促进了城市空间结构调整,进而带动了经济结构的调整;长三角的其他城市充分利用浦东开发的机遇和毗邻上海的区位优势,分别设立了国家高新技术开发区、经济技术开发区、省级经济开发区、市级开发区等各级开发区,以优惠政策和新成长空间吸引外资进入。如苏州工业园区、昆山经济开发区都成为集聚外资的典型。长三角也因此成功实现了乡镇企业与外资的嫁接,并在推动计划经济向市场经济过渡的进程中,促进国有、集体、私营、外资等所有制结构多样化;将引进海外资金和技术同地区产业结构调整结合起来,促进了产业结构优化。开发区建设,推动了大中城市的新区建设和自上而下的城市化,城市发展由小而分散向大而集中方式过渡,上海、南京、杭州、苏州、宁波、无锡等区域发展极化明显,城市间的竞争日益显现。

3. 21 世纪以来区域一体化为特征的市场经济加速发展阶段

21 世纪以来,随着社会主义市场经济体制的逐步完善,上海和长三角其他城市间的发展联动关系日益深入。原有的上海以国资为主、江苏以外资为主、浙江以民资为主的特色发展模式,正在彼此间的相互借鉴中日益趋同,向国资、民资、外资相互渗透的混合经济发展模式发展。两省一市已进入到共同探讨区域一体化发展的新阶段。政府领导间的合作交流日益加强,都表示了相互学习、相互服务、相互接轨的较高姿态。2001 年 5 月起,沪苏浙三省市每年召开经济合作与发展座谈会,同时还有每两年一次的长三角区域发展国际研讨会、长三角旅游城市 15＋1 高峰论坛、长三角 15 城市市长论坛等定期和不定期的对话与交流。长三角一体化过程中,地区间发展竞争型协作、在竞争中提升。尤其是伴随沿路高新技术产业带建设、沿江开发战略和环杭州湾开发战略的实施,长三角进入重工业化和高新技术产业共同加速发展时期,通过港口物流发展与重化工业基地建设,长三角正在形成强大的基础产业带;通过吸引有技术竞争力的世界 500 强及其研发机构集聚,形成了长三角高新技术产业集群,并迅速形成我国区域高新技术产业成长的地区竞争优势。但是,粗放、快速的经济发展带来严重的资源和环境问题:耕地资源急剧减少、水环境恶化、生态空间缩减等,严重影响了发展的可持续性。

（二）产业发展竞争优势

综合分析表明,长三角地区产业竞争优势主要体现在六个方面,为未来产业经济的加快发展和提升提供了坚实的基础。

1. 产业规模快速增长

改革开放以来,特别是进入 21 世纪以来,长三角地区产业经济呈现出十分强劲的高速增长势头,其作为引领中国经济增长火车头的龙头地位彰显。2010 年长三角地区两省一市地区生产总值达到 86313 亿元,2000—2010 年名义年均增长率为 16.1%,快于全国平均水平 1.2 个百分点,占全国地区生产总值的比重由 2000 年的 19.6% 提高为 2010 年的 21.7%。2010 年长三角地区两省一市人均地区生产总值达到 55840 元,是全国平均人均地区生产总值的 1.86 倍;全社会固定资产投资总额 40669 亿元,占全国固定资产投资的比重为 14.6%,2000—2010 年名义年均增长 19.6%;完成地方财政收入 9562 亿元,占全国地方财政收入的比重为 23.5%,2000—2010 年名义年均增长 22.3%;进出口商品贸易总

额 10883 亿美元,占全国进出口商品贸易总额的比重由 2000 年的
27.0%提高到 2010 年的 36.6%,2000—2010 年名义年均增长 23.8%。

2. 产业结构渐趋优化

长三角是我国产业结构调整与优化升级的先行区域。截止 2010 年
末,长三角地区两省一市三次产业的产值构成为 4.7∶50.1∶45.2,就业
构成为 16.1∶45.7∶38.2,均明显优于全国同期 10.1∶46.8∶43.1 和
36.7∶28.7∶34.6 的平均水平,表现为"二三一"的产业发展格局,呈现
出一产比重持续下降,二、三产比重稳步攀升,且成为共同推进区域经济
增长动力源的鲜明特征(2000 年长三角地区两省一市三次产业结构比为
7.1∶52.1∶40.8)。与此同时,三次产业的内部结构也得到了明显改
善。在第一产业内部,传统的粮食作物、棉花、桑蚕等比重迅速缩小,蔬
菜、园艺等城郊型农业发展迅速;在第二产业内部,以电子、电气、汽车、
医药、通用设备制造等行业为代表的先进制造业发展迅猛,其势头超过
了本区的传统支柱行业——纺织、服装业。信息通信、生物医药、光机电
一体化、新材料等新兴产业正在成为长三角地区重点扶持的先导性产
业;在第三产业内部,金融、保险、物流、旅游、会展、房地产等现代服务业
发展迅速,交通运输和邮电通信业、金融保险业、贸易服务业等均在全国
居于领先地位。

3. 特色产业集群竞争优势彰显

一是优势产业及其产品的集中度高,规模效应明显。2010 年江浙沪
的电子通讯、纺织、化工、电气机械、通用设备、钢铁和交通运输等七大支
柱产业产值已占全部工业总产值的 50%以上,废弃资源和废旧材料回收
加工业和化学纤维制造业的集中度(区位商)分别超过全国平均水平的 3
倍和 2 倍,纺织业、通用设备制造业和文教用品制造业则均超过全国平均
水平 1.5 倍。2010 年全国主要工业产品中,江浙沪生产的化学纤维和
微型计算机等 2 种产品产量占全国总产量的 70%以上,家用洗衣机和
集成电路等 2 种产品产量占全国的 50%以上,化学农药原药和布等 2
种产品产量占全国 40%以上,初级形态塑料、金属切削机床和大中型
拖拉机等 3 种产品产量占全国 30%以上,还有 7 种产品产量占全国
20%以上(见表 3-1)。

表 3-1 2010 年江浙沪三省市主要工业产品产量占全国比重

产品名称	全国	上海	江苏	浙江	长三角地区比重
纱（万吨）	2717	4.66	434.58	214.87	24.1%
布（亿米）	800	1.78	124.13	207.96	41.7%
机制纸及纸板（万吨）	9832.63	86.94	1088.22	1399.64	26.2%
烧碱（万吨）	2228.39	72.63	272.2	107.72	20.3%
乙烯（万吨）	1421.34	226.72	121.47	52.59	28.2%
化学农药原药（万吨）	223.52	5.28	60.56	24.48	40.4%
初级形态塑料（万吨）	4432.59	361.23	562.43	460.17	31.2%
化学纤维（万吨）	3090	49	1027.16	1366.43	79.0%
金属切削机床（万台）	69.73	1.34	7	15.19	33.7%
大中型拖拉机（万台）	38.35	0.97	7.95	3.69	32.9%
轿车（万台）	957.59	159.77	31.38	27.37	22.8%
家用电冰箱（万台）	7295.72	218.55	782.84	779.67	24.4%
家用洗衣机（万台）	6247.73	216.6	1216.6	1804.45	51.8%
微型计算机设备（万台）	24584.46	9388.44	9364.56	157.32	76.9%
集成电路（亿块）	652.5	113.46	223.21	30.4	56.3%
彩色电视机（万台）	11830.03	254.03	1660.88	477.03	20.2%

二是依托园区经济和块状经济，产业集聚的地域特色鲜明。如上海以汽车、造船、大型成套设备制造、航空航天为主体的现代装备业，以及具有较大规模和较高水平的芯片设计、生产、封装、测试产业链，苏州、无锡的电子信息产业，南京的石化工业，泰州的家用电器业，杭州的软件业，绍兴的纺织业、袜业和领带业，嘉兴的服装及皮革制品业，湖州的童装、竹制品，宁波的石化产业，台州的汽摩配件业等；三是依托黄金海岸、黄金水道和主要交通干线，初步形成三大巨型产业带。包括以沪宁、沪杭、杭甬铁路和高速公路沿线众多中心城市为支撑的高新技术产业带；沿长江下游及河口两岸地区集中分布的装备制造业和重化工业产业带；以及环杭州湾两岸地区的临港工业及加工制造产业带。

4. 开放型经济是产业升级的重要动力

20 世纪 90 年代以来,随着上海浦东的开发开放和上海"四个中心"发展目标的确立,我国对外开放的战略重心正从东南沿海向长江流域转移。长三角地区凭借其得天独厚的区位优势、产业优势、人才优势和政策优势,对外资的吸引力越来越强,开放型经济也已成为推动地区经济发展和产业结构优化升级的重要力量。其表现,一是外资企业和跨国公司在长三角地区集中布局的鲜明倾向。据初步统计,截至 2010 年底,世界 500 强企业中已有 400 多家抢滩长三角,长三角已成为跨国公司在我国最为集中的地区;二是外商直接投资总量及其占全国的比重均处于相当高的规模与水平,成为我国吸引外资的主要载体。2010 年长三角地区两省一市外商投资企业投资总额 10307 亿美元,同比增长 8.2%,占全国的比重为 38.1%;注册资本外资部分 4790 亿美元,同比增长 12.8%,占全国的比重为 38.1%;三是对外贸易已经成为拉动地区经济增长和产业升级的重要动力。近年来,长三角对外贸易的增长态势十分强劲。2010 年实现进出口商品总额 10883 亿美元,同比增长 35.3%,占全国的比重为 36.6%,其中出口商品总额 6317 亿美元,同比增长 33.3%,占全国的比重为 40.0%;外贸依存度也连年攀升,2010 年达到 78.2%,并且与地区经济的增长和地区产业结构的升级呈现出明显的正相关关系。

表 3-2　2010 年江浙沪三省市外商投资企业情况

地区	企业数(户)		投资总额 (亿美元)		注册资本 (亿美元)		注册资本外资部分 (亿美元)	
	2009	2010	2009	2010	2009	2010	2009	2010
全国	434248	445244	25000	27059	14035	15738	11369	12590
上海	52278	55666	3084	3394	1819	2009	1479	1640
江苏	50241	51666	4444	5081	2395	2739	2045	2326
浙江	28252	28769	1640	1832	950	1069	722	825
长三角地区比重	30.1%	30.6%	36.7%	38.1%	36.8%	37.0%	37.3%	38.1%

5. 体制改革与制度创新全国领先

在经济体制改革方面,长三角地区近年来成效突出,外向型经济和个体私营经济迅猛发展,一个以股份制为公有制主要实现形式、投资主体多元化的混合所有制经济体系框架业已基本形成。其中,江苏省苏南地区在 20 世纪 80 年代乡镇集体经济迅猛崛起的基础上,90 年代大力发展外向型经济,自 20 世纪末、21 世纪初又大力发展民营经济,同时对国有企业和集体企业进行大规模的股份制改造,从而形成了"公有制经济＋外向型经济＋民营经济"三足鼎立、三分天下的"新苏南模式";浙江省则是个体私营经济异军突起、发展迅猛,不仅个体私营经济总产值、销售总额、社会消费品零售总额、出口创汇总额和全国民企 500 强企业户数等 5 项指标均居全国各省市第一,并在此基础上塑造了一个市场体制和机制全国最新、商品市场和要素市场建设全国最好、市场经济发展的潜力与活力全国最大的"新浙江现象";在上海,随着 20 世纪 90 年代以来外向型经济的大发展,原来以公有制特别是国有经济成分一统天下的单一经济格局得到了彻底改观,非公所有制已占全部经济成分的 70％以上。特别是《国务院关于鼓励支持和引导个体私营等非公有制经济发展的若干意见》正式公布以后,以及国务院正式批准的浦东新区综合配套改革和中国人民银行上海总部的成立等,更是给长三角地区经济的未来发展插上了高飞的翅膀。

在区域制度创新方面,长三角地区也已远远走在全国其他地区的前列。一方面,作为我国对外开放的前沿与经济增长的核心区域,长三角正在成为国外先进的管理制度与区域组织形式、先进的市场观念与意识、国际惯例引入中国并向其他地区扩散的重要的引进中心、集聚中心和制度创新中心;另一方面,随着近年来新一轮区域合作与发展热潮的兴起和区域一体化进程的不断推进,长三角地区在区域发展模式选择与制度安排、国有企业改革与个体私营企业和外资企业发展、地方政府管理体制改革与管理职能转变,以及区域性法规制度调整、市场调控方式、经济主体行为规范改进和效率提高等方面的自我创新能力得到了很大提升,必将对全国性微观经济结构调整与区域经济一体化进程中的制度安排与制度创新体系建设产生深远影响。

6. 产业分布泛长三角化趋势明显

长三角地区是一个地域政治和经济地理概念,一直处于动态变化之中。长三角核心区主要包括沪苏锡常,以及杭嘉湖宁绍等,长三角外围区主要包括除沪苏锡常,以及杭嘉湖宁绍以外的江浙全境。后来长三角核心区又加上南京、镇江、扬州、南通、泰州及台州、舟山等区域,长三角外围区又加上皖赣两省。目前,长三角地区基本形成了上海、南京、杭州和宁波等 16 个城市作为核心区,苏北、浙西南和皖赣作为外围区的"核心—外围"空间格局。泛长三角地区的这种"核心—外围"的联动发展格局,具有区域一体化和均衡化发展特征。长三角核心区经长期高速集聚发展,其综合商务成本自 20 世纪 90 年代以来,上升了 76%,并出现产业同构、资源紧张、环境污染等诸多问题,核心区落后产能"挤出效应"加快显现,部分不再具有比较优势的产业加快向外转移,从而形成"核心—外围"的扩散发展趋势。高密度网格化交通体系的形成,极大地缩减了区域间的时空距离。2010 年泛长三角地区高速公路网密度达 275.2 公里/万平方公里,是 2000 年高速公路网密度的 5.2 倍,也是同时期全国高速公路网密度的 3.6 倍。交通条件的改善,方便了皖赣地区与长三角核心区的交往联系。其中,安徽马鞍山、滁州、黄山、宣城等多市(县)与苏浙相接,形成密集陆上交通网络。江西通过长江通道和浙赣通道,与长三角以及安徽紧密联系。因此,长三角向外扩展过程中,通过长江、高速和高铁等通道,向西与皖赣地区相连,构成了泛长三角区小尺度网格化交通格局。江浙沪地区是皖赣两省外出人口主要集聚地区,两个区块间基本形成了以人员流动为纽带的亲情血缘联系网。以安徽人口为例,2009年,安徽外出半年以上人口中,前 3 位集聚地分别是江苏、浙江和上海,占其外出总人口的 3/4 以上,且这一比重比 2005 和 2002 年,分别提高了 3.3 和 4.5 个百分点。2009 年,浙江省外来人口来源统计中,安徽和江西是浙江外来人口最多的 2 个省份,分别占 17% 和 11%。2010 年,上海近 900 万外来人口中,有超过 30% 是来自安徽。因此,从某种程度上说,江浙沪和皖赣地区已具有密切血缘联系。总体而言,皖赣两省与江浙沪地区山水相连、人缘相亲、文化相近,各方面的交往源远流长,苏北、浙南地区与长三角核心区联系则更加紧密。这些长三角核心区发展的腹地与"福"地,在多个领域具有区域互补特性,形成了参与泛长三角区域合作与发展的良好基础和条件,十分有利于泛长三角地区经济由核心区向外围区扩散,从而推动区域一体化发展。

（三）产业发展制约因素

近年来，长三角地区在产业大发展的同时，也暴露出传统粗放型经济增长模式下急需解决的若干瓶颈。

1. 自主技术创新能力依然薄弱

主要表现，一是在企业层面上，企业普遍缺乏技术创新的动力与实力，众多企业尤其是民营企业仍然处在较低的以量的扩张为主要方式的发展阶段，企业规模小，技术层次低，企业管理落后，需要整体提升。在企业技术引进工作中，普遍存在着低水平分散重复引进，重设备引进轻技术引进，重引进轻消化、吸收、扩散和再创新的倾向与问题。企业技术引进活动仍然停留在分散引进和简单使用的层次，还没有达到对引进技术与设备的复制、再设计进而再创新的更高层次的能力。企业作为技术创新主体的地位尚未真正确立，从而严重制约了长三角高新技术的产业化和传统产业的升级。二是在产品层面上，由于众多产品长期施行"低成本生产扩张战略"，致使产品的科技含量普遍较低，一些高新技术产品也大多停留在劳动密集型的加工装配环节，缺乏拥有自主知识产权的核心技术。中外合资企业产品大都沿袭国外品牌而缺乏自主品牌，内资企业产品大都缺乏国际知名度，出口产品大都贴牌生产。三是在产业层面上，长三角在积极承接世界制造业向我国及亚太地区转移的进程中，只是一个主要承担加工的制造业生产中心，还远没有成为世界级的制造中心和研发中心，致使大部分关键技术仍然依赖从国外进口，装备制造业发展严重滞后，成套能力薄弱，先进制造技术的研发和应用与工业发达国家仍有相当的差距。四是在制度层面上，国有企业普遍缺乏适合技术创新人才脱颖而出的激励机制；产业组织内部与不同地区的同一产业之间普遍缺乏分工合作与共享机制，不利于高新技术的转移与扩散，使得高新技术产业很难形成足够的经济规模；在新产品的研制、开发与生产之间，普遍缺乏高效、健全的转化机制。长三角地区在上游的基础性研究方面具有较强的实力，但中游的应用研究相对薄弱，产学研之间缺乏彼此结合的链条与平台，科研与生产"两张皮"的脱节现象尚未得到根本扭转。现在的转化机制并不能有效地促进大学、科研院所、企业、政府的联动，科技、经济等各项资源的配置也不合理，致使高新科技成果的产业化水平低下,既不能适应国内市场的发展变化,更不能适应国际市场的发展变化。

2. 区域内产业同构现象在一定程度上依然存在

长三角地区产业发展中的一个重大问题,就是各地之间严重的低水平产品同构与产业同构问题。其同构现象主要集中于制造业领域,并且近年来还有不断加剧的迹象。其主要表现为三次产业构成逐渐趋同,各地在制造业领域超前发展和加强比拼的倾向十分明显,服务业的发展明显滞后于工业化进程。20 世纪 90 年代,长三角大多数中心城市的产业结构都出现了一、二产业产值比重不断回落、第三产业逐年攀升、二、三产业共同推进的可喜态势。至 2001 年,长三角地区三次产业构成已从 1995 年的 9.6∶56.9∶33.5 提升到 2001 年的 6.4∶51.4∶42.2,但迄自 2002 年,长三角地区除了一产比重继续回落外,二产比重开始止跌企稳并迅速回升,三产比重则持续出现滞胀甚至下滑。长三角地区主要城市基本呈现为清一色的"二三一"产业发展格局,服务业比重明显偏低,不仅远低于发达国家 70% 以上的水平,也远低于发展中国家 45% 左右的平均水平。长三角地区产业同构现象的产生,既有其客观合理性,又有其现实危害性。就其合理性而言,长三角地区一是拥有共同的自然、资源、区位条件;二是拥有相同的经济社会发展的历史基础(都以轻纺工业起家,如苏、锡、常三市过去的传统支柱产业都是"机、纺、化、冶、食");三是长三角产业同构现象的加剧,都是在主导产业和支柱产业近年来大发展、大集聚的过程中形成的,同构性高的产业同时也是区域集聚程度高、占全国市场份额大的优势产业或有潜力产业,它从一个侧面反映了长三角各地紧紧抓住世界制造业转移这一难得的历史发展机遇,纷纷争当世界制造业重要基地的区域整体发展态势。就其危害性而言,一是导致城市之间、地区之间的产业互补性较弱,跨地区的产业分工合作难以展开,区域整体产业优势难以形成;二是这种趋同的产业结构在按照行政地域统计 GDP 和按照地区经济增长指标考核地方官员政绩的指挥棒下,很容易导致各种地方保护主义政策的出台,造成区域市场的分割与破碎,造成低水平的重复建设和无序争夺资源、争夺市场、争夺外资项目的恶性竞争,特别是在目前各地产业整体技术装备水平不高、自主知识产权和科技创新能力不强、上游产业与下游产业之间关联不甚紧密的情况下,更将加剧恶性竞争;三是这种趋同的产业结构也在一定程度上造成了近年来长三角各地片面追求制造业增长的倾向,致使区域制造业连年大幅持续超前、超常规的增长。这在目前仍以外延扩张的粗放型增长模式为主导的总体背景下,势必造成区域产业结构的下滑和区域经济发展质量的下降,有悖于区域产业优化升级的大趋势。

3. 可持续发展问题日益凸现

一是资源能源短缺,缺地、缺电、缺资源的三大瓶颈制约突出。长三角地区人口众多,经济发达,产业、城镇密布,对资源、能源的需求量巨大,造成日益严重的资源能源短缺。首先是人多地少,长三角人均土地面积只有全国平均水平的 1/6,加上近年来不断加速的工业化和城市化进程,各项经济社会建设事业与农业争地的矛盾十分尖锐,在中央宏观调控、收紧地根的情况下,用地缺口巨大。其次是电力资源紧缺。特别是在夏季用电高峰时期,各地拉闸限电现象时有发生,给工农业生产及人民生活带来了严重影响和损失。第三是作为长江下游及河口地区的冲积平原,长三角矿产资源匮乏,煤铁铜铅锡等各类矿产均需从区外和国外调运,资源"卡脖子"状况十分严重。

二是"三高一低"(高投入、高污染、高消耗、低效益)的粗放型经济增长模式,转变经济增长方式的任务艰巨。一方面是对资源、能源及各种生产要素的投入高,消耗大,产出低,依赖性强。如长三角地区单位 GDP 的能耗和工业企业全员劳动生产率明显优于全国平均水平,但相对于西方发达国家,长三角的单位能耗、物耗和经济产出仍有数倍以上的差距。另一方面则是比较严重的大气污染、水污染和土地污染。虽然其工业废水排放达标率和工业固体废物综合利用率都明显高于全国同期的平均水平,但相对于西方发达国家,其人均三废排放量和三废的单位产值排放量仍有较大差距。

三是生态环境退化,灾害频生,成为经济可持续发展的严重障碍。近年来,随着长三角区域经济的持续快速增长和高强度的人类活动,该地区环境退化日益严重。包括水质下降加速,太湖流域的富营养化日趋严重,因水质性缺水造成的水资源短缺问题十分普遍,水荒蔓延;大气污染加重,城市"三岛效应"突显,酸雨频发;生态破坏,生物多样性减少;洪涝成灾,各种灾害性天气现象频生。加之人口剧增,人地矛盾突出,长三角已成为我国人为的生态环境脆弱带,给本区人类生存与经济社会可持续发展构成严重威胁。改善和优化本区环境,已成为刻不容缓、亟须解决的紧迫任务。

4. 区域中心城市上海的现代化功能尚待进一步提高

上海是全国最大的经济中心城市、工业城市和港口城市,在长三角具有举足轻重的核心地位与作用。上海自 20 世纪 90 年代以来始终保持着经济强劲增长的发展势头,并正在向国际经济、金融、贸易、航运"四个中心"的世界城市迈进。但上海作为长三角都市经济圈的核心城市,在现代化功能的发挥方面与纽约、伦敦、东京等世界城市相比仍然存在着较大差距。一是产业素质有待提高。2010 年上海的人均 GDP 为 76074 元,约折合 11238 美元,而世界城市的人均 GDP 大都在 15000 美元以上;2010 年上海第三产业占 GDP 的比重为 57.0%,而纽约、东京、伦敦等全球级世界城市均在 80% 以上,巴黎、香港、新加坡等洲际级世界城市也均在 70% 以上。二是上海近年来经济增长的态势与江浙两翼相比有所趋缓,在长三角中的经济份额与核心地位有待进一步强化。上海作为一个弹丸之地,地域面积的狭小和人口、产业、生产要素的高度集中,致使土地资源捉襟见肘、寸土寸金,土地的瓶颈制约作用十分明显,造成上海在资源、市场和拓展空间上的有限性;由于上海土地的级差地租高和厂房、设备、人员、原材料的成本高而导致的商务成本居高不下,而与高商务成本相适应的高成长性、高增值潜力和高附加值的新兴产业和优势产业又没能有效跟进,而那些与高商务成本不相适应的传统产业部门又没能适时地转移出去,结果既造成上海与周边地区比较严重的产业同构现象和低水平的重复建设与恶性竞争,又导致经济效益的低下和边际效益的递减;三是与其他省市相比,上海在影响未来经济持续增长的众多领域和因素上并不占先,如市民的整体文化素质、受教育程度和科技创新的能力以及高科技产业的发展均不及北京、深圳,外向型经济的发展和制度创新能力不及广东,市场机制的培育和民营经济的发展不及浙江,企业的集群规模与核心竞争力不及苏南,等等。

二、宁波在长三角中的产业地位动态分析

一个区域的经济发展状况在很大程度上取决于其产业的发展状况。

所以,产业竞争力是区域竞争力的最集中表现。改革开放以来,宁波产业持续快速增长,特色逐步显现,在长三角地区产业发展中地位日益凸显。与长三角地区上海、杭州、南京、苏州、无锡和常州等城市相比,宁波产业发展既有长三角地区其他城市共同的特点,又具有其显著的个性。

中国社会科学院金碚(《竞争力经济学》,2003)将产业竞争力定义为:"产业竞争力是一国某一产业能够比其他国家的同类产业更有效地向市场提供产品或服务的综合素质。"根据金碚给出的定义,区域产业竞争力可定义为:它是区域产业的竞争优势和竞争能力,是特定区域能够比其他区域产业更有效地向市场提供产品或服务的综合素质,是相对于其他区域所表现出来的产业的比较生产力。

(一)宁波产业竞争力综合评价

产业竞争力是一个相比较的概念,它的大小在一定评价范式下,按照一定的原则,选择一定的指标可以进行量化测度,在时间和空间上也是可以评价比较的。具体可按照:制定评价目标→设立评价指标→确定指标权重→综合评价计算→评价得分排序→评价结果分析的步骤进行。

1. 产业竞争力评价指标体系构建

从一个区域的经济发展来看,其中心问题是区域产业的发展和升级,通过区域产业竞争力评价比较,可以充分反映一个区域产业在时间和空间上竞争力排序情况。根据制约区域产业竞争力的内外因素,本文从产业现实竞争力、潜在竞争力和环境竞争力三个方面,构建区域产业竞争力的评价指标体系。现实竞争力是产业在当前市场经济的激烈竞争中所处的地位及影响力状况;潜在竞争力是一个时间点上产业内部状况影响未来竞争力的相关因素;环境竞争力是指外部软硬件环境对区域产业竞争力的影响力。评价指标具体选择过程遵循科学性、全面性、可测性和可获性等原则,指标权重赋值采用主观平均法,指标原始数据采用无量纲化处理,原始数据来源于统计年鉴。

表 3-3 区域产业竞争力评价指标体系

二级指标	三级指标	权重	指标说明
现实竞争力 (1/3)	地区生产总值	1/3	反映产业规模
	人均地区生产总值	1/3	反映产业生产效率
	三产占地区生产总值比重	1/3	反映产业高级化程度
潜在竞争力 (1/3)	地区生产总值增速	1/3	反映产业壮大潜力
	专利授权量	1/3	反映产业创新能力
	城乡居民收入与财政收入增速比	1/3	反映产业发展成果分配效率
环境竞争力 (1/3)	常住人口增速	1/2	反映区域对人口吸引力
	外商直接投资额	1/2	反映区域产业发展环境

2. 产业竞争力综合评价计算及排序

从产业综合竞争力评价得分来看,长三角主要城市评价得分都有所提高,可见长三角主要城市产业发展更趋均衡;各个城市得分排名横向比较来看,宁波排名由 2005 年的第 4 名后退为 2010 年的第 5 名,2010年产业综合竞争力评价得分排在宁波前面的有上海、苏州、杭州和无锡。

表 3-4 长三角主要城市产业综合竞争力评价得分及排名

城市	2005 年		2010 年		排名变化情况
	得分	排名	得分	排名	
宁波	0.5764	4	0.5887	5	退 1 名
上海	0.9049	1	0.9166	1	不变
杭州	0.5757	5	0.6445	3	进 2 名
南京	0.5569	6	0.5841	6	不变
苏州	0.7948	2	0.8625	2	不变
无锡	0.5841	3	0.6303	4	退 1 名
常州	0.4561	7	0.5264	7	不变

从产业现实竞争力评价得分来看,长三角除上海外其他主要城市评价得分都有所提高;各个城市得分排名横向比较来看,2005 年和 2010 年得名排名保持不变,宁波位列第 6 名。而从宁波自身来看,现实竞争力评价得分排名低于综合竞争力评价得分排名。

表 3-5　长三角主要城市产业现实竞争力评价得分及排名

城市	2005 年		2010 年		排名变化情况
	得分	排名	得分	排名	
宁波	0.5676	6	0.5840	6	不变
上海	0.9443	1	0.9390	1	不变
杭州	0.6221	4	0.6534	4	不变
南京	0.5997	5	0.6257	5	不变
苏州	0.6876	2	0.7402	2	不变
无锡	0.6609	3	0.6948	3	不变
常州	0.4630	7	0.5350	7	不变

从产业潜在竞争力评价得分来看,长三角主要城市评价得分都有所提高;各个城市得分排名横向比较来看,宁波排名由 2005 年的第 3 名后退为 2010 年的第 5 名,2010 年产业潜在竞争力评价得分排在宁波前面的有苏州、上海、杭州和无锡。

表 3-6　长三角主要城市产业潜在竞争力评价得分及排名

城市	2005 年		2010 年		排名变化情况
	得分	排名	得分	排名	
宁波	0.7022	3	0.7872	5	退 2 名
上海	0.8872	1	0.9278	2	退 1 名
杭州	0.6987	4	0.8030	3	进 1 名
南京	0.6696	5	0.7084	7	退 2 名
苏州	0.7553	2	0.9638	1	进 1 名
无锡	0.6608	6	0.8006	4	进 2 名
常州	0.6405	7	0.7126	6	进 1 名

从产业环境竞争力评价得分来看,宁波排名由 2005 年的第 3 名后退为 2010 年的第 6 名,2010 年产业潜在竞争力评价得分排在宁波前面的有苏州、上海、杭州、南京和无锡。

表 3-7 长三角主要城市产业环境竞争力评价得分及排名

城市	2005 年		2010 年		排名变化情况
	得分	排名	得分	排名	
宁波	0.4594	3	0.3951	6	退 3 名
上海	0.8830	2	0.8830	2	不变
杭州	0.4064	5	0.4772	3	进 2 名
南京	0.4014	6	0.4182	4	进 2 名
苏州	0.9416	1	0.8836	1	不变
无锡	0.4308	4	0.3954	5	退 1 名
常州	0.2649	7	0.3316	7	不变

(二)宁波产业发展的一般特征动态分析

21 世纪以来,宁波产业发展呈现产业规模增长态势良好、产业结构向工业化中后期迈进和产业发展成果分配不均等一般特征。

1. 产业现实竞争力分析

从总量角度看,2010 年宁波地区生产总值达到 5126 亿元,列上海、杭州、苏州和无锡之后,与 2000 年和 2005 年相比宁波在长三角地区主要城市中产业总量规模排位保持不变。"十二五"以来,2011 年和 2012 年宁波地区生产总值分别为 6010 亿元和 6524 亿元,在长三角地区主要城市中排位同 2010 年比保持不变。

表 3-8 2000 年、2005 年和 2010 年长三角主要城市地区生产总值(单位:亿元)

城市	2000 年	2005 年	2010 年
宁波	1145	2446	5126
上海	4771	9125	17000
杭州	1380	2919	5946
南京	1021	2413	5010
苏州	1541	4027	9169
无锡	1201	2805	5758
常州	600	1302	2977
宁波位次	5	5	5

　　从效率角度看,2010 年宁波人均地区生产总值达到 67359 元,列上海、杭州、苏州和无锡之后,与 2000 年和 2005 年相比宁波在长三角地区主要城市中人均地区生产总值排位保持不变。"十二五"以来,2011 年和 2012 年宁波人均地区生产总值分别为 77983 元和 85475 元,在长三角地区主要城市中排位同 2010 年比保持不变。从增长速度看,2000—2010年,宁波人均地区生产总值年均增速约为 13.4%,这个增速和长三角地区其他主要城市基本保持一致,生产效率有了比较大提高。

表 3-9　2000 年、2005 年和 2010 年长三角主要城市人均地区生产总值(单位:元)

城市	2000 年	2005 年	2010 年	2000—2010 年期间名义年均增速
宁波	19211	38733	67359	13.4%
上海	28501	49649	73849	10.0%
杭州	20058	39681	68345	13.0%
南京	16362	36496	62625	14.4%
苏州	22269	59600	87574	14.7%
无锡	23185	55200	90392	14.6%
常州	15584	33200	64852	15.3%
宁波位次	5	5	5	5

　　2000 年以来,宁波第二产业所占比重基本稳定在 55%~56% 之间,而第三产业所占比重由 2000 年的 35.8% 变为 2010 年的 40.2%,"十二五"以来的 2011 年和 2012 年分别为 40.3% 和 42%,总体表现为为"二三一"的产业发展格局,呈现出一产比重持续下降,二产相对稳定,三产比重稳步攀升,二产、三产成为共同推进区域经济增长动力源的鲜明特征,处于工业化中后期阶段。与长三角地区其他主要城市相比,2010 年上海、杭州和南京的第三产业比重均超过了第二产业比重,已经进入工业化后期阶段;而苏州、无锡和常州基本与宁波类似,处于工业化中后期阶段。

表 3-10　2000—2010 年长三角主要城市三次产业结构情况

城市	2000 年	2005 年	2010 年
宁波	8.2∶56.0∶35.8	5.3∶55.3∶39.4	4.2∶55.6∶40.2
上海	1.8∶48.0∶50.2	0.9∶48.9∶50.2	0.7∶42.3∶57.0

续表

城市	2000 年	2005 年	2010 年
杭州	7.3：51.6：41.1	5.0：50.8：44.2	3.5：47.8：48.7
南京	5.3：48.4：46.3	3.3：50.4：46.3	2.8：46.5：50.7
苏州	6：56.4：37.6	2.0：66.8：31.2	1.7：57.7：40.6
无锡	4.1：56.9：39.0	1.8：61.2：37.6	1.8：55.7：42.5
常州	7.5：56.1：36.4	4.3：61.1：34.6	3.4：56.0：40.6

综上所述,宁波地区生产总值和人均地区生产总值在长三角主要城市中排名都是列第 5 位,高于产业现实竞争力评价得分排名(第 6 位);而宁波三产占地区生产总值比重低,成为影响宁波产业现实竞争力的重要因素。

2.产业潜在竞争力分析

从增长速度看,2000—2010 年,宁波地区生产总值年均增速约为12.9%,而且呈现逐步放缓态势,"十五"期间年均增速 13.8%,"十一五"期间年均增速 12%,下降 1.8 个百分点,而"十二五"以来的 2011 年和2012 年宁波地区生产总值增速为 10.0%和 7.8%,这个态势基本和长三角地区其他主要城市保持同步。

表 3-11　2000—2010 年长三角主要城市地区生产总值增速

城市	"十五"期间年均增速	"十一五"期间年均增速
宁波	13.8%	12%
上海	11.5%	11%
杭州	13.6%	12.4%
南京	14.2%	13%
苏州	15.5%	13.9%
无锡	14.4%	13.5%
常州	14.5%	13.6%
宁波位次	5	6

从专利授权量看,2010 年宁波专利授权量为 25971 件,是 2005 年的6.52 倍,呈现快速增长态势,但在长三角主要城市中排名由 2005 年的第3 位下降为 2010 年的第 5 位,上海、苏州、杭州和无锡排在在宁波前面,

尤其是苏州和无锡保持着强劲的增长态势。而"十二五"以来，宁波专利授权量整体保持着强劲的增长态势，但发明专利授权量相对较少依然制约着宁波产业竞争力的提升。2011 年和 2012 年宁波专利授权量分别为 37342 件和 59175 件，同比分别增长 43.8％和 58.5％，其中发明专利授权量 1625 件和 2065，分别增长 34.4％和 27.1％。

表 3-12　2005 年和 2010 年长三角地区主要城市专利授权量

城市	2005 年	2010 年
宁波	3985	25971
上海	12600	48200
杭州	4072	26484
南京	2166	9150
苏州	3350	46109
无锡	2095	26448
常州	1240	9093
宁波位次	3	5

从城乡居民收入与财政收入增速比看，2010 年宁波该比值为 0.9333，高于 2005 年的 0.8639，反映宁波发展成果分配更趋均匀；但与其他城市比较来看，排位却有所下降。

表 3-13　2005 年和 2010 年长三角主要城市城乡居民收入与财政收入增速比

城市	2005 年	2010 年
宁波	0.8639	0.9333
上海	0.8828	0.9651
杭州	0.8595	0.9411
南京	0.8839	0.9729
苏州	0.9598	0.9094
无锡	0.8515	0.8580
常州	0.8520	0.9445
宁波位次	4	5

宁波产业发展成果分配呈现城乡居民收入增速慢于人均地区生产总值增速,而政府财政一般预算收入增速显著快于地区生产总值增速。2010 年宁波市城镇居民人均可支配收入为 30166 元,位居长三角 7 个主要城市第 2 位,与 2000 年和 2005 年的排位相同;从增长速度看,2000—2010 年宁波市城镇居民人均可支配收入名义年均增长率为 10.7%,慢于人均地区生产总值年均增长率(2000—2010 年人均地区生产总值年均增长率为 13.4%),位居长三角 7 个主要城市第 5 位,列南京、无锡、苏州、杭州和常州之后。2010 年宁波市农民人均纯收入为 14261 元,位居长三角 7 个主要城市第 2 位,与 2000 年和 2005 年相比提升了 2 个位次;从增长速度看,2000—2010 年宁波市农民人均纯收入名义年均增长率为 10.9%,慢于人均地区生产总值年均增长率(2000—2010 年人均地区生产总值年均增长率为 13.4%),位居长三角 7 个主要城市第 3 位,列杭州和常州之后。"十二五"以来,宁波居民收入增速有所提升。2011 年宁波市区居民人均可支配收入 34058 元,比上年增长 12.9%,扣除价格因素,实际增长 7.2%;农村居民人均纯收入 16518 元,增长 15.8%,扣除价格因素,实际增长 9.6%。2012 年宁波市区居民人均可支配收入 37902 元,比上年增长 11.3%,扣除价格因素,实际增长 9.4%,超过了地区生产总值增速;农村居民人均纯收入 18475 元,增长 11.8%,扣除价格因素,实际增长 10.0%,超过了地区生产总值增速。而"十二五"以来,长三角其他城市居民收入增速同样有所提升。

表 3-14　2000—2010 年长三角主要城市城乡居民收入情况　　(单位:元)

城市	城镇居民人均可支配收入			农民人均纯收入		
	2000 年	2005 年	2010 年	2000 年	2005 年	2010 年
宁波	10921	17408	30166	5069	7810	14261
上海	11718	18640	31838	5565	8340	13746
杭州	9668	16601	30035	4496	7655	13186
南京	8233	14998	28312	4062	6225	11128
苏州	9274	16276	29210	5487	8300	14460
无锡	8603	16005	27750	5262	8004	14002
常州	8540	14589	26269	4430	7002	12637
宁波位次	2	2	2	4	4	2

2010年宁波市财政一般预算收入为1171.7亿元,位居长三角7个主要城市第5位,与2000年相比下降1个位次,与2005年的排位相同;从增长速度看,2000—2010年宁波市财政一般预算收入名义年均增长率为23.4%,快于地区生产总值年均增长率,位居长三角7个主要城市第4位,列无锡、常州和杭州之后。2011年宁波全市实现财政一般预算收入1431.8亿元,比上年增长22.2%,增速同比提高0.9个百分点,其中地方财政一般预算收入完成657.6亿元,增长23.8%,增速同比提高1.1个百分点。2012年宁波全市完成公共财政预算收入1536.5亿元,比上年增长7.3%,其中地方财政收入完成725.5亿元,增长10.3%,增速比上年分别下降14.9和13.5个百分点,由于税制调整和经济低迷,长三角其他城市同样出现上述情况。

表3-15　2000—2010年长三角主要城市财政收入情况　　（单位:亿元）

城市	2000年	2005年	2010年
宁波	143.2	466.5	1171.7
上海	1141.6(497.9)	(1434)	(2873.6)
杭州	142.9	520.8	1245.4
南京	164.6	510.2	1075.3
苏州	(158.3)	(316.8)	(900.6)
无锡	112.1	421.8	1579.9
常州	60.2	220.4	528.7
宁波位次	4	5	5

综上所述,地区生产总值增速、专利授权量、城乡居民收入与财政收入增速比等反映产业潜在竞争力的主要因素宁波在长三角地区主要城市的排位来看,分别由2005年的第5、3和4位下降为2010年的第6、5和5位,产业潜在竞争力也由2005年的第3位下降为2010年的第5位,总体上趋于下降态势。而2010年地区生产总值增速排名为第6位,低于产业潜在竞争力排位,成为影响宁波产业潜在竞争力的重要因素。

3. 产业环境竞争力分析

从吸纳人口角度看,2010年宁波常住人口达到761万人,比2000年增加约165万人,2000—2010年人口年均增长2.46%,列苏州、上海和南

京之后。全市常住人口中市外流入人口为 229 万人，占全部常住人口的
30.1％。充分说明宁波产业发展具有较好的人口吸纳能力，也说明宁波
产业受到外来人口青睐。

表 3-16　2000—2010 年长三角主要城市常住人口情况　　　（单位：万人）

城市	2000 年	2010 年	2000—2010 年期间人口年均增速	2000—2010 年人口增加总量
宁波	596	761	2.46％	165
上海	1674	2302	3.24％	628
杭州	688	870	2.38％	182
南京	624	800	2.52％	176
苏州	692	1047	4.23％	355
无锡	518	637	2.09％	119
常州	385	459	1.79％	74
宁波位次	5	5	4	5

　　外商选择投资区域一般都先对其做周全的软硬件环境分析。所以，外
商直接投资额能够比较好地综合反映区域产业发展的外部软硬件环境状
况。2010 年，宁波实际利用外资 23.2 亿美元，位列长三角地区主要城市最
后 1 位，比 2005 年下降 3 位。2011 年和 2012 年宁波实际利用外资分别为
28.1 亿美元和 28.5 亿美元，仍然位列长三角地区主要城市最后 1 位。

表 3-17　2005 年和 2010 年长三角主要城市实际利用外资情况

（单位：亿美元）

城市	2005 年	2010 年
宁波	23.1	23.2
上海	68.5	111.21
杭州	17.13	43.56
南京	14.18	26.76
苏州	60.5	85.33
无锡	25.17	33
常州	7.3	26.7
宁波位次	4	7

综上所述,常住人口增速、实际利用外资等反映产业环境竞争力的主要因素看,2010年排位分别为第4位和第7位。而2010年实际利用外资排名为第7位,低于产业环境竞争力排位,成为影响宁波产业潜在竞争力的重要因素。

（三）宁波产业发展的个性特征动态分析

宁波面向东海,因港开放,因港而兴。改革开放以来,宁波深入实施"以港兴市、以市促港"发展战略,大港口建设成效显著,大物流发展生气勃勃,大产业发展欣欣向荣,港口经济综合实力和国际影响力持续提升。

1. 港口综合实力和国际影响力持续提升

港口是宁波的优势所在、潜力所在和希望所在。改革开放以来,宁波深入实施"以港兴市、以市促港"发展战略,港口从一个地处海防前哨、设施简陋的区域性内河小港迅速崛起成为一个世界级的现代化国际深水大港,综合实力和国际影响力显著提升,已发展成一个集内河港、河口港和海港于一体的多功能、综合性的现代化深水大港。一是港口建设跨越式发展。至2010年底,宁波港拥有生产性泊位315座,其中万吨级及以上深水泊位74座,5万吨级及以上的大型深水泊位44座,20万吨级及以上的超大型深水泊位6座,拥有设备配置最先进的25万吨级原油码头和第六代国际集装箱专用泊位以及5万吨级液体化工专用泊位,以及目前国内最大的在建的45万吨级原油码头,是中国大陆大型和超大型深水泊位最多的港口。宁波港拥有长逾4900米的集装箱泊位群,配有54台最大外伸距达65米的装卸桥,码头设施配置达到国内一流、国际领先的水平,能够满足10000TEU以上超大型集装箱船舶的作业要求,其中穿山和大榭港区的集装箱码头水深达到－17米,能够满足12000TEU以上超大型集装箱船舶的作业要求。2011年,建成大榭实华二期45万吨级油码头、光明通用码头(3个泊位)、大榭烟台万华2万吨级液体化工码头等万吨级以上泊位5个,新增货物吞吐能力2170万吨/年。2012年,建成北仑港区五期集装箱码头10#和11#泊位、穿山港区中宅煤炭码头工程、镇海港区通用散货码头等万吨级以上泊位7个,新增货物吞吐能力3738万吨,集装箱吞吐能力100万标箱。先进的港口设施配置,有效地提高了港口货物吞吐能力。二是港口航线覆盖全球。宁波港口与全球

100 多个国家和地区的 600 多个港口有贸易往来,全球排名前 20 位的班轮公司都已登陆宁波港,形成了覆盖全球的集疏运网络,为"中国制造"走向世界打开了一个个"窗口"。2010 年末,集装箱航线达到 228 条,其中远洋干线 122 条,近洋支线 54 条,内支线 20 条,内贸线 32 条,月均航班 1153 班,最高月航班 1338 班;2011 年末,集装箱航线总数达 236 条,其中远洋干线 126 条,近洋支线 58 条,内支线 20 条,内贸线 32 条,月均航班 1249 班,最高月航班 1464 班,航线总数和月均航班分别比 2010 年增长 8 条和 96 班;2012 年末,集装箱航线总数达到 235 条,其中远洋干线 120 条,近洋支线 63 条,内支线 20 条,内贸线 32 条;月均航班 1465 班,9 月份创下了 1693 班的最高月航班记录。集装箱干线数量在总航线中的比重达 50%以上,干线箱量占外贸箱量的比例达到 80%,大大高于同类港口的指标,基本构成了以欧洲、北美、中东为骨干,南美、澳洲、非洲等为辅助的远洋干线网络。众多世界级的超大型船舶靠泊宁波港,宁波港已成为世界上水深条件最好的国际集装箱远洋干线港之一。三是国际地位不断提升。2010 年,宁波港货物吞吐量突破 4.1 亿吨,同比增长 7.4%,其中外贸货物吞吐量 2.0 亿吨,增长 11.5%;集装箱吞吐量完成 1300.4 万标准箱,增长 24.8%,增幅位居我国 8 大港口和全球 30 大港口之首,吞吐量排名打破了连续 6 年位居大陆港口第 4 的格局,首次跃居第 3 位,并进入世界港口前 6 强,实现了新的跨越。2011 年宁波港货物吞吐量完成 4.3 亿吨,比 2010 年增长 5.2%,其中外贸货物吞吐量 2.3 亿吨,增长 13.3%;主要货类"二升一降",煤炭完成 6560.0 万吨,增长 7.2%,原油完成 6470.6 万吨,增长 4.2%,铁矿石完成 7173.4 万吨,下降 3.1%;集装箱吞吐量完成 1451.2 万标准箱,增长 11.6%,稳居大陆港口第 3 位,世界港口第 6 位。2012 年宁波港货物吞吐量完成 4.53 亿吨,比 2011 年增长 4.5%;完成外贸货物吞吐量 2.45 亿吨,增长 6.5%;主要货类"二升一降",铁矿石吞吐量 8218 万吨,增长 14.6%;煤炭吞吐量 6631 万吨,增长 1.1%;原油吞吐量 5509 万吨,下降 14.9%;集装箱吞吐量突破 1500 万标箱,达 1567.1 万标箱,增长 8.0%,稳居大陆港口第 3 位,世界港口第 6 位;内支线箱量首破百万标箱,达 100.6 万标箱,增长 83.9%;完成海铁联运箱量 5.95 万标箱,增长 27.5%。目前,宁波港已成为我国重要的国际深水枢纽港和集装箱远洋干线港,是中国大陆主要的集装箱、铁矿石、原油、液体化工中转和储存基地,全国最大的海上原油中转港之一,全国最大的液体化工产品中转基地。

2. 港口物流业增长态势旺盛

港口物流业是实现港口由运输港、工业港向现代贸易物流港转型的重要支撑,也是当前国内外知名港口促进发展方式转变,提升发展水平和港口综合竞争力的主攻方向。宁波港口物流业发展起步早、规模大、模式新,2009 年 3 月宁波被国务院列为全国性物流节点城市,宁波又掀起了大物流建设新高潮,以第四方物流为标志的宁波现代物流业正在向人们展现独具宁波特色的新成果。一是以港口物流①为核心的现代物流业得到了快速发展。依托港口优势和区域腹地市场的服务需要,宁波现代物流业呈现持续快速发展态势。2008 年全市物流总额达 1.2 万亿元,同比增长 15%;物流业增加值达到 406 亿元,同比增长 16%,物流业增加值占 GDP 比重连续 4 年超过 10%。2009 年受国际金融危机影响物流业增长趋势有所放缓,全市物流总额为 1.18 万亿元,同比下降 1.4%,物流业实现增加值 414.27 亿元,同比只增长 2.0%,占宁波市 GDP 的比重为 9.8%,是 2004 年以来比重首次低于 10%。2010 年全市物流总额达 1.43 万亿元,同比增长 20.4%;物流业增加值达到 503 亿元,同比增长 21.4%,物流业增加值占 GDP 比重为 9.8%。2011 年全市物流总额达 1.70 万亿元,同比增长 18.8%;物流业增加值达到 581 亿元,同比增长 15.6%,物流业增加值占 GDP 比重为 9.7%。2012 年全市物流总额达 1.95 万亿元,同比增长 14.7%;物流业增加值达到 650 亿元,同比增长 11.9%,物流业增加值占 GDP 比重为 9.9%。二是港口物流市场主体初具实力。从港口物流企业数量看,2012 年底全市从事运输、仓储、货代、海运及相应物流业务的企业 4000 多家,注册资本超过 120 亿元,实际从事物流相关业务的企业超过 5000 家;规模以上的交通物流企业达到 891 家,约占企业总数 17%;全市集装箱运输企业近 200 家,占浙江省总数的 40% 多。培育出宁波海运、宁波外运、九龙物流、富邦物流、宁波外轮、宁波船务代理、金星、中通、海联、大港货柜等一大批在长三角及国内具有一定影响力的本地物流企业,基本形成了一支门类齐全、机制灵活、运作

---

① 据初步测算,港口物流业的增加值占现代物流业增加值应在 70% 以上。

高效、竞争充分的港口物流市场主体。三是第四方物流市场领先发展。从理论研究到产业规划,从政策制定到实施运作,实现了突破性发展,"宁波模式"对全国有着启示意义。目前第四方物流平台已被纳入浙江省物流公共信息平台规划体系中,承担着浙江省的物流交易中心和数据交换中心的功能,该平台将成为具有发布、交易、支付、服务、信用等综合配套功能的网上物流市场。

3. 临港产业发展欣欣向荣

临港产业发展是港口功能、发展空间的扩张和提升。宁波港口资源的开发,港口物流产业的发展,带动了临港工业和临港服务业的发展。一是具有国际竞争力的临港工业带初步形成。经过多年发展,临港工业初步形成以石化、钢铁、汽车、造纸、造船和能源等行业为支柱,绵延二十几公里的沿海临港产业带,基本建成华东地区重要的能源基地、原材料基地和先进制造业基地。2012 年,全市实现工业总产值 15843.9 亿元,其中以临港工业为主体规模以上重工业完成总产值达 9000 亿元以上。二是临港服务业发展方兴未艾。快速发展的港口物流业又给我市国际贸易等临港服务业的发展提供了坚强的支撑。从 1988—2008 年,宁波外贸自营进出口年均递增 35.7%,在全国大中型城市中名列前茅。2008 年全市外贸自营进出口总额跃上新台阶,进出口总额、出口总额和进口总额分别首次突破 600 亿美元、400 亿美元和 200 亿美元大关。2009 年受国际金融危机影响全市外贸自营进出口总额仍然超过 600 亿美元,达到608.13 亿美元,同比下降 10.4%,其中出口 386.51 亿美元,同比下降16.6%;进口 221.62 亿美元,同比增长 3.0%,进出口降幅低于全国、全省平均水平,进出口、出口和进口规模保持 15 个副省级城市第 3、第 2 和第 3 位,在 5 个计划单列市中均保持第 2 位,并且是唯一进口增长的城市。从从事外贸自营进出口业务企业数量看,2009 年全市有进出口经营资格企业 1.2 万家,有外贸实绩的企业近万家,年进出口额超亿美元企业80 余家,其中有 2 家超过 10 亿美元。2010 年全市实现外贸自营进出口总额 829.0 亿美元,比 2009 年增长 36.3%。其中出口 519.7 亿美元,增长 34.5%;进口 309.3 亿美元,增长 39.6%。实现口岸进出口总额1613.4 亿美元,增长 38.0%。新增外贸经营备案登记企业 2487 家,累计15367 家。机电产品和高新技术产品出口分别增长 38.4% 和 26.3%;进口均增长 29.7%。加工贸易进出口额为 175.9 亿美元,增长 25.9%;一般贸易进出口额 602.0 亿美元,增长 36.2%。2011 年全市实现外贸自营进出口总额 981.9 亿美元,比 2010 年增长 18.4%。其中出口 608.3 亿美元,增长 17.1%;进口 373.6 亿美元,增长 20.6%。口岸进出口总额突破 2000 亿美元大关,达到 2004.4 亿美元,增长 24.2%。新增外贸经营备案登记企业 2635 家,累计 17321 家,有进出口实绩企业 12010 家。民营企业(包括私营企业和集体企业)出口额增长 20.9%,占全市出口总额比重达 54.0%,进口额增长 24.0%,占全市进口总额比重达 44.6%,拉动全市进口增长 10.4 个百分点。机电产品出口和进口分别增长 15.2% 和 3.7%。一般贸易进出口额为 732.4 亿美元,增长 21.7%,加工贸易进出口额为 188.2 亿美元,增长 7.0%。2012 年全市完成口岸进出口总额 1975.8 亿美元,比 2011 年下降 1.4%。完成外贸自营进出口总额 965.7 亿美元,下降 1.6%。其中,出口 614.4 亿美元,增长 1.0%;进口 351.3 亿美元,下降 5.9%。新增对外贸易经营备案登记企业 2520 家,累计达 19763 家,有进出口实绩企业 12928 家。私营企业完成出口 305.5 亿美元,增长 8.8%,占全市自营出口额的比重达 49.7%,同比提高 3.5 个百分点。机电产品出口和进口分别增长 1.7% 和 3.6%。一般贸易出口占全市出口总额的比重为 80.0%,进口占全市进口总额的比重为 69.8%,同比分别提高 1.4 和 1.7 个百分点。

4. 港口经济配套基础设施日益完善

基础设施是港口经济发展的重要支撑和关键性空间节点。经过多年的发展,宁波港口经济配套基础设施初步形成了以物流园区和航运服务业集聚区为节点,港口集疏运网络体系为硬连接的基础设施网络体系。一是港口集疏运网络日益完善。港口集疏运网络体系是港口经济的动脉。近年来,随着"一环六射"高速公路网、"八横五纵三沿海"干线公路网及相关枢纽场站建设积极推进,萧甬铁路电气化改造等工程取得进展,杭甬运河改造、栎社机场扩建等工程加快建设,杭州湾跨海大桥全线贯通,杭州湾大桥南连接线、绕城高速西段、杭甬高速拓宽工程建成通车,甬台温铁路(宁波段)贯通,以港口为龙头,公路、铁路、航空等多种运输方式衔接协调的现代化交通网络体系基本形成,为港口经济发展提供了强有力的支持。二是物流园区建设成效显著。宁波保税区依托港口资源,整合保税区和港口的政策优势,重点发展国际贸易、仓储物流等功能,积极推进航运业与现代物流业互动发展,成为港口物流发展的重要基地。宁波保税区与北仑港实施了"区港联动",大大提升了保税物流园区功能,为区域大开放格局形成提供了强有力的支撑。2008年2月宁波梅山保税港区经国务院批准设立,叠加了保税区、出口加工区和保税物流园区的税收和外汇政策,2010年成功封关运作。海铁联运物流枢纽港为基地的大宗货物物流体系建设有序推进。三是航运服务集聚区建设进程加快。宁波东部新城通过近年的建设,形成了国际航运服务中心、国际金融服务中心、国际贸易中心等航运服务集聚区,第四方物流和贸易物流平台加快发展,大通关和口岸服务效率全国领先,国际贸易体系发达。宁波口岸查验和服务单位全部进驻港区现场联合办公,为客户提供报关、查验、金融、保险、船代、货代等一条龙的无假日通关的服务。

5. 港口经济软环境建设成效显著

港口经济软环境,是指一定时期港口经济发展所处的非物质环境。近年来,宁波港口经济在政策、信息、服务、市场等软环境建设方面取得了长足的进步。一是政策环境不断优化。根据城市战略定位,结合港口经济发展特点,宁波市政府积极争取有利发展政策,为宁波港口经济发展提供了良好的宏观环境。同时,宁波市政府配套发展政策渐次推出,率先在全国、浙江省出台了一系列港口经济发展的政策措施。二是港口经济信息体系逐步完善。宁波口岸加快了电子信息平台建设,为重点进出口企业建立通关绿色通道,提供时间上、程序上的方便和价格上的优惠,并建立服务中介平台,拓展服务腹地,完善督查、协调、应急机制,在服务于宁波的同时也服务于长三角地区。三是口岸通关等服务质量和水平不断提高。为了适应现代港口经济发展的需要,参照各主要发达国家口岸通关方面的经验做法,2001年3月,宁波市在国内率先提出"大通关"的理念,成立了"大通关"协调领导小组,重点抓好口岸通关环境建设,及时解决影响通关效率的有关问题。"大通关"实施以后,宁波口岸效率有了大幅度的提升。

尽管宁波产业在长三角区域中的作用和地位不断增强,对长三角区域和全国发展的影响越来越深刻,但我们也要看到,宁波产业发展也存在许多急需解决的问题:宁波在科技、人才、教育等方面,与其他先进城市相比还有较大差距;宁波的外国常驻机构、企业、人员较少,与外国的文化、科技、人才交流等滞后于杭州、南京、上海等城市;宁波在发展过程中,水、电、土地、人才、科技等资源要素已成为发展中的瓶颈,城市基础设施与国际物流中心城市要求也存在较大的差距,城市服务功能还不够完善,体制机制还有待进一步改革创新等。

(四)宁波产业发展面临的宏观环境

"十二五"时期,我国仍处于重要战略机遇期,经济社会发展的基本面和长期向好的趋势也不会发生根本改变,但全球经济深刻调整与国内周期性结构调整叠加在一起,使宁波产业发展所面临的宏观环境异常复杂。

1. 国际环境分析

(1)世界经济进入深度调整期。金融危机导致发达国家经济陷入深度衰退,新兴市场和发展中国家经济增速大幅放缓,主要国家的需求结构和供给结构面临深度调整,全球经济再平衡调整长远而曲折,今后一个时期世界经济进入深度调整期。一是国际实体经济和金融市场的双循环机制破灭,发达国家的资本严重缩水,不少国家政府债务高筑,对外投资乏力。二是随着IT技术扩散效应的减弱和新的科技革命尚待突破,以及发达国家非核心技术多已转让而对核心技术实行封锁,技术动力源相对不足。三是随着各国对教育的普遍重视和发达国家教育产业的快速发展,加上中国人才断代的鸿沟已基本填平,市场对人才的需求和吸纳能力远不及过去。四是随着发达国家对全球市场主导权的占有,以及中国加入世界贸易组织后迅速成长为世界贸易大国,传统市场趋向饱和,新兴市场尚待成长。这些表明,未来几年世界经济增长的动力明显弱化。

(2)经济全球化呈现新格局。随着金融危机影响的深入,世界经济秩序和政治格局也面临着深刻变化,必将带来新一轮全球产业空间布局和产业组织结构的重大调整,经济全球化将呈现新格局。一是国际分工发展继续由以国家主导的产业分工向以跨国公司为主导的企业内分工转变。世界经济体系的联系由传统的"国际贸易网络"转变为"全球生产网络",国际分工由产业间的分工转向产品内分工,跨国公司通过全球生产网络将全球资源整合到国际分工体系中来,形成一个基于分工网络的共同利益。二是发展中国家越来越广泛地参与国际分工,参与高端分工能力增强。跨国公司研发、设计、信息服务、金融等高端产业向发展中国家转移趋势明显,中国、印度都成为跨国公司研发设计等高端服务业的主要目的地。三是国际产业转移由制造业转向服务业,服务业离岸外包成为当前国际产业转移的新形式。

(3)以新能源技术为核心的科技创新竞争更趋激烈。迄今人类经历了三次工业革命,然而,以往的工业革命都是以征服自然、改造自然,向自然无限索取物质财富为目标的,这使得人类在享有越来越丰富的物质财富的同时,也付出了全球气候变暖、自然灾害频发等生存环境恶化的代价。对此,人类必须要进行一场新的工业革命,一场以可持续发展为理念、以新能源技术为突破口、以发展低碳经济为重心、以履行国际公约为约束条件的绿色工业革命,其硬指标就是减少二氧化碳等温室气体的排放量。一是全球金融危机使发达国家把应对危机与重塑国家竞争力结合起来,以新能源技术创新培育新的经济增长点、新的就业岗位和新的增长模式,力求抢占未来技术进步和主导产业发展的战略制高点,再造国际分工新格局。二是发展中国家也纷纷加大新能源技术创新投入,努力在引领全球经济战略制高点的相关领域进行跨越式赶超。因此,着眼于新能源技术为核心科技创新机制和创新战略的竞争也更趋激烈。

(4)国际金融秩序将发生缓慢而深刻的变革。金融危机暴露出发达国家在金融创新、风险防范以及依靠金融资产透支消费方面存在严重缺陷,各国对维护国际金融市场稳定、改革国际金融体系提出了新的要求,加快建立新的国际金融体系的进程开始启动。具体为:一是国际金融监管合作进程加快,国际监管体系逐步完善。二是发展中国家在国际金融组织中的代表性和发言权逐步提高。三是区域金融合作渐渐趋于活跃。四是国际货币体系多元化稳步推进,人民币国际化进程不可回避。但是,对于未来的金融监管体制改革路径,各国之间的分歧很大;针对国际货币体系改革的方向各国也存在很大的争议。因此,未来一段时间,国际金融秩序变革进程是缓慢而深刻的,但国际金融市场动荡的风险在加大,同时也助长了大宗货物价格波动风险。

2. 国内环境分析

(1)转变经济增长模式的压力不断加大。20 世纪 90 年代以来,中国经济从短缺向过剩转变的国际环境,是新全球化浪潮席卷世界,这在很大程度上掩盖了我国国内的过剩倾向,也就是由于外部失衡抵消了内部失衡矛盾。随着金融危机冲击导致世界经济进入深度调整,国际市场收缩,贸易保护主义抬头,加上国内资源瓶颈、环境瓶颈和生产要素成本上升等制约全面加剧,支撑经济快速增长的低成本优势明显弱化,传统的增长模式越来越难以为继,出口高速增长带动经济高速增长的时代已经结束。

（2）加快经济结构调整的压力不断加大。目前阻挡中国经济成长前进脚步的是严重的产品与产能过剩,这个矛盾不解决,中国的长期发展就会越来越因缺乏需求动力而陷入低速增长,甚至爆发生产过剩危机。从生产过剩背后的主线看:一条是在居民中收入分配不平均的倾向日益严重,导致微观层面的储蓄与消费失衡。另一条是工业化与城市化严重不同步,导致中国的产出能力已经达到人均国内生产总值3000美元的水平,但是人口的主体——农村人口的消费能力只有700美元,这也是引起总需求与总供给失衡的重要原因。因此,在"十二五"期间就必须从调整国内不合理的经济结构出发,释放出国内被长期压抑的需求,也就是通过调整国内个人分配结构,以提高国内居民消费能力;通过大力推动城市化,释放出因城市化缓慢而被压抑的巨大需求,从而解脱外需萎缩而内需也打不开的困境。

（3）保障国家经济安全的压力不断加大。"十二五"时期,我国可能成为世界第一贸易国,贸易摩擦和潜在的市场风险将进一步加大;国际金融领域呈现多级竞争格局,不确定性因素日益增多,外部金融动荡对我国金融体系冲击的风险进一步加大;世界各国围绕能源、资源的争夺更为激烈,保障能源、资源安全面临的形势更加严峻。此外,我国与其他国家在世界经济中力量对比的变化,使竞争对手在对我国进行牵制、压制和遏制上有可能形成"战略联盟",迫切需要提升我国抵御摩擦、化解制约、抗衡风险、保障安全的能力。

（4）市场化机制不断加强。虽然经历了30年高速发展,中国已经形成了庞大的经济规模,但是企业规模与国际标准比较还是很小。在目前政府实施的产业振兴方案中,已经有许多鼓励企业兼并、重组的政策,但总的来说,还是通过这些方案刺激总量增长的成分更多。中国的经济体制改革发展到今天,企业所有制成分已经发生了深刻变化,非国有企业已经成为了各类产业发展中的主体,如果说以前的调整是以国有企业为主体的背景而进行的,以行政命令的"关停并转"为主要方式,在"十二五"调整期内,则应更多考虑采用市场化的动力机制进行。正是因为生产能力过剩,就应当把现有生产能力中的先进生产力保留下来,而推动落后生产力的倒闭与重组。如果为了保增长,采取许多保护落后的措施,中国的企业规模就很难上升到世界标准水平,也很难与世界的先进生产力竞争。市场化的动力机制,还包括使用财政补贴、税收减免、贷款贴息等手段,鼓励先进企业兼并落后企业,从而使先进企业做大做强。还应充分发挥资本市场的作用,为先进企业的兼并活动开通更宽的资本市场通道。

综合分析"十二五"时期国际和国内环境,我市产业转型发展既面临着重大的机遇,也存在着严峻的挑战。

三、宁波产业竞争力提升的基本思路

党的十七大从深入贯彻落实科学发展观和实现国民经济又好又快发展的全局高度,提出了转变经济发展方式的战略任务。全球金融危机给国际国内发展环境带来了广泛而深刻的重大变化。当前和今后一个时期,宁波产业转型发展的总体要求是:以科学发展观为统领,正确把握国际产业梯度转移加快、科技成果产业化加速、三次产业互动融合、集群化发展、差异化竞争加剧等趋势,构筑特色现代产业体系,完善区域创新体系,完善资源要素保障体系,促进产业的高端攀升和内涵升级,致力打造产业"高产田",使宁波产业发展水平继续走在全国和全省前列。

(一)构筑特色现代产业体系

顺应产业集群化、产业智能化和三次产业融合发展趋势,充分发挥宁波资源禀赋优势,加快转变农业发展方式,积极推进工业现代化,大力发展现代服务业,大力发展现代海洋产业,全力构建现代产业集群。

1. 加快转变农业发展方式

优化农业产业布局和结构,推进粮食生产功能区和现代农业园区建设。强化农业科技服务体系建设,健全公益性农业技术推广体系,加强

农业重大技术攻关和科研成果转化,提升农业主导产业和特色产业发展水平,增强农业综合生产能力和市场竞争能力。积极培育都市农业,大力发展生态农业、休闲农业等新业态。全面推行农业标准化生产方式,推进品牌建设。鼓励农业龙头企业和专业合作社联基地带农户,加快农业规模化和产业化经营。发展政策性农业保险,增强农业风险防范能力。严格保护耕地,进一步提升标准农田质量。完善农田水利等基础设施,不断提高农业产业基地、示范园区的设施装备水平。

2. 积极推进工业现代化

推动战略性新兴产业规模化发展,按照"市场主导、技术领先、重点突破、带动力强"的要求,做大做强新材料、新装备、新一代信息技术、新能源产业,积极培育发展海洋高技术、节能环保、生命健康、设计创意产业,努力形成若干个产值超千亿元的战略性新兴产业。择优发展临港工业,做强做优石化、清洁能源等重点临港工业,延伸循环产业链,提升产品价值链,加快建成具有国际一流水准的新型临港工业基地。加快传统产业高端化发展,改造提升装备制造、造船、电子电器、纺织服装、模具、文具等传统优势产业,再创特色产业新优势。加快推进企业组织结构调整,着力培育形成一批主业突出、核心竞争力强、引领带动作用大的行业龙头企业,实现大中小企业联动发展。坚决淘汰落后产能,有序推进高耗能、高污染企业的关停并转。

3. 大力发展现代服务业

加快发展物流、金融、会展、电子商务及体育健身、家政服务等生产生活性服务业。积极参与上海国际金融中心建设,推进地方金融创新,培育发展离岸金融市场,大力发展航运金融服务,加快建设区域性金融中心。整合旅游资源优势,加快东钱湖旅游度假区、溪口雪窦山国家级风景名胜区等重点区域开发,鼓励社会资本参与旅游业重大项目建设,加大宣传推介力度,提升旅游整体形象。推进服务业标准化和品牌建设,培育一批大企业、大集团。推进国家服务业综合改革试点,深化服务业市场化改革,改善服务业发展环境。优化服务业空间布局,以城市综合体、特色街区、物流园区、总部基地等为支撑,建成一批现代服务业集聚区。

4. 大力发展现代海洋产业

创新海洋经济发展理念和思路,抓紧做好建设国家发展海洋经济示范省核心区域的规划编制工作,确定全市海洋经济发展布局和重要功能区块,坚持适度开发和有序保护相统一,全面提高海洋资源开发利用水平。扶持发展海水健康养殖、海洋生物、海水综合利用、海洋能源、海洋先进装备制造、现代航运服务等海洋新兴产业,大力发展海产品精深加工、远洋捕捞等现代海洋渔业,加快发展滨海休闲、海洋文化节庆等海洋旅游业,加强现代渔港建设,不断提高海洋经济的贡献率和带动力。加强海洋科技研发,提高海洋产业发展的科技含量。编制海岛海域综合开发规划,加强海岛海域基础设施建设,综合开发海岛海域资源。积极申报国家海洋博览会。

5. 全力构建现代产业集群

产业组织提升是工业转型升级重要内容。构建大小企业间以协作与分层竞争为主要内容的新型竞争合作关系,努力培育成为具有国际水准的产业集群是宁波产业组织提升的重要内容。促进产业集群从模仿型向创新型攀升,努力培育成为具有国际水准的产业集群。产业集群构成了宁波富有特色的区域性产业组织形态。要从全球生产网络和全球价值链的视角审视宁波地方产业集群在国际分工和国际贸易中的地位,充分利用现有产业集群的比较优势,积极主动地融入由跨国公司主导的国际生产体系,培育大型品牌生产集团和商贸集团,从而促使其融入全球生产网络并发展成为具有国际水准的产业集群。优化制造业的产业组织模式,在宁波大中小企业之间塑造以协作与分层竞争为主要内容的新型竞争合作关系。中小企业为了能够参与由生产商主导或购买商主导的跨国生产和流通网络,就必须基于中小企业与大公司之间的联系,构筑起能适应残酷竞争的网络组织。因此,要优化制造业的产业组织模式:一方面,大企业可以通过资产重组和存量调整,迅速壮大企业规模和资金实力,形成真正具备参与国际市场竞争能力的大型企业集团;另一方面,中小企业要成为"小型巨人"或"配件明星",从而在产业内部,形成大中小型企业兼备的金字塔状的分工协作体系。

(二)完善区域创新体系

实现产业转型升级,首先要强化创新战略,完善创新环境,集聚创新资源,激励创新主体,培育一批善于学习模仿和创新,有自主知识成果,能构筑技术优势,善于树立品牌、争创名牌,控制把握市场的"创新型企业",促进宁波产业通过产品升级、工艺升级,以及功能升级,不断提升在全球产业网络和全球分工体系中的地位。

1. 着力推进与国内外著名高校和大院大所的科技合作

进一步加大科技合作资金支持力度,继续加强与中科院材料所、兵科院和浙江大学等的全面科技合作,鼓励高层次人才来我市挂职和创业,共建研发机构,积极吸引高新技术项目落户我市;鼓励企业与高校和科研院所开展多种形式的产学研联合,提高科研院所面向企业和市场的技术创新能力;增强在甬高校和科研机构的研发水平,增强为宁波企业和地方经济发展服务的能力;积极引进跨国公司、中央属企业和省外大型民营企业等大企业、大集团来宁波设立研发基地,促进我市工业升级和结构调整。

2. 加快科技"孵化器"建设

充分发挥宁波科技创业中心、留学人员创业园等现有"孵化器"的作用,完善孵化设施、强化孵化功能,使其成为科技人员科技创业的重要基地。建立创新引导基金,利用宁波丰富的民间资本,引进国际国内知名创投基金,大力发展私募基金,引导民间资本投向更高层次的创业创新活动。

3. 增强企业研发能力

鼓励企业加快工程技术中心、技术中心建设,提高企业自主研发和创新能力。充分发挥高新技术园区作为创新创业集聚基地的作用,鼓励县(市)、区的重点企业在市高新技术园区设立研发中心,对研发中心引进的高级急需人才在住房安置等方面给予适当照顾。鼓励企业加大研发投入。

4. 大力发展各种类型的科技中介服务机构

鼓励科技人员创办民营科技中介服务组织,积极开展技术贸易、技术培训、科技评估、信息服务、专利咨询、知识产权保护等科技中介服务工作,加速科技成果的转化和扩散。

5. 构建激励创新的制度和政策环境

实施知识产权战略,促进知识产权的交易和使用,坚决打击各种侵权盗版活动,维护知识产权人的合法权益,引导和激励企业运用知识产权规则。加强知识产权行政管理和保护机构建设,强化知识产权的行政管理和行政保护。加大品牌保护力度,鼓励企业增加品牌建设投入,从研发设计和营销推广着手,提升品牌价值。引导企业完善技术要素参与股权与收益分配的机制,促进知识尽快转变为生产力。

(三)完善资源要素保障体系

提升资源要素利用效率是工业转型升级的内在需要。完善土地、资本、人才、能源和财政投入等资源要素的保障体制机制,对工业转型升级有着重要的意义。

1. 加快土地产权制度改革

促进土地使用权有效流转,实施"挤地发展"和"原地提升"工程,提高土地利用效率和投入产出率。运用市场准入标准、经济杠杆和供地政策,引导工业向开发区集中、人口向城镇集中、住宅向社区集中,最大限度地发挥土地的集聚效应。坚持"选商引资",引进科技含量高、附加值高、环境污染少、实现进口替代和改造提升传统产业的项目,以最小的土地消耗实现效益的最大化。制定鼓励提高现有建设用地利用效率的激励措施,积极引入市场竞争机制配置工业用地,并通过集中建造标准厂房为中小企业提供生产经营场所。建立市域、县域及经依法批准设立的开发区(园区)土地集约利用评价体系,全面实行土地集约利用考核制度。

2. 大力发展资本市场

充分发挥资本市场在优化资源配置、促进经济结构调整、筹集发展资金、推进制度创新等方面的重要作用。利用资本市场推动更多企业上市,着力提升"宁波板块"竞争实力,拓宽资本市场多元融资渠道,努力培育上市企业后备资源,加快推进宁波资本市场发展步伐。加大宁波银行业金融机构介入资本市场业务的力度,通过股票质押贷款、同业拆放、授信等业务,对证券机构进行资金融通,从而形成银证业务互惠互利的良性互动局面。各级各有关部门和证券监管部门要共同培育市场主体,把更多的优质企业推入资本市场;共同规范企业行为,为上市公司的并购重组把好关,共同防范和处置风险,提高资本市场的安全性、流动性和收益性。

3. 建立健全创业创新人才保障机制

一是加快培育创新型企业家。扩大范围,加大力度,大力实施企业家素质提升工程,实行深造培训和集中轮训相结合,通过 EMBA 课程、短期进修、网络培训等多种形式,进一步提升企业家和各类不同层次企业经营管理者的综合素质和国际化水平。二是加快建设创新型人才队伍。搭建平台,落实政策,大力引进以领军和拔尖人才为重点的各类高层次创新型人才。创造条件,优化服务,着眼于提高创新能力,加强培养管理、经营、工业设计等领域的高层次创新型人才,积极培育一大批高素质的"实用型、有证书"的各类创新型技能人才,有效推进企业创新团队建设。

4. 推进能源资源的集约节约利用

建立综合运用法律、经济、行政等多种手段推进资源能源集约节约利用的工作格局。实施节能监察制度,加强节能监察队伍建设,健全能耗监测体系。推动重点耗能企业健全节能工作机构,建立科学的节能管理核算体系。加大奖励力度,加强先进节能技术设备的推广、开发,大力培育节能中介服务机构。开展能效对标活动,对超出行业能耗平均水平的企业,根据不同情况,依照国家法律法规和政策,实行电价和水价的累进加价、限期停产整改、设备强制淘汰等,加快提高能效水平。加强环境容量控制,探索企业排污权交易制度。大力发展循环经济。在企业、开发区(园区)和城市功能区、镇乡和县(市)、区等不同层次,大力发展工业循环经济。推进企业之间的产业对接配套,鼓励废弃物循环利用。建设生态产业园区,推进园区内的资源循环利用。大力发展清洁生产,加强扶持资源综合利用企业。

5. 整合财政扶持资金

一是强化财政资金的导向作用。将工业技改贴息资金、园区扶持资金、大企业大集团培育资金和创新资金等扶持资金整合为产业结构调整专项资金,在使用方向上逐步从扶持所有行业向扶持重点优势行业转变,从单纯扶持大企业向扶持大中小企业并举转变,从注重项目投资规模向更加注重项目的技术档次和设备先进程度转变,重点用于结构调整项目贴息,中小企业扶持,信息化项目、公共服务平台建设、技术创新、节能和清洁生产、国内招商引资、结构调整软课题研究等补助,以及必要的考核奖励,使之成为优化结构、转变经济增长方式的重要手段。二是建立政府财政性投入资金的绩效考核体系,建立健全行政部门联席会议、专家委员会评审和社会监督制度,进一步提高财政扶持资金的综合功效。

第四章　长三角开放进程与宁波国际化地位

改革开放是最大的红利,第一轮改革开放下,长三角地区在经济、社会、文化等各个领域与世界各个区域进行互动,成为中国对内、对外发展的重要推动力量,成为承接国内与国外发展的重要区域。在如今新一轮开放的大环境下,长三角地区如何更明确地参与国际分工以及融入国际市场,如何更好地与国际惯例或准则接轨,如何营造适宜于国际交流、联系、竞争与合作的环境,必然要进一步加快长三角地区各个城市的国际化进程。城市国际化的基本机制在于生产力的发展,是经济全球化的必然产物,但不是单纯的经济国际化,包含着城市职能国际化、城市运行机制及运行方式国际化、城市运行环境国际化等方面的基本内容。城市国际化意味着城市的发展不再是一种地区性现象,而是处于国际发展背景中与国际经济、社会、文化的发展息息相关。本章立足改革开放以来长三角地区对外开放的发展历程,实证分析宁波国际化水平在长三角地区动态变化情况,在此基础上提出进一步提升宁波国际化地位的对策建议。

一、长三角对外开放的发展历程

(一)长三角区域的对外开放进程

改革开放以来,长三角区域的对外开放进程主要分为三个阶段。

第一阶段,外商投资初步集聚(1979—1992 年)。我国第二产业处在新兴时期,引进和利用外资主要用来克服国内资金短缺和经济迅速外延扩张的矛盾,外商直接投资大多数集中于劳动密集型加工工业。长三角制造业吸收利用外资的规模很小,1992 年实到外资只有 29.55 亿美元,外贸进出口总额为 371.06 亿美元,占全国 22.4 %,其中出口 195.37 亿美元,进口 175.69 亿美元,贸易顺差为 19.68 亿美元。

第二阶段,经济全面对外开放(1992—"入世"前)。长三角地区开始了以浦东开发开放为标志的全面对外改革开放,吸收外资合同金额迅速增长,1995 年长三角吸引跨国直接投资 91.99 亿美元,2001 年长三角合同外资 274.84 亿美元,实到外资 137.26 亿美元。

这一阶段主要是培育支柱产业、优化布局结构、提升产业层次,在对传统产业调整改造、优化布局结构的同时,加大建设产业基地,重点培育了汽车、通信设备机电制造业、钢铁、家用电子电器制造业等支柱产业。但是,外资结构中劳动密集型产业仍然偏高,技术和资本密集型产业偏低。同时这一阶段,长三角积极实施外贸出口产品市场多元化战略,大力拓展新的出口增长点。2001 年外贸进出口总额为 2046.48 亿美元,占全国的比重为 40.15%。

第三阶段,内外资共同发展促进产业结构升级(2001 年"入世"后至 2010 年)。长三角吸收外资金额继续迅速增加,2007 年长三角地区实际吸收外资金额为 401.8 亿美元。长三角引进和利用外资已经从注重物质资本的引进转向知识资本的引进和消化,高技术制造业和知识技术密集型的产业比重增大。这一阶段吸收外资一个重要亮点是第三产业吸收外资增幅较大,但是地区分布不均,其中上海吸收外资增幅最大,上海吸收外资的一个重要特点是总部经济加快集聚。2007 年长三角进出口总额为 10474.19 亿美元,占全国的比重达 48.18 % ,比 2000 年提高了 9.6%,贸易顺差为 3869.09 亿美元。这一阶段的另一个特点是长三角企业"走出去"的步伐加快,投资境外工业园区的趋势明显。经商务部批准的第一批和第二批共 19 个境外经贸合作区中,长三角企业投资的占 8 个。

(二)长三角区域对外开放的特点

1. 外向型经济迅速发展,并带动了地区经济的突飞猛进

长三角 FDI 增长弹性(GDP 增长率/ FDI 增长率)为 0.4896,明显高

于全国 0.3450，说明在长三角 FDI 对 GDP 增长的带动作用比较强。2007 年外商累计直接投资对出口的相关系数，长三角为 0.706，全国为 0.529；对进口的相关系数，长三角为 0.369，全国为 0.174，说明 FDI 在长三角进出口贸易的带动作用明显高于全国，长三角的 FDI 具有较强的外向性。长三角外向型经济的迅速发展，带动了长三角地区的经济突飞猛进。2007 年的地区 GDP 为 1978 年的 87 倍，人均 GDP 为 1978 年的 66 倍。

2. 江浙沪各自形成了不同的经济发展模式

在以发展外向型经济为共同特点的同时，两省一市的经济发展模式各有侧重。"上海模式"以政府主导下的市场经济发展为特点，"江苏模式"以乡镇企业（集体经济）和混合所有制经济见长，"浙江模式"以民营经济的高速发展著名。开放路径上也各有特色。上海以本地雄厚的经济基础和外来资本的大量介入为初始条件，从企业环节、投入要素启动生产过程和市场的开放，是典型的"顺推型"开放；浙江以强大的市场开拓能力为初始条件，由市场层面的开放启动生产过程和企业环节的开放，属于"倒逼型"开放；江苏（尤以苏南为典型）的开放则得益于"星期天上海工程师"，以较高的技术水平为初始条件，由生产分工环节启动国际化，向两头分别扩散到市场和企业环节，属于"扩散型"开放。三地的发展可以归纳为：上海浦东开发为长三角乃至全国的对外开放了注入新活力；民营经济是浙江经济发展的引擎和亮点；苏南模式是城乡统筹发展、走新型工业化之路的典型。

3. 产业结构逐渐升级，产业集聚效应明显

通过承接国际产业转移尤其是制造业转移，长三角初步确立了在全球产业分工中的重要地位。产业结构调整方面，大部分外资流入第二产业和第三产业，成为促进本地区产业结构转变的重要因素。产业集聚方面，长三角正逐步成为全球 IT 和装备工业加工制造中心，高科技群落在本地区逐步形成。近几年，长三角承接国际产业转移出现了新变化：一方面，传统劳动密集型产业加快向外转移；另一方面，承接国际服务外包和现代服务业速度加快，长三角服务外包产业迅速发展。

4. 区域经济合作循序渐进

20 世纪 80 年代上海经济区时期，经济区内众多企业和政府增强了

相互联合、加强协作的意识,促进了经济区的资金、技术的流动,做了大量的研究、规划和协调工作。90年代浦东开发开放时期,国家、省、市各级政府在各自层面搭建平台、建立合作交流机制,企业层面上,随着民营经济的迅速发展,越来越多的江苏、浙江民营企业进入上海发展。21世纪长三角进入一体化阶段。江浙相继推出"接轨上海,共同推进长三角地区经济社会发展"的战略决策。长三角合作机制趋于多元,合作方式趋于多样,合作内容趋于广泛;产业集群迅速发展,结构升级趋向"高附加值";要素在长三角的流动更加自由,并促进了市场共享;环保合作成为重要内容。长三角一体化上升为重要的国家战略。2008年9月7日,《国务院关于进一步推进长江三角洲地区改革开放和经济社会发展的指导意见》出台。2010年5月,国务院批准实施的《长江三角洲地区区域规划》明确指出将长三角地区定位为中国城市国际化发展的先导区、亚太地区重要的国际门户、全球重要的现代服务业和先进制造业中心、具有较强国际竞争力的世界级城市群。2010年上海世博会及后世博效应对长三角城市国际化也将起到巨大的促进作用。在经济全球化发展的大背景之下,国际竞争已经更多表现为都市圈之间的竞争。积极推进长三角都市圈的国际化,对于整个国家的发展都具有非常重要的战略意义,其发展进程也已成为国家区域经济宏观调控关注的重点之一。长三角都市圈国际化进程中,上海要聚焦金融、保险、律师、会计师等高端生产性服务业集群,优化国际航空网络,提升国际会展水平,促进虹桥商务区建设,使之成为服务长三角、全中国的国际贸易中心主体功能区,进而推动上海成为长三角企业国际化的前沿站点。

二、宁波在长三角中的国际化地位动态变化与原因分析

(一)国际化水平评价指标体系

1. 国际化水平评价指标体系的构建

城市国际化水平指的是一个城市在国际化发展过程中所达到的程度,与城市在经济、社会、文化等方面的发展程度息息相关。构建正确的城市国际化水平评价指标体系,有利于我们确定城市在国际化进程中所处的水平,从而制定对城市国际化具有促进作用的政策。

近年来,随着学界对于城市国际化研究的深入,对于城市国际化水平评价指标体系的研究亦不断深化。一些学者主张以城市中生产性服务部门与跨国公司驻地的数量来评价城市的国际化水平。一些学者则主张从金融业发展水平、外商直接投资、外资企业数量及生产总值、商品进出口总额、境外旅游人数、承办国际会议活动数量等外向型指标来评价城市的国际化水平。更多学者则认为应对城市本身的发展状况和城市的外向型指标这两者进行综合考虑,以准确地衡量城市国际化水平。以泰勒等学者组成的世界城市研究小组从高级生产性服务业部门的数量、跨国公司总部与驻地数量、城市对外信息交流量、城市对世界经济的总体影响力等角度,对世界的各个城市进行了研究。萨森在他的《全球城市》一书中亦提出了界定城市国际化水平的方法。他认为,地理位置、世界级金融机构与跨国公司数量、生产性服务业发展状况、对世界经济、政治、文化的影响是评价城市国际化发展水平的主要指标。

本研究综合国内外学者的研究成果,形成了国际化水平评价指标体系。在选取指标时,主要遵循了科学性、全面性、可测性、可获性四个原则,有些数据虽然从理论上看非常理想,但考虑到实际的操作成本和获得的难度,也只能放弃。本章的指标体系包括 FDI 占全社会固定投资比重、实际利用外资、当年批准外商直接投资项目(合同)个数、新批对外投资项目个数、对外承包劳务合作实际营业额、进出口总额、进口额、出口额、外贸依存度、国际服务贸易额、港口货物吞吐量、客运总量、货运总量、航空港年进出境旅客数量、路网、航空、港口设施指数、年旅游总收入、接待入境旅游人数、接待国内旅游人数、外来常住人口比重、国际友好城市个数,共 20 个指标(见表 4-1)。

表 4-1　国际化水平评价指标体系

指标体系	指标说明
FDI 占全社会固定投资比重	反映城市吸引外资能力
实际利用外资	反映城市吸引外资能力
当年批准外商直接投资项目个数	反映城市吸引外资能力
新批对外投资项目个数	反映城市走出去能力

指标体系	指标说明
对外承包劳务合作实际营业额	反映城市走出去能力
进出口总额	反映城市贸易国际化水平
进口额	反映城市贸易国际化水平
出口额	反映城市贸易国际化水平
外贸依存度	反映城市贸易国际化水平
国际服务贸易额	反映城市贸易国际化水平
港口货物吞吐量	反映城市基础设施的承载力
客运总量	反映城市基础设施的承载力
货运总量	反映城市基础设施的承载力
航空港年进出境旅客数量	反映城市基础设施的承载力
路网、航空、港口设施指数	反映城市基础设施的承载力
年旅游总收入	反映城市吸引游客能力
接待入境旅游人数	反映城市吸引游客能力
接待国内旅游人数	反映城市吸引游客能力
外来常住人口比重	反映城市的接纳力
国际友好城市个数	反映城市人文国际化能力

2. 数据来源和处理

(1)指标数据的收集和处理

在我们设计的指标体系中,从性质上看基本都为统计指标。统计指标是指能够直接利用统计数字的指标。本研究主要基于 2000 年、2005年、2010 年的统计数据,这些数据主要来源于 2001 年、2006 年、2011 年各城市统计年鉴、长三角统计年鉴、各城市国民经济和社会发展统计公报,对于个别数据,我们通过网络、学术文献等其他途径获得。

(2)权重的确定

权重表示变量或者指标对于某事物的相对重要性。在城市国际化水平的评价指标体系中,不同的指标对国际化水平的贡献度是有差异的,这种差异我们用权重来表示,因此在评价中,权重的确定是非常重要的。根据有关文献分类,确定权重的方法大致可分为两类:一类是主观赋权法,它基于决策者给出偏好信息的方法;另一类是客观赋权法,是一类基于决策矩阵和客观信息的方法。在研究过程中,由于国际化水平采用的数据都是统计数据,也由于采用的分析方法为主成分分析法,我们认为用客观赋权法基本能反映城市的国际化水平。因此在独立评价各城市国际化水平各个因子时所涉及权重为各主成分的贡献率,是主成分分析方法内含的,属于客观的赋权方法。

(3)结果的标准化处理

通过主成分分析法得出的结果,从数据上看,不仅相差非常大,而且存在正负数的区别,尽管正负只是表示相对意义上的大小,但不符合比较大小强弱的思维习惯。因此,为了解决这一问题,我们对计算结果进行了标准化处理。处理的方法为:假定最大值为100,最小值为50(最小值不选择0,是基于领头城市与其他几个城市差距太大的考虑),其他中间结果值根据这一比例进行换算,最后得出的城市国际化水平排序是50~100范围内的相对数。

3. 评价方法和步骤

本书选取了长三角的7个城市,分别是上海、杭州、宁波、南京、无锡、常州与苏州,采用上述城市国际化水平评价指标体系进行比较,选择了2000年、2005年与2010年的数据作为指标数据。

通过比较,利用SPSS软件中的描述统计功能,分别将上述7个城市3年的20项城市国际化发展指标的数据以变量的形式导入SPSS软件,将其命名T1、T2……T20。并利用软件的描述统计功能对数据进行标准化。之后,对标准化后的数据进行主成分分析,求出各个指标的公因子方差、解释的总方差、各成分的方差贡献率以及累计方差贡献率(见表4-2)。

表 4-2　总方差解释表

成分	初始特征值			提取平方和载入			旋转平方和载入		
	合计	方差的%	累计%	合计	方差的%	累计%	合计	方差的%	累计%
T1	13.623	68.116	68.116	13.623	68.116	68.116	10.516	52.582	52.582
T2	2.256	11.278	79.394	2.256	11.278	79.394	4.652	23.262	75.845
T3	1.660	8.299	87.693	1.660	8.299	87.693	1.886	9.430	85.274
T4	1.181	5.906	93.599	1.181	5.906	93.599	1.665	8.324	93.599
T5	0.471	2.357	95.956						
T6	0.282	1.409	97.365						
T7	0.215	1.076	98.441						
T8	0.102	0.512	98.953						

续表

成分	初始特征值			提取平方和载入			旋转平方和载入		
	合计	方差的%	累计%	合计	方差的%	累计%	合计	方差的%	累计%
T9	0.062	0.309	99.262						
T10	0.041	0.203	99.465						
T11	0.037	0.183	99.648						
T12	0.031	0.154	99.803						
T13	0.017	0.086	99.889						
T14	0.014	0.070	99.959						
T15	0.004	0.020	99.979						
T16	0.002	0.010	99.989						
T17	0.002	0.008	99.997						
T18	0.000	0.002	99.999						
T19	0.000	0.001	100.000						
T20	1.605E-13	8.024E-13	100.000						

说明:提取方法为主成分分析法。

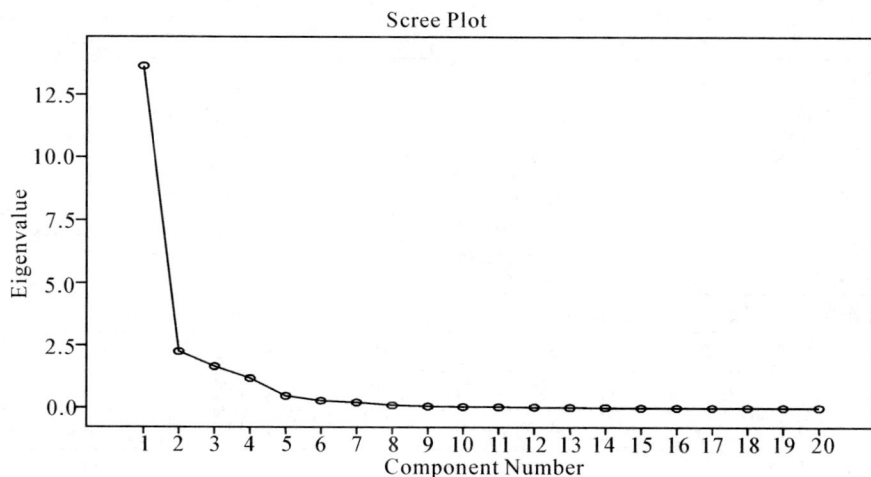

图 4-1　碎石图

　　主成分个数提取原则为主成分对应的特征值大于 1 的前 m 个主成分。由上面的表格可知,特征值大于 1 的公共因子有 4 个,其因子分别为 13.623、2.256、1.660、1.181,4 个因子的总方差解释率为 93.599%。特征值大于 1 的因子的累积方差贡献率大于 85%，所以认为涵盖了大部分变量信息，结合图 4-1 的碎石图，因此，选取前四个因子作为公共因子 分别命名 F_1、F_2、$F3$、$F4$。

　　一般而言，通过初级变换得到的因子载荷差异不大，含义不明显，实用价值不高。采用方差最大旋转法，得到旋转后的因子载荷，有助于对问题的解释，由此得到上述四个公共因子的指标的载荷（见表 4-3）。

表 4-3　旋转载荷矩阵

	成分			
	F_1	F_2	F_3	F_4
FDI 比重	−0.210	0.096	−0.063	0.930
实际利用外资	0.669	0.666	0.225	0.077
当年批准外商投资项目	0.742	0.393	0.308	0.359
对外投资项目	0.129	0.023	0.932	−0.002
对外承包劳务合作实际营业额	0.949	0.158	0.021	−0.064
进出口总额	0.706	0.688	0.009	0.033
进口额	0.752	0.635	0.021	0.079
出口额	.654	0.734	−0.002	−0.013
外贸依存度	0.175	0.857	0.029	0.381
国际服务贸易额	0.945	0.130	−0.050	−0.010
港口吞吐量	0.733	0.489	0.200	−0.105
客运总量	−0.287	0.672	−0.182	−0.595
货运总量	0.828	0.168	0.443	−0.110
航空进出境旅客数	0.978	0.105	0.085	−0.007
路网、航空、港口设施指数	0.818	0.159	0.503	−0.044
旅游总收入	0.883	0.365	0.188	−0.170
入境旅游人数	0.923	0.305	0.112	0.031
国内旅游人数	0.882	0.349	0.216	−0.143
外来人口比重	0.390	0.813	0.243	−0.270
国际友好城市数	0.804	0.295	0.423	0.081

Extraction Method: Principal Component Analysis.
Rotation Method: Varimax with Kaiser Normalization.

　　根据各个变量在旋转载荷矩阵中的得分可以看出，第一成分（F_1）包含了十四个指标,分别是实际利用外资额,当年批准外商投资项目,对外承包劳务合作实际营业额,进出口总额,进口额,国际服务贸易额,港口吞吐量,货运总量、航空进出境旅客数、路网航空港口设施指数、旅游总收入、入境旅游人数、国内旅游人数和国际友好城市数。这十四个指标反映的主要是城市对于资本流入、贸易流入、货物流动、游客流动等方面的综合承载能力,命名为城市承载力,第二成分(F_2)包含了四个指标,出口额,外贸依存度,客运总量和外来人口比重。这四个指标主要衡量的是城市出口贸易以及与贸易相关联的外来劳动力流入的情况,命名为城市的出口竞争力。第三成分(F_3)包含一个指标——对外投资项目,反映的是城市走到海外创业的能力,命名为海外创业力,第四成分(F_4)也只包含一个指标——FDI占全社会固定投资比重,反映的是城市外商直接投资在城市全社会固定投资中的作用,命名为外资偏好度。

　　命名后国际化水平的指标体系如表 4-4 所示。

表 4-4　测算后国际化水平的指标体系及相关权重

一级指标	二级指标及所占权重	三级指标
国际化水平	F_1——城市承载力(0.562) (备注:三级指标中加粗字体对城市承载力贡献较大)	实际利用外资额
		当年批准外商投资项目
		对外承包劳务合作实际营业额
		进出口总额
		进口额
		国际服务贸易额
		港口吞吐量
		货运总量
		航空进出境旅客数
		路网航空港口设施指数
		旅游总收入
		入境旅游人数
		国内旅游人数
		国际友好城市数
	F_2——出口竞争力(0.248)	出口额
		外贸依存度
		客运总量
		外来人口比重
	F_3——海外创业力(0.101)	对外投资项目数
	F_4——外资偏好度(0.089)	FDI占全社会固定投资比重

将 F_1、F_2、F_3、F_4 的有效得分与相应的指标变量 $T1\cdots T20$ 相乘,即可得到指标变量在各主成分中的得分,以 K_1、K_2、K_3、K_4 表现。运算公式为

$$K_{ik} = \sum_{j=1}^{n} F_j T_{ij} (i = 1, 2, \cdots, m, k = 1, 2, \cdots, p, p \leqslant n)$$

其中,m 为总的评价区域单元,n 为每个评价单元总的评价指标,T_{ij} 为第 i 个区域单元的第 j 个指标的单项评价值,F_j 为第 j 个指标的载荷量,K_{ik} 为第 i 个区域单元的第 k 个主成分得分,p 为重新确定的主成分个数。通过上述公式所求得的 K_1、K_2、K_3、K_4 即代表了城市群中各个城市在主成分 F_1、F_2、F_3、F_4 中的得分。对 K_1、K_2、K_3、K_4 进行综合计算,即可得到各个城市在主成分中的综合得分。运算公式如下:

$$K_i = \sum_{k=1}^{p} V_k K_{ik}$$

其中,K_i 为主成分的综合得分,V_k 为第 k 个主成分的方差贡献率。

(二)长三角各城市国际化水平的得分与排名

1. 国际化总水平得分与排名
(1)长三角城市国际化水平综合排名
2010 年长三角城市国际化水平综合得分及综合排名情况如表 4-5 所示。

表 4-5 2010 年长三角城市国际化水平综合得分及综合排名

城市名	综合得分	综合排名
上海市	84.30	1
南京市	58.02	5
无锡市	57.90	6
常州市	56.01	7
苏州市	65.37	2
杭州市	59.37	3
宁波市	59.34	4

纵观 7 个城市 2010 年的综合得分及综合排名,得分在 80 分以上的只有上海一个城市,71% 的城市综合得分在 50~60 分之间。前三强城市中,上海遥遥领先,江苏和浙江 2 个省各有 1 个城市进入。其中,苏州排

名第2,杭州排名第3,而宁波以非常微小的差距位列第4。具体到分值,杭州与宁波的分值非常接近,与南京的分值差别也在2分之内,可见,2010年杭州、宁波、南京在城市国际化水平上非常接近,但是排名第三的杭州与排名第二的苏州却存在6分左右的差距,而与上海的差距达到了25分,差距着实很惊人,可见长三角国际化水平分布不均衡。

（2）长三角城市国际化水平变化情况

十年来长三角城市国际化水平综合得分及综合排名变化如表4-6所示。

表4-6　长三角城市国际化水平综合得分及综合排名

2000年			2005年			2010年		
城市名	综合得分	综合排名	城市名	综合得分	综合排名	城市名	综合得分	综合排名
上海市	63.48	1	上海市	72.56	1	上海市	84.30	1
南京市	56.49	3	南京市	57.66	4	南京市	58.02	5
无锡市	55.63	5	无锡市	57.65	5	无锡市	57.90	6
常州市	55.72	4	常州市	55.86	7	常州市	56.01	7
苏州市	59.09	2	苏州市	63.64	2	苏州市	65.37	2
杭州市	55.46	7	杭州市	57.60	6	杭州市	59.37	3
宁波市	55.53	6	宁波市	57.73	3	宁波市	59.34	4

比较七个城市2000年、2005年、2010年城市国际化水平的综合得分和排名,上海十年来一直占据第一的位子,且与其他六个城市拉开较大差距,其2010年的得分为84.30,即使是2000年的上海,其国际化水平的得分也超过2010年除苏州以外的其他五个城市。苏州在城市国际化上面做得也相当不错,其得分在2000年,2005年以及2010年都仅次于上海,分别是

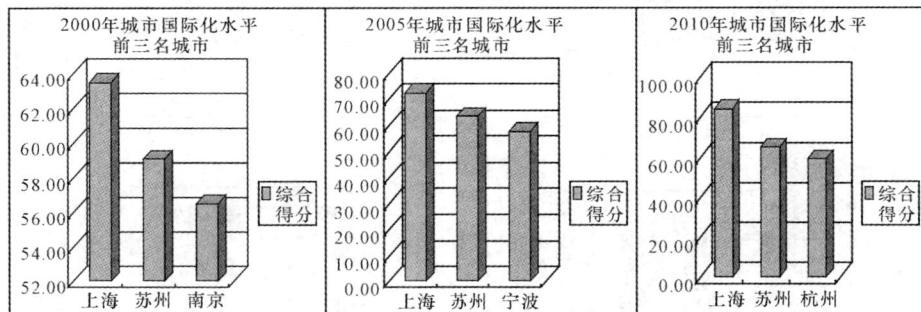

图4-2　国际化水平前三城市的变化

59.09、63.64、65.37,呈阶梯性上升趋势。其他五个城市南京、宁波、杭州、无锡与常州的国际化水平比较接近,从十年的平均水平来看,南京稍稍领先其他四个城市。十年来,在国际化水平上位居前三的城市变化如图 4-2 所示:

2. 国际化水平各因子得分与排名

(1)长三角城市国际化水平各因子得分与排名

长三角城市国际化水平各因子得分及排名情况如表 4-7、图 4-3 所示。

表 4-7　2010 年长三角城市国际化水平各因子得分及排名

城市名	综合得分	综合排名	国际化水平各因子							
			城市承载力		出口竞争力		海外创业力		外资偏好度	
			得分	排名	得分	排名	得分	排名	得分	排名
上海市	84.30	1	100.00	1	66.13	3	52.99	7	71.32	1
南京市	58.02	5	56.78	3	62.78	6	60.31	3	50.00	7
无锡市	57.90	6	55.44	4	64.14	4	55.61	5	58.64	4
常州市	56.01	7	54.25	6	59.25	7	54.57	6	59.71	3
苏州市	65.37	2	51.34	7	100.00	1	55.93	4	67.95	2
杭州市	59.37	3	57.67	2	63.29	5	60.55	2	57.80	5
宁波市	59.34	4	54.55	5	69.60	2	63.98	1	55.66	6

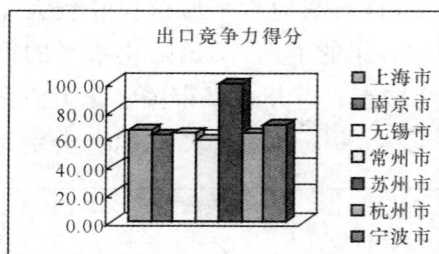

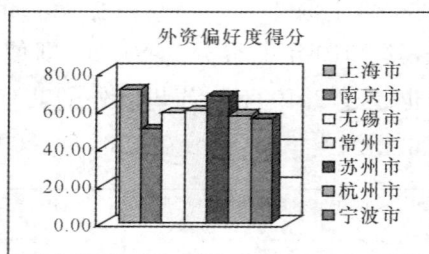

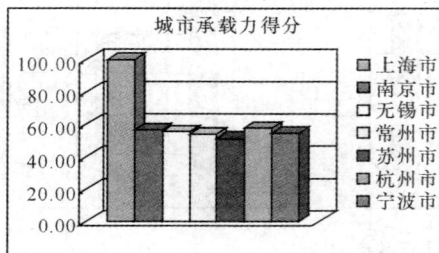

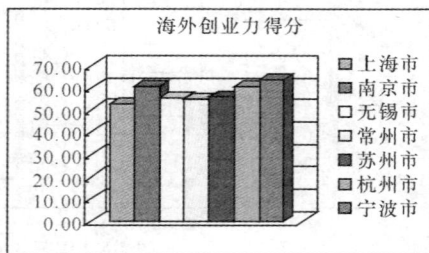

图 4-3　国际化水平各因子得分排名图

　　2010年各城市承载力前三名城市分别是上海、杭州、南京，出口竞争力前三甲城市是苏州、宁波、上海，海外创业力前三甲城市是宁波、杭州、南京，外资偏好度前三甲城市是上海、苏州、常州。

　　（2）长三角城市国际化水平各因子得分排名变化情况

　　长三角城市国际化水平各因子得分及排名变化如表4-8所示。

表 4-8　十年来长三角城市国际化水平各因子得分及排名变化

城市承载力						
城市名	2000 年		2005 年		2010 年		变化情况
	得分	排名	得分	排名	得分	排名	
上海市	56.63	1	74.86	1	100.00	1	保持第1不变
南京市	54.41	5	56.47	2	56.78	3	前进3名又后退1名
无锡市	54.41	6	52.99	6	55.44	4	前进2名
常州市	54.91	3	55.65	4	54.25	6	一直后退
苏州市	54.67	4	50.00	7	51.34	7	后退3名垫底
杭州市	55.78	2	56.35	3	57.67	2	退到第3又回到第2
宁波市	54.34	7	53.82	5	54.55	5	前进2名

出口竞争力						
城市名	2000 年		2005 年		2010 年		变化情况
	得分	排名	得分	排名	得分	排名	
上海市	58.11	1	66.81	2	66.13	3	后退2名
南京市	53.89	3	57.47	6	62.78	6	后退3名
无锡市	51.55	5	62.12	4	64.14	4	前进1名
常州市	50.00	7	51.84	7	59.25	7	保持不变垫底
苏州市	56.33	2	87.31	1	100.00	1	前进1名位列第1
杭州市	52.53	4	57.87	5	63.29	5	后退1名
宁波市	50.68	6	62.99	3	69.60	2	前进4名位列第2

续表

海外创业力							
城市名	2000 年		2005 年		2010 年		变化情况
	得分	排名	得分	排名	得分	排名	
上海市	100.00	1	64.33	1	52.99	7	后退 6 名垫底
南京市	55.82	3	52.35	6	60.31	3	不变
无锡市	53.80	5	53.98	4	55.61	5	不变
常州市	50.00	7	51.75	7	54.57	6	前进 1 名
苏州市	54.40	4	52.91	5	55.93	4	不变
杭州市	52.72	6	55.47	3	60.55	2	前进 4 名位列第 2
宁波市	59.81	2	58.02	2	63.98	1	前进 1 名位列第 1

外资偏好度							
城市名	2000 年		2005 年		2010 年		变化情况
	得分	排名	得分	排名	得分	排名	
上海市	80.44	3	83.46	2	71.32	1	前进 2 名位列第 1
南京市	77.68	4	71.76	5	50.00	7	后退 3 名垫底
无锡市	76.84	5	78.79	3	58.64	4	前进 1 名
常州市	83.28	2	73.07	4	59.71	3	后退 1 名
苏州市	100.00	1	95.80	1	67.95	2	后退 1 名
杭州市	64.79	7	67.20	7	57.80	5	前进 2 名
宁波市	71.73	6	67.47	6	55.66	6	不变

这里出现了两个 100 分,分别是 2010 年上海在城市承载力上的得分以及苏州在出口竞争力上的得分,上海、苏州在这两项得分上的一枝独秀、遥遥领先决定了其在 2010 年综合得分上数一数二的位子。宁波则在海外创业力上表现突出,在出口竞争力上排名第 2,但是在城市承载力和外资偏好度上表现不佳;而杭州与南京非常相似,都是在城市承载力和海外创业力这两个因子上排名前 3,在出口竞争力和外资偏好度上表现不佳,无锡在四个因子表现上都未进入前 3,但也并未垫底,表现很一般,而常州在外资偏好度上表现尚佳,排名第 3,但是其他因子都表现不佳。

（三）长三角各城市国际化水平各因子动态变化与原因分析

1. 各因子总体分析

（1）城市承载力

城市承载力的权重分值最高,对国际化水平综合得分影响最为明显。十年来,上海在城市承载力上的优势相当明显,体现上海在资本流入、贸易流入、货物流动、游客流动等方面有绝对竞争优势。从 2000 年与最低城市相差 2.29 分,到 2010 年与最低城市相差 48.66 分,进步相当迅速。而其他六个城市的分值都在 50～60 分之间,可见发展相当不均衡。

（2）出口竞争力

出口竞争力的权重分值仅次于城市承载力,对国际化水平综合得分也有较大影响。2010 年排名前三的城市依次是苏州、宁波、上海。苏州在出口竞争力上优势相当明显,实乃苏州贸易模式——外资企业加工再出口提升苏州出口竞争力进而提升苏州国际化总水平的作用。最高城市与最低城市相差 40.75 分,发展也非常不均衡。排名第 1 的苏州和排名第 2 的南京就相差 30.40 分,因此苏州在该项因子上具有绝对竞争优势。

（3）海外创业力

海外创业力的权重分值不高,对国际化水平综合得分影响较小。排名前三的城市依次是宁波、杭州、南京。从具体分值来看,7 个城市之间发展较为平衡,差距甚小,最高城市与最低城市仅相差 10.99 分,因此排名前三的城市优势不明显。

（4）外资偏好度

外资偏好度的权重分值最低,对国际化水平综合得分影响最小。2010 年排名前三的城市依次是上海、苏州、常州。上海有连接国际国内两个市场的区位优势,有配置国际国内两种资源的超强能力,更有"上海发展需国际视野世界智慧"的包容大气,因此上海在吸引外商投资方面具有绝对优势,苏州较为完善的市场管理体制,国家级开发区、出口加工区、保税物流园区等功能优势以及与上海毗邻的区位优势,能成为吸引外资的高地也是情理之中,而常州明显的交通优势,雄厚的工业基础也成为吸引外商投资的高地。

2. 国际服务贸易助推上海城市承载力提升

城市承载力由 14 个指标构成,其中国际服务贸易额、对外承包劳务合作实际营业额、航空港进出境人数、入境旅游人数这四个指标的权重最高,这四个指标其实主要反映的是上海在国际服务贸易上的能力,上海在国际服务贸易上的绝对领先优势是上海城市承载力提升的最关键原因,是上海国际化水平提升的助推器。

2000 年到 2010 年,上海服务贸易的进出口总额不断增长。出口额从 2000 年的 36.1 亿美元增加到 2010 年的 406.4 亿美元,进口额从 2000 年的 43.05 亿美元增加到 2010 年的 640.3 亿美元。进出口总额从 2000 年的 79.1 亿美元增加到 2010 年的 1046.7 亿美元。上海成为长三角地区或者说中国服务贸易发展速度最快、发展潜力最大的城市。从服务贸易内容看,上海囊括了服务贸易十二部类的全部内容。发展领域主要集中在运输、旅游等劳动密集型服务领域,其贸易额约占服务贸易总额的 70%,而金融服务、电影音像、通讯、广告宣传专利使用费和特许费、保险服务等技术、资本、知识密集型服务行业所占份额则相对较少。2010 年上海服务贸易出口总额中所占比例较高的是运输 30.6%、咨询 20.8%、其他商业服务 19.5%、旅游 13.7%、计算机和信息服务 7.6%。可见,上海服务贸易收入主要来自运输、旅游等劳动密集型传统行业,咨询、计算机和信息服务在服务贸易收入上也占相当比例,但是电影音像、通讯、金融、保险、广告宣传等资本、知识密集型行业的贡献率较低但增长迅速。上海在服务贸易上遥遥领先其他六个城市,关键在于上海市在服务贸易领域的推进工作。

(1)不断提升服务贸易发展形式的研判能力

从 2002 年起,上海市对外经济贸易委员会会同市发展改革委员会、外汇管理局、市统计局研究建立了包括服务贸易 BOP 统计和 FATS 统计两部分在内的上海服务贸易统计指标体系,基本实现了为上海服务贸易发展的年度运行分析和预测提供统计数据的任务和目标。目前,由外汇管理局上海市分局负责上海服务贸易 BOP 统计,每年编制一本《上海国际服务贸易统计分析报告》;由上海市统计局负责上海服务贸易 FATS 统计,每年编制一份 FATS 统计年度报告。上海市对外经济贸易委员会每年还编制一本《上海服务贸易发展报告》。同时,还不断开展服务贸易统计分析课题和推进上海服务贸易发展行动计划课题研究,通过这些课题,不断提高理论研究深度,提升服务贸易发展形势的研判能力。

(2)根据国家政策出台相关地方政策的支持

商务部在《关于做好2008年服务贸易工作的指导意见》中提出要"充分发挥服务贸易发达地区的示范带动作用。在基础较好、条件成熟的长三角、珠三角、环渤海地区探索建立服务贸易示范区"。国务院办公厅《关于加快发展服务业若干政策措施的实施意见》中也强调要"推动有条件的地区和城市加快形成若干服务业外包中心,加快建设上海、天津、大连等国际航运中心,鼓励在其保税港区进行服务业对外开放创新试点"。《国务院关于推进上海加快发展现代服务业和先进制造业建设国际金融中心和国际航运中心的意见》为上海服务贸易发展提供了良好的发展环境。国家政策支持使得上海服务贸易得到快速发展。在国家政策的大背景下,上海地方政府在2009年9月专门针对服务贸易的发展,出台了专项性政策《上海服务贸易中长期发展规划纲要》,就上海服务贸易各个项目的发展状况、前景目标和重要举措等内容作了规划说明。发展软件外包等服务外包,特别是承接国际离岸服务外包,是上海加速发展现代服务业的重要突破口,是上海形成以服务经济为主的产业结构的重要推动力。2009年上海市政府首次出台了《服务贸易发展专项资金使用和管理试行办法》,对包括软件外包在内的服务贸易重点行业予以政策支持,办法规定,重点支持国际物流、信息技术、文化教育、专业服务等行业,对符合条件的企业给予绩效支持、认证补贴和中高级专业人才培训补贴等。为了实现服务贸易健康快速发展,上海还出台了辅助性政策。如上海为降低高新技术成果转化成本制定的财税扶持政策有:三年内营业税和企业所得税的地方收入部分,由同级财政安排专项资金给予扶持;之后两年,减半扶持;拥有自主知识产权的,五年内营业税和企业所得税的地方收入部分,由统计财政安排专项资金给予扶持;之后三年,减半扶持。对从事高新技术成果转化项目的技术转让、技术开发和与之相关的技术咨询、技术服务等获得的收入,免征营业税。这些政策为上海服务贸易的发展提供了保障。

(3)世博会等展览会的举办和参与

世博会的召开,极大促进了上海服务贸易的发展,尤其是旅游、航运和金融贸易的发展,进一步加深了上海的国际化程度,拉近上海同世界的距离,强化上海连接国际国内两个市场的枢纽地位。2010年世博会的举办给上海旅游服务贸易带来巨大的经济效益。2010年世博会参观人数达到7308万人次,成为历史上参观人数最多的一次博览会。2010年世博会对上海的航运的发展起到了显著的推动作用。首先,推动了航空基础设施建设。为了满足世博会的巨大航空旅客需求,上海市先后启动了两家机场的扩建工程。2008年浦东机场扩建满足4200万人次的旅客吞吐量,2009年虹桥机场扩建满足4000万人次的旅客吞吐量,提升上海机场的吞吐能力及其在国际航空港的地位。其次,扩大市场需求,改善航空运输企业的经营状况。246个国家的参与,7308万人次的入园,意味着有非常大量的国际游客和一定量的国内游客要通过航空运输方式在世博会期间到达上海,这极大提高航空运输企业的盈利能力。2010世博会的筹办与举办为上海金融业带来新的市场需求,也为上海金融业的发展提供了新的市场空间和机会。上海世博会直接投资超过200亿元人民币,这就极大促进上海金融业的融资服务能力,包括市场融资、融资租赁、信托投资基金等。同时为因世博会筹备和举办而大量涌入的资金、公司、人流等提供的各类金融服务,包括国际信用消费、责任保险以及金融咨询等服务量也大量上升。世博会的筹备和举办也促进国内外金融机构将其功能性总部和战略业务中心向上海集聚,进一步确立了上海金融中心的地位。

值得一提的是,2001年上海承办APEC会议也使上海几乎成了全世界的焦点。同时上海市商务委还积极组织上海市服务贸易企业参加"中国(香港)服务贸易洽谈会"以及"中国国际服务贸易洽谈会"等展会活动,鼓励企业积极参与国际竞争,提升上海服务贸易总体实力。

(4)大力发展和重点推进服务外包

上海是国内最早对服务外包进行系统研究的,最早出台专项支持政策,是中国首批服务外包示范城市和首批"信息化与工业化融合试点城市"之一。上海在建设"四个中心"过程中,大力发展和重点推进服务外包,这对提高上海城市国际化程度有很大的作用。近年来,上海的服务外包规模连续多年保持平均20%以上增长,截至2010年底,全市共有服务外包企业822家,其中埃森哲、ADP、INFOSYS、汇丰和花旗等世界

500 强企业在上海设立亚太或全球数据处理中心,药明康德和文思创新等国内知名外包企业也以上海作为重要战略部署地。上海服务外包形成了 5 个服务外包示范区和 11 个服务外包专业园区,84 家服务外包重点企业和 220 家技术先进型服务企业的格局。为了促进服务外包的快速健康发展,上海根据国家政策和地方实际先后制定了多项鼓励和支持服务外包发展的政策措施,如《关于促进服务外包产业发展的实施意见》、《促进服务外包产业发展专项资金使用和管理试行办法》、《上海市技术先进型服务企业认定管理试行办法》、《服务外包示范区认定管理暂行办法》、《关于加强本市服务外包产业知识产权工作的若干意见》等。上述政策的制定,从财政、金融、人才培训、开拓国际市场、招商引资、园区基础设施建设、政府综合服务等方面,全力推进上海服务外包发展。

从总体来看,上海服务贸易规模在不断扩大、发展速度在不断提升,结构也在不断优化。在一些新兴服务业领域,上海也表现出一定的国际竞争力。上海服务贸易正经历着从资源密集型发展方式向资本技术知识密集型发展方式的转变。

上海作为我国重要的经济中心,集产业、区位、人才等优势于一身,服务业门类较为齐全,发展水平位于全国前列,正逐步迈向服务经济。上海借助良好的服务业发展基础,以及东部沿海港口的区位优势,为服务贸易的发展奠定了厚实基础。上海在行业规模、行业结构、行业效益以及基础环境上都处于绝对优势地位。同时,上海"四个中心"建设和国际大都市建设框架基本形成,《国务院关于推进上海加快发展现代服务业和先进制造业建设国际金融中心和国际航运中心的意见》进一步为上海服务贸易发展提供了良好的发展环境。2010 年上海世博会的举办,发展壮大了一批服务贸易企业,培育锻炼了一批服务贸易人才,为打造"上海服务"品牌提供了契机,极大提升了上海的城市形象和国际化水平。

3. 外资企业加工再出口主导苏州出口竞争力优势

从国际化水平的测算结果看,苏州 2010 年综合得分排名第二,出口竞争力得 100 分,排名第一,该因子包含四个指标,即出口额,外贸依存度,客运总量和外来人口比重,而这四个指标中外贸依存度的权重最高,反映出苏州贸易模式——外资企业加工再出口在苏州出口竞争力方面的国际化水平提升中的主导作用。

早在 1985 年,苏州就被国家批准为对外开放沿海城市,享受国家对外开放的优惠政策,但当时盛行的是以乡镇企业为特征、主要满足国内市场需要的贸易模式。20 世纪 80 年代后期,由于受到外资企业进入的冲击以及乡镇企业的本身问题,导致后者竞争力急剧下降,苏州开始调整发展战略,从内向发展转为对外开放。1990 年前后,苏州利用其与上海毗邻的区位优势,主动融入上海,一方面积极发展出口加工贸易,增加地区外汇收入,扩大苏州在国际上的影响;另一方面积极招商引资,大力兴办"三资企业"。20 世纪 90 年代末,随着跨国公司全球战略的推行,苏州再次抓住国际产业资本加速向长三角地区转移的机遇,积极吸引中国台湾地区的 IT 产业资本,发展出口加工业,从而迅速推动苏州模式走向成熟。从 1998 年开始,苏州进行二次改制,一方面把乡镇企业改造成有限责任公司、股份合作企业、合资企业和私营企业等,以解决原有乡镇企业的产权不清问题;另一方面对国有企业进行改革,通过产权交易、改制和租赁等形式,改变国有企业的面貌,使之参与市场竞争,面向国际国内两大市场。在 2002 年前后,为了解决过分依赖外资的现象,苏州积极鼓励民营企业和自主创新规模经济的发展,苏州模式因而进入了一个新的发展时期。

从进出口规模上来看,由于引进外资远远比本土企业走出国门要容易,且外资出口加工品的价值中包含了大量的进料价值,因此在进出口规模上,外资出口加工导向的苏州遥遥领先其他城市。2010 年苏州进出口总额达到 2740.8 亿美元,其中出口总额 1531.1 亿美元,外贸依存度高达 208%;这些数字使得苏州在国际化水平测算上出口竞争力遥遥领先其他六个城市。苏州选择政府主导下的以外资出口加工贸易为特征的国际化模式,与以下几个因素有关:

(1)可出可进毗邻上海的区位优势

苏州位于太湖之滨、长三角中部,毗邻上海、无锡和常州等发达的大中型工业城市和市场,其占据铁路要道,傍倚黄金水道,是一个既可出口又可进军腹地市场的"要塞"。而 80 公里以外的上海,更是决定了苏州的战略地位。以苏州市下辖的昆山市为例,从昆山市区到上海市区只有 50 公里的路程,因此,昆山是外资企业进驻较早,也较集中的一个地区,统一、捷安特、鸿海、仁宝等大型台资企业纷纷在此落户。台湾地区电机电子公会所作的大陆投资环境风险评估报告称,苏州市投资风险最小,是最适合电子厂商投资之地,台商评估投资环境最佳的 A 级城市中,苏州市及其下辖的吴江市、昆山市榜上有名。20 世纪 80 年代乡镇企业的发展为目前苏州制造业的大发展打下了坚实基础。2000 年,台商投资大陆形成新一波高潮,这一波主要以电子信息产业的进入为主,资金密集、技术密集,每一家骨干企业都有众多零配件厂商,形成了一个大的产业链。配套厂商跟着骨干企业走,这就是为什么在昆山市迅速形成了笔记本电脑、手机、数码照相机"三机"产业链的原因,从而苏州市一跃而为世界重要的电子信息产业制造基地。

苏州的区位优势,被海内外客商称为"投资天堂",曾被 2001 年 4 月出版的美国《新闻周刊》评为"全球九大新兴科技城"之一,目前,苏州已成为国际商家投资中国内地的首选城市之一。

(2)强势地方政府积极有效的政策措施

苏南模式时期就形成的强势政府的传统,使得地方政府具有主动促进当地经济发展的意识,并有能力开展以政府为主导的招商引资。事实上,苏州模式的形成也与地方政府对两次重大发展机遇的把握和战略决策有着重大关系。1992 年起,苏州借浦东大开发的东风,不失时机地提出"借助上海、错位竞争、走向世界"的经济国际化战略,带动外资大量涌进。20 世纪 90 年代末,随着跨国公司全球战略的推行,国际产业资本加速向长三角地区转移,苏州再次抓住机遇,积极吸引台湾地区的 IT 产业资本,发展出口加工业,从而推动苏州对外贸易的全面发展,集中体现了以外资企业为主的加工贸易模式。这其中苏州政府的积极有效的政策措施还是起到相当重要的作用。为了让更多台商放心到苏州投资兴业,苏州市政府积极营造亲商、安商、富商的环境,经营环境公开透明、公平合理。工商、税务、海关、商检、金融等各部门为外商提供优质、高效、低成本、全天候的服务,规范市场经济秩序。苏州新加坡工业园区、苏州新区、昆山开发区都是国家级的开发区,在全国开发区中较早推行法制化管理,制定了 100 多个规范性文件,将收费种类减少至 10 项,是全国收费种类最少、额度最低的开发区之一。比如税收政策,根据国家规定,外资企业可享受基本税率 15% 及"两免三减半"的优惠政策。而苏州新区的税收政策是,经营期在 10 年以上的,从开始获利年度起,两年内免征,第三年至第五年减半征收,减免期满后,先进技术企业再延长 3 年,按 10%

征收,企业出口产品值达到企业产品产值 70% 以上,按 10% 的税率征收。2005 年出台的《关于促进我市招商引资加快产业结构调整的政策意见》,进一步促进了苏州外资的引进和出口加工区的发展。

(3)文化、教育、人才等要素条件的配套

其一,苏州的文化底蕴深厚。苏州,春秋时期吴国的都城,妇孺皆知的"上有天堂,下有苏杭"、"苏湖熟,天下足"、"江南鱼米乡"等俗语,无不诉说着姑苏城的繁华富饶,特别是作为中华四大名绣之一的"苏绣",更是历史悠久,闻名遐迩。苏州园林是苏州历史的缩影,也是苏州的"城市名片"中的"徽记"。"苏公弄"印下了北宋大诗人苏东坡的足迹,"范庄前"带我们领略范仲淹"先天下之忧而忧,后天下之乐而乐"的风采。其二,苏州的教育体系发达。针对苏州工业园区内跨国公司林立、学生和家长大多有着多元文化生活背景的情况,努力打造开放型教育体系,加快探索与国际接轨的品牌教育和特色教育之路。在完善国民教育体系的过程中,苏州积极探索教育国际化模式,成功借鉴了新加坡的教育管理和办学模式,先后兴建了多所九年一贯制学校,其中星海学校等已成长为市区名校,还建立了面向外籍人士子女的新加坡国际学校,以及参照新加坡模式运营、接受残疾儿童的博爱学校等等。其三,苏州产业工人素质较高,高层次人才队伍壮大。截至 2010 年,苏州大专以上人才总量已突破 90 万人,高层次人才达 5 万人,回国留学人员总数已近 5000人,外国专家总数 1800 人,同时苏州吸纳将近 4000 名留学生创新创业,成为江苏省内乃至中国同类城市中吸纳留学生数最多的城市之一。因此外资,尤其是高技术产业资本纷纷选择苏州作为国际制造业生产基地。据统计,截至 2010 年,世界 500 强企业中有将近 140 家落户苏州,这些跨国公司拥有大量的海外子公司,以公司内部贸易的方式开展大额频繁交易,采取的"两头在外"的经营模式,外资企业实行的是从国外进口原材料、向国外出口制成品的运作模式。

(4)跨国公司控制的全球产业链的配置结果

由于世界市场正在越来越紧密地联系在一起,无论怎样最终必定走向国际化。当然,一个地区的国际化,既可以先从国际化开始,也可以先从区际化起步,利用国内市场发展自己,再逐步走向国际化。苏州模式一开始就走上了企业国际化的道路。从 20 世纪 90 年代初开始,苏州相继利用浦东开发和台湾地区 IT 产业资本转移的机遇,吸引外商直接投资,推动了出口加工贸易的迅速发展。通过发展配套产业,本土企业和外资企业进行产品内分工,本土企业因而能够参与价值链中的某些环节的价值创造,并将产品随着加工贸易的出口而输往国外市场。通过这种方式,不仅将包含有本土企业参与生产的产品,直接出口而面对海外市场,而且通过搭上外商再向海外投资的顺风车,本土企业也借此向海外投资,建立海外生产基地。因此,通过吸引 FDI 和发展本土企业为之配套,苏州迅速融入了以跨国公司主导的全球经济。但是,由于本土企业和外企技术差距太大和跨国公司自身的战略考虑等多种原因,本土企业对外资企业的配套比例并不是很高,出口加工贸易以外资企业为主。另外,跨国公司为主导的国际化模式,决定了本土企业只能参与产品价值链中某些环节的生产,从而本土企业生产的产品并非是完整的产品,甚至很多出口加工品是"在本土生产"的、而非"本土企业生产"的产品。

苏州从高新技术产业的低端环节起步,尽管苏州引进的是高新技术产业,但实际上都是高新技术产品的组装工业,仍然属于劳动密集型产业,技术水平和附加值并不高。这也是由苏州的比较优势决定的。但是值得一提的是,苏州的产业和技术选择很大程度上是被动的结果,是由跨国公司控制的全球产业链在发展中国家配置的结果,目的是为了利用发展中国家丰富、廉价的资源和劳动力。因此苏州招商引资引来的基本是跨国公司的低附加值的劳动密集型生产环节。但通过外资引进,苏州民营企业正努力向跨国公司学习,在为跨国公司的配套互动中,逐渐提高自身的技术水平,从低附加值环节走上高附加值环节。

苏州国际化模式的好处在于,通过外资引进,迅速推动当地的产业结构升级,特别是通过外资企业的技术溢出,来提高当地企业的技术和管理水平;利用发达国家和地区的企业,尤其是国际上一些知名的跨国公司的销售渠道和销售网络,使本土企业的产品迅速进入国际市场竞争体系。但是,这种模式也容易导致本土企业尤其是民营企业遭到外资企业的挤压和被边缘化,导致当地经济的自身"造血"功能衰退,形成外资企业和本土企业在结构上的二元化发展格局,从而与试图通过外资引进来使本土企业国际化的初衷相悖。

由于苏州模式是凭借工业化初期廉价的要素资源吸引外资,并非

"有根的"本土企业,而外资总在不断地寻求最佳的性价比地区以获取更高利润。当本地资源优势丧失时,这些外资很快就会发生迁移。事实上,由于各类资源瓶颈的出现和产业升级缓慢,目前苏州外资进入速度已经开始放缓。从苏州的折线图(图 4-4)可以看到,出口竞争力在 2000 年至 2005 年上升得非常迅速,2005 年至 2010 年虽然上升的趋势不变,上升幅度却已经放缓;外资偏好度从 2000 年至 2010 年一直处于下滑趋势,且下滑幅度越来越大。

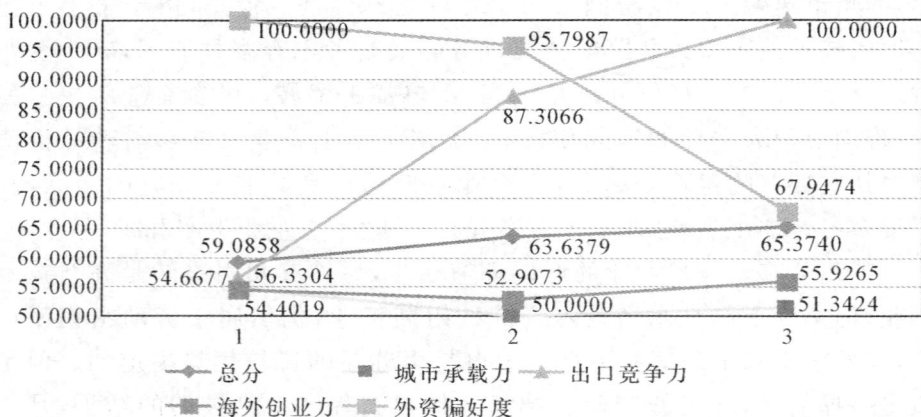

图 4-4 苏州国际开放水平构成折线图

4. 引入外资提升长三角城市国际化水平的作用在减弱

外资偏好度在国际化水平四个因子里面的权重很少,其包含一个指标,即 FDI 占全社会投资的比重。从权重的角度来看,外资偏好度对城市国际化水平提升的作用非常有限,而从数据反映出来的情况是 2000 年至 2010 年,上海、杭州、宁波、南京、无锡、常州和苏州七个城市的外资偏好度都处于下滑趋势。引进外资在初始阶段确实能让一个城市在较短的时间内,以较低的成本增强城市的经济,从而促使城市的国际化水平的提升,但是当城市发展到一定程度后,由于各方面的原因利用外资提升城市国际化水平的作用就会逐渐转弱。从中国改革开放到现在,外商投资有了一些新的变化,导致了外资偏好的形成。[①]

---

① 杨丹辉:《外资偏好的形成和逐渐弱化》,《中国社会科学报》2011 年第 236 期。

（1）外商投资的高效率促成外资偏好

20世纪70年代末80年代初，各个城市的改革开放处于起步阶段，面临着体制转轨的艰巨任务和发展道路的不确定性。在当时的历史条件下，引入外商投资不仅可以缓解"两缺口"的矛盾，而且更为重要的是，对于剧烈变革中的中国经济来说，外商投资企业本身就是一种全新的制度安排，有效地带动了中国体制机制改革和制度创新。正是由于外商投资企业具备相对完善的治理结构和较强的法律意识，各级政府在充分体会到外资进入带来的经济活力及其在"以开放促改革、促发展"中的重要意义后，对外资产生了一定的制度偏好，将吸引外资作为刺激经济增长的低成本的政策工具，即所谓的"外资偏好"。在这种偏好下，外资在中国不仅扮演着实体资本跨国配置载体的角色，带动了技术进步、产业结构升级、扩大出口和就业，而且还发挥了"体制纠偏"和推动制度变革的作用。

但外资偏好效应被过度放大，有可能导致中国经济产生外资依赖症。即使在特定的制度环境中，外资偏好也只是一种次优的制度安排，因为跨国公司并不具备推动东道国制度创新的天然动机，其制度效应的形成以东道国让渡部分利益为前提，也势必以部分要素价格新的扭曲为代价。在外资偏好驱动下，地方政府对局部利益的追求不断强化。同时，外资偏好还在一定程度上加深了中国的二元经济。

（2）下滑的原因是政府和企业对外资的追逐动力减弱

随着7个城市经济持续快速增长，国内积累能力不断增强，改革开放初期制约经济发展的"两缺口"矛盾明显缓解，外商投资在城市资本构成中的地位加速回落。即使在加入WTO前后各个城市利用外资绝对规模急剧扩大的情况下，外商投资占全社会固定资产投资的比重却不升反降。2002年后中国经济高速增长过程中，国内投资成为拉动经济增长的主力军，外资作用相对下降。特别是国际金融危机爆发后，国家扩大内需四万亿投资的大手笔导致外商投资在资本形成中的作用进一步降低。汇率升值使折算成人民币的外商投资规模缩水，这也是导致FDI占全社会固定资产投资比重下降的原因之一。

长三角各城市迫于日益增大的产业转型升级压力，在当地外资存量已经较大、地方政府外资政策空间被压缩的情况下，地方政府不断细化外商投资的进入条件，设立了更为严格、全面的"招商选资"标准，逐步提高了外资项目的门槛,设立了更高的技术、环境和土地标准。尽管各个城市的投资环境总体上不断优化,但这些政策调整一定程度上影响着外商的投资预期,特别是一些技术含量较低、投资规模较小的外商体味到由"座上宾"到被下"逐客令"的巨大心理落差,开始向内陆地区转移,甚至从中国撤资。其中,一些投资规模小、技术含量低、污染严重的劳动密集型加工类的外商投资企业很难在经济较发达的沿海地区继续生存,因而加快向中西部地区或周边国家转移。同时,随着国民待遇的落实,改革开放初期外商投资推动制度变革的环境发生了很大变化,在日益开放完善的市场经济条件下,外商投资通过突破制度扭曲形成的创新效应有所削弱。国有企业和民营企业竞争力不断提升,将与外资展开更为激烈的资源和市场争夺,从而进一步扭转外资偏好。

（四）宁波国际化水平的动态变化与原因分析

1. 宁波国际化水平的动态变化

（1）纵向比较

宁波城市国际化水平从 2000 年到 2010 年是逐渐上升的,但看宁波十年来的变化,城市承载力上升不明显,十年来得分只上升 0.21 分;出口竞争力上升明显,十年来该因子得分上升 18.92 分;海外创业力上升较明显,得分上升 4.17 分;外资偏好度下滑明显,得分下滑 16.07 分。宁波国际化水平的动态变化详如表 4-9 所示。

表 4-9　宁波城市国际化水平综合得分及综合排名情况

城市名	综合得分	综合排名	国际化水平各因子							
			城市承载力		出口竞争力		海外创业力		外资偏好度	
			得分	排名	得分	排名	得分	排名	得分	排名
2010-宁波	59.34	4	54.55	5	69.60	2	63.98	1	55.66	6
2005-宁波	57.73	3	53.82	5	62.99	3	58.02	2	67.47	6
2000-宁波	55.53	6	54.34	7	50.68	6	59.81	2	71.73	6

具体看宁波国际化水平变化的折线图(图 4-5),在七个城市里折线图层次感还是比较不错的,从图中可以看出城市承载力最为平缓,中间还呈现过下降,可见宁波在城市承载能力这个方面要大力加强。出口竞

争力呈现的趋势最好,在 2000 年至 2005 年间上升趋势明显,2005 年至
2010 年上升趋势较明显,但较前期相对放缓。海外创业力在七个城市里
面的表现非常不错,呈明显上升趋势。而比例非常少的外资偏好度,却
表现比较明显的下滑趋势。总体来看,各主要折线表现都比较平均,由
于前三因子的作用,宁波城市国际化水平的总分也是呈逐渐上升的
趋势。

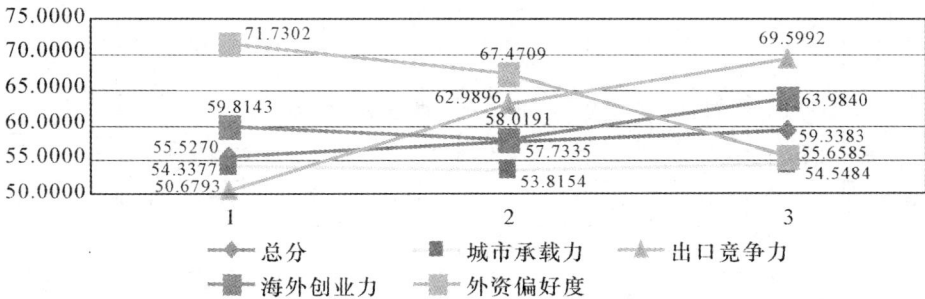

图 4-5　宁波国际化水平结构图

（2）横向比较

与长三角其他城市相比,2010 年宁波的综合得分为 84.30 分,比排名
第 1 的上海低 24.96 分。权重最高的城市承载力得分仅为排名第 1 的上海
的 54.55%,这是导致 2010 年宁波城市国际化水平排名第 4 的关键原因。
权重较高的出口竞争力得分为排名第 1 的苏州的 69.60%,这也是影响最
终综合排名的关键原因。海外创业力得分排名第 1,但与排名第 2 的杭州
差距不大,只拉开 3.43 分,而外资偏好度十年来的排名基本没有变化,一
直排名第 6,且 2010 年与排名第 1 的上海差距较大(见表4-10)。

表 4-10　国际化水平各项因子比较

城市承载力						
城市名	2000 年		2005 年		2010 年		变化情况
	排名	得分	排名	得分	排名	得分	
上海市	56.63	1	74.86	1	100.00	1	保持第 1 不变
宁波市	54.34	7	53.82	5	54.55	5	前进 2 名

续表

	出口竞争力						
城市名	2000 年		2005 年		2010 年		变化情况
	得分	排名	得分	排名	得分	排名	
苏州市	56.33	2	87.31	1	100.00	1	前进 1 名位列第 1
宁波市	50.68	6	62.99	3	69.60	2	前进 4 名位列第 2

	海外创业力						
城市名	2000 年		2005 年		2010 年		变化情况
	得分	排名	得分	排名	得分	排名	
杭州市	52.72	6	55.47	3	60.55	2	前进 4 名位列第 2
宁波市	59.81	2	58.02	2	63.98	1	前进 1 名位列第 1

	外资偏好度						
城市名	2000 年		2005 年		2010 年		变化情况
	得分	排名	得分	排名	得分	排名	
上海市	80.44	3	83.46	2	71.32	1	前进 2 名位列第 1
宁波市	71.73	6	67.47	6	55.66	6	不变

从 2000 年、2005 年以及 2010 年各城市的国际化水平总得分和各因子的得分的折线图(图 4-6、图 4-7、图 4-8)可以看出,2000 年宁波与其他城市相比,城市承载力、出口竞争力、外资偏好度都处于劣势,海外创业力处于相对优势但是优势不明显。2005 年宁波与其他城市相比,在外资

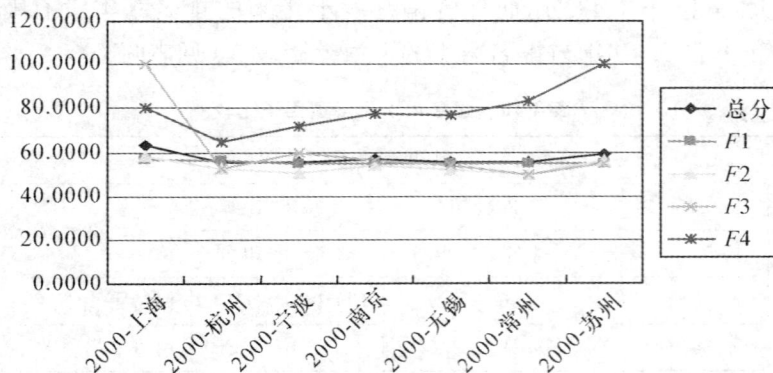

图 4-6　2000 年城市间横向比较图

偏好度上的劣势仍旧明显,海外创业力的相对优势仍旧保持,但是在2000 年处于劣势的城市承载力与出口竞争力有明显进步,尤其是出口竞争力已经处于相对优势的地位。2010 年宁波在海外创业力上已处于绝对优势地位,但绝对优势不是特别明显,在出口竞争力上的相对优势有所增加,但却远落后苏州,相对优势不明显,同时在城市承载力与外资偏好度上的相对劣势相当明显。

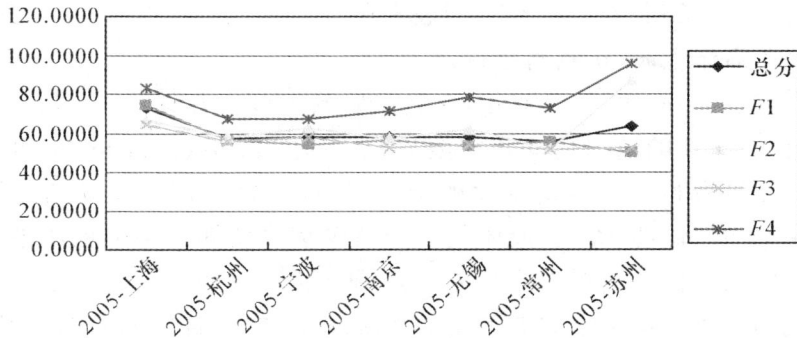

图 4-7   2005 年城市间横向比较图

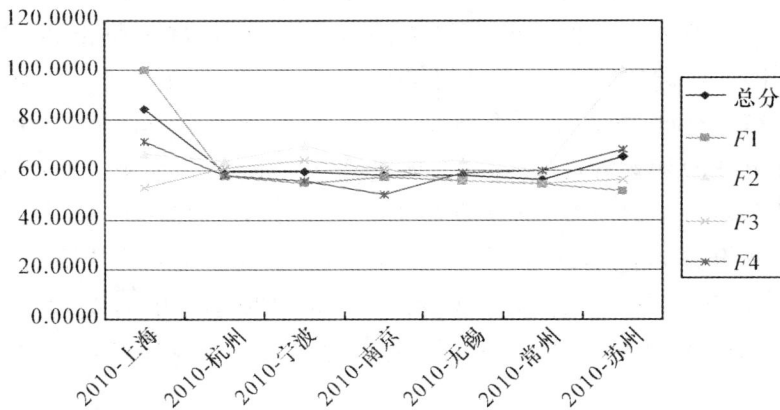

图 4-8   2010 年城市间横向比较图

2. 宁波在长三角中城市国际化水平变化的原因分析

(1)宁波城市承载力变化原因分析

城市承载力由 14 个指标构成,包括实际利用外资、当年批准外商投资项目、对外承包劳务合作实际营业额、进出口总额、进口额、国际服务贸易额、港口吞吐量、货运总量、航空港进出境旅客数、路网航空港口设施指数、旅游总收入、入境旅游人数、国内旅游人数、国际友好城市数。其中国际服务贸易额、对外承包劳务合作实际营业额、航空港进出境人数、入境旅游人数这四个指标的权重最高,主要反映的是宁波在国际服务贸易上的承载能力。从测算的数据看,2000年宁波承载力处于末尾,但是除上海与杭州外,其他城市差距很小;2005年宁波还是落后于上海、南京、杭州与常州;到2010年,宁波在服务贸易上的承载力有一定提升,但还是落后于上海、杭州与南京。

宁波在2000年至2010年,尤其是后五年承载力的提升,得益于:

第一,宁波的港口优势。宁波港位于极具战略意义的长三角,地处我国南北沿海和长江黄金水道的交汇点,同又贴近国际主航道,是处理集装箱、矿石、原油、煤炭、液体化工产品等货物装卸的国际枢纽港口,具有极佳的区位优势。对内能服务于我国南北沿海和长江的整个水域,长江流域的七省二市是宁波港丰厚的货源基础;向外直接面向东亚及整个环太平洋地区,1000海里范围内可连接香港、高雄、釜山、大阪、神户这些重要国际性货物集散港,是中国长江、沿海近、远洋运输辐射理想的货物集散地。宁波港得天独厚的自然条件,使其迅猛发展。截止2004年12月28日,宁波港货物吞吐量已突破2.2亿吨,集装箱吞吐量已突破400万标准箱。至此,宁波港各项指标已进入世界五大港口之列。2008年宁波—舟山港的货物吞吐量超过上海港成为全国第一大港。外贸货物吞吐量排名稳居全国第二;集装箱吞吐量预计完成1122.60万标箱,全国第三。2010年宁波港实现货物吞吐量4.1亿吨,同比增长7.4%,增速同比提高1.3个百分点;完成集装箱吞吐量1300.4万标箱,同比增长24.8%,增速同比提高38.7个百分点。这极大促使了宁波城市承载力的提升。

第二,宁波的基础设施的发展。首先,宁波成为长三角交通的新枢纽。近年来,宁波相继启动了杭州湾跨海大桥、甬台温铁路、杭甬运河、绕城高速公路等一大批项目,努力形成以市区为中心的"213"高速交通圈,即到上海、杭州、苏州、无锡、常州、金华、温州、舟山方向的2小时交通圈、市区1小时交通圈和都市30分钟交通圈,以及海、陆、空多种运输方式协调发展的综合交通运输网络。2008年5月1日杭州湾跨海大桥通车成功,不仅改变了杭州湾两岸的交通格局,也使宁波成为长三角南翼的交通枢纽,促使宁波由长三角边缘城市一跃融入长三角核心区,使宁波市可在更大范围、更高层次、以更优越的区位地理优势,融入国际大都市经济圈。2009年营运的甬台温铁路使宁波成为区域性的铁路枢纽,改写了宁波铁路末端的历史,也填补了奉化、宁海等县市无铁路的空白,使宁波与长三角、珠三角乃至中国的客货交流运输更便捷、更经济,城市辐射能力增强,范围扩大,进一步强化宁波作为长三角南翼和浙东中心城市的地位。同时,跨海大桥、甬台温铁路作为重要的基础设施,为宁波的城市承载力发展提供必要的"物质网络"支撑。其次,完善的网络基础设施。2008年宁波的信息化水平在"中国城市信息化50强"中名列第八位,是全国首批CAD应用工程重点示范城市和中国制造业信息化工程优秀示范城市。城市互联网出口带宽容量达到60G,网络基础设施建设较快发展,宽带高速城域网基本覆盖全市所有乡镇,网络资费在国内处于较低水平,为提升城市承载力提供了有利因素。

第三,"宁波帮"的人文传承优势。在宁波国际化的进程中,"宁波帮"发挥着巨大的作用。"宁波帮"运用有效的方式,动员宁波籍乡亲为宁波经济文化的发展出力,为宁波国际化水平的提升做出了贡献。除了捐赠和进行文化交流外,主要是直接投资办实业和牵线搭桥,帮助家乡引进外资。据宁波市侨办的不完全统计,2010年止,共有5万多名海外"宁波帮"回乡,在甬投资的侨港资企业有四千多家。据归侨侨眷代表大会上获悉,2005—2009年来全市共接受海外华侨、华人、港澳同胞的各类捐赠,折合人民币达2.3亿元,参与引进高科技项目25个,参与引进外资达5.7亿美元,其中实际利用外资中一半以上都是靠海外"宁波帮"。"宁波帮"不仅在捐赠、文化交流和引进外资等方面起到重要作用,而且在科教等方面也对宁波起着重要作用。中国科学院与中国工程院院士中,"宁波籍"的近80名,是我国各城市之最,其中不乏大师级人物,为宁波发展出谋划策,推荐引进人才,带来了大量技术、信息和资金流。今日落户在宁波科技园区、保税区、经济开发区、杭州湾新区等一些高新技术产业,无一不打上中科院、中国工程院、兵科院等现代"宁波帮"人士的烙印。

第四,宁波的政策支持。2000年,宁波市委、市政府作出《关于进一步扩大对外开放，加快开放型经济发展的决定》，随后市外经贸委、市财政局出台了《关于贯彻市委市政府进一步扩大对外开放、加快开放型经济发展决定的实施意见》，从招商引资、进出口贸易、国际技术经济合作和对外开放软环境建设四个方面进行了鼓励和扶持。为落实市委、市政府"两创"战略，促进宁波外经贸事业又好又快发展，2008 年市外经贸局和市财政局又联合出台了《2008 年宁波市促进开放型经济发展的若干措施》。该政策明确，市财政将安排专门资金，除继续支持企业投保出口信用保险、赴境外参展、开展商标注册、实施管理体系认证、加强品牌建设、实施走出去战略外，将大力鼓励企业从事进口贸易、开展服务外包、设立研发机构，支持外贸流通企业上市融资、支持公共服务平台建设。另外，宁波政府为了支持服务贸易发展，重点推出了一系列关于服务外包的政策，包括《关于印发宁波市加快服务外包产业发展扶持政策实施细则（试行）的通知》、《关于加快宁波市服务外包产业发展的若干意见》、《印发关于鼓励引进市外大型服务业机构的有关优惠政策的通知》等鼓励政策。这些政策极大地促进了宁波国际化城市承载力的提升。

虽然宁波的城市承载力在 2000 年至 2010 年中有极大的提升，可是 2010 年还是落后于杭州、南京，远远落后上海。其原因如下：

第一，宁波国际服务贸易发展水平与典型城市存在差距。上面提到的十四个指标，对城市承载力提升起到关键作用的是该城市国际服务贸易的水平，而宁波的服务贸易总体上来说仍处于发展初期，整体规模小、水平低，对城市承载力的带动作用弱。首先，宁波的服务业发展滞后，国内服务业是服务的生产部门，也是发展国际服务贸易的基础。二者的关系就如同制造业与外贸的依存关系一样，国内服务业发达，服务贸易就自然有了基础和潜力。作为全国市场经济较发达地区的宁波市，工业所占比重较大，服务业（或第三产业）比重则相对较低，发展相对滞后。2010 年宁波的第三产业占国内生产总值的比例仍然偏低，明显低于上海。由于第三产业的不发达，影响到服务贸易的发展。其次，宁波的港口优势还未充分发挥。宁波—舟山港到 2010 年底年货物吞吐量已达到 6.27 亿吨，超越上海—洋山港成为全国乃至世界第一大港；从集装箱吞吐量来看，截至 2010 年底，宁波—舟山港集装箱吞吐量达 1314 万标准箱，但是与上海—洋山港（为 2907 万标准箱）仍有差距，仅为上海集装箱吞吐量的不到 1/2。这说明宁波的现代物流还需要大力发展。而且全球国际服务贸易结构发生了很大的变化,逐渐向新型国际服务贸易部门转变,旅游、运输等传统服务比重下降,金融、保险、通信、计算机和信息服务、专有权利使用等为代表的服务比重不断上升。宁波服务贸易多为经营租赁等劳动密集型或资金密集型的低附加值项目,金融、保险、计算机信息服务、技术咨询,专有权利和特许、广告宣传和电影音像等技术密集型高附加值服务产业,由于受制度、技术、知识和文化等基础因素的制约,发展速度相对缓慢。再次,宁波市政府部门缺乏统一权威的信息监测和工作协调机制,除 2009 年 9 月成立的宁波市服务外包协会外,没有其他负责促进国际服务贸易的商会、协会等中介组织,而这些组织又是必需的。因为服务贸易工作涉及许多政府管理部门和行业,如外经贸、银行、保险、外管、旅游、电信、邮电、文化、信息产业、建筑、咨询等,涉及服务贸易的部门规章较多,而各部门之间又不同程度地存在着利益保护和行业经营垄断现象,难以形成公平竞争环境。如果没有统一的工作推进和协调机构,则会导致工作体制不顺,缺乏力度,协调难度大。而上海有"上海市国际服务贸易行业协会",杭州作为浙江的省会城市,浙江省服务贸易协会带给杭州的便利条件也是宁波无法比拟的。

第二,国际交流活动缺少切入点。上海是世界知名的城市,是中国政府重点塑造的区域,尤其是世博会的举办,极大提升国际形象;而南京、杭州分别是江苏省和浙江省的省会城市,同时又是文化名城,得天独厚的历史因素使得上海、杭州和南京比宁波更吸引世界人的眼球。反映在 $F1$ 下关于入境旅游人数以及旅游总收入等指标上,宁波就出现了明显的差距。同时,宁波的教育基础薄弱,高校资源明显不足。宁波地区高校多为地方综合性性质,没有一所"211 工程"高校或教育部直属重点高校,而上海、杭州与南京都拥有众多高校甚至可以说名校云集,在这样的条件下,原先可以承载国际交流活动的高校就无法和上海、杭州与南京相比,因此国际性文化交流活动缺少可切入点,从而导致宁波的城市承载力也存在较大差距。

第三,城市综合服务能力还存在不足。城市综合服务能力包涵硬件和软件两个方面,硬件方面主要是交通、通讯网络等市政设施,软件方面主要考察政府服务经济社会的能力。从硬件来看,宁波经过这十年的大规模建设,已经成为长三角交通的新枢纽,这些在上面已经提到,主要得益于跨海大桥和甬台温铁路的建设,但是对城市国际化水平提升至关重要的航空港建设还是存在很大差距。从 F1 的具体指标来看,宁波的航空港年进出境旅客人数就远低于上海、杭州和南京。从软件来看,宁波比较薄弱的是城市的信用体系,我市虽然通过大力开展"诚信企业"、"诚信示范商场"、"放心商店"等多种活动形式,有效地推动了企业信用的建设步伐,但政府、中介和个人等信用体系建设尚需加快完善。在城市竞争力研究会近两年列出的"中国城市诚信政府排行榜"中,我市不在前 30 名之列,而深圳、苏州、青岛、大连、南京等城市则连年入选并均在前 20 位之列。

(2)宁波出口竞争力和海外创业力变化的原因分析

出口竞争力包含四个指标,即出口额,外贸依存度,客运总量和外来人口比重,而这四个指标外贸依存度的权重最高。2000 年的数据,宁波出口竞争力排名第六,仅领先常州;2005 年,宁波出口竞争力上升到第三,落后苏州和上海;而到 2010 年,宁波出口竞争力已经领先除苏州以外的其他五个城市,但与苏州的差距还是较大。海外创业力包含一个指标,即对外投资项目数,反映的是城市的海外创业力。从 2000 年到 2010 年宁波的海外创业力一直处于领先地位,从 2000 与 2005 仅次于上海到 2010 年超过上海排名第一,可以看出宁波企业海外创业能力的提升。从这些变化中可以看出,宁波在这十年间的海外创业能力一直处于优势,而外贸以及外来人口流动也有了较大发展,而在外贸依存度和外来人口比重上与苏州还是存在一定的差距。宁波这十年来在出口竞争力与海外创业力上的较大提升与一定差距可归纳为如下几点原因:

第一,宁波独特的开放型经济发展模式——强势的民营企业"走出去"。宁波在地理上地处温州和苏南之间,在经济发展的成分上也处于两者之间,既有较为发达的乡镇企业集体经济,也有迅速发展的个体私营经济。但是务实的宁波人似乎并不在意什么模式,他们更关心的是怎么发展快就怎么干,执著于营造"不看成分看发展、不看比例看贡献、不看规模看效益"和"不搞争论埋头干,多种经济齐步走'氛围'"。结果创造出不同于苏南和温州的"混合经济模式",即以民营经济为主体,国有、集体、外资和个私经济相互促进、共同发展,一些原生的所有制形式通过一定的资产组织形式,混合为一种次生的所有制形式的经济发展模式。20 世纪 90 年代,当苏州将招商引资作为政府主要工作时,宁波的民营企业大部分已经完成资本原始积累,企业开始扩张,采用"走出去"打开市场成为必然选择。大量的民营企业开始开拓国际市场,走"国际化"道路,而走出去的方式不外两种,即先出口,然后再对外投资。宁波领先的外贸发展水平为宁波对外投资的快速发展提供了良好基础,对外贸易的发展使经营者充分了解国外市场后才能较大规模的海外投资。因此宁波的对外贸易和对外投资出现良性循环,增长相当快速。2010 年宁波外贸突破 800 亿美元、出口突破 500 亿美元,宁波的外贸依存度、出口依存度分别达到 115.2%、72.3%。同时截至 2010 年底,宁波全市累计批准境外企业和机构 1243 家,项目总投资约 20 亿美元,海外投资企业数量在浙江省和全国 15 个副省级城市中均居第一位。

第二,宁波的一般贸易具有相当强的竞争力。宁波对外贸易以一般贸易为主,其集体和私营企业的进出口在全市外贸中发挥了重要作用。宁波外贸发展主要是依靠改造传统产业增强外贸出口竞争力,以民营资本的投入和技术设备的引进推动发展。其特点有:首先,外贸企业多数是改革开放以来发展起来的乡镇企业,规模一般都不大,对国际市场动态反应比较敏捷和灵活,能够比较及时的转换产品品种和开辟新的国外市场。主要从事纺织服装、玩具、文教用品、塑料模具、灯具等行业,逐步形成轻小民加(产品以轻纺产品为主,形成小商品大市场,民营经济快速发展和分工协作的加工业发达)的产业特点,个私经济占比例高的经济格局,其集体和私营企业的进出口在全市外贸中发挥了重要作用。其次,随着外贸企业逐步发展壮大,在出口退税等政策的鼓励下,利用自身经营机制灵活和劳动力丰富的优势,通过各种途径进入国外市场。宁波外贸与对外投资的发展有着深厚的历史文化底蕴。在历史上,宁波人冒险犯难的开拓精神曾经一度是其重要地域性格特点。经过千百年的曲折发展,形成以商为业、以商为荣的社会风尚。在改革开放大好形势下,善于开拓经商的宁波人纷纷成立了乡镇企业和民营私营企业,并逐步发展壮大,从而走向国际市场。根据相关资料统计,2010 年宁波市一般贸易出口额占全国的比重已经达到 5.5%。换句话说,全国每做 100 美元的外贸出口生意,有 5.5 美元由宁波人完成。

　　第三，国家和地方政策的支持。首先，自由贸易区催生宁波外贸与对外投资新机遇。中国—东盟自由贸易区于 2010 年 1 月 1 日正式建成。这是一个惠及 19 亿人口、国民生产总值达 6 万亿美元、贸易额达 4.5 万亿美元的自由贸易区，是中国对外商谈的第一个自贸区，也是发展中国家间最大的自由贸易区。从 2010 年 1 月 1 日起，中国与东盟国家间 90％的产品将陆续实现"零关税"，同时中国与东盟将共同建立一个自由、便利、透明的贸易投资环境。自始，宁波与东盟各国贸易投资增长、经济融合加深，企业和人民都广泛受益，实现了互利共赢、共同发展的目标。其次，宁波地方政府不断加大对"走出去"企业的政策支持力度，率先实施对外经贸便利化工作规程，为企业提供特色服务。与宁波有直接贸易往来的国家（地区）由 2005 年末的 208 个增加到 2010 年末的 221 个，在巩固欧盟、美国、日本等传统市场的同时，积极拓展东盟、中东、非洲、拉丁美洲等新兴市场。同时外贸企业研发、创牌意识进一步提高，2010 年末宁波企业境外注册商标超过 5000 件，拥有商务部重点培育和发展的出口名牌 20 个，高居全国各城市之首，进一步实现从"外贸大市"加速向"外贸强市"的转变。

　　第四，宁波与苏州在出口竞争力上的差距主要在于宁波在加工贸易和外来人口上的差距。宁波的外贸竞争力主要得益于强势的一般贸易，而加工贸易在宁波外贸中的比例不高。苏州却是完全不同，苏州的外贸竞争力主要得益于出口加工贸易，尤其是外资企业的出口加工贸易，这一点在苏州那一小节已经做具体介绍。出口加工贸易的发达就需要大量的廉价的劳动力，于是苏州大量的就业机会就吸引了大量的外来人口来苏州。同时，苏州当地政府出台了关于新市民待遇的政策，比如在工资福利方面，苏州设定的最低工资标准在全国位于前列；在子女受教育方面，苏州把解决新市民子女入学纳入本地教育发展规划，全市新市民子女均能接受义务教育。在社保方面，苏州已将新市民就业管理服务纳入统筹城乡就业工作中，新市民凭身份证即可享受免费职业介绍以及免费就业培训，并与本地职工同样参保享受同等待遇。这些待遇再一次为外来人口的流入奠定了坚实的基础，因此苏州能成为深圳之后的全国第二大移民城市。而宁波的一般贸易为主的贸易结构以及较高的生活费用（房价、物价等）使得其与苏州存在一定的差距。

3. 宁波十年来国际化水平提升的主要事件

1979 年 6 月 1 日,国务院正式批准宁波港对外开放,标志着宁波国际化进程的起步。30 多年来,宁波国际化步伐从未停步,宁波的国际化水平也逐步提升。从数据来看,从 2000 年至 2010 年,宁波城市国际化水平的总分呈逐渐上升的趋势。回顾 2000 年至 2010 年宁波的国际化水平提升的主要足迹,更有助于我们了解宁波十年来在长三角中国际化水平的变化。从 2000 年至 2010 年,宁波在国际化进程中的主要事件有:

(1)WTO 咨询服务中心成立

2001 年 12 月 21 日,宁波 WTO 咨询服务中心成立,负责 WTO 信息收集,分析,传递,为政府和企业提供 WTO 规则和相关政策的咨询服务。

(2)外贸孵化器和口岸"大通关"

2002 年 4 月,宁波各县(市)区组建了全国第一批外贸孵化器,帮助中小企业开展自营出口业务。同年,宁波在全国率先建立关贸、检贸、财贸、银贸等协作机制,形成口岸"大通关"。2010 年,宁波在全国率先制定外贸、外资和外经工作便利化规程。

(3)"两会一坛"永久落户宁波

2002 年 6 月 8 日,经国务院批准,由国家商务部和浙江省政府共同主办的"中国国际日用消费品博览会"落户宁波。2008 年 6 月 8 日,由国务院发展研究中心和浙江省政府共同主办的首届"中国开放论坛"在宁波举行。2011 年 6 月 8 日,第十三届浙江投资贸易洽谈会升格为"中国浙江投资贸易洽谈会"。

(4)"海陆空"对外开放

2002 年 6 月 21 日,宁波出口加工区经国务院批准设立。2008 年 2 月 24 日,国务院批准设立宁波梅山保税港区,这是中国第五个保税港区。2009 年 2 月 11 日,宁波栎社保税物流中心设立,这是浙江省首个保税物流中心。2010 年 2 月 23 日,宁波杭州湾新区正式挂牌成立。目前宁波共有各类开发园区 21 个,涵盖"海陆空"三大类型,成为全国少数几个拥有全部类型海关特殊监管区的城市。

(5)"甬港经济合作论坛"成内地与香港合作的平台

2002 年 7 月 14 日,首届甬港经济合作论坛在宁波举行。此后,甬港经济合作论坛每年一届,在宁波和香港轮流举办,合作领域不断扩大,成为内地与香港开展经济合作最成功的平台之一。

(6)首个西非中国城的建设

2002年10月29日,商务部同意宁波市建设贝宁中国经济贸易发展中心。该中心于2008年12月16日开业,同期举办了首届贝宁(西非)中国商品展览会。

(7)宁波外贸企业敢于反倾销

2003年4月7日,美国国际贸易委员会裁定中国球轴承及零部件对美国倾销不成立,宁波慈兴集团打赢中国"入世"后第一场国际反倾销官司。2007年4月13日,美国对中国聚酯短纤反倾销案终裁,慈溪江南化纤有限公司赢得零税率。这是入世后中国企业第一次在倾销应诉得到零税率。

(8)中国首家中外合作大学在宁波

2004年9月17日,宁波诺丁汉大学开学,这是中国首家中外合作大学。

(9)出口品牌数居全国各城市首位

2004年,宁波交易团在广交会率先实行参展企业品牌进入制,后在广交会各交易团推广。2005年3月21日,商务部公布190个"商务部重点培育和发展的出口名牌"。宁波20个品牌榜上有名,占全国10%以上,品牌数居全国各城市首位。

(10)宁波民企闯入国际资本市场

2005年11月15日,申洲国际集团控股有限公司在香港正式向公众配销股票,这是宁波首家在香港联交所主板发行股票的民营企业。

(11)广交会开幕式承办首选宁波

2006年4月15日,第99届中国出口商品交易会(广交会)开幕式暨招待酒会由宁波市政府承办。这是广交会历史上首次由其他城市主办开幕酒会。

(12)与国际友好城市互赠雕像

2006年10月21日,佛罗伦萨市政府向宁波赠送了米开朗基罗的戴维雕像(复制品),这是佛罗伦萨首次向其他城市赠送戴维雕像。2009年我市"文臣武将"雕像(复制品)落户佛罗伦萨,2011年来自佛罗伦萨的但丁雕像(复制品)落户宁波书城,巩固了甬佛两市间的友好城市关系。

（13）进口贸易启蒙行动率先起步

2007年5月，宁波在全国率先实施进口贸易启蒙行动，设立全国首批16家进口贸易实习基地。

（14）打造"三位一体"国际贸易平台

2007年7月，市政府出台了《关于加快推进宁波国际贸易展览中心建设的决定》。宁波国际贸易展览中心将建成为集国际贸易展览中心、国际金融中心、国际航运中心为一体的国际贸易平台。

（15）宁波企业境外投资非常活跃

2007年12月，雅戈尔集团投资1.2亿美元收购了香港新马服饰，完成中国服装业规模最大的境外收购项目。2009年9月，宁波境外投资企业累计突破1000家，居全国副省级城市第一。

（16）首创民间境外联络机构

2008年8月起，宁波市在美国、柬埔寨、尼日利亚、巴西等国设立11个经贸联络处。这种依托境外企业、服务境内企业的民间境外联络机构模式为全国首创。

（17）在国外重要城市创办"宁波周"

2008年11月，宁波市在新加坡成功举办"新加坡·宁波周"活动。2009年，宁波市分别在日本、德国等地举办"宁波周"活动。此后，宁波市每年在国外重要城市举办"宁波周"系列活动。

（18）宁波港成为世界级大港

2008年11月21日，宁波—舟山港年集装箱运量突破1000万标箱，成为国内第四个年吞吐超千万标箱的大港。2009年3月31日，世界上最大、最环保、设备最先进的集装箱船"地中海丹妮特"轮停靠宁波港码头装卸作业。

（19）实际利用外资已超200亿美元

2009年2月，世界500强企业荷兰阿克苏诺贝尔公司在宁波化工区投资乙烯胺项目，使投资宁波的世界500强企业达到40家，实际到位外资突破200亿美元。

（20）网上公共服务平台全国先行

2009年5月26日，宁波市外经贸企业网上融资平台开通运行，这是全国首个外经贸企业网上融资服务平台。6月29日，在全国率先成立国际贸易投诉协调中心。同年9月,建起全国首个网上法律公共服务平台。

(21)宁波与台湾实现直航

2009年8月31日,宁波与台湾实现空中直航。当年,国民党荣誉主席连战、亲民党主席宋楚瑜、新党主席郁慕明等先后来甬参加经贸活动。

(22)宁波成全国第三大葡萄酒进口基地

2010年6月9日,宁波进口葡萄酒市场在宁波保税区正式开业,已成为全国第三大葡萄酒进口基地。

(23)服务外包"大鳄"云集宁波

2010年底,全球娱乐业巨头迪斯尼公司登陆宁波-华特迪斯尼(上海)有限公司宁波分公司正式成立,宁波成为迪斯尼在美国本土以外首个网络动漫制作基地。继微软、神州数码、晟峰科技之后,IBM、万国数据、浙大网新和乐科科软件等国内外服务外包"大鳄"纷纷抢滩宁波。

(24)宁波外贸进出口成绩斐然

2010年,宁波成功战胜国际金融危机挑战,年外贸进出口总额达829.1亿美元,同比增长36.3%,首次跨越800亿美元高杆。宁波外贸在全国36个省(市)自治区、计划单列市排名首次进入前十强。

(25)宁波成为长三角交通新枢纽

2008年5月1日杭州湾跨海大桥通车成功,不仅改变了杭州湾两岸的交通格局,也使宁波成为长三角南翼的交通枢纽,促使宁波由长三角边缘城市一跃融入长三角核心区,使宁波市可在更大范围、更高层次、以更优越的区位地理优势,融入国际大都市经济圈。2009年营运的甬台温铁路使宁波成为区域性的铁路枢纽,改写了宁波铁路末端的历史,也填补了奉化、宁海等县市无铁路的空白,使宁波与长三角、珠三角乃至中国的客货交流运输更便捷、更经济,城市辐射能力增强,范围扩大,将进一步强化宁波作为长三角南翼和浙东中心城市的地位。

三、宁波国际化地位提升的基本思路

(一)宁波国际化发展面临的宏观环境

"十二五"时期,世界经济呈现复苏态势,但经济增长速度放缓;宁波城市国际化发展已有一定基础,但是土地、环境、能源、用工等制约明显

加剧，使宁波国际化发展所面临的宏观环境异常复杂。

1. 国际环境

全球金融危机影响尚未消退，欧债危机趋向纵深发展，世界经济发展充满不确定性，将进入一个深度调整时期。经济全球化与区域一体化趋势深入发展，以自由贸易为核心、多种形式的区域互惠贸易安排日益增多，将进一步推动贸易与投资便利化。同时，全球经济发展不平衡，各国对资金、市场、资源、人才、技术的争夺更加激烈，科技创新和新兴产业成为各国发展的重点；发达国家倾向于实施"再工业化"战略，输出制造业资本将放缓，各种形式的保护主义可能加剧，对国际贸易和跨国资本流动将造成不利影响。世界经济发展的不确定性使得宁波城市国际化发展面临更加复杂的国际环境。

2. 国内环境

我国对外开放进入新阶段。CEPA、ECFA、更大范围的 FTA 以及 BIT 等各类经贸合作协定将在开放中发挥更大作用；国家对重点领域的开放和准入模式、投资体制以及资本项目管理、开放安全等关键环节有望实现新的突破；同时，经济增长方式将逐渐由依靠投资、出口拉动向投资、出口、消费协调拉动转变，由此释放巨大的内需市场也是跨国公司在华措施实施产业布局的重要因素。这为宁波市贸易发展和择优引进提供了广阔空间，也有利于进一步发挥宁波国际化门户城市的功能。

3. 周边地区

在国家区域发展战略引导和区域政策体系支持下，国内区域合作将继续保持良好态势。跨区域城际合作进程将进一步加快。宁波与国内城市建立战略性合作关系，既是开拓国内市场的需要，也是争取经济腹地的客观要求。长三角区域一体化进程加快，积极融入上海"两中心"建设，为宁波城市国际化发展带来新机遇；浙江海洋经济发展上升为国家战略，为宁波杭州湾新区、梅山保税区、三门湾区等纳入省级战略、拓展发展空间提供了难得的机遇，也将为宁波城市国际化发展提供新的发展平台。同时，围绕资源开发、港口建设、腹地延伸、市场拓展、人才引进等领域的区域竞争将日趋激烈。

"十二五"期间是宁波全面建设小康社会和现代化国际港口城市的关键时期，对城市国际化发展提出更高要求。宁波城市国际化发展机遇与挑战同在,机遇大于挑战;有利条件与不利因素并存,有利条件多于不利因素。我们要认真把握形势变化,坚定信心,明确方向,抓住机遇,克服困难,采取有力措施,着力提升宁波城市国际化水平,推动宁波进入全面参与国际经济合作与竞争的崭新阶段。

(二)宁波国际化地位提升的基本思路

1. 深化区域合作,提升城市整体承载力

区域合作要向"拓展大市场、大腹地,引进大要素、大资源,打造大载体、大平台,建设大节点、大核心"四个方向深化发展,实现区域共赢,提升宁波城市的整体承载能力。

(1)加大浙东经济区合作深度

抓住甬、绍、舟、台、嘉五市交通一体化带来"同城效应"的新机遇,以港口资源合作共享为龙头,推动合作区内资金、技术、人才、物流、水等资源要素的合理流动和共享,深入开展交通、旅游、金融、经贸、科技等方面合作。加快推进宁波—舟山港口一体化,加强港口物流、旅游文化、海洋经济等方面的合作,提升宁波城市整体的承载能力。

(2)全面融入上海"两个中心"建设

主动参与上海"两个中心"建设工作,强化两港在航运、金融等方面的战略合作。在港口航运建设上,按照打造上海国际航运中心主要组成部分的目标定位,重点加强梅山保税港区和洋山保税港区合作,建立健全宁波港集团和上海国际港务集团合作交流长效机制,依托上海港航股份有限公司发展航运资本市场,建设完善宁波环球航运广场,进一步集聚宁波市航运物流资源,完善港口服务功能,优化航运物流产业结构,提升宁波现代化国际港口城市的竞争力。要发展好国际离岸金融业务,加快航运金融,成为"上海国际金融中心城市生态圈"中的副中心,完善宁波城市的金融功能。

(3)加快融入长三角一体化进程

认真贯彻落实国务院《长江三角洲地区区域规划》的要求,积极突破行政约束和体制障碍,深化长三角城市之间更进一步的协调和合作,实现长三角主要城市市场、科技、教育、人才资源等方面的互通。充分发挥宁波区位、港口等优势,从更大范围推动港口、公路、高铁等基础设施建设,实现资源共享,从而提升宁波城市的综合承载能力。

(4)深化与国内重点城市和友好城市的合作

结合国家西部开放、中部崛起和东北振兴区域发展战略,深化宁波与中西部、东北部重点城市和友好城市的战略合作。以"宁波周"为主要载体和平台,巩固和提升与重庆、成都、南昌、武汉等城市的战略合作关系,扩大"宁波周"城市覆盖范围,丰富"宁波周"活动内涵。重点突出商贸物流、科技人才和产业互补等方面的合作。充分利用宁波与西安、长春、昆明等友好城市平台,加强与国内城市和周边地区之间的合作交流,实现互补共赢,提升宁波城市的承载能力。

(5)加大与港澳台地区的合作力度

积极组织开展境外"宁波周"等大型经贸活动,深化扩大浙洽会、消博会、服博会等重要展会的国际影响力,重点打造甬港经济合作的示范和典型,通过甬港合作强化各自的门户城市地位;抓住两岸经济合作框架协议生效和甬台直航的历史性机遇,探索打造甬台经贸合作平台,加强对台专业招商和各项合作,推动宁波与台湾在航运、旅游和文化等方面的合作。

2. 加快转变贸易发展方式,进一步提升外贸竞争力

在国际分工格局变动和国际化进程逐渐推进的大背景下,加快转变贸易发展方式,推动贸易格局从出口导向型向进出口均衡、内外贸协调、货物贸易与服务贸易并举转变;从数量扩张、要素密集的传统贸易模式向以功能和网络为特征的现代国际贸易转变,进一步提升宁波城市的外贸竞争力。

(1)优化贸易结构

构建新型的内外贸体系,着力优化贸易进出口结构,贸易方式和市场结构。①大力发展进口贸易,优化贸易进出口结构。加强进口主体和载体培育,形成一批进口规模较大、内销渠道通畅、在国内外拥有一定定价权和广泛影响力的进口企业和进口市场,不断强化宁波进口贸易发展基础,逐步使宁波成为国内重要的进口口岸。积极优化进口产品结构,在扩大大宗商品、重要原材料产品进口的同时,鼓励增加先进技术装备、关键零部件、国内紧缺资源、节能减排环保产品,鼓励开展机床、船舶等大型设备融资租赁进口业务,为宁波产业和中小企业转型升级提供有

力支撑,增加有利于促进消费的农产品和消费品进口。②鼓励拓展多类型贸易方式。在巩固宁波一般贸易优势的同时,积极推动加工贸易转型升级,引导宁波传统加工贸易企业延长产业链,提高加工效益,逐步从组装加工向研发、设计、制造、物流、营销等环节转型升级。充分利用宁波各类海关特殊监管区域功能优势和仓储条件,扩大保税仓库进出境货物、保税区仓储转口货物等贸易规模。支持有条件的企业开展转口贸易、过境贸易、离岸贸易、租赁贸易等业务,拓宽外贸渠道,增强全球资源配置能力。③加快优化出口市场结构。继续深耕欧美日等传统出口市场,积极开发新的细化市场和中高档市场。大力开拓新兴市场,逐步提高新兴市场在宁波出口中的比重。综合考虑市场规模、战略地位等因素,重点开拓市场规模大、潜力大的"金砖国家"和拥有"零关税"优惠政策的自贸区市场(除香港外),将"金砖国家"和自贸区市场(除香港外)份额提升作为外贸结构优化考评指标,并加大对企业开拓新兴市场的政策支持力度。及时总结、推广宁波外贸企业开拓新兴市场成功案例和经验,加强新兴市场开拓信息服务。

(2)积极建设境内外贸易平台

加强境外营销平台建设,引导有实力的企业到境外设立地区性营销基地、交易中心、展示中心、分拨中心或商品市场,在服务自身的同时,也为宁波广大中小企业开拓国际市场提供平台和窗口,支持贝宁中心常年展、澳大利亚墨尔本中国名牌商品展示分拨中心、阿联酋"凤城"等境外重点贸易平台项目建设和发展。加强宁波重点贸易平台建设。扎实推进宁波国际贸易展览中心建设,集聚一批国际贸易和会展企业总部,扩大常年展、临时展、网络展对外影响,打造成为全市国际贸易和会展总部基地。充分发挥宁波保税区、梅山保税港区、栎社保税物流中心等特殊海关监管区域的功能优势,积极培育一批辐射能力强的进口产品交易市场集群,重点打造塑料、化工原料、有色金属、稀贵金属、钢材、中高档消费品等特色商品进口交易平台。推进宁波保税区、宁波国际贸易展览中心优势互补,联合建设国际贸易示范区。支持浙台(象山石浦)经贸合作区建设,扩大对台贸易。支持梅山保税港区创建自由贸易区,提升国际贸易功能。推动宁波大宗商品交易所、宁波出口网、网上消博会、世贸通等电子商务平台发展,扩大宁波产品出口网上交易规模。大力推进宁波涉外会展产业发展,提高消博会、服博会、电博会、新加坡展等重点展会办展水平,培育和引进一批优秀会展主体和涉外知名会展,形成具有国际影响力的涉外会展集群。

(3)加快国际服务贸易发展

以服务外包为重点,明确发展重点,实现国际服务贸易新突破。大力发展服务外包,争创国家服务外包示范城市,重点发展物流、工业设计、软件运营服务、动漫研发、行业解决方案等服务外包业态,着力培育若干个企业集聚、主业突出、出口规模较大、配套环境较优的服务外包示范园区,努力培育和引进一批领军型服务外包出口龙头企业,重视服务外包人才培训、国际资质认证等工作,加快提升宁波服务外包产业水平。积极扩大文化创意、动漫影视、教育培训等文化产业及产品出口,积极培育和引进文化出口重点企业,鼓励企业申报省级、国家级文化出口重点企业。加大旅游项目对外招商和旅游产品对外宣传力度,促进运输物流出口服务,推进对外承包工程业务发展。不断夯实国际服务贸易基础,加强国际服务贸易统计分析,进一步建立健全宁波国际服务贸易跨部门协作联动机制。

3. 创新"走出去"模式,加大海外创业力优势

坚持以企业为主体,市场为导向,积极完善政府服务功能,引导企业"走出去",力争在境外资源开发、境外并购和境外参股等高级别投资形式上实现新突破,从而进一步提升宁波在海外创业力上的优势。

(1)继续支持企业主办境外贸易平台

努力提升巴西、贝宁贸易中心的层次和功能,积极扶持有实力的宁波企业到境外设立地区性营销中心、贸易中心和中国商品城,为更多的企业"走出去"搭建境外营销服务平台。探索建立境外营销联盟,鼓励宁波企业抱团出击。鼓励宁波企业与国际著名跨国公司或采购代理商签订采购协议,与境外拥有成熟销售网络的企业进行战略合作等,实现设计、生产、销售的本地化。

(2)大力推进企业境外并购重组

鼓励宁波具有一定海外资本运作实力和跨国经营能力的企业积极参与国际并购,与国外创新资源对接,直接利用国外优秀的研发力量、信息资源和创新平台,获取品牌、技术等,提升自身的创新能力、技术水平

和产品档次,增强国际竞争力,有效支持宁波相关行业发展和产业转型升级。

(3)积极参与境外资源合作开发

瞄准中亚、俄罗斯、澳大利亚、加拿大、非洲等矿产、能源和农业资源丰富的国家和地区,鼓励宁波企业到境外投资开发战略性资源和初级产品,从事资源产品开采和深加工项目。

(4)积极拓展境外工程承包业务

鼓励和支持有对外承包工程经营资格的企业对外承包工程。把境外工程承包与援外项目结合,引导有条件企业申报援外经营资格,指导已获权企业积极参与投标。重点拓展承包途径,鼓励与国内外知名承包商组成联合体,共同投标承包境外大中型工程项目;鼓励通过新设、收购、控股等方式在境外设立工程承包企业,获取当地各类投标承包资质。

(5)合理引导传统产业向境外适度转移

支持企业以周边国家、经济欠发达国家和新兴市场为重点,开展实业型投资,鼓励有实力的企业到境外设立经贸合作园区,鼓励有条件的企业到中国境外经贸合作园区投资办厂,逐步实现宁波纺织服装、家电制造、机械电子等优势传统产业的"原产地多元化",主动规避国际贸易摩擦,拓展企业海外发展空间。

(6)完善"走出去"服务体系

重点突出对"走出去"服务体系的建设,加强"走出去"信息等服务保障。加强与境外投资促进机构合作,有针对性举办各种境外资源开发专场推介会,建立对重点投资国家和地区政治、法律、经济、金融、税收环境跟踪和分析的平台,及时为企业提供项目信息。加强政策扶持力度,为企业境外资源开发和资源回运提供支持。

4. 突出重点,提升外资的有效作用

现阶段引进外资对宁波城市国际化水平的提升作用在减弱,因此应进一步明确重点,提高引资质量和效益,重点引导资金投向促进宁波城市国际化水平提升的现代服务业和新兴产业,重点拓宽城市基础设施领域和文化领域的外资引入。

(1)突出引资重点

首先要重点加大服务业引资力度。围绕加快打造国际强港,支持引进物流运输、航运交易、航运信息为重点的航运信息服务业和航运融资、海上保险、离岸金融为重点的航运金融服务业，突出发展离岸金融服务业。鼓励引进金融物流、研发设计、专业中介、服务外包、高端培训、文化创意等现代服务业项目，重点吸引跨国公司来宁波设立研发设计总部、采购营销总部和品牌标准总部，发展总部经济；服务于国际贸易的发展需要，加大引进贸易机构和贸易服务型机构，重点引进外贸龙头企业，通过引进带动贸易发展水平提升。其次要鼓励外资投向战略性新兴产业。对接国家战略性新兴产业规划，引导外资投向高端装备、新能源、新材料、新一代电子信息、海洋高技术、节能环保、轨道交通和创意设计等战略性新兴产业。搭建公共服务平台，出台引进扶持政策，鼓励外资企业参与技术示范应用项目，促进核心技术的引进、消化和吸收，推动宁波战略性新兴产业跨越式发展。

（2）拓宽重点引资领域

首先要扩大文化领域对外开放。结合文化大市"1235"战略实施，加大资本、项目和品牌引进力度，利用国内外先进的策划、管理、运作团队及其理念，加快发展文化创意、数字传媒、动漫等新兴文化产业，促进对外文化交流，繁荣文化产业和市场。其次要突破基础设施利用外资瓶颈。顺应新型城市化和城乡一体化发展趋势，重点围绕宁波现代都市五十大功能区块建设，努力促进国家产业政策允许和鼓励的基础设施项目与国际资本嫁接，提高基础设施建设的效率和管理水平。积极探索利用外资加快港口、轨道交通、污水和垃圾处理等城市基础设施建设的有效途径。

结论：上海在国际服务贸易上的绝对领先优势是上海城市承载力提升的最关键原因，是上海国际化水平提升的助推器，而苏州贸易模式——外资企业加工再出口使得苏州在出口竞争力方面的国际化水平处于领先水平。本章从缩小宁波与上海、苏州在城市承载力及出口竞争力上的差距，保持宁波海外创业力的优势以及提高外资有效作用角度提出宁波国际化水平提升的四大基本思路：第一，要深化区域合作，提升城市整体承载力。区域合作要向"拓展大市场、大腹地，引进大要素、大资源，打造大载体、大平台，建设大节点、大核心"四个方向深化发展，实现区域共赢，提升宁波城市的整体承载能力。第二，要加快转变贸易发展方式,进一步提升外贸竞争力。加快转变贸易发展方式,推动贸易格局从出口导向型向进出口均衡、内外贸协调、货物贸易与服务贸易并举转变;从数量扩张、要素密集的传统贸易模式向以功能和网络为特征的现代国际贸易转变,进一步提升宁波城市的外贸竞争力。第三,要创新"走出去"模式,加大海外创业力优势。坚持以企业为主体,市场为导向,积极完善政府服务功能,引导企业"走出去",力争在境外资源开发、境外并购和境外参股等高级别投资形式上实现新突破,从而进一步提升宁波在海外创业力上的优势。第四,要突出重点,提升外资的有效作用。现阶段引进外资对宁波城市国际化水平的提升作用在减弱,因此应进一步明确重点,提高引资质量和效益,重点引导资金投向促进宁波城市国际化水平提升的现代服务业和新兴产业,重点拓宽城市基础设施领域和文化领域的外资引入。

第五章　长三角资源要素现状与宁波可持续发展能力

长三角地区集中了交通便利、人口众多、城镇密集、工农业生产发达、科技教育力量雄厚等原有的优势,同时也具有规模效益、交易成本、分工、信息、外在效应、基础设施及其服务、竞争和企业活力、要素流动性、企业和产品声誉等方面的后天优势,是当今我国经济最活跃的经济区域。长三角地区以占全国 2.1% 的国土面积,集中了全国 1/4 的经济总量和 1/4 以上工业总量,并且这种集中的趋势还在加强。本章立足长三角地区资源要素发展演进宏观轨迹,客观分析宁波资源要素在长三角地区动态变化情况,在此基础上提出进一步提升宁波持续发展能力的对策建议。

一、长三角资源要素与可持续发展概述

(一)长三角资源要素发展演进总体特点

改革开放以来,长三角区域经济实现了突飞猛进的发展。目前,江浙沪三地的经济总量已占到全国的 24% 左右,长三角地区资源要素的自由流动带来了资源的重新有效配置。大量资本的迅速聚集,促进了整个区域的产业整合,产业互补效应开始显现。但是,自"十五"时期以来,长三角区域的经济发展遭遇到市场、资源的双重约束,主要表现为:土地、电、水、原材料、资金等资源要素全面紧张;长三角经济在全球产业分工

体系中的地位没有明显提升,生产总量扩张与效益下降的状况同时存在,并且对外贸易的难度和摩擦越来越大;环境破坏状况不断加剧,严重缺水已成为长三角区域大部分地区的严峻现实。如果不实质性转变经济发展模式,这些制约因素的压力还会继续增大。

1. 长三角资源要素变化过程

这里的资源要素包括禀赋资源、资本要素、知识人才要素和环境要素四个方面,改革开放以来长三角地区资源要素发展大体上可以分为三个时期:

(1)"九五"期间资源要素逐渐实现跨地区流动,城市竞争以资金要素为主

在改革开放之前,城市之间、地区之间的竞争,更多围绕着中央倡导的一些概念、指标而展开,极端的如"放卫星"、"大炼钢铁",等等。至于资源要素,在强硬的计划经济框架下,由自上而下的整套体系来分配,城市自主竞争几无更多空间。直到改革开放启动,资源渐渐解冻,可以自由地跨地区流动,竞争环境才开始形成。在不均衡发展战略的指导下,政策上的倾斜使长三角城市迅速发展。

"九五"期间中央对地方的分权让利改革使地区差异愈发明显,长三角各个城市面临资金紧张的状况,外源型的发展模式使其必须得到投资来推动经济,资金要素一度成为竞争最激烈的要素。通过招商引资的方式不仅吸引资金,而且吸引技术和人才。

(2)"十五"期间进入全面竞争时代,城市竞争以土地要素为主

"十五"期间是长三角城市之间的"全面竞争"。北上广等一线城市加入亚洲乃至全球范围内的城市竞争;全国区域平衡战略的提出,使"特区"政策驱动力衰减,长三角、珠三角不得不与中部城市乃至西部城市争夺资源。其中最具转折性的是土地招拍挂制度的全面施行,招拍挂让土地价格迅速上涨,改变了城市的财政收入结构。土地要素成为这一时期城市竞争的关键因素。

(3)"十一五"期间长三角城市竞争以人才要素为主

"十一五"期间城市竞争力的影响因素由硬条件向软实力转变,基础设施和开放度对城市竞争力的贡献呈下降趋势,而政府管理、科技、人才、资本等的贡献度进一步提高,在提升城市竞争力方面发挥的作用越

来越大。过去城市依靠硬环境和外部因素的改善来提升竞争力,而如今,人才和政府管理对城市竞争力的贡献度最大。长三角各个城市的地方政府更加注重科技转化能力、金融控制力的提升。生态环境要素在2007年达到高点,2009年后出现了较大回落。①

　　2. 资源要素优势

　　长三角地区强化要素流动和资源整合,打破地区分割,初步构建统一开放大市场。通过完善区域市场准入和质量认证等标准体系,建立区域性的商品、资本、人才、劳动力和技术市场,为推进区域内各种要素的自由流动和充分竞争提供平台。协同推进区域信用体系建设,合力打造"诚信长三角",同时推进以上海为核心的长三角城市群建设。以建设世界第六大城市群为目标统领区域规划,进一步明确长三角城市群的整体功能定位,形成层级合理、功能清晰的城市网络。加快形成分工合作、各具特色的区域产业布局,努力成为新一轮国际现代服务业和先进制造业转移的首选承接地。长三角区域还进一步加强重大基础设施的统筹规划和建设,对区域内综合交通、能源、水资源、信息网络、物流体系等重大基础设施和社会服务设施作出系统规划,加强区域内外的相互协调和衔接,同时加快城际快速交通系统的建设,实现长三角核心区域的"同城效应"。

　　3. 资源要素制约因素

　　近年来,伴随着经济快速增长,长三角范围内资源消耗加速和环境污染加剧现象日益突出,对社会和经济造成了很大的压力。

　　长三角作为全国发展最快的地区之一,近年来一直比较重视环境保护和资源节约工作,在一些方面取得了一定的成果,但与国家提出的建设环境友好型和资源节约型社会的要求相比,差距还是很大。长三角现有的人均耕地面积急剧减少,可利用的耕地后备资源严重不足;能源资源消耗量大,利用率也不高,又不能很好地回收利用;矿产资源开发殆尽,面临严重短缺的现象,现条件下,基本上依靠对外进口;污染物排放量持续加大,环境改善状况不容乐观,环境压力增大;水污染日趋严重,湖河资源遭到破坏;工业化、城市化加快,导致"城市病"加剧;农村地区

---

　　①　山旭:《中国城市竞争力十年变迁》,《瞭望东方周刊》2013年第1期。

环境有所改观,但生态系统还是遭到了一定程度的破坏。化肥农药流失严重,土壤污染逐渐突出;固体废物源头减量力度不够,资源化无害化水平较低;农村地区改观不大,有待于解决好环境保护工作。资源利用和循环回收利用率普遍不高,不能做好节能减排的工作;汽车尾气排放量日益加大,空气污染加重化。

(二)可持续发展概述

1. 可持续发展的概念界定

1987 年,世界环境与发展委员会发表了布伦特兰委员会的一份报告《我们共同的未来》,首次科学地论述了可持续发展的概念,可持续发展是"在满足当代人需求的同时,不损害后代人满足其自身需求的能力"。1992 年,联合国在巴西里约热内卢举行第一届地球首脑会议——环境与发展大会,通过了包括《21 世纪议程》在内的 5 项文件和条约,提出了可持续发展的基本框架,标志着"可持续发展"在世界范围内形成广泛的共识。

关于可持续发展的概念,比较受到广泛接受和认可的是 1989 年联合国环境署在《关于"可持续发展"的声明》中的表述,即"可持续发展,是指既满足当前需要而又不削弱子孙后代满足其需要的发展,并且绝不包含侵犯国家主权的意思。"可持续发展包括经济可持续、生态可持续和社会可持续三个方面的和谐统一。人类自身的发展不仅仅要追求经济效益,也要追求生态和谐与社会公平,最终实现人的全面发展。可以说可持续发展是一项关乎人类社会经济发展的全面性战略,它包括以下三个方面:

(1)经济可持续发展

可持续发展鼓励经济持续增长,但不以保护环境之名限制经济的增长。当然经济持续增长不仅指数量的增长,更重要的是指质量的增长,例如转变经济增长方式,以"高投入、高消耗、高污染"为特征的粗放式的经济增长向"提高效益、节约资源、减少污染"为特征的集约式的经济转变。一方面,可持续的经济增强了一国的国力,使人民生活水平和质量得到了提高;另一方面,它又为可持续发展提供了必要的物力和财力,否则可持续发展只是一句空话。

（2）生态可持续发展

可持续发展要求是限制性的，它要求发展要与有用的自然承载能力相协调。不过正是这种有限制性的发展才保证了生态的可持续性，使得可持续的发展成为可能。也可以说，没有生态的可持续性，就没有可持续发展。因此，我们可以认为生态的可持续性是可持续发展的前提，同时通过可持续发展又能够实现生态的可持续发展，两者相辅相成，缺一不可。

（3）社会可持续发展

可持续发展强调社会公平，公平是社会稳定的前提。一个国家或地区，可持续发展的具体目标在不同时期是不同的，但本质是一样的，即改善人类生活质量，提高人类健康水平，创造一个人人平等、自由和免受暴力，人人享有教育权和发展权的社会环境。简而言之，在人类可持续发展的系统中，经济可持续是基础，生态可持续是条件，社会可持续是目的。

2. 可持续发展的构成要素

资源要素是可持续发展系统的物质基础，合理开发利用资源是经济可持续发展的前提。资源是指在一定条件下能够为人类利用的一切物质、能量和信息的总称，包括自然资源、人力资源、技术资源和资金资源，其外延和内涵随科技的进步而不断扩大和深化。环境要素同样是可持续发展系统的重要组成部分，环境保护是可持续发展的必要条件。环境的恶化，一方面会降低人们的生活质量，另一方面还会妨碍资源的利用，进而影响到经济的发展。环境要素包括资源要素，也包括社会和人口要素，环境要素在区域系统中具有十分重要的作用，环境的恶化不仅会降低人类的生活质量，还会妨碍资源利用，影响经济发展，其非线性放大的结果甚至导致系统崩溃。

3. 资源要素评价指标体系的构建

依据本课题组对可持续发展的定义，课题组构建了城市软实力评价的三级指标体系。一级指标为持续发展力综合指数，反映了一定时期城市持续发展力的综合水平；一级指标下设 4 个二级指标，分别是人才要素、土地要素、资金要素、生态要素，从不同方面反映城市持续发展力；每个二级指标分别下设 5 个三级指标，以全面反映城市持续发展力。其中，

"人才要素"由人才总量、每万人人才资源数、中高级职称人员占人才总量、创业人员占人才总量的比例4个三级指标构成,"土地要素"由耕地面积、人均耕地面积、土地后备用地、建设面积占土地总面积的比重、土地利用率等5个三级指标构成,"资金要素"由全社会固定资产投资、年末金融机构各项存款余额、中长期贷款、实际利用外资、金融机构数量5个三级指标构成,"生态要素"由废气二氧化硫排放总量、工业废水排放达标率、生活垃圾无害化处理率、人均绿地面积、建成区绿化覆盖率等5个三级指标构成。所有指标均为正指标。

指标选取的原则:(1)科学性与客观性相结合原则。指标体系的建立要充分掌握持续发展力的内在机制,在充分客观的前提下,建立具有既能涵盖全面又具有代表性的指标体系。指标的构建,不仅要考虑到数据的可得性,又要考虑到保证数据处理结果的客观真实性。(2)可操作性与可比性相结合的原则。对于持续发展力这样一个庞大的指标体系,在研究过程中不可盲目求全求大,致使包含过多其他冗余的指标内容,降低可操作性和可控性。对于城市与城市的比较而言,无论是在时间内涵还是在地域范围上进行比较,指标体系的建立更应该考虑指标的一致性,计算口径和测量方法保持统一,从而实现不同地区的横向与纵向的比较。(3)静态性和动态性相统一的原则。城市持续发展力由于受到人才要素、土地要素、资金要素、生态环境等要素的影响,因此处于动态变化之中。这就要求在分析城市可持续发展力的同时,充分考虑时间序列对其的影响,最终为可持续利用资源环境提供依据。

二、长三角城市可持续发展力的比较分析

(一)持续发展力的测算

1. 持续发展力评价指标的选择

本课题采用层析分析法来确定权重,具体步骤是:(1)找出影响持续发展力的各资源、环境主要因素,建立目标、因素和因子层次结构,形成指标体系;(2)构造判断矩阵,进行层次单排序,检验判断矩阵的一致性,再进行层次总排序,确定各因子的权重;(3)对各指标打分,计算出评价值。

　　我们把持续发展力细分成人才要素，土地要素，资金要素，生态要素 4 个二级指标。每个二级指标下均有 5 个三级指标（见表 5-1）。

表 5-1　持续发展力评价指标体系

一级指标	二级指标	三级指标	权重	指标说明
持续发展力	人才要素（26%）	人才总量（万人）	7	反映人才数量
		每万人人才资源数（人/万人）	6	反映人才数量
		中高级职称人员占人才总量的比例（%）	7	反映人才结构
		创业人员占人才总量的比例（%）	6	反映人才结构
	土地要素（23%）	耕地面积（平方公里）	5	反映土地数量
		人均耕地面积（人/平方公里）	5	反映土地数量
		土地后备用地（万平方公里）	3	反映土地数量
		建设用地占土地总面积的比重（%）	5	反映土地结构
		土地利用率（公斤/平方公里）	5	反映土地质量
	资金要素（27%）	全社会固定资产投资（亿元）	7	反映资金总量
		年末金融机构各项存款余额（亿元）	6	反映资金结构
		中长期贷款（亿元）	5	反映资金结构
		实际利用外资（亿元）	6	反映资金结构
		金融机构数量（个）	3	反映金融机构数量
	生态要素（24%）	废气二氧化硫排放总量（万吨）	6	反映空气质量
		工业废水排放达标率（%）	5	反映水环境
		生活垃圾无害化处理率（%）	4	反映生活环境
		人均绿地面积（平方米）	5	反映生态环境
		建成区绿化覆盖率（%）	4	反映生态环境

　　2. 持续发展力及其二级指标的测算结果

　　为了更直观地表现出各个城市的得分，对以下数据进行了标准化处理，把所有的数据，规范化到 50 到 100 之间。然后根据各个指标的权重，进行计算，得到的结果如下（见表 5-2）。

表 5-2 持续发展能力以及各二级指标排名

年份-城市	总分	排名	人才要素	排名	土地要素	排名	资金要素	排名	生态要素	排名
2000-宁波	16.47	14	17.82	9	17.73	6	13.65	20	16.92	16
2000-杭州	15.61	18	15.78	20	15.66	18	13.88	18	17.38	12
2000-上海	18.03	5	20.30	3	17.87	4	16.67	8	17.17	14
2000-南京	16.26	15	16.09	19	20.20	1	13.89	17	15.26	18
2000-苏州	15.71	17	15.51	21	17.75	5	14.73	15	15.03	20
2000-无锡	14.81	21	16.21	18	15.59	20	13.72	19	13.68	21
2000-常州	15.46	20	16.97	13	15.62	19	13.47	21	15.86	17
2005-宁波	17.02	10	18.52	5	15.92	14	15.11	13	18.61	5
2005-杭州	16.57	13	16.34	17	15.83	16	15.36	11	19.00	4
2005-上海	19.91	2	21.71	2	18.16	3	19.49	3	20.05	2
2005-南京	16.58	12	16.94	14	16.44	12	15.27	12	17.82	10
2005-苏州	17.00	11	17.34	11	16.63	11	16.85	7	17.16	15
2005-无锡	15.48	19	16.38	16	15.43	21	14.88	14	15.20	19
2005-常州	15.93	16	16.53	15	16.10	13	13.98	16	17.31	13
2010-宁波	17.69	6	19.09	4	16.88	9	16.54	9	18.23	8
2010-杭州	18.49	3	18.07	7	15.88	15	19.03	4	20.94	1
2010-上海	22.56	1	23.69	1	18.97	2	26.79	1	19.98	3
2010-南京	17.54	7	17.29	12	16.93	8	18.05	5	17.87	9
2010-苏州	18.25	4	17.75	10	16.86	10	19.85	2	18.38	7
2010-无锡	17.47	8	18.01	8	17.35	7	17.12	6	17.38	11
2010-常州	17.03	9	18.31	6	15.67	17	15.72	10	18.40	6

资料来源:《中国统计年鉴》,2000—2010。

(二)宁波与其他城市资源要素的横向比较

1. 宁波与其他城市资源要素的横向比较

(1)2000 年持续发展能力及其二级指标横向比较

从表 5-3 可见,2000 年宁波持续发展力排名仅次于上海,位于第 2
位。2000 年,人才要素宁波排名第 2、土地要素宁波排名第 4、资金要素宁波排名第 6、生态要素宁波排名第 3。

表 5-3　2000 年持续发展能力以及各二级指标排名

年份-城市	综合排名	人才要素排名	土地要素排名	资金要素排名	生态要素排名
2000-宁波	2	2	4	6	3
2000-杭州	5	6	5	4	1
2000-上海	1	1	2	1	2
2000-南京	3	5	1	3	5
2000-苏州	4	7	3	2	6
2000-无锡	7	4	7	5	7
2000-常州	6	3	6	7	4

（2）2005 年持续发展能力以及各二级指标横向比较

从表 5-4 可见，2005 年宁波持续发展力排名没有变化，仍次于上海，位于第 2 位。各项二级指标排名与 2000 年相比，基本变化不大。2005年，人才要素宁波排名第 2，没有变化；土地要素宁波排名第 5，退后一名；资金要素宁波排名第 5，前进 1 名；生态要素宁波排名第 3，没有变化。

表 5-4　2005 年持续发展能力以及各二级指标排名

年份-城市	持续发展能力排名	人才要素排名	土地要素排名	资金要素排名	生态要素排名
2005-宁波	2	2	5	5	3
2005-杭州	5	7	6	2	2
2005-上海	1	1	1	1	1
2005-南京	4	4	3	4	4
2005-苏州	3	3	2	3	6
2005-无锡	7	6	7	6	7
2005-常州	6	5	4	7	5

（3）2010 年持续发展能力以及各二级指标横向比较

从表 5-5 可见，宁波持续发展力排名有所退后，次于上海、杭州、苏州，位于第 4 位。2010 年，人才要素宁波排名第 2，没有变化，土地要素前进 1 名，排名第 4，资金要素宁波排名第 6，退后 1 名，生态要素排名有所落后,排名第 5。

表 5-5　2010 年持续发展能力以及各二级指标排名

年份-城市	持续发展能力排名	人才要素排名	土地要素排名	资金要素排名	生态要素排名
2010-宁波	4	2	4	6	5
2010-杭州	2	4	6	3	1
2010-上海	1	1	1	1	2
2010-南京	5	7	3	4	6
2010-苏州	3	6	5	2	4
2010-无锡	6	5	2	5	7
2010-常州	7	3	7	7	3

2. 长三角城市持续发展力总体分析

(1)持续发展力综合排名变化情况分析

"十五"期间 7 个城市的持续发展力排名南京、苏州略有变化,"十一五"期间宁波退后 2 名,杭州进步 3 名,南京退后 1 名,无锡进步 1 名,常州退后 1 名(见表 5-6)。

表 5-6　长三角城市持续发展力综合排名变化情况

2000 年			2005 年				2010 年			
城市名	综合得分	综合排名	城市名	综合得分	综合排名	变化情况	城市名	综合得分	综合排名	变化情况
宁波	16.47	2	宁波	17.02	2	未变	宁波	17.69	4	退 2 名
杭州	15.61	5	杭州	16.57	5	未变	杭州	18.49	2	进 3 名
上海	18.03	1	上海	19.91	1	未变	上海	22.56	1	未变
南京	16.26	3	南京	16.58	4	退 1 名	南京	17.54	5	退 1 名
苏州	15.71	4	苏州	17.00	3	进 1 名	苏州	18.25	3	未变
无锡	14.81	7	无锡	15.48	7	未变	无锡	17.47	6	进 1 名
常州	15.46	6	常州	15.93	6	未变	常州	17.03	7	退 1 名

(2)2010 年长三角城市二级指标排名前三甲情况

上海的持续发展力居于第 1,在"人才要素"、土地要素及"资金要素"方面独占鳌头,"生态要素"居于第 2。杭州在"生态要素"居于领先,"资金要素"居于第 3。苏州之所以能在 2010 年进入前三甲,得益于其"资金要素"的进步。常州的"生态要素"在"十一五"期间有了飞速的发展。

表 5-7　2010 年长三角城市二级指标排名前三甲

排名	持续发展力	人才要素	土地要素	资金要素	生态要素
1	上海	上海	上海	上海	杭州
2	杭州	宁波	无锡	苏州	上海
3	苏州	常州	南京	杭州	常州

从前述表格可以分析得出,"十五"期间,各城市二级指标排名变化不大,"十一五"期间进步较大的是杭州"人才要素"前进 3 名,无锡的"土地要素"进步明显,宁波的"生态要素",退后 2 名。

（三）宁波资源要素的纵向比较

1. 人才要素方面

（1）人才总量快速增长

人才资源数量增长较快。2000 年,宁波人才总量只有 30.2 万人,专业技术人才 23.1 万人,每万人人才资源数 550 人。至 2005 年,宁波全市人才资源总量已达 48 万人,其中党政机关 3.2 万人,事业单位 13.5 万人,国有企业 3.9 万人,民营企业和外资企业等 27.4 万人,每万人人才资源数为 871 人。至 2010 年,全市人才资源总量已达 90.3 万人,专业技术人才 59.5 万人,每万人人才资源数为 1375 人。据不完全统计,每年有上万名人才来宁波开展技术攻关、项目合作、新产品开发等活动,人才资源的集聚力日益增强。

（2）人才结构渐趋合理

人才整体质量显著提高。2000 年,宁波高级职称人才仅为 0.75 万人,中级职称人才为 5.7 万人。至 2005 年,本科以上学历 10.7 万人,大专以上学历人员 28 万多人,分别占人才资源总量的 24.3％和 63.6％。45 岁以下的人才 26.5 万多人,占专业技术人员总量的 80.3％,已成为宁波市专业技术队伍的生力军。从职称比例看,高级职称 1.5 万人,中级职称 9.8 万人,初级职称 21.7 万人,高中初职称比例为 1∶6.5∶14.5,初级职称比例逐年下降,高、中级职称比例逐年上升,高中初职称比例有较大改善。为甬服务的两院院士 12 人,博士(博士后)860 余人,硕士 7400 余人,高级职称 19000 余人,人才竞争力名列全国第 13 位。至 2010 年,高级职称 3.2 万人,中级职称为 17 万人。

(3)人才环境不断改善

宁波市在人才环境方面也具有一定的竞争力,已经成为国家级 CAD 重点示范城市、国家级新材料产业化基地、国家级海外留学人员创业示范基地、国家级科技兴贸重点城市、国家级生产力示范中心、国家级区域性人才市场。同时,人才使用效能也进一步提高,宁波市每亿元 GDP 所使用人才数由 2000 年的 248 人下降到 2010 年的 132 人,在长三角 16 个城市中,宁波百万元 GDP 所使用人才数仅次于苏州、上海,人才效能居于第 3 位,在 15 个副省级城市中,宁波百万元 GDP 所使用人才数最少,人才效能居首位。

此外,宁波还是历史文化名城、国家园林城市、全国环境保护模范城市、全国优秀旅游城市、全国十佳会展城市和全国首批文明城市。目前,全市六县、区均已进入了中国经济百强县。人才对经济和社会的贡献率不断增加。近年来,宁波狠抓高新技术产业建设,积极引进培养高素质人才,营造了良好的用才环境,使得经济和社会实现了快速发展,也使宁波进入了全国先进城市行列。

2. 土地要素方面

宁波城区面积逐年扩大,2000 年为 89 平方公里,2005 年为 114.7 平方公里,2010 年为 221.4 平方公里。"十一五"期间,宁波市建设用地指标 22.43 万亩(其中,国家计划指标 17.06 万亩、省折抵指标 5.37 万亩),额外追加计划指标 4.5 万亩,共计报批各类建设项目用地 26.93 万亩。2007 年开始,国家将未利用地纳入年度建设用地计划指标管理,宁波根据《海域使用管理法》等法律有关规定,累计使用建设用海换发证近 4 万亩。共计报批土地 30 余万亩。五年来,实际供地 27.82 万亩。其中,住宅用地 5.89 万亩、工矿用地 11.74 万亩、交通运输 4.69 万亩、公共管理与公共服务用地 2.96 万亩、商服用地 1.83 万亩、其他用地为 0.71 万亩。另外,通过围涂造地、开发整理及农村建设用地复垦共补充耕地 19.58 万亩。其中,围涂造地 6 万亩,低丘缓坡开发造地 7.68 万亩,土地整理新增耕地 5.85 万亩。宁波土地利用水平总体上呈上升趋势,亿元 GDP 增长耗用建设用地量、亿元固定资产投资增长耗用建设用地量、亿元财政收入增长耗用建设用地量分别降低了 37.5％、20.2％和 48％。2010 年末宁波市万元生产总值耗地量为 33.1 平方米,低于全省平均数 41.9 平方米;万亩建设用地生产总值为 20.16 亿元,高于全省平均数 15.9 亿元。

2006—2010 年,宁波安排各类新增建设用地 20725 公顷,有效地保障了经济社会发展合理用地需求。同时,严格规划实施管理,统筹增量扩展与存量挖潜,遏制了建设用地的无序扩张,不断提高了建设用地节约集约利用水平。

耕地与基本农田保护成效显著。全市不断加大耕地和基本农田保护力度,至 2010 年耕地和基本农田分别为 237899 公顷和 199991 公顷,基本实现了上一轮规划目标。大力推进土地开发整理复垦,充分挖掘耕地后备资源,2006—2010 年共计新增耕地 13053 公顷,为实现建设占用耕地"占补平衡"奠定了基础。积极推进耕地质量建设,至 2010 年末累计投资建设标准农田 130300 公顷(其中 2006—2010 年 32314 公顷),实施耕作层剥离工程,改良新增耕地土壤条件,提高了耕地和基本农田整体质量,数量"占补平衡"同时质量保持稳中有升。

土地生态环境综合整治取得阶段性成果。通过发展名特优新为主的林果业,实施沿海防护林带工程、绿色通道工程、农田林网工程,开展土地整治和小流域综合治理,促进了土地生态环境的改善,有效提高了生态环境的承载能力。

3. 资金要素方面

从"十五"至"十一五"这 10 年,宁波金融业实现了跨越式发展。尤其是在"十一五"的 5 年中,宁波金融业的本外币资产增加了近两倍,金融机构增加了一倍,宁波金融生态更为优质。金融业已成为宁波市服务业的重要支柱产业。截至 2010 年年底,宁波银行业金融机构本外币资产从 2005 年的 4374.97 亿元增长到 1.24 万亿元,增长 183.43％本外币存贷款余额 9755.52 亿元和 9414.2 亿元,分别比 2005 年底的 3915.95 亿元和 3089.36 亿元增长 149.12％和 204.73％;保费收入从 2005 年的 51.17 亿元,增长到 140.03 亿元,增长 181.47％;证券成交额从 2005 年的 929.37 亿元,增长到 18417.27 亿元,增长高达 1881.69％。全市金融机构已达 176 家,比 2005 年增加了 89 家,增幅达 102.3％,其中银行业机构46家,证券期货经营机构79家,证券投资咨询公司1家,保险业机构46家。此外还有小额贷款公司18家,信托公司1家,金融租赁公司2家,财务公司1家,保险专业中介机构21家,保险兼业代理机构2218家以及担保公司、典当、股权投资、投资咨询等类金融机构1000余家,基本形成了一个以银行业为龙头,证券、保险业为支撑,基金、信托、融资租赁以及部分类金融机构为辅助的多层次金融组织服务体系。全市已有上市公司43家,较2005年的22家增长了95.5%,占全省上市公司总数的约20%,上市公司数量居计划单列市第2,仅次于深圳。到2010年年底,上市公司从资本市场累计融资448.55亿元,其中"十一五"期间通过IPO和再融资共300.77亿元,占累计融资额的67.05%。在金融危机的大背景下,宁波银行业不良贷款余额仅86.86亿元,不良贷款率为0.92%,较2005年年末下降1.3个百分点,继续保持在全国领先水平。全市银行业金融机构存贷比高达96.5%,超出75%监管底线20多个百分点,成为全国资金集聚的"洼地"。据中国社会科学院金融所《中国城市金融生态环境评价》报告,在全国50个大中城市中,宁波金融生态环境排名位居第2,宁波是全国信贷资产质量为AAA的8个城市之一,其中企业诚信排名第1。同时,在首期"中国金融中心指数"评价中,宁波位列第7名。

"十一五"期间,宁波新增各类贷款6315.78亿元,增长203.1%,比全国同期增幅高出59.6个百分点,银行业金融机构新增存贷比达到108.31%,资金净流入2104亿元;同时新增直接融资523.28亿元。同时,"十一五"期间宁波新增2372亿元总部经济性质的跨地区投资,有效地促进了产业结构调整;由政府主导在全国首创的小额贷款保证保险,解决了众多无抵押、无担保小企业以及个人创业贷款难问题,全市中小企业贷款余额4991.89亿元,占全市各类企业贷款总量的53%,较好地满足了中小企业的资金需求。

金融业成为经济社会发展的重要组成部分,在经济总量与财政收入中金融地位举足轻重。2005年以来,宁波金融业增加值年均增长18%左右,高于同期GDP平均增幅近6个百分点;2010年金融业实现增加值378.4亿元,占地区GDP比重从2005年的5.7%提高到7.4%;去年,全市金融业税收收入55.99亿元,同比增长12.6%,其中地方性金融业税收收入40.46亿元,同比增长5.8%,占地方财政收入的7.6%,增幅居计划单列市第一。金融业已经成为宁波构建现代服务业体系的主导产业。

4. 生态要素方面

从"十五"至"十一五"的十年间，宁波的生态环境有了极大的改善。生活垃圾无害化处理率由 2000 年 90.8% 至 2005 年 95.92%，2010 年为 100%，实现了生活垃圾 100% 的无害化处理率。人均绿地面积 2000 年为 7.950 平方米，2005 年为 11.1 平方米，2010 年为 10.12 平方米，略有下降。建成区绿化覆盖率 2000 年为 33.43%，2005 年为 36.06%，2010 年为 37.52，绿化环境得到改善。生活污水处理率 2000 年为 88.1%，2005 年为 89.19%，2010 年为 89.2%。工业固体废物综合利用率 2000 年为 93.27%，2005 年为 99.89%，2010 年为 94.88%。2010 年宁波市第三产业占 GDP 比重、单位 GDP 能耗、单位 GDP 水耗分别比 2005 年上升 3.6%、下降 12.8%、下降 16.2%，化学需氧量、二氧化硫排放量分别比 2005 年削减 14.91% 和 38.69%。

5. 近两年宁波资源要素概述

2011 年以来，宁波推进人才强市建设，人才总量达到 109.1 万人，年均增长 15.4%，成为国家创新型试点城市，启动智慧城市建设，成为国家"三网融合"试点城市。2012 年新增人才 21 万人，33 人入选国家和省"千人计划"。

土地要素方面，农业基础进一步加强，建成粮食生产功能区 80 万亩、农业产业基地 104 个，农业规模化经营率达到 60% 以上，土地利用率进一步提高，建成区面积进一步扩大。

资金要素方面，金融机构本外币存贷款余额分别达到 10659.3 亿元和 10676.8 亿元，成为全国第十个双超万亿元的城市。完成固定资产投资 9916.2 亿元，年均增长 11.1%。创新金融服务，新增上市公司 26 家、融资性担保公司 79 家、小额贷款公司 27 家、村镇银行 11 家。2012 年，出台金融支持实体经济"13 条"，改制重组成立多家银行，新增上市公司 5 家。

生态要素方面，加强生态环境保护，实施重点节能改造项目 3000 多个，完成重点减排项目 39 个，城乡生活垃圾无害化处理率达到 89.2%，万元地区生产总值能耗和化学需氧量、二氧化硫排放量下降率完成考核目标，成为国家森林城市。2012 年 3 月起，宁波正式公布 PM2.5 指标，为了改善空气质量，采取控制煤炭消费总量，实施清洁能源替代，在中心城区实行禁燃区建设等多项措施,同时,提高环保准入门槛,从源头控制新增用煤项目,提高天然气等清洁能源使用比例。

三、宁波在长三角可持续发展能力变化的原因

(一)宁波城市空间条件的改变

1. 地理位置

宁波位于中国海岸线中段,浙江宁绍平原东端,东有舟山群岛为天然屏障,北濒杭州湾,西接绍兴市的嵊县、新昌、上虞,南临三门湾,并与台州的三门、天台相连。全市总面积 9365 平方公里,其中市区面积为 1033 平方公里。宁波拥有漫长的海岸线,港湾曲折,岛屿星罗棋布。全市海域总面积为 9758 平方公里,岸线总长为 1562 公里,其中大陆岸线为 788 公里,岛屿岸线为 774 公里,占全省海岸线的三分之一。

宁波土地空间分布格局上存在明显的圈层结构,以宁波市中心城区及下辖县(市)建成区为中心,由内而外依次呈现建设用地—耕地、园地—林地的圈层分布。受地形地貌限制,全市耕地主要分布在人口密集、经济比较发达的水网平原、滨海平原地区及山丘谷地。土地利用程度带有明显的地域差别,宁波市西南部的山地丘陵区是主要用材林基地;水网平原主要包括中北部的鄞奉平原和余姚平原,是粮油集中产区和城市工业区;滨海平原主要分布在东北部和东南沿海,是粮、果、渔主产区和港口工业区。两大平原区土地资源质量较好,土地利用程度较高;而北、东、南沿海的滩涂浅海,则是水产养殖和土地后备资源开发的地区。

2. 交通区位

长久以来,由于受到杭州湾的天然阻隔,宁波几乎成为一个交通末端。而跨海大桥的建设从根本上改变了宁波的交通格局,为宁波成为长三角南翼区域交通枢纽中心创造了必要条件。宁波作为长三角南翼的区域中心城市,拥有北仑深水良港的天然优势,已经成为我国和华东地区重要的能源原材料基地、出口加工基地。改革开放以来,宁波在港口和集疏运网络建设方面取得了举世瞩目的成就。宁波港的发展对宁波、浙江、长三角乃至整个华东地区都作出了重大贡献。但是由于杭州湾的屏障阻隔,宁波到上海和苏南地区必须绕道杭州,与上海港相比,车程增

加了近 200 公里,极大影响了宁波港对苏南地区的辐射作用。而且,宁波与华东地区其他城市的联系,在同三线(黑龙江同江—海南三亚)甬温段建成前,只有萧甬铁路和杭甬高速公路相连。这样的交通格局对宁波港的开发利用,对宁波城市的发展,对宁波区域中心城市作用的发挥,对宁波招纳人才、吸引投资具有极大的制约。杭州湾大桥的建设从根本上改变了宁波的交通格局,使我国经济最活跃的上海、苏南地区和浙东地区连成一片。

2009 年甬台温铁路通车,宁波向区域性铁路客货运输枢纽转变,不再是"铁路末端"。甬台温铁路北起宁波,经台州,抵达温州,将与温福、福厦和厦深铁路组成东部沿海快速通道,把长三角、海西经济区、珠三角串联起来。甬台温铁路的建成通车,宁波新增了一条畅通便捷的大通道,铁路入闽门户,沿海大通道从以前单一的公路升级为公铁复合交通体系。沪杭、沪宁、杭宁之间有个"铁三角",甬台温铁路开通后,将与浙赣线、金温线、萧甬线一起构成类似三角形的铁路环网,这是省内铁路的第一个环网,意味着长三角南翼也将构建一个"铁三角"。

原来的宁波处于陆上交通的边缘地带,城市辐射力较弱,但跨海大桥和甬台温铁路的开通,改变了宁波交通区位,更有助于宁波招纳人才,改善环境,吸引投资。

(二)宁波资源要素发展过程中本身的制约因素

1. 人才要素方面

"十五"至"十一五"期间,宁波的人才资源要素排名一直居于长三角7 个城市的前列,但仍存在许多不足。

(1)宁波人才竞争综合实力依然较低

人才储备的后续力量不足,与上海、杭州相比,宁波人才总量明显低,人才后备力量不足,影响着宁波的发展。尤其是高技能人才的短缺,影响更大。人才结构失衡问题明显。2010 全市高、中、初级职称比例为1∶6.5∶14.5,这与国际上较合理的职称比例 1∶3∶6 相差较大。宁波的人才竞争力不仅较多地落后于上海,杭州、南京等人才强市,也落后于苏州等城市。上海是中国最大的金融城市、杭州、南京是省会城市,高校林立,苏州以昆山等几个工业园区作为吸引人才的蓄水池。宁波的高新技术企业和大型企业相对缺少,对于高素质人才的吸纳能力相对较小,多的是劳动密集型的企业,而人才、资金、技术密集型的大型高科技企业集团比较少,缺乏对高素质人才足够容纳力。宁波科教基础较为薄弱,人文环境及相关配套措施落后。人才的集聚力与同等城市相比还有一定的差距。高校总体实力不强,宁波原有的市属科研院所规模较小,近几年先后引进了几所大院大所,但仍很不够。高校大多发展历史短,有些还是近几年从中专学校发展而来,以教学型高校为主,硕士点少,研究力量明显不足。国家级科研院所少,重点实验室数量不多、规模不大、层次不高,综合竞争力不强。

（2）创新创业环境有待进一步改善

全市科技投入经费比例仍然偏低,对创新创业的支持力度有限,企业总体的科技含量不高,创新创业的承载力不强,且技术创新能力相对较弱。由于民营经济自身的缺陷,对人才的引进、使用缺乏正确的认识,宁波企业多为民营企业,且多为中小型民营企业,在激烈的市场竞争中,许多民营企业特别是中小型企业仅仅注重短期利益,因此他们在人才的引进和使用方面,通常重使用轻培训,重短期绩效轻长期考核,重物质奖励轻人文关怀,致使员工对企业的归属感淡薄,导致人才流动过于频繁,不利于企业的稳定和发展。

（3）人才政策体系有待完善

引进高层次创新型人才政策优势不明显,引进人才的易地安家补贴费、科研项目启动资金等都相对偏低,有待于进一步整合和完善。

2. 土地要素方面

宁波在土地资源要素方面排名一直居于长三角中下游。"十一五"期间,宁波实行严格的土地管理制度,严格执行国家一系列加强土地宏观调控和管理的政策措施,切实落实土地用途管制制度,强化规划的控制和引导作用,严格控制建设占用耕地总规模,基本实现建设占用耕地"占补平衡",积极培育规范资源要素市场,市场配置国土资源的基础性作用进一步发挥,土地资源利用取得显著成效。尽管如此,宁波的土地仍存在一系列问题。

（1）土地资源硬性制约日趋显现

根据《宁波市土地利用总体规划（2006—2020年）》,宁波市新增建设用地控制在49.8万亩,规划期内尚有新增建设用地指标29.2万亩。"十二五"期间宁波新增建设用地需求量为41.25万亩。通过转型发展预计"十二五"建设用地产出率提高20％左右,新增用地需求则约为33万亩。与可供量相比,即使新一轮土地利用总体规划提前至2015年实施完毕,仍有缺口。

(2)耕地占补平衡压力日益加大

经过多年的开发整理复垦,宁波耕地后备资源潜力已经到了"极限",尤其是市辖六区已经基本没有耕地垦造空间,区域不平衡性又非常突出,耕地占补平衡已经成为我市建设用地报批的"硬性"制约,形成倒逼机制。根据上述建设用地供需分析,宁波新增建设用地需占用耕地约为24.5万亩。从耕地后备资源情况预测,"十二五"期间本区域内可新增耕地15万亩左右,缺口9.5万亩。如果市外调剂按平均每年1万亩计算,缺口仍将达4.5万亩。

(3)土地利用效率和产出率不高

虽然宁波土地节约利用水平领先全省平均水平,但与上海、杭州、无锡、苏州等国内发达城市相比,仍有不小差距。宁波各县(市)、区之间差距也较大。据统计,全市尚有"转而未供"土地11.09万亩。不少开发园区和其他工业集中区一层厂房普遍存在,投机性投资占地、土地闲置和囤积现象存在。另外,城镇建设规模低效、快速扩张,城乡人均建设用地偏高。据第二次全国土地调查,宁波农村人均居民点用地从1996年的109.4平方米增加到2009年的149.8平方米(接近国家规定的最高值150平方米/人),呈现"农村人口年年减,宅基占地年年增"的现象,与城市化关于城市增加、农村减少的趋势不相适应。

(4)土地执法监察压力日益增强

近年来,虽然宁波执法监察环境明显好转,但是一些地方违法占用耕地的现象仍然十分严重,基层政府违法或在政府推动下的违法占地现象时有发生,比例较高,一家管地、多家用地现象仍未扭转。特别是违法用地案件查处到位执行率非常低。在第十一次土地、矿产卫星遥感执法检查中,宁海县情况不容乐观,面临问责的风险。土地违法违规现象的大量存在,将对宁波"十二五"的建设用地保障带来严重影响。

(5)布局和结构不够合理

在推进城市化和工业化的进程中,一些地方不从地方产业特色和节约集约用地角度合理布局,而是盲目投资和重复建设。在农村,居民点布局分散、住宅建新不拆旧和宅基地浪费现象严重,出现较多的"空心村"。在城镇建设中,不注重老城镇的改造利用,盲目新建大广场、宽马路,虽然城镇规模扩大了,形象改善了,但土地资源也因此而透支。粗放低效利用情况比较突出。一些开发区(园区)和工业集中区的行政管理、生活服务、污水处理、区内道路和仓储及绿化等区域性社会资源的共享程度不高,建筑容积率和投资强度偏低。

3. 资金要素方面

宁波的金融业在十年间取得了飞速的发展,固定资产投资对经济的贡献度较高,获得银行贷款的便利性尚可,民间投资非常活跃,但境内外资本市场的融资量相对不足,与长三角其他城市相比,仍较为落后。

(1)直接融资比重不高

银行信贷为主的间接融资规模仍占主导地位,资本市场发展相对滞后,直接融资规模偏小。间接融资比重过高易导致风险集中,且新兴产业、创新企业和现代服务业发展所需的个性化、多样化融资需求无法得到有效满足,也不利于形成多元化金融发展格局。

(2)县域金融供给相对不足

县(市)贷款余额仅为全市的 9% 左右,农村地区金融机构相对较少、金融发展水平较低,金融供需矛盾较为突出。县(市)金融业对当地经济社会发展的带动力相对不足,不利于城乡统筹发展。

(3)小企业融资渠道较窄

专门服务于小企业的金融机构数量少、实力弱,民间资金转化为投资资本的路径不畅,小企业融资门槛高、融资行为不规范等融资困难局面尚未得到根本改变。小企业融资需求得不到有效满足已成为制约经济进一步发展的问题之一,民间融资的不规范也易诱发危及金融运行秩序的不稳定因素。

(4)金融人才支撑不足

引进金融人才特别是高端人才的力度不足,金融人才居留的生活成本相对较高,加上上海国际金融中心的极化效应影响,高层次的金融管理人员和高素质的金融专业人才相当紧缺,对宁波金融业创新、转型发展的支撑不足。

（5）本土金融实力较弱

宁波本土金融机构数量少、规模小，与国内大中型金融机构在宁波分支机构竞争中不能有效发挥地缘优势。本土金融体系不健全，保险、证券等金融机构仍是空白。地方本土金融实力较弱导致金融业服务本地经济的能力不足，不利于缓解小企业融资难和产业结构的转型升级。

（6）金融业对外开放度不高

宁波外资金融机构数量不多，在宁波设立省级以上总部的知名跨国金融机构偏少，业务占比较低，与上海、杭州等国际化程度高的城市相去甚远。对外开放度不高导致金融产业的整体能级和影响力相对较低。

4. 生态要素方面

宁波在生态环境方面，一直有所下滑，排名落后，究其原因，有以下几点：

（1）经济增长以量的扩张为主，循环经济体系尚未根本建立

宁波经济发展中的素质性、结构性、体制性矛盾依然十分突出。经济仍属以量扩张为主的传统粗放式发展模式，导致资源消耗大，土地利用效率偏低，空气和水环境质量下降。产业结构还不尽合理。第三产业比重不高，仍以传统服务业为主，现代服务业发展相对滞后；产业间功能相对独立，关联性较差，未形成良好产业链；产业层次较低，以劳动密集型产业为主体，企业技术含量低、附加值低、产品周期短。经济增长还没有真正走上依靠科技进步的轨道，企业科技创新能力不高，产业整体竞争力较弱。总体上，经济发展仍呈粗放型格局，循环经济体系尚未根本建立。

（2）资源能源开发利用不尽合理

宁波社会经济的快速发展导致能源、水、土地等资源需求总量急剧攀升，能源消耗基本与国民经济同步增长。节约集约利用自然资源模式还没有形成，中心城区用地紧张，土地开发强度过大，且后备资源有限；水资源形势不容乐观，资源性、水质性和工程性缺水并存，农业用水占全市总用水量 52.3%，相当部分农田仍采取粗放式大水量漫灌方式，浪费十分严重。甬江流域水资源可利用率已达 37%，接近 40% 的上限；工业用水重复利用率偏低，水资源承载能力、可供能力与重点耗水产业布局之间矛盾突出，单位 GDP 耗水量居高不下；海洋资源过度开发，生物多

样性明显降低;滩涂湿地开发不尽合理,影响海洋生态环境。不合理的资源开发利用在一定程度上影响我市经济、社会和环境的协调发展。

(3)局部区域生态环境恶化的趋势未得到有效遏制

大气污染物尤其是二氧化硫排放量逐年大幅增加。酸雨污染形势严峻,宁波已成为全国酸雨最严重的 10 个城市之一。机动车发展快速,加重了市区煤烟与机动车尾气混合型的污染。农村农业面源污染比较严重,水资源短缺使广大平原河网尤其是农村河道的生态基流难以保证,水体自净能力下降,农村河网水质普遍较差。近岸海域水质普遍超标;区域环境污染和生态破坏的现象依然存在,恶化的趋势未得到有效遏制。

(4)环境基础设施建设滞后,综合治理能力相对薄弱

全市环境基础设施如生活污水、生活垃圾等环境基础设施建设滞后于经济社会的发展,综合治理能力仍相对薄弱。表现为城市污水收集系统未基本形成,绝大多数的城镇未建成污水处理厂,影响地表水水质的全面改善;未建成规范的危险工业固体废物集中处置场,乡镇垃圾处理设施简陋,未能达到无害化填埋要求,不同程度地使土壤、地下水受到二次污染。

(5)生态意识比较淡薄,可持续发展能力建设亟待加强

全社会生态意识仍然比较薄弱,传统的生产生活方式和消费观念没有得到根本转变,保护生态环境尚未成为人们的自觉行为。提高资源利用效率、建设节约型社会、发展循环经济,尚未深入人心。资源与生态环境评价指标体系和标准体系有待进一步完善,监测网络和预警系统建设滞后,配套性政策法规还不健全,环境执法不够有力,部门、地区之间的统一协调有待加强。

(三)比较城市发展

1. 人才要素方面

上海作为长三角的龙头,人才资源和金融综合水平一直位于长三角第一名。"十一五"期间,人才比较优势已成为上海重要资源优势。作为中国最大的金融城市,区位交通优越、有着良好的商业习惯与法制环境、政府办事规范、要素市场充分,无疑会吸引人才。2008 年以来,上海正式启动实施地方"千人计划",首批共有 160 位海外高层次人才入选;此外,

还有海外高层次人才集聚工程、雏鹰归巢计划、浦江人才计划、高校特聘教授(东方学者)岗位计划等一系列引才项目,吸引留学人员来沪创新创业。以领军人物来带动产业经济的发展,注重政策突破和体制机制创新,抓住浦东新区综合配套改革试点的契机,上海建立"浦东国际人才创新试验区",并依托张江高新技术产业园区、上海国际汽车城、紫竹科学园区等12家国家级海外高层次人才创新创业基地,发挥"人才特区"的示范和辐射带动作用,探索人才发展体制机制创新。2009年底,上海设立了"千人计划"生活服务专窗和科技事业发展服务专窗。服务专窗聚焦政策,建立人才服务机制,创新人才服务模式,实现了规范化、精细化、个性化和信息化。2008年,上海出台《上海产业发展重点支持目录》,将人力资源中介服务列入上海"专业服务业"重点发展领域。截至2010年底,上海共有各类人力资源服务机构1229家,其中人才中介服务机构754家;2010年,上海人力资源服务业总营业收入551亿元,从业人员总量两万人,人力资源服务功能日趋完善,多元化市场格局基本形成。

南京科技、教育、人才资源丰富,优势凸显,科教人才资源丰厚的南京,拥有普通高等院校53所、科研院所106家。近年来,南京市相继推出了《南京市科技创新20条》、《南京海外特聘专家证制度》等一系列规定,尤其引人注目的是在"紫金人才计划"中,南京3年拿出30亿元支持各类人才。其中,顶尖型人才可获得300万,领军型人才是100万,紧缺型人才50万,政府把这些钱作为人才在南京开展科研和创新的启动资金,解决他们资金上的后顾之忧。同时,南京市还已建设了10个创业园,为海外留学人员来南京投资兴业提供条件。到目前为止,南京已引进了包括30名领军人才在内的各类各级111人,他们分别在电力、软件、汽车工程、道路工程等方面开展了国内领先的研究和应用。

常州人才资源近年发展较快,究其原因,注重围绕产业引进培养人才。常州市围绕振兴五大产业(装备制造、电子信息、新材料、新能源和环保、生物技术及医药)三年行动计划,三年财政投入18亿元,重点实施"千名海外人才集聚工程";注重与高校科研院所产学研对接合作;建立招才引智工作区域合作机制。与山东、西安以及长三角城市开展区域性交流合作。注重投入,既有针对高端人才的引进培养政策,又有针对其他人才以及高技能人才的服务配套措施;既注重人才引进政策的制定,又注重人才培养政策的优化,并且政策的扶持力度普遍较大。

2. 土地要素方面

上海、南京、苏州土地要素排名基本居于长三角前三名。南京在土地保护上,有其独到的一面。实施耕地占补平衡日常监管,严格执行耕地占补平衡考核制度,建立以日常监管为主的长效机制,做到补充耕地方案"即批即查"。强化临时用地和违法用地复耕。规范设施农用地管理。土地利用总体规划确定的允许建设区和有条件建设区内新增设施农用地,应经区、县(市)政府组织国土资源、规划、农业、建设等部门集体论证后方可批准,并要根据城市(城镇)规划实施进度,合理控制经营年限。开展高标准基本农田建设。推进农村土地综合整治。在注重生态环境保护,协调林业、水利、农业和土地开发整理关系的基础上,科学编制土地综合整治专项规划,大力推进土地开发整理复垦,积极推行耕作层表土剥离再利用工作,注重新增耕地质量建设,确保垦造耕地质量。

3. 资金要素方面

上海、苏州、杭州资金要素方面排名居于长三角前列。苏州紧邻中国最大的现代化城市上海,正好落在上海 100 公里都市圈的范围内,处在上海的紧密联系圈层内,是上海的强辐射区,经济发展受上海影响较为强烈。地理条件得天独厚,外企投资最多,发展最迅速。同时,苏州是全国第二大制造业城市,也是开放型经济高度发达的地区,具有雄厚的产业基础和良好的发展环境,为金融业跨越发展提供了坚强支撑。此外,苏州的资金要素方面存在一些问题,例如地方金融综合竞争力还不够强。地方金融机构发展面临着外部激烈的市场竞争和内部金融体制创新不足的双重压力。国发集团受到资金补充的约束,持续投资能力有限。金融中高端人才严重匮乏。世界上的国际金融中心城市,10%以上的人口从事金融业,而苏州不足 1%。但苏州采取了一系列政策发展金融。如设立财政专项奖励办法,对在苏州新设或新引进的金融机构法人总部、业务总部或营运中心等给予奖励,对特定的股权投资、创业投资、风险投资、金融租赁等非银行金融机构给予一定奖励,对新设会计、律师等中介机构或者迁入苏州的知名中介机构给予适当奖励,对企业利用国内外资本市场成功上市融资的活动给予奖励等。对政府倡导和支持的各类金融机构提供更多税收优惠或补贴政策;对引进各类金融人才提供更大的税收优惠或补贴政策,包括特定的金融机构高管以及高端金融科研人才,对特定金融行为或金融活动以及特定金融市场建设提供税收优惠。研究制定金融人才培养计划,采取与各金融机构配合、金融监管部门及苏州高校联合组建金融人才培训中心等方式,对政府机关、金融机构人员进行专业培训,着力提高金融管理人员指导金融业发展的能力。选拔优秀人才到国外金融机构培训,培养国际型金融人才。大力吸引熟悉国际金融市场、精通金融衍生工具和金融创新的高级管理人才。对来苏发展的金融机构高级管理人员,在户籍、住房、家属调入、子女就学等方面给予适当优惠和便利。对于政绩突出、工作成绩显著的各类人才和高层管理人才实行重奖,建立与现代企业制度相适应的企业经营管理人员薪酬制度。

4. 生态要素方面

杭州、常州在 2010 年生态环境要素方面上升迅速,位于长三角前列。杭州加强节能减排工作。积极推进有序用电和节能降耗,推进清洁生产,淘汰落后产能。万元 GDP 综合能耗下降 3.1%,化学需氧量和二氧化硫排放量下降 3% 左右。加强环境综合治理,全面开展迎"创模"复检与"国内最清洁城市"创建工作。深入推进大气污染和钱塘江饮用水源地、千岛湖水环境专项整治,推进以生活污水治理为主的农村环境综合整治。加强生态建设,完成 616 个生态工程项目,植树造林 6.55 万亩,城区新增绿地 719 万平方米。临安市、桐庐县通过国家生态县市创建验收,余杭区、西湖区被命名为省级生态区。半山公园、西山森林公园分别被批准为国家级和省级森林公园。全面开展低碳城市建设试点工作,实施铁路东站 10 兆瓦太阳能光伏建筑应用项目,推进"阳光屋顶"计划和国家"十城万盏"与"十城千辆"试点,推广使用清洁能源与节能产品惠民工程。主城区实行垃圾清洁直运,42% 的小区实行垃圾分类。开展节能全民行动,低碳科技馆竣工。

南京在生态要素方面一直居于长三角末端。表现在环境质量改善还不明显,局部时段、局部区域污染仍较突出。环境基础设施建设相对滞后,垃圾无害化处理水平不高,垃圾焚烧等处理手段基本呈空白状态,垃圾渗滤液等造成的污染纠纷时有发生;郊区县城镇污水处理、垃圾无害化处理设施等明显落后于城市发展。工业产业中重化工所占比例大,结构性污染仍十分突出，单位 GDP 资源、能源消耗大，工业污染物排放总量居高不下。

四、提升宁波可持续发展能力的突破方向

（一）人才开发思路

1. 继续办好中国宁波人才科技周

围绕举办层次更高、活动内涵更广、整体融合更深、实际成效更好的目标，积极开展调研论证，进一步优化整合资源，创新举办中国宁波人才科技周，把人才、科技、教育整体纳入，完善统筹模式，创新活动内容，促进人才、科技、教育的互相贯通和互动发展，积极探索符合发展实际、体现宁波特色、享有品牌盛誉，具有综合效能的引才、留才和用才的新路子，努力把我市人才、科技、教育发展提高到一个新水平。

2. 全面启动创新型人才引进政策

实施"人才强市"战略，必须高度重视人才环境建设。实行人才引进零门槛准入制度。取消人才引进过程中对学历、专业、年龄的限制，允许各类大专以上应届毕业生到宁波各地"先落户、后就业"，允许引进人才的家属和未成年子女随调随迁，进一步提高宁波引才绿色通道的人才流量、人才流速和人才质量。制定并完善人才柔性流动政策。柔性流动是指"户口不迁、关系不转、智力流动、来去自由"的人才流动方式。鼓励国内外各类人才尤其是高层次人才采取柔性流动方式到宁波从事兼职、咨询、讲学、科研和技术合作、技术入股、投资兴办高新企业或从事其他专业服务。鼓励宁波单位以岗位聘用、项目聘用、任务聘用等灵活用人方式引进人才。鼓励专业技术人员在与所在工作单位履行合同的基础上，从事兼职工作。通过柔性流动到宁波工作或服务的人才与宁波当地居民享有同等待遇。鉴借上海引进人才"一证通"的办法，人事、劳动和社会保障、公安、工商、教育、建设通力合作，实现宁波引进人才的"一卡通"服务。创新分配激励机制，要对企业经营管理人才形成"市场公认"机制，对科技人才形成"学术公认"机制。建立市场经济条件下的专业技术职务聘任制，把专业技术资格与岗位聘用管理结合起来。大力发展专业技术资格考试和人才测评事业，积极推行执业资格制度。实现人才岗位

工资由市场供求关系决定,总体报酬与实际业绩挂钩的市场化分配体系,技术、专利、管理等作为生产要素参与分配。制定引进高层次人才优惠政策,加大高层次人才引进力度。可根据本地经济实力和物价水平,对到宁波工作的国内外知名专家给予 10 万元至 50 万元数额不等的安家补助费、科研启动费等。国家机关引进或聘用特别需要的高层次管理和技术人才,经同级组织人事部门同意,可协商确定收入,高于政策规定部分,由财政或单位以补贴形式支付。实施"走出去"方针,广揽海外高层次人才。赴海外主要招聘国内、省内急紧缺的国际型的经营管理和专业技术人才,特别是中国留学生、外籍华人、华侨、外国专家等。人事部门可专门组织全省重点企事业单位分批组团赴国外招聘;也可会同外经贸部门结合浙江省在海外举行招商引资、展览等活动,将人才招聘纳入其中,使招商、引资、聘才一体化,以提高招聘海外高层次人才的成功率,更好地整体宣传浙江重才爱才、经济发展的良好形象。此类招才活动可每年视情举办,组织方式以市场化运作为主,政府适当给予补助。

3. 积极培育发展高层次人才的载体

为人才提供良好的创业平台,用事业吸引人才、留住人才、激励人才,是集聚人才策略最有效办法。必须十分重视人才载体尤其是高层次人才载体的建设。加快发展上规模、上档次的企业、企业集团。制定优惠政策,积极鼓励国外著名企业、跨国公司、中介机构到宁波设立分支机构。大力发展高新技术产业,培育和发展在全国能打得响的高新企业。以产业和企业优势集聚和吸纳人才。大力发展高等教育,扩大高校规模。加大对高等教育的投入,重组高教资源,鼓励发展民办教育,合理扩大招生规模,加快学科专业结构调整。积极与国内外名牌大学、著名的科研院所在宁波合作建立研究生分院、博士后工作站等机构,使高校成为宁波集聚和吸纳高层次人才的主要载体。加强科研院所建设,促进科技改革。继续深化科研院所的体制改革,尽快以不同形式进入企业或与企业合作,或转制为新型的科技开发型企业。鼓励大企业建立健全自己的研究开发机构,加大科技投入,聚集科研人才,积极开发和获取具有自主知识产权的先进和核心技术,提高企业的科技含量。鼓励和支持高校、科研院所的科研人员通过多种途径和形式从事企业科技开发工作,将科研成果尽快转化为生产力。建设好高新技术园区、经济技术开发区、留学人员创业园、博士后科研基地、博士后流动站。完善基础设施，加强配套服务，促进形成有利于人才集聚的相对优势。通过产业和企业空间转移与高度集聚，生产力要素的优化配置和产业集群的专业化分工，密切协作，互动发展，形成强大的凝聚力、辐射力和竞争力。

4. 加快实施千名海外留学人才集聚计划

大力依托宁波留学生创业园和各类开发园区的集聚优势，积极借助我市涉外重大活动的平台载体，管好用好海外留学人员创新创业专项资助经费，有效优化海外人才创业环境。组团赴国外开展高层次留学人才招聘活动，宣传人才政策，推介创业环境，开展合作交流，力争取得实质性成效。大力加强各类特色引才载体建设。继续发挥"毕洽会"、"浙才会"、"高洽会"、"高技会"等特色载体作用，加快推进"甬江学者"计划，大力加强博士后工作站建设。

5. 大力提升各类紧缺人才培养层次

实施高层次人才培养工程。大力推进"4321"人才培养工程，明确培养要求，强化目标管理，加大培养力度。有效深化"双百"深造工程，加强基地建设，拓展合作平台，扩大选送范围，增强培养效益。要实施企业家素质提升工程。充分发挥宁波市经营者人才评价推荐中心的作用，继续做好职业经理人资格认证培训工作，逐步实现证书在长三角城市的互认。开展"成功经理人"系列讲座走进企业活动，提升和新开发东方经理网功能，为企业家人才提供便捷服务。大力依托国内外优质培训资源，继续完成企业家高级培训班任务，全面提升企业家国际化水平和综合素质。推进公务员高级培训项目。依托海外培训资源和国内知名高校，结合宁波经济社会发展重点领域需要，通过走出去、请进来等多种形式，会同有关业务主管部门联合举办主题突出、内容丰富、方式创新的公务员专题高研班，着力提高骨干公务员的业务知识和专业素养。要实施专业技术人员自主创新能力培养工程。编制培训大纲，选编专业教材，制定培训方案，重点在"653"工程领域以现代农业、现代制造、信息技术、现代管理、现代服务、文化事业、公共卫生、城建规划等为重点，举办申报国家级"百千万人才工程"和省级"151人才工程"、市级"4321人才工程"和中青年专业技术骨干继续教育高研班。举办科技前沿知识和专业技术人员综合素质专题讲座。要实施高技能人才培养工程。加强高技能人才工作的组织领导和统筹规划,完善培养工作机制和政策措施。改进评价模式,落实政策措施,完善激励机制,加快培养步伐。要强化紧缺人才项目培养。围绕"紧缺人才五年倍增计划",大力引进高资质的培训机构,实施"千名紧缺人才系列培训项目"。实施"万名服务业人才培养工程",加快建设应用型专业人才培养基地和职业教育实习实训基地,努力构建高校服务型教育培训体系。

6.继续加大人才政策创新工作力度

研究制定领军人才引进优惠政策。以两院院士,国家重点实验室和重点学科带头人,国家科技创新奖和突出贡献奖获得者、国家"百千万"人才工程入选专家,省级以上特级专家、长江学者、甬江学者和国内知名创新团队为重点,在征集宁波重点高校、重点科研机构、重点部门和重点企业引才需求的基础上,研究制定《宁波市重点企事业单位领军人才引进实施办法》,认定引才标准,明确引才任务,拓展引才渠道,落实引才保障,实施领军人才引进目标管理,强化全过程跟踪服务,力争领军人才引进取得新的突破。要研究制定社会工作人才队伍建设意见。开展宁波社会工作人才调研,研究制定队伍建设意见和相应政策措施。指导有关部门建立健全社会工作岗位设置体系,不断扩大社会工作的覆盖面。指导社会工作单位结合高校毕业生就业,大力吸纳高层次社会工作人才。加强社会工作人才培训,提升人才队伍整体素质。统一评价标准,开展资格论证,加快与现行职称体系对接。指导建立社会工作人才薪酬标准,提高福利待遇。强化表彰奖励,加大对社会工作人才的宣传力度。要落实完善促进毕业生充分就业政策措施。广泛宣传《关于促进大中专毕业生充分就业的实施意见》和已出台的3个配套政策,制定出台毕业生自主创业小额贷款实施办法、未就业毕业生就业技能培训、就业见习、就业推荐实施办法等后续配套政策,完善运行机制,加强协调联动,共同抓好毕业生就业政策的落实,进一步营造促进毕业生充分就业的良好社会氛围和服务环境。

7.建立健全人才资源信息网络系统

完善人才信息体系,重点研究发布人才紧缺指数,准确反映宁波人才总量、素质、结构、供需与经济社会发展的适应度和紧缺度,按时发布每季度人才工作五大信息,逐步健全配套完善、反应灵敏、指导有效的人才开发信息体系,为全市人才引进培养提供基本依据和正确导向。要建立分类人才信息库。组织协调各相关职能部门建立高职称人才、获奖科技专家、企业家人才、国际商贸人才、高技能人才、人文社科人才、农业高层次人才、社会工作人才、博士人才、留学生人才等分类人才信息库,市级重点建立高级人才库,完成网络链接,实施资源共享,充分发挥政府对人才开发的宏观指导作用。

8. 进一步优化人才环境

加快发展并完善中介服务体系。大力发展技术创新服务、技术经纪服务、人才中介服务等中介机构,积极为企事业单位和各类人才提供人才和科技中介服务。加快培育发展人才市场,促进人才市场中介组织多元化发展。依法设立一批行业性人才中介机构和民营人才中介机构,建立外资进入宁波人才中介领域的准入制度,对条件比较好的要给予适当扶持。鼓励中介机构开展"猎头"业务,为用人单位和高级人才服务。建立人才市场供求信息和人才引进信息发布制度,引导人才合理流动。充分发挥市场机制在人才资源配置中的基础性作用,促进人才资源优化配置。

提高政府部门办事效率。有条件的地方,政府职能部门有关工作人员可集中办公,开设人才引进、人才创业服务窗口,为各类人才提供"一条龙"服务,快捷方便地为引进人才办理落户、转移人事关系、公司注册、融资、子女入学入托、社会保障以及其他有关审批登记手续。

积极推进继续教育,大力培育继续教育市场,鼓励高校、科研院所、行业协会、培训机构和社会中介举办继续教育活动。充分利用现有教育资源,采用网络远程、函授、自考、进高校脱产学习等教育方法,提高人才队伍的整体素质。加快继续教育立法进程,用法律制度切实保证专业技术人员和企事业单位履行继续教育权利、义务,落实责任和投入。加快构建继续教育终身体系,创造学习型社会。

建造专门的人才公寓或制定引进人才优先购买经济适用房的政策。政府可安排专款建造人才公寓,将住房以出租的形式,提供给用人单位尚未解决住房的外来高层次人才使用。用于建造人才公寓的土地出让金应从优确定。

优化创新创业环境。加快建设宁波国家高新技术产业开发区和宁波研发园区,促进高新产业和创新平台的集聚。重点扶持科研机构、重点实验室、国家级孵化器、企业技术中心、高校博士点等创新创业载体建设,进一步拓宽人才创新创业平台。要拓展合作交流平台。积极推进长三角人才开发一体化,借助资源优势,提升合作效益。继续加强与全国重点城市、重点高校、重点市场和重点媒体的合作交流,继续做好浙大、清华等重点高校博士、硕士到宁波实习、挂职工作,重点开展与人才开发知名媒体的互利合作,拓展引才平台,实现信息共享,扩大宣传窗口,树立宁波海纳百川的良好城市形象。要强化诚信规范建设。强化人才市场监管,尽快成立宁波人才中介行业协会,建立行业自律机制,促进市场诚信建设。加强基础建设,完善制度措施,鼓励发展个性化服务,有效推进人才诚信档案建设,大力营造公开公正、竞争有序、诚信规范的良好环境。要提升人才服务效能。结合新农村建设实际,组织一批科技、教育、卫生、文化、经济等方面的专家,组建新农村建设顾问团,定期到农村开展培训、指导、结对等活动。大力搭建人才互动交流平台,充分发挥人才服务社会的积极作用。加快市场经纪人队伍建设,重点引进国际信誉度高的人才中介机构,提升人才市场服务效能。实施重点单位、重点人才联系制度,继续开展上门服务活动。认真做好人事争议仲裁工作,及时调解仲裁各种人事纠纷,维护两个市场主体的合法权益。加大人才工作的宣传力度,营造良好的社会氛围和舆论环境。

（二）土地开发思路

"十二五"期间宁波建设用地供需矛盾依然十分突出。要实现国民经济发展规划提出的各项目标,必须坚持增加建设用地供给和提高土地利用效率相结合,切实转变土地利用方式,最大限度保障经济社会发展用地。

1. 努力提高土地节约集约利用水平,完善土地配置方式

必须坚持需求引导和供给调节,节约集约利用土地,严格控制建设用地总量,集约利用建设用地增量,积极盘活建设用地存量,努力拓展地上地下空间利用,建立集约高效的土地利用模式,推进经济结构转型升级,努力提高单位用地的产出率。依据"十一五"期间亿元 GDP 增长耗用建设用地量、亿元固定资产投资增长耗用建设用地量、亿元财政收入

增长耗用建设用地量比"十五"期间分别降低 37.5％、20.2％和 48％，"十二五"期间，全市要通过盘活存量建设用地和提高建设用地利用效率等途径，力争减少新增建设用地量 20％以上，约 5500 公顷。

实行占用耕地补偿制度和基本农田保护制度，实现耕地资源动态平衡。鼓励农业生产结构调整，促进生产向规模化、集约化方向发展。推行单位土地面积的投资强度、土地利用强度、投入产出率等指标控制制度。进一步细化各行业用地标准，严格按标准供地。合理调整土地利用结构和布局，正确处理建设用地和农业用地的关系，加强建设用地管理，提高土地集约利用水平。

2. 积极争取建设围填海造地计划指标

宁波沿海滩涂资源较为丰富，利用沿海滩涂资源进行开发建设，既可缓解建设用地指标紧张的矛盾，又能减少建设占用耕地，保护宝贵的耕地资源。因此，"十二五"期间，在符合海洋功能区划、滩涂围垦规划及环境生态保护的基础上，要加大滩涂资源的开发利用。在确保围涂面积45％用于耕地占补平衡的前提下，积极争取围填海造地计划指标，拓展建设用地空间，力争年均建设用海规模达到 1000 公顷，共计 5000 公顷。重点开发建设杭州湾新区、梅山保税港区、象山大目湾、奉化红胜海塘和镇海、慈溪等围垦区域，努力打造海洋经济大空间、大平台和大项目。

3. 申请使用省级预留规划指标

根据省政府规定，省级以上交通、能源、水利等重点基础设施建设项目，可以申请使用省级预留规划指标。根据"十一五"使用省级预留规划指标规模和"十二五"期间宁波省以上重点建设项目情况，预计申请追加使用省级预留规划指标年均 800 公顷，共计 4000 公顷。由于省级预留规划指标数量有限，申请难度较大，需要各级政府及相关部门积极争取省政府支持。

4. 提前实施新一轮土地利用总体规划

根据上一轮土地利用总体规划提前实施情况和新一轮规划前五年执行情况分析，要实现"十二五"末经济社会发展目标，保障"十二五"期间各类建设用地合理需求，必须提前实施新一轮土地利用总体规划。即在经济社会发展规划目标提前实现的前提下，将"十三五"期间部分规划新增建设用地指标提前至"十二五"期间使用。

5. 加大闲置土地处置和存量用地盘活力度,积极推行"零土地技改"

宁波建设用地资源的潜力主要来源于闲置建设用地盘活、工业企业内部挖潜等。特别是工业企业用地规模较大,长期以来,粗放利用土地的现象比较严重,节约集约利用水平较低,建设用地结构性潜力较大。要抓紧安排使用全市批而未拿、批而未供和批而未用的土地,有效缓解招商引资项目用地的燃眉之急,同时有序推进集体建设用地流转,规范开展乡镇(村)企业闲置土地出让、转让和出租,缓解工业用地不足的矛盾,促进城乡协调发展。

严格用地审核制度。实行城镇建设用地服从土地利用总体规划和城镇总体规划的"双重"管理。建立土地利用公示制度,完善社会监督机制,对违法使用土地的行为,严肃查处。严格土地利用规划、计划和城市规划管理,落实最严格的耕地保护制度,确保基本农田面积不减少、质量不下降,促进土地的集约使用。

6. 健全土地管理制度

完善新增建设用地的批后核查制度,规范对土地集约利用强度低的限制供地、限期整改的制度。建立建设用地审查报批的信用档案和评价制度。发挥市场配置资源的基础性作用,继续全面执行经营性土地使用权招标拍卖挂牌出让制度,建立健全建设用地定额指标和土地集约利用评价体系。积极开展土地整理和复垦,科学进行滩涂围垦,适度开发土地后备资源。积极推进土地使用制度改革,健全和完善土地市场,运用公平、公开、公正的原则,调节土地市场的供求关系,实现土地资源合理利用。强化土地执法监督力度,逐步建立土地信息系统管理和动态监测制度,加强监督检查。

(三)资金解决思路

1. 围绕多元化发展,集聚各类金融机构

重点引进大型银行中小企业专营中心、以中小企业为主要服务对象的城市商业银行、在支持中小企业发展方面发挥重要作用的农村商业银行和其他金融机构的区域性总部或管理总部、业务营运总部、村镇银行控股公司总部入驻宁波,打造在全国具有领先影响力的中小金融机构总部基地。积极吸引证券业、保险业、期货业、信托业公司总部,国内外大型金融机构的财富管理或私人银行业务专营机构、国内外大型财富管理机构的区域性分支机构。大力吸引各类创业风险投资基金、私募股权投资基金和国内外知名投资基金管理机构。鼓励发展本土创投和股权投资机构,为民间资金转化为产业资本拓宽通道。打造在全国具有较大影响力的资产(财富)管理投资机构总部集聚区。充分借助与上海邻近的地缘优势,重点吸引外资金融机构设立宁波分支机构。采用合资、合作方式,吸引国际知名的商业银行、投资银行、保险公司、资产管理公司等各种类型的外资金融机构到宁波组建区域性总部。在创造环境支持在宁波金融机构发展的同时,重视宁波地方本土金融板块的打造。支持甬商资本进入金融领域,发展小额贷款公司、村镇银行、农村资金互助社、消费金融公司、财务公司等地方小型金融组织。适时组建市级金融控股集团公司,并寻求合资、入股、重组等方式组建金融租赁公司、期货公司、保险公司、证券公司等金融机构,填补宁波地方金融机构空白,增强地方金融资源的集聚能力和配置效率。积极发展与金融核心业务密切相关的保险中介、信用评级、资产评估、融资担保、典当、产权交易、金融仓储、投资咨询、会计审计、法律服务等各类机构。积极培育发展金融服务外包企业,大力吸引各类金融中后台机构集聚,打造国际知名的金融服务外包交付中心和国内重要的金融中后台服务基地。

2. 围绕多层次架构,培育资本市场体系

推动上市公司的培育和发展。市、区(县、市)紧密联动,加大上市后备企业培育力度,充实扩大梯度培育库。优化政府、中介机构服务,支持条件成熟的企业尽早在境内主板、中小板、创业板上市及海外目标市场上市。利用各类债券融资方式满足企业融资需求,积极鼓励符合条件的上市公司通过证券市场发行公司债,大力支持企业通过发行短期融资券、中期票据及其他企业债券获得融资。积极探索联合发债方式,组织有条件的企业发行中小企业集合债券。同时,继续推进中小企业集合债权基金等债权类金融创新。支持在宁波期货公司加快发展。充分利用期货功能,推动期货公司与更多企业开展业务合作,帮助企业通过期货交易实现套期保值,提升企业管理价格风险的能力。

3. 围绕多样化路径,全面活跃金融创新

积极运用政策手段,激励各类金融机构开展组织创新、业务创新和金融产品创新,着重加强针对中小企业的金融创新产品和服务的研发及应用。组织开展金融创新奖项评选活动,调动金融机构和金融从业人员金融创新的积极性和主动性,打造中小企业金融产品、服务品牌。

发挥财政资金的杠杆作用,扩大中小企业集合债权基金与"风险池"的规模,壮大信用担保联盟,推进保险贷款保证等辅助融资类保险试点和补充(或经办)医疗养老保险等辅助社会管理类保险试点。发挥市创投服务中心的平台功能,积极做好项目对接和资源共享,扩大引导效应。充实和提升中小企业金融超市,打造全天候中小企业融资信息服务平台。探索建立电子商务企业信用评级体系,支持第三方支付平台的建设,发挥浙江省银行卡联网联合平台的作用,提高金融的公共便民缴费服务水平,鼓励开展网络金融、消费金融等新兴金融创新业务。探索农村产权抵押贷款等多种抵押担保融资模式。推广企业股权、专利权、商标权等无形资产质押贷款和排污权抵押贷款。积极发展金融仓储模式,促进金融机构与专业物流仓储公司合作,开展存货、仓单、应收账款等抵质押融资,推广以龙头企业为核心覆盖上下游的供应链融资模式。着眼多方合作,以公司制加会员制的构架组建运作金融资产交易平台,积极创造条件,逐步开展 PE 份额、企业股权、租赁资产、信托产品、票据资产以及保险理财类等金融性资产的公开交易创新业务,为各种金融资产提供从登记、交易到结算的全程式服务,以及金融资产投融资咨询和相关增值服务。

4. 围绕多渠道拓展,扩大农村金融供给

稳步推进县级农村信用行(社)管理体制和产权制度改革,完善股权和法人治理结构,强化其服务"三农"和中小企业的能力。落实国家金融支农政策,县域内银行业金融机构新吸收的存款,主要用于当地发放贷款。落实涉农贷款定向实行税收减免和费用补贴的政策,引导更多信贷资金和社会资金投向农村。积极发展村镇银行、小额贷款公司等新型农村金融机构,逐步实现村镇银行在县级区域布点的全覆盖。县域新增小额贷款公司设立向中心镇倾斜,推动已设小额贷款公司到中心镇开设服务网点。稳妥推进农村资金互助社试点,增强农村专业合作社服务社员的功能。鼓励金融机构开发和推广适合"三农"的金融产品,大力发展小额信贷和微型金融服务,依法推行大型农用生产设备、林权、"四荒"土地使用权等抵押贷款和应收账款、仓单、可转让股权、专利权、商标专用权等权利质押贷款,探索开展农房、土地承包经营权抵押贷款。培育农村保险市场,发展政策性农业保险、农业再保险,探索农村信贷与农业保险相结合的银保互动,完善风险分担机制。开展信用村、镇建设活动,建立完善政府扶持、多方参与、市场运作的农村信贷担保机制,缓解农村地区"贷款难"、"担保难"。

5. 围绕多方位对接,融入区域金融合作

主动融入上海国际金融中心建设,大力发展中小金融机构、资产(财富)管理投资机构、金融后台服务和金融服务外包,与上海在金融资源配置方面形成错位。主动承接上海国际金融中心建设的辐射和带动,争取共享人民币国际化、资本项目自由化、金融体制混业化、消费金融等"先行先试"试点政策,实现借势发展。借鉴上海金融发展经验,加快金融环境、金融市场、金融监管的创新发展。积极引进上海金融机构、金融人才,承接上海金融机构服务外包,提升宁波金融开放与国际化水平。拓展宁波与长三角城市群之间的金融交流,参与长三角区域的金融市场联动、产业整合和管理创新。"十二五"期间,逐步开展金融峰会论坛、金融产品研发推广、金融风险防范及产业基金、产权交易、金融人才、金融信用评级等项目的合作。同时积极创造条件探讨市民卡、保险等项目的合作途径,实现长三角城市群之间金融的共赢发展。

6. 围绕多层面营造,优化金融发展环境

研究、出台个人信用、企业信用征集和使用管理、信用服务机构监管、信用信息查询等一系列与征信活动相关的法规,逐步建立和完善我市征信法规体系。完善我市征信系统信息平台,不断推进与人民银行的联合征信系统建设,加强与其他地区征信信息平台的协作,努力扩大企业和个人信用信息的入库面。努力培育政府、社会、个人诚信意识,挖掘宁波金融文化内涵,逐步形成有宁波地方特色并兼具包容性的金融文化价值体系。推动商业性融资担保机构发展,鼓励和引导民间资本进入融资性担保行业,推动担保机构与银行合作,拓展业务空间、做强做大。发挥担保协会作用,促进融资性担保行业规范发展,提高信用度。依托产业集聚区,支持由行业协会或龙头企业牵头,组织设立互助性会员制信用担保机构,对会员提供封闭式融资性担保服务。发挥宁波市信用担保联盟作用,支持商业性担保机构增信放大担保倍数,扩大组建区、县(市)再担保机构,完善市、区(县、市)再担保体系。建立一行三局一办为主、涵盖各相关部门的金融联席会议制度,完善沟通顺畅、衔接高效、协调及时的金融稳定与风险处置机制,积极发挥金融仲裁院在金融纠纷中的灵便协调作用。创造条件扩大金融领域准入范围,鼓励民间资本参与发起设立、参股各类金融机构,引导其更好地服务于"支小支农"等金融资源相对供给不足的领域。与人民银行、银监部门通力合作,加强对民间融资的监测,推动其规范发展。加强对公众投资的风险意识宣传,引导公众理性投资,自觉抵制非法融资行为。

(四)生态发展思路

1. 调整能源消费结构

树立新的能源安全观,把握全球机遇,利用市场机制和国际市场来调整能源结构。积极发展天然气、可再生能源、新能源等清洁能源,发展清洁燃料公共汽车和电动公共汽车。抓住春晓天然气开发的有利时机,适时调整宁波能源结构,加快中小型燃煤锅炉的淘汰;积极利用国外油气资源,努力降低煤炭在一次能源消费中的比重;大力发展清洁利用煤炭和热电联产集中供热技术,提高能源利用效率,减少环境污染;重视发展沼气、节能灶、太阳能、风能等,改善农村能源结构。

2. 节约、集约利用能源

加快转变经济增长方式,走内涵式发展道路,严格市场准入,抓紧完善能耗、技术、质量等方面的准入条件。合理控制高能耗产业发展,限制和淘汰能耗高、污染环境的落后工艺和设备等。抓紧制定地方产业政策及能耗控制指标,制定地方工业企业主要生产能力、工艺及限期淘汰目录和宁波市主要用电设备选型及限期淘汰目录。积极引导和支持电力需求工作和节电工作的开展,加快制定出台《宁波市电力需求实施细则》和《节约能源实施办法》、《宁波市主要高耗电产品电耗限额标准》等政策,建立起节能管理体制和运转机制。推进节能技术进步,加快先进成熟节能技术的推广应用。重点扶持节能技术开发和技改项目,如建筑节能、空调节电和绿色照明。组织实施重大节能工程,推广新能源和可再生能源利用。中短期要加快浙江国华宁海电厂、乌沙山电厂等能源点建设,提高能源保障和平衡能力。多渠道、多途径,加大节能宣传,培养节能意识,养成全社会的节能风尚。

3. 建立生态建设评估机制

按照生态市建设评价指标体系与考核评价制度,对全市与各县、区各部门生态建设进展情况开展动态评估。研究建立绿色 GDP 核算体系,科学地分析和评价生态市建设的成效和阶段性成果。完善生态环境动态监测网络。为了确保宁波市的生态安全,必须对我市的生态安全状况进行动态监测。及时掌握宁波市生态环境动态信息,建立生态安全监测机制,在生态敏感地区建立固定观测点,长期跟踪生态质量变动状况。应用遥感、地理信息系统、卫星定位系统等技术,建设包括生物资源、农业资源、环境质量、水土保持、河道水质、地质环境、海洋环境、气象、赤潮等内容的生态环境动态监测网络,建设"绿色宁波"环境资源数据库,实现信息资源共享和监测资料综合集成,不断提高生态环境动态监测和跟踪评价水平。

建设完善灾害预报预警系统。主要包括台风、暴雨、暴潮、冰雹等灾害性天气,以及赤潮、酸雨、地质灾害、环境污染事故和突发性动植物病虫害等的预报预警系统和快速反应系统,增加预警和防范准备时间,避免和减少各类灾害造成的损失。

4. 统筹运用政府专项资金

完善生态建设资金管理体制,统筹运用预算内外投入生态环境领域的资金。市内环境保护资金、农田基本建设资金、生态公益林补助资金、水土流失治理资金等专项资金的使用要与生态市建设结合起来,对重点生态项目实行倾斜,合理安排使用,提高资金使用效益。

5. 转变政府职能,探索绿色 GDP 考核体系

在充分发挥市场资源基础配置作用的同时,强化政府在生态市建设方面的综合协调能力,切实解决地方保护、部门职能交叉造成的政出多门、责任不落实、执法不统一等问题。对目前自然保护区的建设和管理体制、生活垃圾和生活污水收费等重大体制和机制问题,提出协调与解决方案。在水污染防治、固体污染物越界转移、海洋环境治理等方面,积极探索跨区域治理模式,建立信息互通、统一行动、联合督察的跨地区协作机制。根据循环经济理论和生态市建设要求,改革和完善现行的国民

经济核算体系,对资源环境进行核算,使有关统计指标能够充分反映经济发展中的资源和环境代价。研究制定以绿色 GDP 为主要内容的评价考核指标体系,并将绿色 GDP 评价考核指标纳入各级政府和干部的考核体系。在环境影响评价基础上,探索建设项目的生态评价方法,逐步建立生态环境评价体系。

第六章 长三角社会文化发展演进与
宁波城市软实力

长三角地区历来以"鱼米之乡"、"丝绸之府"和"文化之邦"著称,具有丰富的社会根基和文化渊源。它的社会文化发展演进,是长三角一体化的重要组成部分,更是长三角区域发展极其宝贵的内源性动力和精神资源。尤其是改革开放以来,长三角凭借其博大的胸襟,不断实现对自身的超越,不仅实现了长三角城市之间社会文化的双向互动、共同繁荣,而且在更为广阔的历史舞台上充分展现了社会文化领域的引领、统摄与辐射功能。作为长三角城市之一,宁波"人杰地灵"、"文化昌盛","十五"、"十一五"时期在文化生活、教育发展、公共服务、城市形象等方面实现了重大突破,尤其是上海世博会举办以来,长三角社会文化融合趋势加速,宁波把握机遇,乘势而为,不断提升城市软实力,从而为宁波发展方式转变和经济结构调整作出了显著贡献。

一、长三角社会文化发展演进及城市软实力概说

(一)长三角社会文化发展演进

1. 历史的发展

长三角地区是中华文明的重要发祥地之一。根据考古发现,长三角地区有悠久的历史和共同的祖先。距今7000年左右,由于长三角大自然变迁,导致同一起源的不同群体相对隔离,形成文化特征同中有异的两

大支脉：一是以浙江东部宁绍平原为中心的河姆渡文化；一是以江苏南部太湖流域为中心的马家浜文化。河姆渡文化显示了先进的水稻文明，马家浜文化则代表了新石器时代文明。距今5000年左右的良渚文化，显示出两大支脉又重新合二为一，代表太湖流域先进的农业文明。

距今2600年左右，长三角分为吴、越两国，但"同气共俗"，"同俗并土"。此后，自秦以降，至汉、三国、南北朝、唐、宋历代，战争、居民迁徙、民族融合等导致长三角社会文化不断合流共生。元、明、清时期，长三角已经成为中国经济最为繁盛的地区，元代就有人称"上有天堂，下有苏杭"。清代"乾嘉盛世"时期，长三角是全国人才、赋税和物产的重要来源地。但是，近代帝国主义列强的侵入，导致长三角经济、社会、文化的自然进程被迫中断，加速了长三角自然状态的农商经济向近代半殖民地半封建背景下的资本主义经济急剧转变。

2. 新中国成立到改革开放前的发展

这一时期，以上海为轴心的长三角对我国国民经济恢复和社会主义建设事业作出了重要贡献。但长三角作为一个整体在我国经济社会发展战略中的地位并没有得到足够的重视。由于思维的惯性和对国内外形势的误判以及受历次政治运动的影响，我国形成了特定历史条件下的军政分割和自闭式管理体制，使得长三角在相当程度上被人为地分割开来，其地理位置、经济区位优势和人文环境优势一直没有得到充分发挥，发展陷入迟滞。

3. 改革开放以后的发展

这一时期，长三角城市之间的相互开放度不断提高，体制之间的壁垒也在制度创新中被不断突破，从而带来了长三角社会文化的开放与多元。以2010年上海世博会举办为契机，长三角城市之间的社会文化沟通与合作不断增进。尤其是随着交通运输的快速发展，城际之间的距离不断缩短，从而促使人们改变了以往的择业观念和生活观念，突出表现为二、三线城市成为宜居之地、人员流动加剧、公共服务异地分享等。同时，长三角城市加快构建现代区域发展制度，建立和完善紧密合作的体制机制，文化、旅游、教育、卫生、社会保障等社会文化领域的合作不断走向深入，从而为区域一体化发展奠定了坚实的基础。仅就教育而论，2002年至今，长三角城市之间已经在高校毕业生就业等多个领域签署了合作协议,通过建立交流合作的组织和工作机制、定期举行教育合作交流活动与学术研讨等形式进一步加强合作,促进人才在区域内的自由流动。2006 年年初,浙江大学、复旦大学、东南大学、浙江工业大学、浙江理工大学等高校间"互派学生、互免学费、互认学分"政策的实行,迈出了长三角高校合作办学的坚实步伐,揭开了高等教育一体化的序幕。

（二）长三角社会文化发展与城市软实力提升

1. 城市软实力的概念界定

（1）软实力

"软实力"概念最早是由美国哈佛大学肯尼迪学院院长约瑟夫·奈于 1990 年提出来的,他认为"软实力"是国家的凝聚力,强调凝聚力、认知度、号召力和吸引力。[①]

在我国,第一个就"软实力"问题发表看法的是王沪宁。他指出,文化不仅是一个国家政策的背景,而且是一种权力,或者说是一种实力,这种实力通过文化传播,会产生强大的力量。[②] 其他很多学者也就软实力发表了看法。中国国际问题研究所副所长阮宗泽认为,硬实力是看得见、摸得着的物质力量;软实力所指的就是精神力量,包括政治力、文化力、外交力等软要素,硬实力是软实力的有形载体、物化,而软实力则是硬实力的无形延伸。南开大学全球问题研究所所长庞中英认为,软实力是指非物质的、无形的力量,包括约瑟夫·奈举例的那些美国"软力量",例如意识形态、文化、价值观的吸引力。他还指出,软力量可能来自以下这些方面:培养高素质人口和生产力的教育体系;具有知识创新和贡献能力的研究体系;具有吸引力的主流文化;比较高的人口素质和有秩序的社会;在国际上有影响力的媒体;具有一定普适性的政治、经济经验、模式、理论、观念;外交政策和外交的成功;政府和社会的良性互动;道德声望或者诉求产生的全球号召力;全球责任的担当能力。上海社会科学院世界经济与政治研究院研究员刘杰认为,软力量是由核心价值、政治制度、文化理论和民族精神等要素蕴含的力量资源及其内化于国家行为

---

① 约瑟夫·奈:《软力量——世界政坛成功之道》,吴晓辉、钱程译,东方出版社 2005 年版,第 11 页。

② 王沪宁:《作为国家实力的文化:软实力》,《复旦学报》1993 年第 3 期,第 91—96 页。

而产生的影响力和驱动力。① 孟东方认为,软实力是相对经济实力、军事力量、硬件设施等硬实力而言的,是区域文化、制度机制、公民素质、国家(地区或城市)形象、价值观念、对外交流等方面所具有的感召力、吸引力、凝聚力和影响力。②

2007 年,胡锦涛同志在党的十七大报告中指出:"当今时代,文化越来越成为综合国力竞争的重要源泉,越来越成为综合国力竞争的重要因素","要坚持社会主义先进文化前进方向,兴起社会主义文化新高潮,激发全民族文化创造活力,提高国家文化软实力。"③以此为标志,国内进一步掀起了软实力研究的热潮。

(2)城市软实力

北京国际城市发展研究院发布的《中国城市"十一五"核心问题研究报告》指出,越来越多的迹象表明,影响和决定一个城市、一个地区综合竞争胜利和持续发展能力的因素很多,但城市软实力至关重要。在"十一五"期间,我国城市竞争将进入以软实力为标志的新阶段。④ 这是城市软实力概念第一次出现,虽然并无明确的界定。此后,倪鹏飞在其《中国城市竞争力报告》一书中首次将城市竞争力分为硬力和软力。他所谓的"软力"也即"城市软实力"。

陈志、杨拉克对城市软实力的界定是:城市以其文化和哲学为精髓的文化软实力、社会软实力和环境软实力之和。⑤ 庄德林等人认为城市软实力建立在城市文化等非物质基础之上,以投资者等城市顾客为目标受众,通过非强迫方式达到推动城市经济社会可持续发展和应对全球竞争,能助推城市融入全球城市网络;它是城市说服力、导向力、凝聚力、吸

---

① 北京大学中国软实力课题组:《软实力在中国的实践之一——软实力概念》,人民网,2009-09-10。

② 孟东方:《提升重庆市软实力发展战略研究》,《重庆邮电大学学报》2009 年第 1 期,第 98 页。

③ 胡锦涛:《高举中国特色社会主义伟大旗帜,为全面建设小康社会新胜利而奋斗——在中国共产党第十七次全国代表大会上的报告》,人民出版社 2007 年版,第 23—26 页。

④ 北京国际城市发展研究院:《中国城市"十一五"核心问题研究报告》,中国时代经济出版社 2004 年版,第 150 页。

⑤ 陈志、杨拉克:《城市软实力》,广东人民出版社 2008 年版,第 131 页。

引力和同化力的总和。① 陶建杰将城市软实力定义为：城市软实力是反映城市在参与竞争中，建立在城市文化、城市环境、人口素质、社会和谐等非物质要素之上的，包含文化号召力、教育发展力、政府执政力、城市凝聚力、社会和谐力、形象传播力、区域影响力、环境舒适力等在内所形成的合力。② 孟建、孙少晶认为：城市软实力是反映城市在参与发展和竞争中，建立在城市文化、政府服务、人口素质、社会和谐、形象传播等非物质要素之上的，体现为城市文化感召力、环境舒适力、城市凝聚力、科技创新力、区域影响力、参与协调力等的一种特殊力量。③

　　也有学者把"城市软实力"称作"区域软实力"。马庆国、楼阳生将其定义为：在区域竞争中，建立在区域文化、政府公共服务（服务制度与服务行为）、人力素质（居民素质）等非物质要素之上的、区域政府公信力、区域社会凝聚力、特色文化感召力、居民创造力和对区域外吸引力等力量的总合。④ 李博等认为，区域软实力是一种以人类心智为基础的文化、政策、意识形态和价值观，并且具有城市吸引力、区域影响力、文化感召力、城市凝聚力、区域创新力、教育发展力、政府公信力、社会和谐力等特性。⑤ 陶莹、陈钰芬认为，区域软实力是指以区域安定为条件，建立在区域文化、公共服务、人口素质等非物质要素之上，以区域形象为标志，能够促进社会和谐发展的力量。⑥ 徐京波、翟建军认为，区域软实力是指一个地区通过直接诉诸心灵——或者说精神——的方式，发展、动员和发挥区域内外的心智能力的作用来达到区域的社会和经济目标的能力。⑦

----

① 庄德林、杨颖：《城市软实力建设热潮下的冷思考》，《云南社会科学》2010 年第 2 期，第 98 页。

② 陶建杰：《城市软实力评价指标体系的构建与运用——基于中国大陆 50 个城市的实证研究》，《中州学刊》2010 年第 3 期，第 113 页。

③ 孟建、孙少晶：《中国城市软实力评估体系的构建与运用——基于中国大陆 50 个城市的实证研究》，《对外传播》2010 年第 3 期，第 38 页。

④ 马庆国、楼阳生：《区域软实力的理论与实施》，中国社会科学出版社 2007 年版，第 11 页。

⑤ 李博、韩增林、赵永勃：《大连市"十二五"期间软实力研究》，《中国软科学》2010 年第 9 期，第 109 页。

⑥ 陶莹、陈钰芬：《浙江省 11 市区域软实力评价体系的构建及测度》，《统计科学与实践》2011 年第 5 期，第 21 页。

⑦ 徐京波、翟建军：《区域软实力研究与建构》，红旗出版社 2011 年版，第 26 页。

　　尽管表述不同,内涵也不尽相同,但学者们在一点上达成了共识,即以往人们把城市实力看作是经济总量、财政收入、硬件设施等因素的总和,引入"软实力"概念后,人们对"城市实力"概念开始有了全新的理解,即城市实力不仅包括经济总量、财政收入、硬件设施等硬实力,也包括人文环境、平均受教育程度、政府管理与服务的能力和水平、对外吸引力等软实力,城市实力是软硬实力在相互作用中所形成的合力。

　　现有的研究虽然涵盖了城市软实力的大多数内容,但也正是因为内涵过多过滥,导致研究比较分散,未能进行集中分析。本课题组在借鉴现有研究成果的基础上,缩小研究范围,认为城市软实力是指在城市竞争中,通过特色城市建筑设施、文化产品等物质要素以及城市文化生活、教育发展、公共服务、城市形象等非物质要素的协调运作,能够有效促进城市文化发展繁荣、教育优先发展、政府职能转变、城市形象提升,为城市经济、社会、文化的可持续发展提供支持的文化感召力、教育发展力、政府公信力、形象传播力等无形动力。

　　2. 城市软实力的构成要素

　　根据以上定义,城市软实力由文化感召力、教育发展力、政府公信力、形象传播力等四个子系统构成。

　　(1)文化感召力

　　文化感召力凝聚了一个城市的传统、风俗、人文、艺术等文化成分,是一个城市传承文化底蕴、吸收外来文化以及城市本身文化输出的能力。它体现为一个城市文化底蕴的积淀和丰厚;体现为一个城市包容、吸纳多元文化的广度和深度;体现为一个城市向外输出本土文化的能力。

　　(2)教育发展力

　　教育发展力是一个城市教育结构的设施、人员素质、人才培养等综合能力。体现为一个城市已经基本构建起多层次的、比较完备的教育体系;体现为一个城市能够培养大量富有创造力的人才;体现为一个城市极为关注并努力培养市民的现代文明素养。

　　(3)政府公信力

　　政府公信力是政府在一个城市的经济发展、文明建设等诸方面体现出的综合服务、管理能力。它体现为政府进行公共管理的水平;体现为人民群众对政府的信任度和满意度。

(4)形象传播力

形象传播力是一个城市通过媒体、人际沟通、宣传公关等各种传播渠道来影响和改变人们对一个城市印象的能力。体现为城市内外部公众对城市景观、城市建筑等物质要素和城市管理水平、公民素质等非物质要素的看法和评价;体现为城市以其知名度和美誉度对内外部公众的吸引;体现为城市在媒介宣传过程中产生的影响。

3. 长三角社会文化发展与城市软实力提升

当今时代,城市的社会建设、文化建设与经济建设前所未有地紧密交织在一起,社会文化的发展日益成为城市发展的重要组成部分和影响城市综合竞争力的核心要素。城市社会文化不仅是城市发展的根本动力,更是城市建设不可或缺的力量。城市社会文化是城市软实力的重要载体,还是城市硬实力的重要支撑,更是城市综合竞争力的重要表现。[①]

一个城市的综合竞争力,不仅包括经济实力、科技实力,而且还包括软实力。随着世界经济多元化和社会文化多元化的发展,社会、文化与经济、政治相互交融的程度不断加深,经济的社会文化含量日益提高,社会文化的经济功能日益凸显,社会文化已经成为城市综合竞争力的重要因素。从一定意义上讲,未来的城市竞争最终会表现为城市社会文化层面上的竞争。而只有成功构建和培育出社会文化的城市,才能最终推动城市建设的大发展大繁荣。可以说,谁占据了社会文化发展的制高点,谁就拥有了强大的城市软实力,谁就能够在激烈的竞争中赢得主动,率先获得发展先机。因此,城市要在新一轮竞争中立于不败之地,就必须加速提升城市软实力。[②]

从长三角城市软实力的动态分析可以看出,城市软实力在城市综合竞争力中占有基础和根本性地位,而社会文化则在城市软实力提升中占有重要地位。基于这一认识,长三角城市纷纷力争社会文化制高点,全力夯实城市软实力的核心和基础。长三角城市之间在城市软实力上的

---

① 文竺花:《城市主题文化助推城市建设大发展大繁荣》,载 2011 年 12 月 21 日 http://www.ccmedu.com/bbs37_161107.html。

② 文竺花:《城市主题文化助推城市软实力大提升》,载 2011 年 12 月 21 日 http://www.ccmedu.com/bbs37_161108.html。

差异,是这些城市综合竞争力和城市经济社会发展水平差距形成的重要原因。宁波要实现在长三角地区和全国的率先崛起、率先发展,就必须大力提升城市软实力,并借此全面提升其他竞争力和综合竞争力,从而从根本上促进城市经济社会的健康、可持续发展。

(三)城市软实力评价指标体系的构建

1. 城市软实力评价指标体系的研究现状
目前学界很多学者已经构建了各具特色的城市软实力评价指标体系。如:

马庆国、楼阳生提出了包含区域文化、人口素质、公共服务、区域形象等 4 个一级指标、23 个二级指标的区域软实力诊断指标体系。[1]

陈志、杨拉克提出了包含基本效应力、内部和谐力、外部影响力、综合创造力等 4 个一级指标、20 个二级指标的城市软实力评估比较简易模型。[2]

龚娜、罗芳洲提出了包含城市文化、政府管理、开放程度、人力素质、城市形象等 5 个一级指标、17 个二级指标、42 个三级指标的城市软实力综合评价指标体系。[3]

庄德林、陈信康提出了包含城市文化、公共管理、城市创新、生活质量、国际沟通等 5 个维度、55 个指标的国际大都市软实力评价体系。[4]

陶建杰提出了包含文化号召力、教育发展力、政府执政力、城市凝聚力、社会和谐力、形象传播力、区域影响力、环境舒适力等 8 个一级指标、21 个二级指标、44 个三级指标的城市软实力评价体系。[5]

徐京波、翟建军提出了包含公共管理、人口素质、区域文化、人居环境

---

[1]　马庆国、楼阳生:《区域软实力的理论与实施》,中国社会科学出版社 2007 年版,第25—28 页。

[2]　陈志、杨拉克:《城市软实力》,广东人民出版社 2008 年版,第 217 页。

[3]　龚娜、罗芳洲:《"城市软实力"综合评价指标体系的构建及其评价方法》,《沈阳教育学院学报》2008 年第 6 期,第 28—31 页。

[4]　庄德林、陈信康:《国际大都市软实力评价研究》,《城市发展研究》2009 年第 10 期,第 36—41 页。

[5]　陶建杰:《城市软实力评价指标体系的构建与运用——基于中国大陆 50 个城市的实证研究》,《中州学刊》2010 年第 3 期,第 114 页。

等 4 个一级指标、32 个二级指标、163 个三级指标的区域软实力评估
体系。[①]

2. 城市软实力评价指标体系的构建

依据本课题组对城市软实力的定义,在吸收现有研究成果并参阅国
家统计局要求长三角城市采用的社会文化发展指标体系的基础上,以分
析提炼出的城市软实力的构成要素为核心,课题组构建了一套由三级指
标构成的城市软实力评价指标体系。一级指标是一定时期城市软实力
的综合反映;一级指标下设 4 个二级指标,分别是文化生活、教育发展、公
共服务、城市形象,从不同方面反映城市软实力;每个二级指标分别下设
5 个三级指标,反映城市软实力的具体指数。其中,"文化生活"由每万人
拥有艺术演出场次、每万人拥有公共图书馆藏书量、剧场和影剧院数、全
国重点文物保护单位数、国家级非物质文化遗产数等 5 个三级指标构成,
"教育发展"由普通高校数、每万人拥有在校大学生数、普通中小学专任
教师与在校生比、高等教育毛入学率、初中毕业生升学率等 5 个三级指标
构成,"公共服务"由公共管理和社会组织从业人员占从业人员总数、教
育支出占地方财政一般预算支出、每万人拥有医院和卫生院床位数、城
镇职工基本养老保险参保人数、城镇登记失业率等 5 个三级指标构成,
"城市形象"由国家 4A 级及以上风景区数、接待国际和国内游客人次、人
均国际旅游收入、每万人拥有专利申请授权量、每万人拥有专业技术人
员等 5 个三级指标构成。所有指标均为正指标(见表 6-1)。

表 6-1 城市软实力评价指标体系

二级指标	三级指标	权重	指标说明
文化生活 (30%)	每万人拥有艺术演出场次(场次)	6	反映文化产业发展
	每万人拥有公共图书馆藏书量(千册)	6	反映文化设施状况
	剧场、影剧院数(个)	5	反映文化设施状况
	全国重点文物保护单位数(个)	7	反映传统文化积淀
	国家级非物质文化遗产数(项)	4	反映传统文化积淀

---

① 徐京波、翟建军:《区域软实力研究与建构》,红旗出版社 2011 年版,第 20 页。

续表

二级指标	三级指标	权重	指标说明
教育发展 （20%）	普通高校数（所）	4	反映教育机构情况
	每万人拥有在校大学生数（人）	7	反映人口素质
	普通中小学专任教师与在校生比（%）	4	反映教育水平
	高等教育毛入学率（%）	6	反映教育水平
	初中毕业生升学率（%）	4	反映教育水平
公共服务 （30%）	公共管理和社会组织从业人员占从业人员总数（%）	7	反映公共管理情况
	教育支出占地方财政一般预算支出（%）	6	反映政府对教育的重视度
	每万人拥有医院、卫生院床位数（张）	4	反映政府医疗方面的服务情况
	城镇职工基本养老保险参保人数（万人）	4	反映政府社保方面的服务情况
	城镇登记失业率（%）	4	反映城市失业程度
城市形象 （20%）	国家4A级及以上风景区数（个）	6	反映城市知名度
	接待国际、国内游客人次（万人次）	5	反映城市吸引力
	人均国际旅游收入（美元）	3	反映城市吸引力
	每万人拥有专利申请授权量（项）	4	反映城市创新能力
	每万人拥有专业技术人员（人）	4	反映城市人力资源状况

在选取指标时，遵循了以下原则：（1）科学性。选取的每个指标都能从一个侧面反映城市软实力的某个要素，并尽可能用少而精的指标来反映。（2）全面性。指标体系尽可能涵盖城市软实力的各个方面。（3）可测性。指标应该是可以从客观数据库（如统计年鉴或其他资料）得到，或者可以通过一定的量表设计进行测量。（4）可获性。必须确保所选指标的数据能够准确、有效地收集。有些数据虽然从理论上看非常理想，但考虑到实际的操作成本和获取的难度，也只能放弃。

3. 评价方法和步骤

城市软实力评价属于多指标综合评价体系，因此，权重的确定尤为重要，它体现了各指标在城市软实力系统中的重要程度。本课题中三级指标的权重采用主观赋权法来确定。

为消除三级指标量纲不同而造成的数值悬差，需要对原始数据进行无量纲化处理。公式如下：

$$zx_{ij} = \frac{x_{ijp}}{x_{ij0}} (i=1,2,3,4; j=1,2,3,4,5; p=1,2,3,4,5,6,7)$$

$$x_{ij0} = \max\{x_{ijp}\}$$

其中，zx_{ij} 代表 i 二级指标下 j 三级指标无量纲化后的指标值，x_{ijp} 代表 p 城市 i 二级指标下 j 三级指标的指数，x_{ij0} 代表全部城市 i 二级指标下 j 三级指标的最大值。处理后的数据有统一的量纲，最大值为 1，最小值为 0，所有数据均在 0～1 之间变动。

本课题采用合成综合评价法。

二级指标的合成采用算术平均法，公式如下：

$$x_i = \frac{\sum x_{ij}}{5} \times W_{j \, (j=1,2,3,4,5; W \, 为权重)}$$

其中，x_i 代表 i 二级指标的指标值，x_{ij} 代表 i 二级指标下 j 三级指标的指标值，W_j 代表 j 三级指标的权重。

考虑到各城市软实力的评价，应体现各方面的和谐发展，所以一级指标的合成采用几何平均法，公式如下：

$$x = \sqrt[4]{\prod_{i=1}^{4} x_i^w} \ (w \, 为权重)$$

其中，x 代表城市软实力综合指数，x_i^w 代表 i 二级指标的权重次方。

4. 数据来源

本课题选取上海、南京、无锡、常州、苏州、杭州、宁波等 7 个城市 2005 年和 2010 年 20 个专项指标的样本数据，从文化生活、教育发展、公共服务、城市形象等 4 个方面来对城市软实力进行实证分析。数据来源于《中国统计年鉴 2006》、《中国统计年鉴 2011》、《中国城市统计年鉴 2006》、《中国城市统计年鉴 2011》、《长三角年鉴 2006》、《长三角年鉴 2011》、《长江和珠江三角洲及港澳台特别行政区统计年鉴 2007》、《全球城市竞争力报告 2007—2008》、各城市统计年鉴、各城市国民经济和社会发展统计公报、政府网站、统计部门网站。

二、宁波与长三角城市软实力的动态分析

(一)长三角城市软实力排名及分析

1. 长三角城市软实力综合排名

2005 年、2010 年长三角城市软实力综合排名如表 6-2 所示。

表 6-2 长三角城市软实力综合排名表

2005 年			2010 年			变化情况
城市名	综合得分	综合排名	城市名	综合得分	综合排名	
上海市	96.57	1	上海市	95.30	1	不变
南京市	89.52	3	南京市	88.94	4	退 1 名
无锡市	85.29	6	无锡市	85.02	6	不变
常州市	84.48	7	常州市	79.68	7	不变
苏州市	90.22	2	苏州市	92.44	2	不变
杭州市	89.40	4	杭州市	89.29	3	进 1 名
宁波市	85.60	5	宁波市	85.92	5	不变

比较 7 个城市 2005 年、2010 年综合排名变化发现,只有南京、杭州有小幅度变化(分别退 1 名和进 1 名),其他城市均保持不变。7 个城市在 2010 年的综合得分中,得分在 90 分以上的有上海和苏州两个城市,57% 的城市综合得分在 80～90 分之间。前三强城市中,上海稳居榜首,江苏省和浙江省各有 1 个城市进入。其中,苏州排名第 2,杭州排名第 3。2010 年前三强城市较 2005 年稍有变化,上海、苏州持续领先,保持前二甲,表现出强者恒强的态势。杭州异军突起,迈进前三强。南京则跌至第 4 名。而后三名则原封不动,分别为宁波、无锡、常州。

7 个城市的排名分别为:上海、苏州、杭州、南京、宁波、无锡、常州。

上海综合排名第 1。除"教育发展"软实力排名第 2 外,"文化生活"、"公共服务"、"城市形象"三项专项软实力的排名均为第 1。总体来看,上海城市软实力最强,稳居榜首,地位无可撼动,"绝对竞争优势"指标达 10 个,占分项指标总数的一半。"十一五"末(2010 年)与"十五"末(2005 年)相比,综合排名没有变化,为第 1 名。"文化生活"软实力排名没有变化,为第 1 名;"教育发展"软实力排名没有变化,为第 2 名;"公共服务"软

实力排名进 1 名,为第 1 名;"城市形象"软实力排名没有变化,为第 1 名。

　　苏州综合排名第 2。除"教育发展"软实力排名第 4 外,"文化生活"、"公共服务"、"城市形象"三项专项软实力的排名均为第 2。苏州城市软实力快追上海,但在"教育发展"软实力上表现欠佳,排名处于中等以下(第 4 名)。"绝对竞争优势"和"相对竞争优势"指标有 14 个,而且没有"绝对竞争劣势"指标。"十一五"末(2010 年)与"十五"末(2005 年)相比,综合排名没有变化,为第 2 名。"文化生活"软实力排名没有变化,为第 2 名;"教育发展"软实力排名没有变化,为第 4 名;"公共服务"软实力排名进 5 名,为第 2 名;"城市形象"软实力排名没有变化,为第 2 名。

　　杭州综合排名第 3。除"公共服务"软实力排名第 5 外,"文化生活"、"教育发展"、"城市形象"三项专项软实力的排名均为第 3 名。杭州各方面表现平稳,只在"公共服务"方面表现不佳,居于第 5 名。"绝对竞争优势"和"绝对竞争劣势"指标旗鼓相当,均有 2 个。"十一五"末(2010 年)与"十五"末(2005 年)相比,综合排名进 1 名,为第 3 名。"文化生活"软实力排名进 1 名,为第 3 名;"教育发展"软实力排名没有变化,为第 3 名;"公共服务"软实力排名退 4 名,为第 5 名;"城市形象"软实力排名没有变化,为第 3 名。

　　南京综合排名第 4。"文化生活"软实力排名第 4,"教育发展"软实力排名第 1,"公共服务"软实力排名第 7,"城市形象"软实力排名第 6。南京在"公共服务"和"城市形象"两项软实力上表现较差,分别居于第 7 名和第 6 名。而且"相对竞争劣势"和"绝对竞争劣势"指标多达 9 个,几乎占分项指标总数的 50%。"十一五"末(2010 年)与"十五"末(2005 年)相比,综合排名退 1 名,为第 4 名。"文化生活"软实力排名退 1 名,为第 4 名;"教育发展"软实力排名没有变化,为第 1 名;"公共服务"软实力排名退 2 名,为第 7 名;"城市形象"软实力排名退 1 名,为第 6 名。

　　宁波综合排名第 5。"文化生活"软实力排名第 5,"教育发展"软实力排名第 7,"公共服务"软实力排名第 6,"城市形象"软实力排名第 4。宁波致命点在"教育发展"软实力上,排名倒数。"公共服务"软实力也有待改善和提高。劣势指标远多于优势指标。"十一五"末(2010 年)与"十五"末(2005 年)相比,综合排名没有变化,为第 5 名。"文化生活"软实力排名进 1 名,为第 5 名;"教育发展"软实力排名没有变化,为第 7 名;"公共服务"软实力排名没有变化,为第 6 名;"城市形象"软实力排名没有变化,为第 4 名。

无锡综合排名第 6。"文化生活"、"教育发展"两项专项软实力排名均为第 6,"公共服务"软实力排名第 4,"城市形象"软实力排名第 5。无锡表现平平,既无"绝对竞争优势"指标,"相对竞争劣势"和"绝对竞争劣势"指标也多达 9 个。"十一五"末(2010 年)与"十五"末(2005 年)相比,综合排名没有变化,为第 6 名。"文化生活"软实力排名进 1 名,为第 6 名;"教育发展"软实力排名退 1 名,为第 6 名;"公共服务"软实力排名没有变化,为第 4 名;"城市形象"软实力排名进 1 名,为第 5 名。

常州综合排名第 7。"文化生活"、"城市形象"两项专项软实力排名均为第 7,"教育发展"软实力排名第 5,"公共服务"软实力排名第 3。常州"公共服务"软实力表现突出,"教育发展"软实力上也表现不错。"绝对竞争优势"指标有 2 个。"十一五"末(2010 年)与"十五"末(2005 年)相比,综合排名没有变化,为第 7 名。虽然综合排名并无变化,但综合得分提高显著,后发优势明显,尤其表现为"公共服务"软实力跻身前三强。"文化生活"软实力排名退 2 名,为第 7 名;"教育发展"软实力排名进 1 名,为第 5 名;"公共服务"软实力排名没有变化,为第 3 名;"城市形象"软实力排名没有变化,为第 7 名。

2. 长三角城市专项软实力排名变化及分析

长三角城市专项软实力排名见表 6-3 所示。

表 6-3　长三角城市专项软实力得分与排名表

城市名	文化生活				教育发展				公共服务				城市形象			
	2005 年		2010 年		2005 年		2010 年		2005 年		2010 年		2005 年		2010 年	
	得分	排名	得分	排名	得分	排名	得分	排名	得分	排名	得分	排名	得分	排名	得分	排名
上海市	93.84	1	90.20	1	81.75	2	77.26	2	80.64	2	78.64	1	92.36	1	82.73	1
南京市	56.48	3	56.72	4	91.15	1	91.54	1	68.96	5	67.00	7	49.32	5	44.77	6
无锡市	40.16	7	37.44	6	60.18	6	57.50	6	73.44	4	71.72	6	43.09	6	48.64	5
常州市	45.60	5	19.44	7	59.80	6	63.18	5	73.76	3	73.12	3	29.41	7	31.45	7
苏州市	71.16	2	78.76	2	62.14	4	65.44	4	67.00	6	73.44	4	62.36	2	72.09	2
杭州市	46.72	4	57.92	3	73.72	3	70.84	3	83.08	1	71.28	5	59.68	3	55.27	3
宁波市	43.40	6	45.64	5	54.09	7	54.20	7	68.36	5	68.84	2	51.00	4	50.36	4

由上表可以看出,五年来,各城市专项软实力变化明显。其中,进步最大的是苏州的"公共服务"软实力,进5名;退步最大的是杭州的"公共服务"软实力,退4名。上海在各专项软实力排名中,始终高居第一,只有"教育发展"软实力稍显劣势。苏州也是在"教育发展"软实力上表现不佳,其他专项软实力均位列第2。杭州则是在"公共服务"软实力上表现不佳,其他专项软实力均位列第3。南京教育发达奠根基,在"教育发展"软实力上表现突出,跻身榜首。常州则在"公共服务"软实力上以黑马姿态挤进前三强。"公共服务"软实力反映了公共部门的工作效率和服务质量,这也是常州近年来发展迅猛的主要原因之一。

通过对专项指标的分析可以发现城市软实力的长处和短板。

(1)"文化生活"软实力

排名前三的城市依次是上海、苏州、杭州。上海优势明显,既体现出海派文化的影响力,又体现出经济中心对社会文化的助推力。最高城市与最低城市相差70.76分,发展很不均衡。排名第1的上海和排名第2的苏州就相差11.44分。构成"文化生活"软实力的五个维度,上海的"绝对竞争优势"突出表现在每万人拥有公共图书馆藏书量、剧场和影剧院数、国家级非物质文化遗产数等方面。其中每万人拥有公共图书馆藏书量达到47.1千册/件,剧场、影剧院数达到105个,国家级非物质文化遗产数达到50项,均远高于其他城市。苏州的"绝对竞争优势"突出表现在每万人拥有艺术演出场次方面,达到20.7场次。

(2)"教育发展"软实力

排名前三的城市依次是南京、上海、杭州。南京异军突起,实乃该城市近年来重视科技教育发展使然。最高城市与最低城市相差37.34分,发展也较不均衡。排名第1的南京和排名第2的上海就相差14.28分。构成"教育发展"软实力的五个维度,南京的"绝对竞争优势"突出表现在每万人拥有在校大学生数、普通中小学专任教师与在校生比等方面。其中,每万人拥有在校大学生数达到1228人,远高于其他城市;普通中小学专任教师与在校生比达到7.6%。上海的"绝对竞争优势"突出表现在普通高校数方面,达到66所。杭州的"绝对竞争优势"突出表现在初中毕业生升学率、教育支出占地方财政一般预算支出等方面。其中,初中毕业生升学率达到100%,教育支出占地方财政一般预算支出达到17.2%。

（3）"公共服务"软实力

排名前三的城市依次是上海、苏州、常州。常州则以"长江后浪"之态挤进前三强。从总体来看,7个城市之间发展较为平衡,差距甚小,最高城市与最低城市仅相差11.64分。构成"公共服务"软实力的五个维度,上海的"绝对竞争优势"突出表现在每万人拥有医院和卫生院床位数、城镇职工基本养老保险参保人数、城镇登记失业率等方面。其中,每万人拥有医院、卫生院床位数达到70张,城镇职工基本养老保险参保人数达到522.4万人,城镇登记失业率达到4.2％,均远高于其他城市。常州的"绝对竞争优势"突出表现在公共管理和社会组织从业人员占从业人员总数方面,达到9.0％,远高于其他城市。

（4）"城市形象"软实力

排名前三的城市依次是上海、苏州、杭州。上海是我国东部交通中心,经济发达、人民生活富裕、历史文化底蕴深厚。苏州、杭州自古以来就有"上有天堂,下有苏杭"之说,这3个城市的知名度和美誉度优势明显,也是情理中之事。构成"城市形象"软实力的五个维度,上海的"绝对竞争优势"突出表现在国家4A级及以上风景区数、接待国际和国内游客人次、人均国际旅游收入等方面。其中,国家4A级及以上风景区数达到23个,接待国际、国内游客人次达到22314万人次,人均国际旅游收入达到457.3美元,均远高于其他城市。苏州的"绝对竞争优势"突出表现在每万人拥有专利申请授权量方面,达到72.8项,远高于其他城市。

3. 长三角城市软实力的基本特点

（1）城市软实力植根于经济实力但也具有一定的独立性

作为全国最大的经济中心,上海在硬实力方面遥遥领先的同时,软实力方面也拥有绝对优势。从综合排名来看,上海位居榜首;从总指标来看,大多指标也是名列前茅,如"文化生活"、"公共服务"、"城市形象"均排名第1;从专项指标来看,在20个专项指标中,"绝对竞争优势"指标有10个,占一半。从综合排名来看,南京排名第4,"教育发展"总指标则高居榜首。可见,从某种意义上来说,雄厚的经济实力确实可以极大地促进城市软实力的提升,是城市软实力提升的基础和源泉。但在专项指标的对比中我们也发现,上海在公共管理和社会组织从业人员占从业人员总数、教育支出占地方财政一般预算支出两个指标上处于"绝对竞劣势"。相反的情况也存在,如传统经济强市无锡就没有进入前三强,说明硬实力的强大不一定会带来软实力的提升,软实力具有相对独立性。

(2)某些专项软实力实现了率先发展

如南京综合排名为第 4,其突出的优势在"教育发展"软实力上,位居第 1 名。因此,在 4 个"绝对竞争优势"指标中,有 2 个来自教育方面。常州综合排名最后,但在"公共服务"软实力上却明显实现了率先发展,名列前三甲。这些专项软实力的突破,极大地促进了城市软实力的提升。

(3)两极分化比较明显

综合排名第 1 的上海为 95.30 分,综合排名第 7 的常州则只有 79.68 分,相差 15.62 分。"文化生活"软实力得分最高的有 90.20 分,而最低的只有 19.44 分;"教育发展"软实力得分最高的有 91.54 分,而最低的只有 54.20 分。再如从综合排名第 3 的杭州来看,其"绝对竞争优势"在于初中毕业生升学率、教育支出占地方财政一般预算支出,但却也相应有 2 个"绝对竞争劣势"指标,即城镇登记失业率、每万人拥有专业技术人员。再如综合排名第 4 的南京,"绝对竞争优势"和"相对竞争优势"指标总数与"绝对竞争劣势"和"相对竞争劣势"指标总数旗鼓相当,均有 9 个。

(二)宁波与长三角城市软实力比较

1. 宁波的排名比较

(1)宁波的城市软实力排名

宁波的综合得分为 85.92 分,低排名第 1 的上海 9.38 分。"文化生活"软实力得分仅为排名第 1 的上海的 50.60%,"教育发展"软实力得分仅为排名第 1 的南京的 59.21%,"公共服务"软实力得分为排名第 1 的上海的 87.54%,"城市形象"软实力得分仅为排名第 1 的上海的 60.87%(见表 6-4)。

表 6-4　2010 年宁波城市软实力综合得分及综合排名情况

综合排名		文化生活		教育发展		公共服务		城市形象	
得分	排名	得分	排名	得分	排名	得分	排名	得分	排名
85.92	5	45.64	5	54.20	7	68.84	6	50.36	4

(2)宁波的城市软实力分项指标排名

在"文化生活"软实力上,与其他城市相比,宁波的"相对竞争优势"

在于全国重点文物保护单位数,达到 25 个,与最高城市南京仅相差 3 个。"绝对竞争劣势"在于每万人拥有艺术演出场次,仅为 1.7 场次,只有最高城市苏州的 8.21%(见表 6-5)。

表 6-5　宁波与其他城市"文化生活"指标排名情况

指标　城市名	文化生活		每万人拥有艺术演出场次	每万人拥有公共图书馆藏书量	剧场、影剧院数	全国重点文物保护单位数	国家级非物质文化遗产数
	得分	排名	排名	排名	排名	排名	排名
上海市	90.20	1	4	1	1	5	1
南京市	56.72	4	2	2	7	1	5
无锡市	37.44	6	3	7	3	6	6
常州市	19.44	7	6	6	4	7	6
苏州市	78.76	2	1	4	2	3	3
杭州市	57.92	3	5	3	5	4	2
宁波市	45.64	5	7	5	5	2	4

在"教育发展"软实力上,与其他城市相比,宁波的"绝对竞争劣势"多达 4 个。其中,每万人拥有在校大学生数仅 237 人,只有最高城市南京的 19.3%;普通中小学专任教师与在校生比只有 5.6%,与最高城市南京相差 2.0%;高等教育毛入学率只有 50.0%,与最高城市常州相差 18.9%;初中毕业生升学率为 99.0%,与最高城市杭州相差 1.0%(见表 6-6)。

表 6-6　宁波与其他城市"教育发展"指标排名情况

指标　城市名	教育发展		普通高校数	每万人拥有在校大学生数	普通中小学专任教师与在校生比	高等教育毛入学率	初中毕业生升学率
	得分	排名	排名	排名	排名	排名	排名
上海市	77.26	2	1	3	2	3	2
南京市	91.54	1	2	1	1	3	5
无锡市	57.50	6	6	6	4	6	2
常州市	63.18	5	7	4	6	1	2
苏州市	65.44	4	4	5	3	2	6
杭州市	70.84	3	3	2	5	5	1
宁波市	54.20	7	5	7	7	7	7

在"公共服务"软实力上，与其他城市相比，宁波的"相对竞争优势"在于城镇职工基本养老保险参保人数和城镇登记失业率。前者达到383.5万人，为最低城市常州的3.59倍；后者达到3.0％，与最高城市上海相差1.2％。而"绝对竞争劣势"则在于每万人拥有医院、卫生院床位数，仅有40.0张，只有最高城市上海的57.14％（见表6-7）。

表 6-7　宁波与其他城市"公共服务"指标排名情况

指标 城市名	公共服务		公共管理和社会组织从业人员占从业人员总数	教育支出占地方财政一般预算支出	每万人拥有医院、卫生院床位数	城镇职工基本养老保险参保人数	城镇登记失业率
	得分	排名	排名	排名	排名	排名	排名
上海市	78.64	1	7	7	1	1	1
南京市	67.00	7	3	6	5	5	4
无锡市	71.72	4	2	2	4	6	4
常州市	73.12	3	1	3	6	7	4
苏州市	73.44	2	4	4	2	3	3
杭州市	71.28	5	5	1	3	4	7
宁波市	68.84	6	6	5	7	2	2

在"城市形象"软实力上，与其他城市相比，宁波的差距主要在接待国际、国内游客人次和人均国际旅游收入上。前者仅有4719万人次，只有最高城市上海的21.15％；后者仅有103.3美元，只有最高城市上海的22.60％（见表6-8）。

表 6-8　宁波与其他城市"城市形象"指标排名情况

指标 城市名	城市形象		国家4A级及以上风景区数	接待国际、国内游客人次	人均国际旅游收入	每万人拥有专利申请授权量	每万人拥有专业技术人员
	得分	排名	排名	排名	排名	排名	排名
上海市	82.73	1	1	1	1	5	6
南京市	44.77	6	5	4	5	7	1
无锡市	48.64	5	6	5	4	2	3
常州市	31.45	7	7	7	7	6	5
苏州市	72.09	2	2	2	3	1	2
杭州市	55.27	3	3	3	2	4	7
宁波市	50.36	4	4	6	6	3	4

2. 指标分析

(1)总体情况

五年来,宁波在"文化生活"软实力上表现较好,得分增高 2.24 分,排名进 1 名。其他三项专项软实力则保持原状(见表 6-9)。

表 6-9　宁波城市软实力指标变化情况

总指标、专项指标	排名		
	2005 年	2010 年	变化情况
文化生活	6	5	进 1 名
每万人拥有艺术演出场次	6	7	退 1 名
每万人拥有公共图书馆藏书量	7	5	进 2 名
剧场、影剧院数	6	6	不变
全国重点文物保护单位数	3	2	进 1 名
国家级非物质文化遗产数	1	4	退 3 名
教育发展	7	7	不变
普通高校数	5	5	不变
每万人拥有在校大学生数	5	7	退 2 名
普通中小学专任教师与在校生比	7	7	不变
高等教育毛入学率	7	7	不变
初中毕业生升学率	7	7	不变
公共服务	6	6	不变
公共管理和社会组织从业人员占从业人员总数	5	6	退 1 名
教育支出占地方财政一般预算支出	4	5	退 1 名
每万人拥有医院、卫生院床位数	7	7	不变
城镇职工基本养老保险参保人数	5	2	进 3 名
城镇登记失业率	4	2	进 2 名
城市形象	4	4	不变
国家 4A 级及以上风景区数	4	4	不变
接待国际、国内游客人次	6	6	不变
人均国际旅游收入	6	6	不变
每万人拥有专利申请授权量	2	3	退 1 名
每万人拥有专业技术人员	3	4	退 1 名

(2)上升的指标

五年来,宁波城市软实力专项指标排名上升的有 4 项:每万人拥有公共图书馆藏书量从 2005 年的 4.7 千册、件上升到 2010 年的 11.1 千册、件,排名进 2 名;全国重点文物保护单位数从 2005 年的 12 个上升到 2010 年的 25 个,排名进 1 名;城镇职工基本养老保险参保人数从 2005 年的 130.3 万人上升到 2010 年的 383.5 万人,排名进 3 名;城镇登记失业率从 2005 年的 3.5% 下降到 2010 年的 3.0%,排名进 2 名(见表 6-10)。

表 6-10 宁波城市软实力专项指标排名上升的情况表

总指标、专项指标	排名	
	2005 年	2010 年
文化生活	6	5
每万人拥有公共图书馆藏书量	7	5
全国重点文物保护单位数	3	2
公共服务	6	6
城镇职工基本养老保险参保人数	5	2
城镇登记失业率	4	2

(3)下降的指标

五年来,宁波城市软实力专项指标排名下降的有 7 项:每万人拥有艺术演出场次从 2005 年的 3.3 场次下降到 2010 年的 1.7 场次,排名退 1 名;国家级非物质文化遗产数从 2005 年的 0 项上升到 2010 年的 22 项,排名退 3 名;每万人拥有在校大学生数从 2005 年的 199 人上升到 2010 年的 237 人,排名退 1 名;公共管理和社会组织从业人员占从业人员总数从 2005 年的 6.8% 上升到 2010 年的 5.3%,排名退 2 名;教育支出占地方财政一般预算支出从 2005 年的 11.8% 上升到 2010 年的 14.5%,排名退 1 名;每万人拥有专利申请授权量从 2005 年的 7.2 项上升到 2010 年的 45.5 项,排名退 1 位;每万人拥有专业技术人员从 2005 年的 760 人上升到 2010 年的 1042 人,排名退 1 位(见表 6-11)。

表 6-11 宁波城市软实力专项指标排名下降的情况表

总指标、专项指标	排名	
	2005 年	2010 年
文化生活	6	5
每万人拥有艺术演出场次	6	7
国家级非物质文化遗产数	1	4
教育发展	7	7
每万人拥有在校大学生数	5	7
公共服务	6	6
公共管理和社会组织从业人员占从业人员总数	5	6
教育支出占地方财政一般预算支出	4	5
城市形象	4	4
每万人拥有专利申请授权量	2	3
每万人拥有专业技术人员	3	4

3. 总结

(1)综合排名分析

在 7 个城市中,宁波城市软实力的综合排名处于中下游水平,名列第5。"文化生活"、"教育发展"、"公共服务"、"城市形象"等四项专项指标分别名列第 5、7、6、4,毫无竞争优势可言。唯独"文化生活"软实力与2005 年相比,进 1 名,其他均保持不变。在复旦大学国际公共关系研究中心开展的"2009 中国城市软实力调查"中,宁波在 48 个样本城市中排名第 15,排名后于上海(第 2 名)、杭州(第 4 名)、苏州(第 5 名)、南京(第13 名)。在全国 15 个副省级城市软实力排名中,位列第 9。在专项软实力排名中,宁波的"文化号召力"排名第 19,"教育发展力"排名第 18,"政府执政力"排名第 16,"形象传播力"排名第 13。根据"世界特色魅力城市200 强"中国城市榜的显示,可以清楚看出宁波在文化特色竞争力上的位置。从所处城市方阵位置而言,杭州、苏州、南京这几个城市基本稳居入选城市中的第二方阵位置,而宁波只在 2008 年度入选其中,并且排名相对较后(第 24 名),属于全国 20 个入选城市的第三方阵位置。从几个城市的具体排名来看,杭州、苏州、南京分别排名第 2、3、5,宁波则排名第 6。

　　(2)专项指标排名分析

　　五年来,排名上升的专项指标有 4 项,分别为每万人拥有公共图书馆藏书量、全国重点文物保护单位数、城镇职工基本养老保险参保人数、城镇登记失业率,体现出近年来宁波对文化生活和公共服务的重视度。早在 2008 年,宁波市就首次提出了先进文化引领、公共文化惠民、文化品牌提升、文化产业升级、文化人才支撑、文化创新推动六大发展战略,不断提升文化软实力,为全面建设小康社会提供强有力的文化支撑。"十一五"期间,宁波市在公共文化服务体系建设上始终坚持以人为本的核心理念,把关注基层民众的文化需求、保障群众的基本文化权益放在首位,突出公共文化的公共性、公益性、基本性、便利性和均等性。树立"人人享受文化,人人参与文化,人人建设文化"的理念,着力构建"十五分钟文化活动圈",不仅对推动宁波市公共文化服务体系建设起到了重要作用,而且在全国产生了广泛影响,为许多城市所借鉴与推广。[1]同时,积极探索新型政府提供公共服务模式,加快电子政务建设。尤其重视网络问政,努力推动政务透明公开,提高政府公信力。宁波市在社会管理与服务职能构建方面也进行了一系列探索,并在新一轮社会管理创新实践过程中,成为全国 35 个社会管理创新综合试点城市之一。2011 年,市委十一届十二次全会审议通过的《中共宁波市委关于进一步加强和创新社会管理的决定》,为今后一段时期宁波社会建设与管理工作指明了方向。同年 7 月底在由新华社《瞭望东方周刊》、中国市长协会《中国城市发展报告》工作委员会、复旦大学国际公共关系研究中心联合主办的"中国城市民生成就推介会"上,宁波荣膺最高奖项——"中国民生成就典范城市最高荣誉奖"。因此,在每万人拥有医院、卫生院床位数指标上,宁波由"十五"末(2005 年)的 32 张、"十一五"末(2010 年)的 40 张,提高到了 2011 年的 47 张,预计 2015 年达到 54 张(数据来自《宁波市加快提升生活品质行动纲要(2011—2015)》)。排名下降的专项指标有 7 项,分别为每万人拥有艺术演出场次、国家级非物质文化遗产数、每万人拥有在校大学生数、公共管理和社会组织从业人员占从业人员总数、教育支出占地方财政一般预算支出、每万人拥有专利申请授权量、每万人拥有专业技术人

---

①　黄志明:《宁波发展蓝皮书 2012》,浙江大学出版社 2012 年版,第 436 页。

员,因此,宁波市要通过实施文化发展繁荣工程、教育优先发展工程、公共服务提升工程、城市形象塑造工程这四大工程,提升以文化发展繁荣为核心的文化感召力、以教育优先发展为核心的教育发展力、以政府职能转变为核心的公共服务力、以城市形象提升为核心的形象传播力,从而整体提升宁波的城市软实力。

宁波拥有 7000 年的文化,依托其较强的经济实力、较高的知名度和美誉度,在提升城市软实力上还是有很大空间的。如果利用好浙东文化、商帮文化等特色资源,赋予传统文化以现代元素,往往能出其不意地迅速崛起。就城市软实力的专项指标而言,宁波与其他长三角城市的差距主要在每万人拥有在校大学生数、普通中小学专任教师与在校生比、高等教育毛入学率、初中毕业生升学率等方面,即"教育发展"软实力是最大的短板。所幸"十二五"以来宁波在高等教育领域已经迈出了坚实的步伐,每万人拥有在校大学生数由"十五"末(2005 年)的 199 人、"十一五"末(2010 年)的 237 人,一路攀升到了 2011 年的 335 人;高等教育毛入学率由"十五"末(2005 年)的 42%、"十一五"末(2010 年)的 50%,提高到了 2011 年的 55%;教育支出占地方财政一般预算支出的比例也由"十五"末(2005 年)的 11.8%、"十一五"末(2010 年)的 14.5%,提高到了 2011 年的 15.3%,预计 2015 年达到 18%(数据来自《宁波市加快提升生活品质行动纲要(2011—2015)》)。当然,随着政府对文化生活和公共服务的重视,"十二五"以来,宁波的城市形象明显提升。如国家 4A 级及以上风景区数由"十五"末(2005 年)的 9 个、"十一五"末(2010 年)的 15 个,一下子提高到了 2011 年的 24 个;接待国际、国内游客人次也由"十五"末(2005 年)的 2396 万人次、"十一五"末(2010 年)的 4719 万人次,一路飙升到了 2011 年的 5288 万人次。通过定量比较,宁波应该清醒地认识到,要突破目前城市软实力提升的瓶颈,克服以上短板,已经迫在眉睫了。

(三)宁波城市软实力提升过程中存在的问题

1. 文化生活:与人民群众日益增长的精神文化需求尚有差距

一是公共文化服务的设施总量不足。文化设施建设是一个城市文化发展的基础。宁波的公共文化设施与国际港口大都市相比,文化设施诸如博物馆、图书馆、影剧院、音乐厅、主题公园等的数量、种类和影响力都有待增强。

二是公共文化产品和服务不够多元。大众的文化生活是保障他们参与文化、创造文化、享受文化权益的重要所在。在物质、精神生活日益丰富的今天,公共文化产品和服务的提供方式存在形式主义倾向,文化资源的利用率不高。

三是文化资源优势并未在文化产业中凸显。宁波历史悠久,文化底蕴深厚。但是,文化资源优势并不等同于文化产业优势,文化产业的持久发展在于把文化资源不断转化为文化产品,实现其文化服务的经济价值。目前,宁波在文化产业开发过程中,面临着文化资源整合度低、文化产业集聚效应不明显、公益性文化和产业性文化发展融合度和资源整合度低等困境。

2. 教育发展:与办好人民满意的教育、满足人们的教育需求尚有差距

一是教育整体质量不高。目前,宁波教育已经完成了"夯实基础,做大规模"的任务,较好地解决了教育资源短缺存在问题,但是仍然存在质量不高、内涵发展不足的问题。基础教育的优质资源比较紧缺,全面推进素质教育的理念尚未真正形成,高等教育内涵建设亟待加强。

二是教育资源配置不够均衡。随着经济社会的快速发展,面对人们教育需求不断提升以及外来务工人员大量涌入等新情况,宁波教育的公平问题依然比较突出。无论是硬件还是软件,区域之间、城乡之间、校际之间都还存在着明显的不均衡和较大的层次落差。教育资源配置的不均衡导致出现了"上学难"和"上好学难"并存现象的出现。

三是教育服务能力不够强。宁波存在低学历人才多、高学历人才少,初级人才多、高层次人才少,年龄偏大的高级人才多、年纪轻的高级人才少的现象,高层次领军人才缺乏,人才创造、创新能力不强等问题,高级人才的培养和高水平科研成果原创能力难以满足经济转型提升的需求。

3. 公共服务:服务能力不强,与宁波经济社会发展水平不相适应

一是公共资源配置依旧不均衡。城乡之间、群体之间、阶层之间享有公共服务均衡化程度不高,70%以上的医疗卫生资源集中在城市,农村和欠发达地区的公共服务供求关系较为紧张。

二是传统的城市管理方式难以适应城市化进程。城市规模迅速扩

张,外来人口大幅增长,导致城市管理范围扩大,任务加重,难度加大。传统的城市管理体制、管理机制、管理手段,已经难以适应现代城市管理标准化、精细化、长效化的要求。如何更新城市管理理念,理顺城市管理体制,创新城市管理手段,加大城市管理投入,提高市民文明程度,是城市管理者面临的一大考验。

三是社会保障水平尚需进一步增强。社保制度之间缺乏有机衔接和整体设计,政策选择自由度不够宽,解决历史遗留问题、有效使用资金分散风险、统筹城乡保障水平的办法不够多,保障资源来源单一,等等。

4. 区域形象:国际海港城市形象缺乏历史感和现代感

一是城市精神还需深化。在城市文明的提炼上,宁波提出了"诚信、务实、开放、创新"的城市精神,它诠释了宁波人和宁波城市的人文特征,生动地展示了宁波发展历程特别是改革开放以来的发展态势。但是,这种"宁波精神"中与时俱进的品格、勇于创新的勇气、海纳百川的气度,无论是用于领跑现代化城市的发展,还是内化市民的价值取向和生活方式,都需要长时间的培育。

二是城市个性不够鲜明。宁波城市形象从"东方商埠,时尚水都"到"书藏古今,港通天下"的转变,已经蕴藏了个性化、特色化的内涵,但是在具体操作层面,还有很长一段路要走。首先,由于"书藏古今,港通天下"的口号提出时间较短,并不为外界熟知,无法达到广泛宣传的效果;其次,缺乏鲜明的城市形象识别系统。

三是城市营销效果欠佳。宁波的旅游资源虽然丰富,但主题形象不突出,所起到的城市营销效果较差。对各方资源的整合力度不够,导致未能形成复合式、立体式的城市形象传播系统。

(四)宁波城市软实力提升过程中存在问题的原因

1. 投入不足、市场机制缺乏活力、公共文化意识不强制约着市民享受更加优质的文化生活

一是投入不足,造成了文化事业发展的短腿尴尬。文化事业投入不足制约着文化软实力的提升。2006 年宁波人均文化事业经费为 57.54元,虽然高于当年全国的人均 11.91 元,浙江省的 25.68 元,但是占财政总支出的比例却相当低。因此,加大政府财政对公共文化事业的投入,

建立"政府主导、多方投入"的财政支持机制势在必行。

二是文化市场机制缺乏活力,影响了文化生活变革的力度。宁波的文化体制经过这些年来从无到有的改革,在观念、体制和改革环境等方面已有了较大改变,但是守成求稳、保全利益心理和畏难情绪还不同程度地存在着。改革的实践充分表明,文化事业要走向繁荣、文化产业要逐步壮大,文化体制改革必须持续深化。

三是公共文化意识不强,影响了市民享有文化生活的广度。政府和文化主管部门用科学发展观引领文化发展意识不强,公共文化服务缺乏长远规划,建设过程中主动性和积极性不够,限制了公共文化服务层次与水平的提升。由于有效的公众参与机制尚未建立,公众的文化需求得不到合理表达,一定程度上造成了文化供给与民生需求的脱节。这就不难理解,政府花财力、费精力提供了免费的文化大餐,市民却不"买账"。

2. 教育体制机制不完善、政府导向缺位、教育投入不足等因素影响着教育现代化的实现

一是教育体制机制不够完善,导致了学校办学特色不明、活力不足。政府责任不到位与包揽过多的现状同时存在,制约着学校积极性和主动性的发挥,而学校在办学上缺少自主权和义务上却承担无限责任的矛盾日趋突出。政府部门仍然习惯于单一的行政管理手段,主动适应社会依法自主办学的能力和自律意识不强,尚未建立与市场经济体制相适应的现代教育制度。

二是政府导向的缺位,影响了教育的公平与均衡发展。多年来,我国教育资源过多地向城市倾斜,由此形成了"马太效应",使得好的教育设施、高素质的教师、高水平的管理越来越集中于城市,趋向于少数群体。政府、教育部门应该坚持把教育政策公平作为基础性的价值目标,加强对弱势群体的教育补偿力度,在政府、市场和公民社会之间建立起公共教育权力的制衡机制,创造教育公平的政策环境。

三是教育投入不足,制约了教育总体水平的提升。根据宁波市国民经济和社会发展统计公报,2006 年至 2010 年,历年地方财政一般预算支出增长率分别为 10.5%、26.8%、18.4%、15.1%、18.7%,其中教育预算支出增长率分别为 18.3%、25.9%、13.7%、14.9%、15.8%,虽然都有不同程度的增长,但总体而言,教育预算支出增长率低于地方财政一般预

算支出增长率。

3. 政府职能不到位、管理主体单一、市场机制不完善等因素影响着公共服务水平的提升

一是政府职能不到位，限制着公共服务的均衡化和普惠化发展。政府管理手段对于城市软实力的影响主要体现在公共政策的制定和执行上。当公共政策向着建设并完善权利公平、机会公平、规则公平、分配公平为主要内容的"社会公平保障体系"方向倾斜时，城市的凝聚力、吸引力和影响力将大幅增加。反之，如果政府轻视对于社会公平的追求，城市软实力的提升将停滞不前。此外，行政体制的条块分割影响至今仍然存在，教育、公共卫生、社会保障等公共服务管理部门相互推诿、相互扯皮现象时有发生，严重影响了服务的水平和效率。

二是公共管理的主体单一，影响着公共管理格局的形成。目前，政府已经不再是公共事务管理的唯一主体，社会组织、企业组织乃至个人均已成为公共管理的主体。如何通过民主参与方式，发挥不同社会主体的作用，形成社会公共管理的格局，已经成为转变政府职能、推进政府社会创新的重大课题。

三是市场机制不完善，制约着公共资源配置的最优化。宁波市在公共资源配置市场化方面作了积极的探索，取得了一定的成效，但也存在"市场竞价不够充分、体制机制不够配套、监管体系不够健全"[①]等问题。如何规范政府的权利运行程序，是公共资源得到最大的开发利用的关键。

4. 城市形象构建意识淡薄、营销方式单一、科技创新力不足等因素影响着城市形象的提升

一是城市形象构建意识淡薄。随着城市化进程的加快，软实力对城市的制约作用开始显现，城市形象的设计和传播就成为一种必然要求。传统的城市形象研究和实践中，以品牌定位策划为主体，大多未纳入到提升城市软实力的整体框架下进行。事实证明，只有综合考虑上述城市软实力的各种主要要素，才能全面构建城市形象，城市形象才能发挥对外增强吸引力，对内增强凝聚力的作用，成为城市和谐、可持续发展的巨

---

① 谢永康：《宁波发展蓝皮书 2010》，浙江大学出版社 2010 年版，第 368 页。

大推动力。

二是城市形象营销方式较为单一。宁波有着丰富的文化资源,但是城市品牌的认可度、美誉度却不高,这跟城市形象营销方式单一有着很大的关系。如,旅游营销缺乏整体规划,"大旅游,大产业"的营销意识还未形成,旅游的品牌与知名度有待提升,旅游营销的城市文化内涵不足,以及节庆活动的持久吸引力和可持续发展性等。

三是科技创新力不足。科技对人们的物质生活还是精神世界都产生着深远的影响。宁波科技创新力不足,很大程度上限制了城市对资源(包括资本、人才、技术等)的拥有和配置,现代化城市功能品质也不能充分展示。而在未来,智慧化城市建设将成为城市发展的趋势,以信息技术为代表的科技将对城市规划、布局、交通、公共服务等产生深远的影响。

三、宁波城市软实力提升的发展态势

(一)来自其他长三角城市的经验借鉴

本课题选取的与宁波相比较的 6 个长三角城市中,上海是中国最大的经济中心城市,也是国际著名的港口城市;苏州是国际著名的园林旅游城市,被誉为"东方威尼斯"、"上海的后花园";杭州是浙江省政治、经济和文化中心,著名的旅游城市,同时也是我国东南沿海的经济强市;南京是江苏省政治、经济和文化中心,也是华东地区最重要的交通和通信枢纽之一;无锡是江南历史文化名城,著名的"鱼米之乡";常州是我国近代工业发祥地之一,是江苏省重要的工业城市。总结这些城市的软实力建设经验,能为宁波城市软实力的提升提供借鉴。

1. 建设文化强市

上海深入开展文化大都市建设,提高文化惠民水平。深入推进文化体制改革,完成全市有线电视网络整合、国有市属文艺院团体制改革和区县经营性文化事业单位转企改制,启动第一批非时政类报刊出版单位转企改制,完成世纪出版集团与文艺出版集团重组。进一步优化文化创意产业发展环境,成立首个国家对外文化贸易基地。依托国家级文化产业基地,放开搞活,扶持网络视听、数字出版、动漫游戏等新兴产业发展。

坚持政府主导,贴近市民需求,推进公共文化服务体系建设。

　　苏州注重传承和创新历史文化,构建古今交融的文化名城。1996 年就提出了"文化苏州"的口号,不久又先后将"文化强市"、"文化苏州"作为战略目标,成为全国最早提出"文化立市"的城市之一。在文化发展过程中,苏州最鲜明的特点在于保护和利用、继承和创新传统文化。其主要举措包括以下三个方面:一是妥善处理古城保护和城市建设的关系。苏州注重古城保护,走出了古城保护和经济发展的困局,以古城为基础、为主体,打造新区、园区,形成了一个城市多中心的发展模式,实现了新区、园区对古城的反哺。二是大力发展文化休闲产业。苏州大力发展新兴文化产业,还在古城以南太湖之滨形成了"生态和休闲旅游文化水廊"。近年来兴起太湖文化论坛,为苏州太湖确立了"文化新地标",进一步推动太湖的保护和利用,推动太湖生态文明与区域内经济、文化、旅游等的互动互融,全面提升太湖在全国乃至全世界的影响力。三是弘扬亲和开创的精神,秉承精细致远的理念。即指苏州改革开放三十年来,弘扬自古以来朴素的亲近、热诚、开放、包容的习俗和勤劳、开拓、奋发、创新的民风,秉承精巧、细致、上善、完美的准则和坚毅、内敛、清醒、宏远的品格,自强不息,持之以恒,奋发有为,孜孜进取,创造中国城市崛起的经典和世界城市发展的奇迹。

　　杭州推动休闲文化蓬勃发展,打造"东方休闲之都,品质生活之城"。从 1999 年提出的"游、学、住、创业在杭州"到 2001 年的"休闲之都"和"女装之都",再到 2002 年提出打造"会展之都"与 2005 年实现"中国茶都"和"动漫之都",昭示着杭州休闲文化逐渐走向产业化、多元化。而 2006 年杭州世界休闲博览会的举行更是将杭州的休闲文化带上了一个更高的层次。如今,杭州的休闲文化已经涵盖休闲度假、文化娱乐、体育健身、休闲餐饮和都市购物等众多方面,成为了杭州新的经济增长点。其相关举措包括以下三个方面:一是充分挖掘历史文化资源,增加休闲产品文化内涵。使历史文化优势转化为发展休闲文化产业的核心竞争力,是杭州休闲文化保持旺盛生命力的关键所在。二是深入进行文化体制改革,文化创意产业成长为支柱性产业,"中国动漫之都"品牌初步打响。三是积极打造产业推介平台,提高休闲产业的影响力和吸引力。休博会的举行,不仅提高了杭州旅游城市和休闲之都的地位,扩大了杭州在国际上的影响力和知名度,同时也极大促进了杭州旅游经济、会展经济和休闲经济的发展。[①]

2. 优先发展教育

南京高水平推进教育名城建设。推进教育均衡式发展,抓好郊区县教育质量、教育水平的提升,抓好名校长、名教师、名学科带头人等"三名工程",建设更高水平的教育名城。不断扩大优质教育资源,三星以上普通高中和省级以上重点职业类学校招生比例达招生总数的90%。有效解决弱势群体子女入学教育,政府助学金覆盖从幼儿教育到高中教育,基本实现在宁外来务工人员子女九年义务教育"全接纳"。人才、教育资源为南京的经济转型提供了充分的准备,为经济腾飞打下了坚实的基础。

上海全面启动国家教育综合改革试验区建设。以减轻过重的课业负担为重点,推进基础教育课程和教学改革。顺利开展中高职教育贯通培养模式试点。启动"085"工程和新一轮"985工程",进一步深化高等教育内涵建设。

杭州大力推进教育创新,推进教育人本化、教师专业化、学校标准化、名校集团化、管理科学化、校园人文化、教育信息化、教育国际化、服务均等化,实现优质教育资源快速增长,教育公平与优质均衡发展取得重大进展,免费义务教育的实施、学生资助体系的构建、随迁子女就学服务体系的构建、名校集团化的探索、中考中招改革、第二课堂的创新、教育培训券的发放等,均在全省乃至全国产生重大影响。"学在杭州"品牌正在打响。

3. 打造服务型政府

上海紧紧围绕建设服务政府、责任政府、法治政府和廉洁政府,践行执政为民,坚持从严治政,突出转变职能,注重创新管理,着力提高服务能力,加快把上海建设成为全国行政效率最高、行政透明度最高、行政收费最少的行政区之一。深入推进行政审批制度改革,初步建成市级网上行政审批管理和服务平台。完善社会救助和保障标准与物价上涨挂钩的联动机制。将在企业工作的来沪从业人员、参加小城镇社会保险的从

---

① 黄志明:《宁波发展蓝皮书2012》,浙江大学出版社2012年版,第454—455页。

业人员纳入城镇职工社会保险,建立城镇居民社会养老保险,全面实施新型农村社会养老保险,基本实现社会保险制度全覆盖。

苏州强化政府社会管理和公共服务职能。完成新一轮政府机构改革,减少政府层级,实行"大职能、宽领域"的政府事务综合管理,探索建立"区镇合一"的行政管理体制。通过职能归并、清理行政审批事项、压缩收费项目、降低收费标准、"一站式"服务体系、"电子政务"建设等措施,不断提升办事效能。树立服务第一的观念,倡导"办事高效,信守承诺,不讲不好办,只讲怎么办"的服务理念,变"管理型"政府为"服务型"政府,营造与国际接轨的良好投资软环境,以人性化服务、契约型服务等举措吸引外商投资。出台了《苏州市法治政府建设 2011—2015 年规划》,构建了包含 9 个大类、29 个子项、94 个细项的苏州市法治政府建设指标体系。以创先争优为主题,扎实开展"学昆山、优服务、讲效能、树品牌"和"问题解决月"活动,切实提高政府部门的服务质量。加强和谐社会建设,着力完善公共服务体系、社会保障体系、社区治理体系、社会组织体系、公共安全体系、组织建设体系,全面提高社会事业水平。相继出台了《关于进一步加强社会建设　创新社会管理的意见》《苏州市加快完善社会保障体系　实现人人享有基本社会保障的工作方案》,不断开创社会建设和管理工作新局面。

常州致力于转职能、勤服务。在全省率先推出广播、电视、报纸、网络四位一体的"政风热线"模式,受理各类投诉和咨询,积极查处"不作为、乱作为"行为。

4. 建设创新型城市

上海加快实施国家科技重大专项任务。启动实施国家技术创新工程试点,全面完成世博科技行动计划。设立上海市创业投资引导基金,成立了一批产业技术创新战略联盟和技术创新服务平台。

苏州加快建设国家创新型城市。加强产学研合作,在纳米技术、融合通信、小核酸、新型感知器件、生物医药和医疗器械等领域组建了一批产业技术创新战略联盟。全市 82％以上的本土大中型企业建立了研发机构。优化升级姑苏人才计划,突出打造"1010"工程,精心组织苏州国际高技术服务创业周活动。打造知名品牌,扩大品牌效应,被确定为全国首批商标战略实施示范城市。

杭州在 2006 年就出台了推进创新型城市建设的决定、规划和政策文件,2010 年正式被列为国家创新型城市试点。为更好地指导未来一段时期杭州国家创新型城市建设,杭州先后颁布了《中共杭州市委、杭州市人民政府关于推进创新型城市建设的若干意见》《杭州国家创新型城市总体规划》,大力实施重点突破、自主创新、产业转型、平台集聚、金字招牌、品质教育、创新人才、改革创新等八大重点工程,全面推进创新型城市建设。

(二)宁波城市软实力提升的重点突破

1. 构建城市软实力评价指标体系,建立城市软实力的"未来瞭望塔"

评价指标体系是对宁波城市软实力的一种监控系统,而"未来瞭望塔"(the future tower of soft power)则是对宁波城市软实力的一种前瞻性战略思考。评价指标体系必须建立在科学、严谨和具有较强操作性的基础上,在宁波城市软实力建设的总体框架下梳理、归类构成因子,并进行定性和定量分析。城市软实力评价指标体系建立后,还要将宁波的各项因子与国际国内软实力强的城市进行比较研究,借鉴其成功经验,寻找差距以弥补自身不足。"未来瞭望塔"的职能是对宁波的未来发展趋势进行分析研究,为制定发展战略提供科学依据。通过收集世界先进地区或城市在城市软实力提升方面的政策、走向,并对其政策执行效率进行分析、监视,然后进行分析、整合,为政府调整城市软实力提升思路、制定新的发展战略提供科学依据,从而促使城市健康可持续发展。在知识经济时代,欧美一些发达国家的诸多城市尤其是"知识城市"都设有"未来瞭望塔"机构。比如美国纽约的公共政策机构——城市"未来中心",通过实验模型、调查报告、出版《蓝皮书》等形式,在"知识城市"的成长中发挥着咨询、参谋和预测作用。因此,宁波在城市软实力提升过程中,建立符合宁波市情的城市软实力"未来瞭望塔"是十分必要的。

2. 加强文化遗产保护,活化历史文化资源

深入研究解决历史文化名城保护中遇到的瓶颈问题,妥善处理名城保护与城市发展的关系。充分利用宁波的自然地理条件和历史文化资源,建设自然风貌和城市景观和谐交融的城市文化生态保护区。深度开发和利用宁波独有的历史文化资源,不断丰富其内涵并借助现代声、光、

电、音效、服饰等高科技手段,使宁波历史文化真正"活"起来。加大文化遗产知识的宣传教育力度,努力形成保护文化遗产的社会环境和舆论氛围。开设宁波地方文化教育课程,培养学生的文化遗产保护意识。加快非物质文化遗产的抢救保护和传承发展。一是建立健全非物质文化遗产保护的管理体制和运行机制。成立非物质文化遗产保护领导小组,明确非物质文化遗产保护的专门机构,统一协调和指导非物质文化遗产的普查、保护和开发工作。设立专家咨询委员会,为非物质文化遗产保护和开发的规划审订、项目评估提供决策咨询、业务指导等工作。坚持"政府主导、社会参与,明确职责、形成合力,长远规划、分步实施,点面结合、讲求实效"的工作原则,逐步建立比较完备的、有地方特色的非物质文化遗产保护制度。建立以人为本、科学有效的传承机制,鼓励和支持非物质文化遗产代表作传承人(团体)开展传习活动。二是加快非物质文化遗产普查和研究。将普查摸底作为非物质文化遗产保护的基础性工作来抓,统一部署、深入推进,全面了解和掌握非物质文化遗产的种类、数量、分布状况、生存环境、保护现状及存在的问题,整理出值得保护的非物质文化遗产名单,并建立非物质文化遗产镜像资源库。组织各类文化单位、科研机构、高等院校及专家学者对非物质文化遗产进行理论研究,深入挖掘非物质文化遗产的文化内涵,注重科研成果和现代科技的运用。三是加快非物质文化遗产的开发。坚持"保护为主、抢救第一、合理利用、传承发展"的方针,采用多种形式进行保护性开发、传承性开发、旅游式开发。

3. 政行企校四方联动,发挥产学研联盟的集聚效应

全面实施《宁波市国民经济和社会发展第十二个五年规划纲要(2011—2015年)》、《宁波市职业教育校企合作促进条例》,建立政府引导、校企互动、行业协调的校企合作运行机制,调动行业企业参与校企合作的积极性,鼓励职业院校与县(市)区政府、行业企业共建产学研合作基地、实习实训基地,与行业、企业共同制订专业人才培养方案,组建一批职业教育集团或联盟。可以以产业链——行业——专业链为主线,联合行业主管部门、行业协会、行业龙头企业、学校,通过成立基于行业的产学研联盟,搭建深化政行企校四方合作的有效载体和平台,形成高等教育服务产业、行业的"宁波模式",从而发挥集聚效应、凸显整体优势,

实现政行企校四方互利共赢。通过构建学校对接产业行业、专业（群）对接行业企业、教师对接企业岗位的三层对接机制，不断满足行业、企业对人才素质和能力的要求。产学研联盟的主要职能：一是联合培养人才。通过开展校企合作、工学结合等人才培养模式改革，加强校企之间、校校之间的人才培养对接，提高人才培养质量，适应经济社会发展对现代服务业人才的需求。二是资源设施共享。通过学校、政府、企业共建共用"校中厂"、"厂中校"等形式，发挥成员间的资源优势互补作用，提高办学效益。三是师资交流互聘。建立产学研联盟专业教师与专家库，建立学校教师与企业专家联系交流机制。加强教师到企业交流、挂职、兼职和企业技术人员参与学校实习实训、就业指导、人才培养等工作。四是专业特色共育。加强特色优势专业建设，促进专业特色形成，从而满足社会对人才的需求。五是科技开发与社会服务共推。合作进行科学研究和技术开发，促进新产品开发、新技术应用；发挥学校人才、技术、信息等方面的优势，拓展社会服务渠道，开展行业岗位资格证书的培训和考证工作，提高行业企业技术管理水平和员工素质。六是实习就业工作联动。加强学校与行业、企业的合作，合作开展毕业生实习就业工作。

4. 加快提升生活品质，让生活更美好

生活品质，是指人们享受物质与精神发展的水平和对于这种享受的主观感受与满意程度，它是经济社会发展水平和发展成果的最终体现。"城市，让生活更美好。"2010 年上海世博会的主题之所以让人怦然心动，就是因为它充分彰显了居民生活与城市发展息息相关、休戚与共的共生共荣关系。杭州早在 2007 年就作出了改善民生、建设"生活品质之城"的决定，推进环境生活品质、经济生活品质、文化生活品质、政治生活品质、社会生活品质等方面的建设，从而提升城市的生活品质。深圳坚持把"让人的生活更美好"作为城市发展的出发点和落脚点，用"深圳质量"为新标杆来指引未来发展方向。深圳提出，创造"深圳质量"，就是坚持以人为本、追求更高的社会文明，使法制更加健全，社会更加和谐，人民更加幸福。也就是说，要用生活质量来度量和提高民生幸福。宁波近年来加快实施"六个加快"战略，加快提升生活品质。《宁波市加快提升生活品质行动纲要（2011—2015 年）》为全市人民描绘了一幅品质生活未来图景。宁波加快提升生活品质，要以《行动纲要》确定的发展目标为导向，以物质生活、社会保障、文化生活、教育水平、身心健康、生活环境、交通出行、社会管理等八大领域为基本框架,以客观指标统计与主观评价调查为手段,构建"符合宁波实际、贴近百姓需求"的生活品质评价指标体系,形成"党政主导、专家支撑、社会参与"的评价运作机制,力求将"生活品质"理念转化为推进生活品质专项行动纲要的实际行动。[①]

5. 培育城市品牌,提高宁波的知名度

作为城市的无形资产和宝贵财富,城市品牌凝聚和体现着城市的功能、理念和价值取向,不仅可以提高城市的知名度、美誉度,增强城市的影响力、竞争力,还可以提高市民对城市的归属感、自豪感。[②] 最近的一次中国名牌产品评比是在 2007 年,宁波共有 27 个产品荣登当年的中国名牌产品榜单,至此,全市的中国名牌产品已达 61 个,数量位居全省第一。宁波的品牌发展之路显示,品牌声誉和城市形象是相辅相成、共同提升的。宁波实施品牌战略,要不断拓展发展领域,丰富品牌内涵,以品牌提升城市形象,以城市形象助推品牌发展,全面打造品牌城市。要深入挖掘并整合城市特色资源,确定城市形象标识,建立一套包括城市基本理念、城市行为、形象视觉、文化符号等内容的城市 CIS 形象识别系统,以城市标识统一代表城市形象。

四、宁波城市软实力提升的基本思路

(一)确定富有历史文化特色的现代化国际港口城市定位,实现社会文化跨越式发展

1. 明确宁波城市软实力提升的总体目标

提升宁波城市软实力,必须首先明确宁波的城市定位和城市软实力提升的总体目标。1986 年国务院公布宁波为第二批历史文化名城时给出的主要评价为:宁波是唐宋以来我国重要的对外贸易口岸,留存有众多文物古迹,产生了许多历史文化名人。因此,宁波的城市定位应该是

---

① 陈民恳:《论生活品质及其评价体系的构建——以宁波市为例》,《宁波经济·三江论坛》2011 年第 7 期,第 26 页。

② 温朝霞、孙宁华:《提升广州文化软实力的对策思考》,《探求》2011 年第 4 期,第 38 页。

富有历史文化特色的现代化国际港口城市。根据这一定位,宁波城市软实力提升的总体目标是:以发展为主题,以改革为动力,以体制机制创新为重点,以满足人民群众精神文化需求为出发点和落脚点,在深刻把握城市软实力提升基本规律的基础上,全面提升"四个力"(以文化发展繁荣为核心的文化感召力、以教育优先发展为核心的教育发展力、以政府职能转变为核心的公共服务力、以城市形象提升为核心的形象传播力),实现宁波社会文化的"五个发展"(科学发展、和谐发展、创新发展、统筹发展、率先发展)。到"十二五"末,宁波社会文化发展的主要指标在全省领先、位居全国同类城市前列,城市软实力显著提升,努力成为长三角南翼的社会文化中心之一,全面服务"六个宁波"(活力宁波、开放宁波、智慧宁波、转型宁波、文化宁波、名城宁波)建设实践,为全面建成现代化国际港口城市和率先基本实现现代化提供强大的精神动力和智力支持。

2. 明确宁波城市软实力提升的战略任务

抓住重点突破口,确立重点战略任务,是宁波社会文化实现跨越式发展的关键。全面提升现代化国际港口城市的软实力,是宁波社会文化建设的战略重心。为此,必须深刻把握全球经济社会发展的总体趋势,中国经济社会转型升级的基本走向,宁波所处的长三角经济社会文化发展的基本态势,明确宁波社会文化发展的合理定位,深化宁波社会文化发展的创新理念,确保在宁波社会文化建设过程中,真正做到坚持以人为本,实现全面协调可持续发展,全面提升现代化国际港口城市的软实力,把宁波建设成与经济全球化和现代城市生活方式变化相适应的、积极响应世界各地城市动态的国际化现代都市。

(二)实施文化发展繁荣工程,增强宁波文化感召力

1. 深刻把握宁波精神内核,大力倡导核心价值观

"价值认同是软实力的核心,对于城市来说,城市精神是其最直接的体现"。[①] 目前许多长三角城市都提炼了自己的城市精神,如上海的"海纳百川、追求卓越",南京的"厚德载物、同进文明",无锡的"尚德务实、和谐奋进",常州的"勤学习、重诚信、敢拼搏、勇创业",苏州的"崇文、融和、

---

① 吴忠:《提升城市文化软实力的意义与路径选择》,《学术界》2011 年第 5 期,第33 页。

创新、致远",杭州的"精致和谐、大气开放",这些城市精神均从不同侧面
体现了当地的文化底蕴和价值取向。宁波也于 2005 年提出了"诚信、务
实、开放、创新"的宁波精神,但社会各界对此并未达成一致意见。所以,
下一步要根据宁波的城市定位,继续深化对宁波精神的研究,不断提炼
和丰富其内涵,增强其渗透力和影响力,切实把宁波精神作为宁波加快
发展的精神动力,作为宁波全面建设小康社会的精神财富,作为宁波人
民提高自身素质的文化自觉,从而增强城市的感召力、凝聚力和向心力。
要大力倡导"忠诚、公正、诚信、明礼、创新、担当"的价值取向,形成主流
价值观,使之成为广大干部群众自觉奉行的价值理念、自觉遵守的行为
准则,通过核心价值体系建设,大力倡导有担当的价值取向,在全社会形
成人人勇担当、人人思进取、人人尽责任、人人促发展的浓厚氛围,从而
筑牢"思进思变思发展、创新创业创一流"的共有精神家园。

2. 打造城市主题文化,遴选城市文化符号

城市主题文化是一个城市最根本、最持久、最难替代的文化优势,是
城市的文化特质所在,能够融会贯通经济、社会、人文、建筑等方面,进而
形成城市发展的文化张力。城市主题文化对于城市文化软实力的影响
体现为创造城市主题价值的能力,形成主题文化形象的能力,提供主题
文化成果的能力,推动主题文化产业的能力,传播主题文化影响的能
力。① 可见,城市主题文化对宁波城市软实力的提升将起到巨大的推动
作用。宁波打造城市主题文化,可以在文化雕塑、文化长廊、文化广场、
文化墙等文化景观中融入宁波的历史文化名人、历史事件、民间传说、典
故由来、名胜古迹等内容,整体塑造"三江百里文化长廊"城市景观,凸显
历史文化底蕴。要立足地方特色,遴选富有特色、内涵深刻的城市文化
符号。城市文化符号可以由政府、社会团体、相关组织或普通市民等共
同提名,将富有代表性的,同时又是宁波独有的事物找出来,经过严格筛
选和最大范围的公众投票,选出最具代表性的城市文化符号,并围绕选
定的城市文化符号开展宣传和营销。

3. 推进文化产业集群发展,增强文化发展活力

文化产业较强的融合性决定了其发展过程中必须整合各方资源,而

---

① 付宝华:《城市主题文化助推城市软实力大提升》,凤凰网,2012-02-01。

文化产业集群产生的规模经济、范围经济和协同效应也将成为其发展的驱动力。美国的迪斯尼、好莱坞以及时代华纳集团等都是文化产业集群发展的成功典范。迪斯尼通过"核心产业带动模式"得以不断发展壮大。迪斯尼原来是一个玩具品牌,沃尔特·迪斯尼创造的米老鼠和唐老鸭卡通形象首先流行于影视界,然后依托"创意＋科技＋资本"的经营理念,迪斯尼品牌扩展到了音像、出版、影视、服装、旅游等领域,形成了庞大的产业群体和产业链条,造就了庞大的跨国集团。① 国内也有比较成功的文化产业集群,如上海大力引导、规范和整合现有的文化产业集群,重新明确集群定位,并将扶持与引导中心放在电子多媒体、影视动漫等本地优势产业上;南京文化产业集群推行"一个基地、多个园区、整体规划、错位发展"策略,按照不同城区的历史和文化特点进行分区定位,形成了特色鲜明的文化产业集聚区;杭州则主推以数字技术为基础的动漫产业集群,政府协同动漫企业连续 6 年举办国际动漫节,打通动漫产业集群上下链。② 这些成功经验非常值得宁波学习和借鉴。宁波目前的文化产业集群主要有五类:一是以象山海洋渔文化产业集群为代表的传统文化资源型,二是以宁波文具用品产业集群为代表的制造型,三是以国家动漫产业园区为代表的主导产业型,四是以新芝 8 号创意园为代表的文化创意型,五是以老外滩历史文化休闲街区为代表的都市文化休闲型。宁波加快文化产业园和集聚区建设,就要整合和优化现有的文化资源,力争在创意设计、新闻报刊、动漫游戏等方面打造一批富有特色并具有较强竞争力的文化产业集群,从而推进文化产业规模化、集约化、专业化发展。

4. 构建公共文化服务体系,提高文化惠民水平

按照公益性、基本性、均等性、便利性的要求,完善覆盖城乡、结构合理、功能健全、实用高效的公共文化服务体系和政府主导、社会参与、机制灵活、政策激励的公共文化服务运行模式,全面推进公共文化发展。目前,鄞州区已经被列为创建国家公共文化服务体系的试点单位。宁波可以以此为契机,力争在鄞州区的 2 年试点结束之际,把其试点经验扩大到整个宁波市,用 3 年左右的时间创建成为国家公共文化服务体系建设

① 刘志华、刘慧:《文化软实力研究:国外经验及借鉴》,《济南大学学报》2008 年第 4 期,第 16 页。

② 季爱娟等:《宁波文化产业竞争力研究》,浙江大学出版社 2011 年版,第 106 页。

示范区。建设纵向到底、横向到边、覆盖全社会各阶层的市、县(市)区、街道(乡镇)、社区(行政村)四级公共文化服务网络,以"十五分钟文化活动圈"为载体,以社区(行政村)文化宫为抓手,进一步健全完善基层公共文化设施网络,确保城乡群众能够免费享受各种公益性文化服务。搭建城乡公共文化交流融合平台,推进城乡公共文化事业共建共享。一是依托现代发达的道路交通运行网络和先进的信息传播覆盖网络,构建城乡一体、多向互动、交流迅速、遍及广泛的"文化高速公路",实现城乡公共文化服务资源的无障碍自由流动和跨区域广泛传播。二是"送"文化与"种"文化相结合,探索建立以城带乡的长效机制,促进城乡公共文化服务事业均衡发展和全面繁荣。三是在继续开展好城市文化下乡活动的基础上,积极尝试农村文化进城活动,把农村的"传统文化、地方特色、鲜活原创"送到城市,激发城市文化的创造力,促进城乡文化优势互补、交融互促。①

(三)实施教育优先发展工程,增强宁波教育发展力

1. 完善体制机制建设,推进教育优先发展

教育优先发展是一个国家或地区把教育投资作为人力资本的核心,政府承担发展教育的主要责任,切实保证经济社会发展规划优先安排教育发展、财政资金优先保障教育投入、公共资源优先满足教育和人力资源开发需要。要积极创新办学机制,大力扶持民办教育,探索多种办学模式,建立健全以政府办学为主、社会各界共同参与、公办学校和民办学校共同发展的办学体制,充分调动社会力量办学的积极性。全面实施国家、省级教育体制改革试点项目,进一步深化基础教育、职业教育、高等教育管理体制改革。一是促进学前教育"公益普惠"。按照《宁波市学前教育三年提升行动计划(2011—2013 年)》,深入推进宁波市国家级学前教育改革试点工作,全面落实城镇小区配套幼儿园建设。② 二是促进基础教育优质均衡。推进义务教育学校建设、设施设备配置、师资队伍建设、经费保障标准化,扩大优质教育资源覆盖面,努力缩小城乡、区域、校

---

① 谢永康:《宁波发展蓝皮书 2010》,宁波出版社 2010 年版,第 64 页。

② 本刊编辑部:《以人为本打造生活品质之城——专访市加快提升生活品质领导小组办公室主任詹荣胜》,《宁波通讯》2011 年第 23 期,第 10 页。

际、人群差距。实施高中教育多样化发展,促进办学理念、办学体制、内涵特色、培养模式等的多样化,满足不同潜质学生的发展需要。三是加快高等教育、职业教育内涵发展。推进特色发展、错位发展,着力推进以提高质量为核心的内涵建设。调整优化专业结构,改进高校人才培养模式。大力发展以示范性高职为龙头,高档次中职为重点,学习型社区为特色的职业教育,鼓励民办高校兴办职业教育,加强校企联系,在慈溪、余姚、北仑等重点地区、重点行业及重点企业,建立职业教育实习培训基地,力争将宁波打造成为浙江地区重要的产业工人培训基地。[①] 建立政府委托评价、学校自我评价、社会中介评价、公众参与评价等相结合的监督机制,健全教育质量评估和监测体系。

2. 构建服务型教育体系,增强教育服务地方的贡献度

宁波市早在 2005 年就率先提出要构建服务型教育体系,建成比较完善的应用型人才培养体系,建立运转顺畅的产学研结合体系,健全形式多样的教育培训服务体系。在这一形势下,高校加快构建服务型教育体系,培养应用型人才已经成为当务之急。地方性高校构建服务型教育体系的核心理念,就是高等教育必须直接为经济社会服务并实现与经济社会联动发展,必须树立"服务型"的办学理念,按照市场需求进行办学定位,及时调整学科、专业设置,更新人才培养模式,不断促进结构优化,注重培养适应地方产业结构优化升级、社会发展面临转型所需要的高素质应用型人才。一要建立应用型人才培养体系,提升学校的人才支撑能力。强化对学生创新和实践能力的培养,加快专业人才培养和实习实训基地建设,提高学生就业创业能力。二要建立产学研结合体系,增强学校的知识贡献能力。创新教育科研管理方式,鼓励开展科研攻关,推进校企互动合作,促进科技成果推广和转化。三要建立教育培训服务体系,提升学校的学习服务能力。强化劳动力职业培训,加强教育培训机构建设,健全就业准入制度,推进学习型社会建设。

3. 以就业为导向,推进教育方式创新

"十一五"期间,宁波市重点建设了 5 大临港支柱产业、10 大重点优

---

① 杨兵杰:《构筑和谐社会　提升人民群众生活品质》,《宁波通讯》2007 年第 7 期,第 20 页。

势制造业行业、10大现代服务业行业。这些对经济、社会、产业的发展定位对高等教育发展,尤其是高校专业设置提出了方向性要求。因此,积极推进就业导向的教育方式创新,对高校提高教育教学质量,具有很强的现实针对性和实践指导性。同时,也可以更好地服务宁波市产业结构升级的需要。面向岗位需求,创新教育方式,要以市场需求为核心,建立应用型人才培养体系。高校必须紧贴地方经济社会发展的需要,建立应用型人才培养体系,提高人才培养的针对性和适应性。要建立符合地方产业发展要求,结构合理、具有自身特色的专业结构体系,牢固树立为地方经济社会发展服务的方向,紧密结合地方经济社会发展和科技创新能力提升的需要,全方位倾力打造为地方经济社会发展服务的平台,实现学校专业设置与地方经济社会发展的良性互动。面向岗位需求,创新教育方式,要以教学质量为保障,打造良性互动的教学团队。教育教学改革体系是高校内涵建设、质量提高、特色培育的行动导向和必要保障,是提高人才培养质量的有效途径。建构完善的教育教学改革体系,要建立在掌握高等教育基本原理,了解国内外高等教育理论发展最新成果,把握高等教育改革和发展趋势的基础上。提高人才培养质量关键在于教师,造就一支高素质、高技能的师资队伍是提升教学质量的先决条件。因此不断提升教师的专业技能水平和实践教学能力是当务之急。面向岗位需求,创新教育方式,要以就业为导向,构筑可持续的就业质量保障体系。建立健全就业指导队伍和相应的管理体系是就业指导工作有效开展的必备条件。就业指导必须通过多种渠道,整合各方资源,构建"全程化"就业指导体系。要遵循"校内外结合"的原则,聘请人力资源专家、行政主管部门人员、企业人力资源人员、校友等作为特邀就业指导员,以扩大就业指导队伍的阵营。

4. 提高人才培养第一质量,培养学生的职业能力

高等教育培养的是高素质应用型人才,因此必须把"职业能力"作为人才培养的重点。大学生的职业能力包括职业社会素质和职业方法能力两方面。职业社会素质包括诚信品质、敬业精神、责任意识、遵纪守法意识、社会适应性、终身学习理念;职业方法能力包括交流沟通能力、团队协作能力、学习能力、实践能力、创造能力、就业能力、创业能力。其中,职业社会素质的培养以养成为主线,职业方法能力的培养以训练为

主线,两者形成协同互动的培养体系。职业素质养成是提高职业能力的重要一环。高校要从用人单位第一需求出发,视学生职业素质养成为第一质量,不断探索学生职业素质养成教育路径。要把学生职业素质养成教育贯穿到人才培养的全过程中,逐步形成符合岗位实际要求、紧密结合岗位实践、形式灵活多样、"三个课堂联动"的学生职业素质养成教育体系。一是学校各专业人才培养方案中所有课程标准所设定的素质教育目标及内容。体现在学生职业素质养成教育方面包括两个层面:以思想政治理论课为主导构建有效的职业素质养成教育课程体系,对学生进行正确的世界观、人生观、价值观、法制观等系统教育;以岗位基础课及岗位课程为主体进行行业职业素质教育。二是学生职业素质养成训练课程。以学生职业素质养成训练基地为载体,开展系统的团队协作精神、交流沟通能力、执行力、创业能力等职业素质强化综合训练。三是学生职业素质养成日常训练。要将职业素质要求与学生日常行为规范养成相结合,探索并建立适合学生实际的职业素质养成日常训练载体,将职业素质养成渗透在学生日常学习、生活和管理中。四是学生创业训练项目。设立一定数量的学生创业实践项目,供学生申报,或由学生自行设计创业项目并经学院、学校批准实施,为学生创业提供支持。

(四)实施公共服务提升工程,增强宁波政府公信力

1. 加强服务型政府建设,提升政府执行力

服务型政府是指在公民本位理念的指导下,以公众为导向、以公共利益为目标,通过一系列公共机制的建立向公众提供公共产品和公共服务的政府。政府的服务水平和效率效能是衡量城市软实力的重要指标。因此,要充分发挥政府在文化体育、教育科研、医疗卫生、劳动就业、社会保障、公共安全等领域的主导作用,以提高服务效能为核心,增强服务意识,创新服务理念和服务模式,转变工作作风,通过实行服务承诺、首问负责、限时办结等制度,营造高效、便捷、透明的办事环境,努力克服缺位、错位、不作为、乱作为以及错误政绩观等问题,增强公共服务的公正性、客观性和透明度。积极推行"服务外包"、"订单式"管理等城市管理新模式,不断提高城市管理水平,努力形成各级各部门齐抓共管、上下联动的工作机制,为地方经济社会发展奠定坚实的基础,提供强有力的

保障。

2. 深化行政管理体制改革，构建公共服务问责机制

坚持"管理就是服务"的理念，打破封闭型行政体制，建立健全民生保障和改善机制、科学决策和社会稳定风险评估机制、群众利益诉求表达机制、社会矛盾纠纷调解机制等四大机制，不断完善公共决策社会公示、公众听证和专家论证咨询制度。公开政务和政情是政府有效履行公共服务职能的重要保障。因此要推进公共服务体制创新，打破传统体制下政府对公共事务的垄断，大力推进政府治理与民间组织的良性互动和互补，鼓励和支持各类社会组织参与公共服务的供给，建立"大社会"管理体制。引入公共服务供给的竞争机制，实现公共服务供给主体和提供方式的多元化，努力建立政府主导、社会参与、机制灵活、政策激励的社会公共服务供给模式。健全和完善公共财政体制，不断提高公共支出在公共财政支出中的比重，实现经济性公共服务和社会性公共服务的协调。加强对公共服务的宏观监测和评价，建立公共服务评价指标体系，完善公共服务绩效考评机制。强化政府的公共服务职能，必须明确政府在公共服务中的责任定位，以掀起"责任风暴"、实施"治庸计划"为重点，采取"买单制"、"责任倒查制"等，构建全流程、立体式的公共服务问责机制，建立以公共服务为取向的问责型政府业绩评价体系，并实行行政内部问责、监督机构问责和社会舆论问责相结合，不断强化社会管理和公共服务职能，增强政府公信力。

3. 培育各类社会组织，建设市政——市民友好型城市

充分发挥公众在社会管理中的主体作用，增强社会自我动员和自我管理的能力，是建设世界城市必须破解的难题。政府应注重培育宽松的社会环境，站在打造世界城市的高度来探索公民社会的培育措施，建立合理、有效和持续的制度体系。要积极鼓励社会组织的发展，充分发挥其公共服务和政策倡导职能，建设市政——市民友好型城市。市政——市民友好型城市是公民社会充分发展、市民参与积极性空前提高、政府执政行为得到自觉执行和充分认可的社会。广泛的公众参与是城市软实力提升的重要指标。这里所谓的公众不仅仅是个体的市民，还包括民间组织（如社区的社团组织、公益性学术与评论组织）、营利性组织（如房地产开发商）、专业服务性组织（如咨询公司、设计公司、中介公司）等非

政府组织和混合型社会组织（如咨询委员会、特别委员会）。因此，宁波应该立足本地实际，并借鉴国外城市管理的成功经验，致力于公私协作（公共部门、私人部门和社会部门之间的合作和协同）在制度层面的创新，力争在公共管理体制上率先取得创新和突破。如组建一个以探讨和促进宁波市可持续发展战略为宗旨的公私协作、非正式、非营利的组织——"共建宁波市民论坛"，作为城市网络化治理结构的载体，以切实增强政府协调、整合各方资源的能力，盘活和利用各方资源共建宁波美好未来。①

4. 促进基本公共服务均等化，构建普惠型社会保障体系

公共服务均等化就是要发挥政府的主导力量，调动全社会的积极性，建立健全公共服务体系、合理配置公共服务资源、公平分配公共产品和公共服务，保障全体社会成员公平地享有与经济社会发展水平相适应的大致相等的受教育权、健康权、就业权和社会保障权等基本权利，促进全体社会成员的全面发展。② 宁波要深入推进"就业富民、保障惠民、卫生健民、教育强民、文化育民、和谐安民、服务利民、关爱帮民"八大民生工程建设，以发展社会事业和解决民生问题为重点，推进基本公共服务均等化，探索建立有序竞争和多元参与的基本公共服务供给体制。按照均衡发展的要求，推进城乡各项基本公共服务制度的对接，提高城乡公共资源的整体运行效率和服务水平，不断缩小城乡基本公共服务水平差距。加快建设图书馆、博物馆、文化馆、美术馆、电台、电视台、互联网等公共文化设施，提高文化惠民水平。强化政府统筹公共教育、促进教育公平的责任，不断提高公共财政支持教育公平的能力。加快构建与经济社会发展水平和群众需求相适应的、以基本养老、基本医疗等为基础、涉及终身教育、医疗保障、住房保障、公共交通和养老服务等内容的社会保障体系。推进城乡医疗卫生服务体系建设，做好城镇居民医疗保险市级统筹的实施工作，实现基本医疗保险同城同待遇和"一卡通"。建立政府宏观管理和扶持，社会各方力量兴办，服务机构按市场化要求自主经营的居家养老服务体系、管理体制和运行机制，全面提高居家老年人的生

---

① 倪鹏飞、王燕文：《扬州城市国际竞争力报告》，社会科学文献出版社 2010 年版，第 217 页。

② 谢永康：《宁波发展蓝皮书 2009》，宁波出版社 2009 年版，第 214 页。

命生活质量。

(五)实施城市形象塑造工程,增强宁波形象传播力

1. 开展城市营销,增强宁波的吸引力

一个城市的形象不是管理出来的,而是营销出来的。"城市营销"概念最早来源于西方的"国家营销"理念。菲利普·科特勒在《国家营销》中认为,城市营销是城市居民、企业和城市政府把城市特有的吸引力、城市形象、城市公共设施等城市的区位产品或城市服务提供给城市的顾客群体,从而满足城市需要和城市顾客需要的过程。[①] 多数世界知名城市都非常注重通过挖掘城市的内涵精华来营销城市。宁波开展城市营销,要依托现有的中国旅游日、中国开渔节、中国浙江投资贸易洽谈会、宁波国际服装服饰博览会等在全国乃至全球具有较高知名度和影响力的节庆活动和会展品牌,进一步扩大知名度,提高影响力。要充分发挥各类媒介的引导作用,运用多种手段、采取多种形式,对城市形象进行多层面、全方位的宣传解读。要通过城市营销为宁波营造良好的城市形象,影响社会大众对宁波形象的看法和评价,进而提升宁波的知名度和美誉度。

2. 加快城市旅游业发展,推动城市形象升级

城市旅游业和城市形象有着双向依赖、相互促进、共同发展的连带关系。一个城市旅游业的健康发展,有助于促进经济发展、增加就业机会、促使城市经济结构发生改变,也有助于提升城市形象。良好的城市形象则能够提升旅游者的旅游感受而促使旅游业发展,进而提高城市的知名度,吸引各地游客观光旅游。加快城市旅游业发展,实现城市形象升级,首先要有政府部门强有力的支持,同时也离不开全体市民和从业者的参与。一是城市旅游业需要联合拓展,要将城市旅游和城市周边的自然景观、人文景观联合起来,整体推广城市形象,吸引更多的外来游客,辐射带动城市旅游业发展。二是城市旅游业的发展需要形成独具的特色,以吸引八方游客。我国许多知名度高的旅游城市,不论是像西藏、

---

① 转引自袁玲玲、刘青青:《论名人故居对城市文化营销的促进作用》,《现代物业》2012年第5期,第62页。

桂林等具有高品位旅游资源的资源型城市,还是如北京、西安等历史文物古迹众多的历史文化城市,各自拥有独特的垄断性旅游资源。因此,发展特色鲜明的旅游产业是提升宁波城市形象的关键所在。

3. 跨媒体整合,力求形象传播效果最大化

随着新兴媒体的不断涌现,跨媒体整合业已成为当今媒介社会的主流趋势。跨媒体整合,各种媒体资源共享,为信息的传播提供了更多路径,便于受众全方位地感受城市形象。宁波的跨媒体整合,包括两个层面:一是本地媒体(包括宁波电视台、宁波人民广播电台、宁波日报报业集团、中国宁波网、东方热线等)的融合,利用自身的技术优势,通过资源共享和信息互补,对城市形象进行全方位、多层面的传播。在新媒体时代,宁波在开展城市形象传播的同时,要充分运用城市门户网站、微博、论坛、BBS、手机报等新兴媒体,发挥其特有的功能,补充传统媒体传播的不足。新媒体高效、便捷,深受广大受众喜爱,但其权威性和公信力远不及传统媒介。因此,宁波城市形象传播应当充分利用各种媒介形态的传播优势,开展跨媒体整合,以实现最佳传播效果。二是地方媒体和异域媒体的联合报道,通过对重大事件或活动的策划报道,借助跨媒体的广阔平台,传播城市的特色资源。不同地域媒体的联合报道,能最大限度地节省传播资源,拓展传播范围,放大城市间的辐射力。城市产品广告与城市形象的宣传密不可分。2011年,片长15秒钟的宁波城市形象宣传片开始在央视滚动播出,目的是让更多人知道宁波,提升对宁波的向往度。当然,宁波还可以围绕不同主题拍摄各类宣传片,在宣传宁波城区的基础上,用整体形象推广的形式,来营销宁波的特色县市区。

4. 建设“创新型城市”,实施“国际名校工程”

建设“创新型城市”,首先要为城市准确把脉,明确城市的不足以及最需要的是什么。准确评价城市的创新情况,需要根据城市的特点,建立符合城市当前情况的评价方法。[①] 宁波早在2007年就推出了“宁波创新型城市建设评价考核指标体系”,但这套3类30个指标的体系忽略了论文产出、信息化、科学普及等方面的指标。因此,进一步完善“创新型

---

① 潘家华、牛凤瑞、魏后凯:《中国城市发展报告 No.2》,社会科学文献出版社 2009 年版,第 84 页。

城市"评价方法迫在眉睫。专利特别是发明专利的创造和运用,在提升自主创新能力、促进产业结构调整和发展方式转变过程中,发挥着关键作用。当前,宁波正处在深化改革开放、加快转变发展方式的攻坚时期,创造和拥有更多发明专利,对于突破一些制约宁波经济社会发展的关键技术,造就一批具有自主知识产权和核心竞争力的企业,加快"创新型城市"建设步伐,意义重大而深远。科技创新需要人才的支撑。要以宁波大学、宁波诺丁汉大学、宁波职业技术学院等院校为主体,实施"国际名校工程",培养国际化人才和创新型人才。

"十二五"时期,宁波社会文化发展将进入重要战略机遇期,同时也将进一步加快融入长三角社会文化空间布局的步伐。在这一新形势下,提升城市软实力以期增强城市竞争力,不仅是宁波的城市发展战略选择,而且是广大市民对城市发展的共同愿景。通过与其他 6 个长三角城市的比较可以看到,明确发展定位,更新发展理念,突破发展瓶颈,克服上述短板,已经成为宁波城市软实力提升中亟待正视和解决的重要问题。今后一段时期,宁波社会文化发展必须坚持社会效益和经济效益的统一、整体推进和重点突破的统一、特色发展和借鉴经验的统一,以发展为主题,以改革为动力,以体制机制创新为重点,以满足人民群众日益增长的精神文化需求为出发点和落脚点,不断提升城市软实力,在"整合、规范、创新、提升"中实现科学发展、和谐发展、创新发展、统筹发展、率先发展,全面服务活力宁波、开放宁波、智慧宁波、转型宁波、文化宁波、名城宁波的建设实践,为把宁波建设成为现代化国际港口城市,提供强大的精神动力和智力支持。

第七章　提升宁波在长三角地位的战略思考

　　城市地位包括经济地位、政治地位、军事地位、法律地位、社会地位乃至宗教地位等,在当今国情之下,尤其是长三角地区,研究宗教地位意义不大,而政治、军事、法律等方面是国家根据国际国内形势变化统一安排和布局的,提升宁波城市地位更重要的是指提升经济地位和社会地位。城市定位和城市发展战略制定,重要的是考虑资源的有效利用,使之成为人口的集聚地、产业的集聚地、产品设计研发基地、商品集散中心、金融活动中心、交通运输枢纽、科技文化与信息中心等,提升宁波城市地位就是要提升宁波对周边区域经济发展的吸引力、辐射力和综合服务能力。

　　在发达国家区域经济城市群内,城市体系级次脉络清晰,发展协同性强,经济全球化趋势加快。虽然受到行政管理的制约,长三角区域经济协同发展趋势还是越来越明显。一是国际化的长三角城市群加速形成,长三角在国际经济舞台上的地位和作用日益提升;二是以上海为龙头的核心节点城市配置功能进一步强化,主要节点城市的国际竞争力快速提升;三是产业分工和协作进一步深化,以城市群供应链模式参与国际竞争的现象更加突出,主要节点城市目标也以提升国际地位为出发点。我们需要在这种大趋势下或背景下来思考提升宁波在长三角地位的战略思路与关键举措,当然,城市的发展要有连续性,要充分利用现有基础。本章主要归纳总结宁波在长三角的现实地位,分析宁波城市发展面临的战略机遇,在此基础上,提出提升宁波在长三角地位的战略思路。

一、宁波在长三角区域中的现实地位

(一)相关文献关于宁波定位概览

宁波城市定位有一个历史过程,新中国成立以来,宁波编制了七轮城市总体规划,这些规划见证了宁波城市的成长和发展。1949—1986年,宁波经济还处于改革开放的起步阶段,宁波城市发展和定位主要是在行政区划内进行谋划。1957 年编制第一次规划,着重考虑了宁波老市区的工业分布格局;1959 年编制第二次规划,将镇海、鄞县并入宁波,规划按农村区域经济的要求,提出了重工、轻纺等 9 个经济区;1964 年编制第三次规划,对 1959 年的规划进行修改,后因修编人员被抽调使规划工作中断;1974 年编制第四次规划,规划只对 1976 年至 1980 年工业布局、城市道路等提出了一些调整建议,没有对城市的长远发展作更深入的考虑。20 世纪 80 年代初期开始编制、1986 年 11 月经国务院批准的第五次规划,对宁波的长远发展做出了比较清晰的定位。

1.《宁波市城市总体规划(1986—2000)》的宁波定位

第五次规划即《宁波市城市总体规划(1986—2000)》,确定宁波的城市性质是"华东地区重要的工业城市和对外贸易口岸";浙江省则确定宁波为"浙江的经济中心",明确宁波城市结构是以老市区为中心,由老市区、镇海、北仑三大片组成的生产、生活相对独立的组合型大城市。"华东地区重要工业城市"、"对外贸易口岸"、"浙江省经济中心"作为宁波未来 15 年的发展方向,城市外向型功能得以明确,突出宁波在华东地区和浙江省的经济地位。到上世纪末,规划的阶段性目标已基本实现。

2.《宁波市城市总体规划(1995—2010)》的宁波定位

1992 年邓小平同志南方讲话,提出加快改革开放的步伐。1992 年下半年起,宁波市开始了城市总体规划的调整,1995 年修编完成宁波市城市总体规划,即《宁波市城市总体规划(1995—2010)》,1999 年 7 月规划获国务院批准,这也就是我们所说的第六次规划。确定的宁波城市性质为"长三角南翼经济中心"、"现代化国际港口城市"、"国家历史文化名城"。这里的"长江三角洲南翼"范围界定为包括杭州、宁波、嘉兴、湖州、绍兴和舟山在内的 6 个城市,即浙江的东北部地区。这次规划的出台,形成了"以港兴市、以市促港"的城市发展战略,为宁波在更高的起点上发展指明了方向,也奠定了城市的发展基调。后续采取的"开发港口、繁荣城市、拓宽三线、全面发展"等港城一体化建设措施,为宁波的城市建设打下了坚实的基础。

3.《浙江省环杭州湾产业带发展规划》的宁波定位

为了引导产业的有序发展和空间上的合理布局,促进产业、城市、生态环境的协调发展,2004年浙江省人民政府从环杭州湾区域发展的实际需要出发,出台了《浙江省环杭州湾产业带发展规划》,《规划》对环杭州湾的各城市发展作出了战略安排,将宁波定位为长江三角洲南翼的国际物流枢纽、区域性金融与商贸服务中心、现代化国际港口城市、浙江临港重化工业核心区域、先进制造业基地,突出工业、产业与城市互动融合发展。

在此基础上,2005年宁波颁布了《环杭州湾产业带宁波产业区发展规划》,对省规划进一步具体化和细化,提出打造"5+10"的先进制造业基地。期间,《长江三角洲地区现代化公路水路交通规划纲要》出台,《刚要》中对宁波的定位与《浙江省环杭州湾产业带发展规划》主要不同在于两个方面,一是宁波从长三角南翼的国际物流枢纽上升为全国综合性物流中心,二是宁波作为上海航运中心的重要组成部分。值得注意的是,同期杭州也定位为长三角南翼综合物流中心、金融中心,出现了同一领域多中心,实际上是鼓励各城市在竞争中协同发展。

4.《宁波市城市总体规划(2006—2020)》的宁波定位

随着国际国内形势的变化和城市化的快速发展,特别是鄞县撤县建区和杭州湾跨海大桥建设,宁波城市整体格局面临重大调整。2001年宁波开始修编总体规划,2004年修编完成,2006年8月3日获国务院批准(国函〔2006〕69号),这就是我们所说的第七次规划,即《宁波市城市总体规划(2006—2020)》,《规划》中宁波定位为长三角南翼经济中心、现代化的国际性港口城市(我国东南沿海重要的港口城市)、国家历史文化名城。这次城市规划基本上延续了第六次规划的表述,但内容发生了变化,首先是长三角的范围扩大,其次是产业发展更加明晰,特别是随后在相关规划中提出重点发展临港工业和现代服务业。与2006年8月23日国务院批复的《浙江省国民经济和社会发展第十一个五年规划纲要》的宁波定位基本一致。需要说明的是不到半年,即2007年2月16日,国务院批复了《杭州市城市总体规划(2001—2020年)》,杭州也定位为浙江省经济中心,这与宁波的定位形成强烈的对比和竞争。

5.《长江三角洲地区区域规划》的宁波定位

规划中的长三角地区包括上海市、江苏省和浙江省,长三角已成为我国发展基础最好、体制环境最优、整体竞争力最强的地区之一,区域内一体化发展趋势不断增强。为了提升长三角地区协同发展水平,消除发展和缓解不断显现的各种矛盾和制约,2010年5月国务院批准了《长江三角洲地区区域规划》(国函〔2010〕38号)。长三角功能定位为长江流域对外开放的门户、我国参与经济全球化的主体区域、有全球影响力的先进制造业基地和现代服务业基地、世界级大城市群、全国科技创新与技术研发基地、全国经济发展的重要引擎、辐射带动长江流域发展的龙头以及我国人口集聚最多、创新能力最强、综合实力最强的三大区域之一。[①] 着重打造以上海核心城市的同城化地区。《规划》中宁波定位为全国大型物流中心(现代物流基地)、国际港口城市、先进制造业基地,而将南京、杭州按长三角两翼中心城市进行定位,强调提升宁波、苏州、无锡综合服务和辐射带动能力。

6.《浙江海洋经济发展示范区规划》的宁波定位

《浙江海洋经济发展示范区规划》2011年2月经国务院批复,《规划》中对浙江的战略定位是我国大宗商品国际物流中心、舟山海洋综合开发试验区、大力发展海洋新兴产业、海洋海岛开发开放改革示范区、现代海洋产业发展示范区、海陆统筹协调发展示范区和生态文明及清洁能源示范区;浙江发展海洋经济的空间新布局为"一核、两翼、三圈、九区、多岛",宁波被纳入7个海洋经济发展示范区之一。

关于宁波的城市战略定位,其他文献中也有相关表述,比如《宁波市国民经济和社会发展第十二个五年规划纲要》中的现代化国际港口城市,《基于长三角地区经济一体化的宁波功能定位研究》(许继琴、杨丹萍,2011)从产业定位、空间结构等方面对宁波的功能定位进行了较为详细的描述。虽然不同时期的不同文献对宁波的城市定位有所区别,随着时间的推移做出适度调整,总体上来说对宁波城市的定位科学合理,与当时的环境条件结

---

① 摘自《长江三角洲地区区域规划》。

合紧密,具有连续性和前瞻性,宁波的地位也随着社会经济的发展不断提升,战略目标基本得以实现。但是,近两年国际国内形势特别是宏观经济环境发生了很大的变化,因而宁波的定位需要修订、深化和补充。

(二)城市地位评价指标体系下的宁波城市地位

宁波城市发展水平和竞争力不断提高,城市经济、社会以及居民的生活方式和生存环境等由传统社会向现代社会发展转变,改革开放以来,从城市地位评价指标分析,无论摆在全国比较,还是在长三角区域,宁波的城市地位得以快速提升。

1. 宁波城市发展成绩斐然

按国际上城市评价指标分析,宁波属于基本现代化城市和中等偏上收入城市(按 2008 年世界银行分组标准),向着更高水平的全面小康社会稳步迈进。

一是综合实力增强,结构调整取得成效,现代港城和创新型城市建设成效显著,具有宁波特色的,以临港工业、港口贸易、港航物流为核心的临港产业体系基本形成。2012 年全市实现生产总值(GDP)6524.7 亿元,人均 GDP 为 85223 元(按常住人口);第三产业增加值占 GDP 的比重为 41.96%,科技研究与试验发展(R&D)经费支出占 GDP 的比重预计为 2.04 %;全市实现财政一般预算收入 1536.5 亿元(其中地方收入 725.5 亿元);社会消费品零售总额 2329.3 亿元,固定资产投资 2901.4 亿元,金融机构本外币存款余额 11961 亿元。

二是城乡统筹发展取得积极进展,资源利用效率不断提高,生态文明城市和幸福之城建设扎实推进。2012 年市区居民人均可支配收入 37902 元,农村居民人均纯收入达到 18475 元,城乡居民收入差距为 2.05∶1。[①] 2010 年人均寿命 79.43 岁,每千人医院卫生院床位数 4.5 张,平均受教育年限 10.8 年;城镇登记失业率 3%;森林覆盖率 50.2%,城市建成区绿化覆盖率 37.5%。[②]

三是开放发展水平不断提高,亚太地区重要国际门户初具雏形。

---

① 摘自 2013 年 2 月 4 日宁波统计信息网《2012 年宁波市经济运行情况》或根据其发布的数据计算。

② 摘自《宁波市国民经济和社会发展第十二个五年规划纲要》。

2012 年合同利用外资 53.1 亿美元，进出口总额 965.7 亿美元；宁波港货物吞吐量达 4.53 亿吨，集装箱吞吐量达 1567 万标准箱，集装箱航线达 235 条，月均航班 1416 班，与 100 多个国家、地区的 600 多个港口通航。

从主要的指标评价情况来看，宁波在经济发展、对外开放、社会文化、资源环境等方面都取得了巨大的进步，在人均 GDP、人均地方财政收入、进出口额占 GDP 比重、城乡居民收入及其差距、恩格尔系数等指标达到了现代化城市标准（见表 7-1）。

表 7-1　宁波城市发展主要指标统计数

编号	指标名称	2000 年	2005 年		2010 年	
			完成情况	年均增长（%）	完成情况	年均增长（%）
1	全市生产总值（亿元）	2000	2447.3	13.8	5125.8	12
2	人均生产总值（元/人）	35000	38147	12.7	68162	—
3	财政一般预算收入（亿元）	230	466.5	26.7	1171.7	20.2
4	第三产业增加值比重	5.5∶53.5∶41	5.3∶55.3∶39.4	—	4.2∶55.6∶40.2	—
5	研究和试验发展经费支出占生产总值比重（%）	1.5	0.8	[−0.7]	1.6	[0.8]
6	全社会固定资产投资（亿元）	360	1370	31.2	1964	15.8
7	全社会消费品零售总额（亿元）	627	762.2	11.8	1704.5	17.5
8	市区居民人均可支配收入（元）	14000	17408	10.2	30166	11.6
9	农村居民人均纯收入（元）	6470	7810	9	14261	12.8
10	自营进出口总额（亿美元）	150	334.9	34.7	829	19.9
11	实际利用外资（亿美元）	6.22	23.1	30.1	23.2	[0.1]
12	港口货物吞吐量（亿吨）	1.5	2.7	18.4	4.1	8.9
13	集装箱吞吐量（万标箱）	300	520.8	42	1300.4	20.1

续表

编号	指标名称	2000 年	2005 年		2010 年	
			完成情况	年均增长（%）	完成情况	年均增长（%）
14	国际集装箱航线（条）	41	133	[92]	228	[95]
15	城市化率（%）	55	56	—	65	[9]
16	城镇职工基本养老保险参保人数（万人）	—	151.3	—	383	[231.7]
17	每千人医院卫生院床位数（张/千人）	—	2.9	—	4.5	[1.6]
18	普通高校在校生数（万人）	5	11.1	—	14	[2.9]
19	平均受教育年限（年）	—	9.5	—	10.8	[1.3]
20	人口自然增长率（‰）	4	2.08	—	3.0	—
21	城镇登记失业率（%）	4	3.5	—	3	—
22	城市建成区绿化覆盖率（%）	35	37	—	37.5	[0.5]
23	森林覆盖率（%）	50	50	—	50.2	[0.2]
24	万元生产总值耗地量（平方米）	—	52.96	—	33.1	—37.5
25	每万人人才资源数量	550	871	58.36	1375	57.86

说明：(1)全市生产总值绝对数按当年价格计算，速度按可比价格计算；(2)[ ]内数据为五年累计数；(3)2005 年基数值以实际数为准。

2. 宁波城市发展的不足

宁波与上海的差距。随着产业的转移和经济危机的冲击，上海主要经济指标在长三角地区所占的比重持续下降，但是上海的经济中心地位还是其他城市无法比拟的。与上海相比，无论是总量指标、增量指标、人均指标或是在长三角的份额，还是产业结构，宁波的差距是全方位的。宁波只有城区居民人均住房面积、农村居民人均纯收入和人均 GDP 增量高于上海。由于上海的基数大、人口多，加上一些国家的特殊优惠政策，按现在的趋势发展下去，宁波与上海的差距将越来越大（见表 7-2）。

表 7-2　2010 年宁波与长三角主要城市社会和经济发展指标比较

指标	上海	杭州	南京	苏州	无锡	宁波	宁波与上海的差距	宁波与杭州的差距	宁波与南京的差距	宁波与苏州的差距	宁波与无锡的差距
GDP(亿元)	17165.98	5949.2	5130.65	9228.91	5793.3	5125.8	12040.18	823.4	4.85	4103.11	667.5
"十一五"GDP的增量（亿元/年）	6593.98	2507.7	2307.65	4408.91	2493.3	2261.3	4332.68	246.4	46.35	2147.61	232
GDP在长三角的份额（%）	19.89	6.89	5.99	10.67	6.71	5.98	13.91	0.91	0.01	4.69	0.73
人均 GDP(元/人)	73297	68379	64072	88179	90910	68162	5135	217	-4090	20017	22748
"十一五"人均 GDP 的增量（元/人）	20919	23858	24812	26066	34403	25510	-4591	-1652	-698	556	8893
财政收入（亿元）	2873.58	671.34	518.8	900.6	511.89	530.9	2342.68	140.44	-12.1	369.7	-19.01
财政收入在长三角的份额（%）	30.05	7.02	5.43	9.44	5.35	5.55	24.5	1.47	-0.12	3.89	-0.2
"十一五"财政收入的增量（亿元/年）	1273.18	390.24	297.7	500.37	290.6	273.9	999.28	116.34	23.8	226.47	16.7
人均财政收入（元/人）	12483	7717	6479	8605	8033	6980	5503	737	-501	1625	1053
第三产业增加值占 GDP 比重（%）	57.28	48.7	50.7	41.4	42.8	40.2	17.08	8.5	10.5	1.2	2.6
研究和试验发展经费支出相当于 GDP 比重（%）	2.83	2.5	2.96	2.3	2.5	1.6	1.23	0.9	1.36	0.7	0.9
全社会固定资产投资（亿元）	5317.67	2757.13	3306.05	3617.82	2985.65	1964	3353.67	793.13	1342.05	1653.82	1021.65
市区居民人均可支配收入（元）	31838	30035	27383	30366	27750	30166	1672	-131	-2783	200	-2416
"十一五"市区居民人均可支配收入的增量（元）	11170	11008	9845	11834	9561	10149	1021	859	-304	1685	-588
农村居民人均纯收入（元）	13746	13186	11128	14657	14002	14261	-515	-1075	-3133	396	-259

续表

指标	上海	杭州	南京	苏州	无锡	宁波	宁波与上海的差距	宁波与杭州的差距	宁波与南京的差距	宁波与苏州的差距	宁波与无锡的差距
"十一五"农村居民人均纯收入的增量(元)	4533	3671	4083	6341	5122	5414	−881	−1743	−1331	927	−292
自营进出口总额(亿美元)	3688.69	523.55	456.01	2740.8	612.23	829	2859.69	−305.45	−372.99	1911.8	−216.77
进出口总额在长三角的份额(%)	33.9	4.81	4.19	25.7	5.63	7.62	26.28	−2.81	−3.43	18.08	−1.99
进出口总额与GDP比	1.36	0.55	0.56	1.87	0.67	1.03	0.33	−0.48	−0.47	0.84	−0.36
实际利用外资(亿美元)	111.21	43.56	26.76	85.33	33	23.2	88.01	20.36	3.56	62.13	9.8
实际利用外资在长三角的份额(%)	21.04	8.24	5.07	16.15	6.24	4.4	16.64	3.84	0.67	11.75	1.84
港口货物吞吐量(亿吨)	6.53	—	—	—	—	4.1	2.43	—	—	—	—
集装箱吞吐量(万标箱)	2906.9	—	—	—	—	1300.4	1606.5	—	—	—	—
城镇居民人均居住面积(平方米)	17.9	30.86	—	—	—	30.2	−12.3	0.66	—	—	—
城镇登记失业率(%)	4.2	2.19	2.58	2.8	2.56	3	1.2	−0.81	−0.42	−0.2	−0.44
985,211普通高校(所)	10	1	8	1	1	0	10	1	8	1	1
卫生技术人员数(万人)	13.54	5.8	4.8	4.7	2.92	4.3	9.24	1.5	0.5	0.4	−1.38
每万人拥有卫生技术人员数(人)	59	66	60	45	46	56	3	10	4	−11	−10
外来人口的比例(%)	37.53	26.69	22.1	39.07	26.84	24.45	13.08	2.24	−2.35	14.62	2.39

说明:(1)"十一五"增量是指2010年数值与2006年数值比较;(2)这里的财政收入是指地方一般预算收入;(3)人均数据按常住人口计算,常住人口以各地统计数据为准;(4)数据摘自《长三角年鉴(2011)》或根据其数据计算;(5)外来人口的比例是指常住人口与户籍人口之差与常住人口的比例。

　　宁波与杭州比较。宁波与杭州的差距主要是经济总量、就业和文教卫生方面的差距,经济总量、经济增量指标及经济总量在长三角的份额等差距明显,而增速、人均指标基本持平;借助地理位置和港口优势,宁波在进出口方面领先杭州;杭州产业结构优于宁波,宁波经济发展过分依赖外贸。由于杭州基数大、人口多,省会城市发展机遇多,加上外贸环境复杂,如果按现在的趋势发展,宁波与杭州的差距将拉大(见表7-2)。

　　宁波与南京比较。经济总体水平基本持平,宁波在居民收入、外贸等方面优于南京,但南京的产业结构更合理,科技创新投入大,利用外资能力强,文教卫生环境好,失业率低,因而经济发展持续力好于宁波(见表7-2)。

　　宁波与苏州比较。苏州的典型特点是外资企业多、规模企业多、原居民的包容性强。宁波的 GDP、财政收入、城乡居民收入、固定资产投入、科技投入、外贸、利用外资等指标,不论是总量、增量、人均数、在长三角的份额等指标数值均落后于苏州,可以说在经济领域全面落后,由于苏州人口多、基数大,宁波与苏州经济总量差距还将进一步扩大。而且苏州的产业结构更合理,科技创新投入大,利用外资能力强,科教环境好,因而经济发展持续力要好于宁波(见表7-2)。

　　宁波与无锡比较。无锡科技投入和固定资产投入大,利用外资能力强,经济的持续发展后劲足,但进出口不如宁波(见表7-2)。

　　概括起来,与上海、杭州、南京、苏州、无锡比较,宁波的整体经济实力有下降的趋势,宁波的差距主要表现在以下几个方面:

　　一是经济发展水平差距大。2010 年宁波 GDP 排在所有城市之后,不及上海的 1/3,只有苏州的 55%。值得注意的是,近两年来宁波的主要经济增长指标与江浙比较城市的差距呈进一步加大的趋势。

　　二是产业结构差距明显,吸引投资能力弱。第三产业增加值比重低,过多依赖外贸拉动经济,第三产业增加值占 GDP 的比重指标和利用外资指标宁波排名最后,三产比重与上海、南京、杭州差距大,利用外资远不及上海、杭州、苏州、无锡,这与打造国际化港城不相适应,现代服务业的发展空间巨大。社会固定资产投资指标差距明显,只相当于上海的 37%、杭州的 71%、南京的 59%、苏州的 54%、无锡的 66%;进出口与GDP 之比远超过杭州、南京和无锡。

三是企业科技投入少,创利能力差。宁波企业研究和试验发展经费支出相当于 GDP 比重指标与其他城市相比差距大,只相当于上海的57%、杭州的 64%、南京的 54%、苏州的 70%、无锡的 64%;财政收入增量指标宁波排在最后。

四是高等教育发展水平较低。无论是普通本科生在校人数,还是研究生人数,宁波都排名最后,宁波也是唯一一个没有 985、211 大学的城市。

五是就业水平低,人才吸引力较差。宁波城镇登记失业率指标是唯一一个达到 3% 的城市,常住人口中,外省籍人口比例略高于南京,低于上海、苏州、杭州、无锡,与上海、苏州有很大的差距。

(三)分类指标下的宁波城市实力评述

从城市整体地位来说,宁波与杭州、苏州、无锡、南京同处于长三角区域的二级中心城市地位,上海处于龙头优势地位。但从产业竞争力、国际化地位、持续发展能力、城市软实力等方面各有优劣。

1. 港口地位提升较快,产业竞争力在六大城市中处于落后水平

"港口、外向、民营、块状经济"是宁波产业的特征,也是宁波经济持续发展的四个基础。港口是宁波产业发展的区位优势,块状经济是宁波的产业优势和推动力,民营机制是宁波资源优化配置的动力,外贸是宁波产业发展的重要支撑。改革开放以来,宁波产业持续快速增长,特色逐步显现,产业竞争力不断增强,在长三角地区产业发展中地位日益凸显,在比较城市中,宁波的产业竞争力处于中下水平。

产业规模不断扩大,但受全球经济变化的影响大。2010 年宁波GDP 总量达到 5126 亿元,人均 GDP 总值达到 67359 元,列上海、杭州、苏州和无锡之后,排在长三角 7 个主要城市的第 5 位,与 2000 年和 2005年相比排位保持不变,人均 GDP 年均增速达到 13.4%,生产效率有了较大提高。2000—2010 年,GDP 增速从高速发展向中速发展转变,基本和长三角地区其他主要城市保持同步,但 2008 年世界金融危机以来宁波的GDP 增速下降更为明显,2012 年上半年宁波 GDP 增速(7.1%),低于上海(7.2%)、杭州(7.5%)、南京(10.4%)、苏州(9.5%)、无锡(9.4%)、常州(10.5%),排在长三角 7 个主要城市的末位。

产业结构不断优化,但三产比例偏低。2000—2010 年期间,一产比重持续下降,二产相对稳定,三产比重稳步攀升,二产、三产成为共同推进区域经济增长动力源,第三产业所占比重由 2000 年的 35.8% 变为 2010 年的 40.2%。但与长三角同类城市相比,目前宁波市第三产业在国民经济中的比重低于同类城市,排在长三角 7 个主要城市的末位,且第三产业内部结构不尽合理,与宁波经济快速发展形成较大反差。从 2010 年统计数据来看,上海、杭州和南京的三产比重超过了第二产业比重,进入工业化后期阶段,宁波与苏州、无锡和常州基本类似,处于工业化中后期阶段。

居民收入和财政收入快速增长,但持续增长能力弱。宁波产业发展过程中,注重社会总产品的分配,居民收入和财政收入快速增长,社会消费能力、居民投资能力、财政配置资源能力显著提高,有利于产业的持续发展。宁波在国民收入分配中,政府、居民占的比例在所有城市中最高,虽藏富于民,但企业所占的比例过小,影响了企业的投资意愿和持续发展能力。分配过程中存在不均的现象,财政收入增长快于居民收入增长,贫富差距扩大。2010 年宁波市财政一般预算收入为 1171.7 亿元,位居长三角 7 个主要城市的第 5 位,年均增长率为 23.4%,快于 GDP 的 13.4% 增速,列无锡、常州和杭州之后,排在长三角 7 个主要城市第 4 位。2010 年宁波市城镇居民人均可支配收入为 30166 元,农民人均纯收入为 14261 元,均位居长三角 7 个主要城市的第 2 位。城镇居民人均可支配收入名义年均增长率(10.7%),慢于 GDP 增速(13.4%),列南京、无锡、苏州、杭州和常州之后,排在长三角 7 个主要城市的第 5 位;农民人均纯收入年均增长率(10.9%),也慢于 GDP 的 13.4% 增速,列杭州和常州之后,排在长三角 7 个主要城市的第 3 位。财政一般预算收入增速显著快于 GDP 增速,削弱了持续增长能力。

港口吞吐能力迅速扩大,但港口综合实力有待提升。近 10 年是宁波港历史上发展最快的时期,宁波港货物吞吐量从 2002 年的 1.54 亿吨上升到 2011 年的 4.33 亿吨,是 2002 年的 2.8 倍,世界排名跻身国际大港第 5 位。集装箱吞吐量从 2002 年的 186 万标准箱上升到 2011 年的 1451 万标准箱,是 2002 年的 7.8 倍,年均增幅居世界前 30 大港口第一,集装箱吞吐量国际排名也从第 30 位跃升至第 6 位。由于宁波港以外贸货运装卸为主,贸易服务功能较弱,受宏观经济变化的影响,宁波港要保住现有地位压力很大。

2. 对外开放程度较高,国际化水平处于中游地位

在本书中,衡量开放驱动力的指标分成四类,即城市承载力($F1$)、出口竞争力($F2$)、海外创业力($F3$)、外资偏好度($F4$),包括 20 个指标(具体指标详见第四章内容)。

通过相应指标和统计数据分别对长三角的 7 个主要城市纵向(2000—2010 年)比较分析得出,各个城市的国际化水平总体在逐年提高,外资偏好度在逐年明显下降;杭州、南京、宁波、苏州、无锡、常州的外贸竞争力上升,海外创业力有一定提升,城市吸引力提升不是很明显;上海的吸引力上升明显,外贸竞争力变化不明显,海外创业力下降明显。横向比较,宁波的国际化水平排名 7 个城市中的第 4 名,处于中等水平,但得分与排名在后面的南京、无锡、常州相差无几,与排名在前面杭州也差距不大,但与苏州、上海差距明显,且排名也在下降,从 2005 年的第 3 位下降到 2010 年的第 4 位。从分项指标看,2010 年宁波海外创业力最强,排在所有城市之首,而出口竞争力排名第 2,城市承载力排名第 5,外资偏好度排名第 6,因而需要提高城市的吸引力。长三角比较城市的国际化水平综合得分如图 7-1 所示。

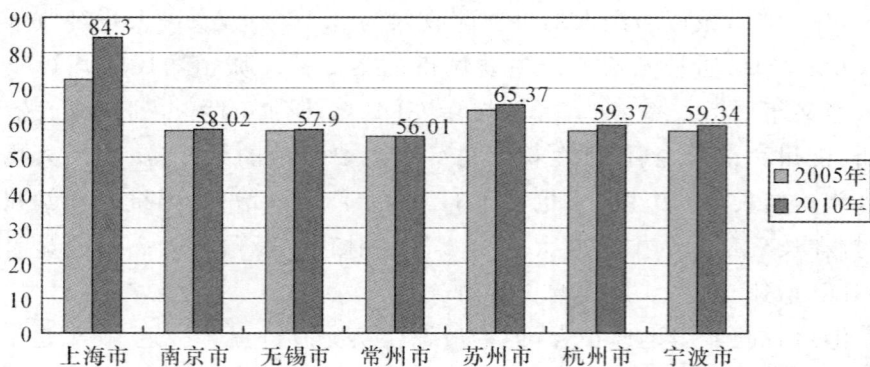

图 7-1　长三角城市国际化水平综合得分变化

3. 人才环境较优,持续发展力整体处于中等水平

本书衡量持续发展能力主要是从资源要素的角度,选取人才要素、土地要素、资金要素、生态要素四个方面 19 个指标来测度(具体指标详见

第五章内容）。通过相应指标和统计数据分别对长三角的 7 个主要城市纵向（2005—2010 年）比较分析得出,各个城市的持续发展力总体在逐年提高,其中,各城市的人才资源和金融资源得分逐年提高。2010 年,宁波的持续发展力排名第 4,处于中等水平,其中,人才要素排名第 2、土地要素排名第 4、资金要素排名第 6、生态要素排名第 5。上海的持续发展力居于第 1,在"人才要素"、"土地要素"及"资金要素"方面独占鳌头,"生态要素"居于第 2;杭州在"资金要素"及"生态要素"居于领先,"人才要素"与"资金要素"居于第 3;苏州排名第 3,得益于其"资金要素"的进步;常州的"生态要素"在"十一五"期间有了飞速的发展。纵向比较,宁波的要素资源竞争力在下降,持续发展能力排名从 2000 年和 2005 年的第 2 位下降到 2010 年的第 4 位,今后,宁波要在生态建设、固定资产投资、金融体系构建等方面下大工夫。长三角比较城市的持续发展力综合得分如图 7-2 所示。

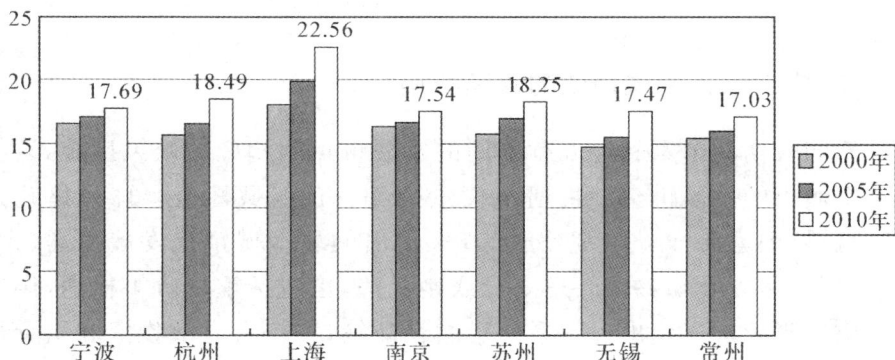

图 7-2 长三角比较城市持续发展力得分

4. 城市形象较好,城市软实力整体落后

本书衡量社会文化软实力的指标分为四类,即文化生活、教育发展、公共服务、城市形象,包括 20 个指标（具体指标详见第六章内容）。通过相应指标和统计数据分别对长三角的 7 个主要城市纵向（2000—2010 年）比较分析得出,苏州社会文化软实力明显提高,宁波的文化软实力略有提升但不明显,杭州、南京、无锡的社会文化软实力略有下降,上海、常州的社会文化软实力下降明显。横向比较,2010 年 7 个城市的社会文化软实力综合排名顺序为:上海、苏州、杭州、南京、宁波、无锡、常州,宁波

排在 7 个城市的第 5。专项排名中,宁波的"城市形象"软实力排名第 4,
"文化生活"软实力排名第 5,"公共服务"软实力排名第 6,"教育发展"软
实力排名第 7,"教育发展"软实力和"公共服务"软实力急需提升。长三
角比较城市软实力得分如图 7-3 所示。

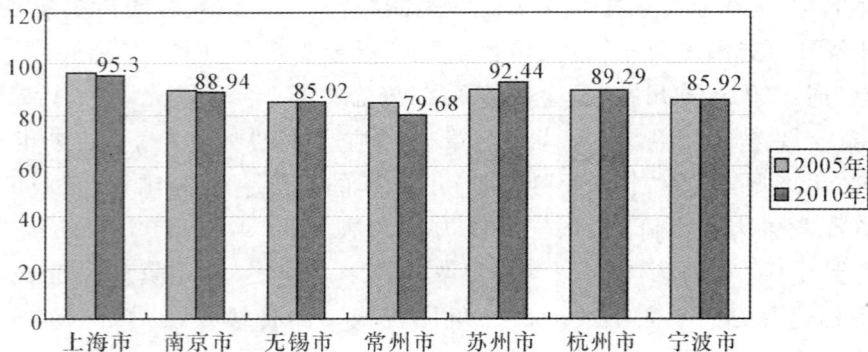

图 7-3   长三角比较城市软实力得分

二、宁波城市发展面临的战略机遇

不同时期的国家和地方有不同的发展重点和相应的政策措施,这些
是一个城市的发展机会。机遇不仅包括长三角区域乃至全球一体化发
展的机遇、国家海洋经济战略、十八大提出的新型城镇化发展机遇、"六
个加快"战略以及相关发展规划等战略机遇,也包括重要政策机遇,国家
为适应宏观经济变化出台一系列稳增长政策,如扩大有效投资和引导民
间投资政策、促进外贸政策、结构性减税政策、智慧城市建设政策,等等。
我们这里将基于长三角区域协调发展,重点分析文化强国战略、上海金
融航运中心发展战略、江苏沿江沿海发展战略、浙江海洋经济发展战略、
浙江舟山群岛新区、义乌国际贸易综合改革试区等战略机遇。

(一)文化强国战略

党的十七大提出"提升国家文化软实力"的战略构想,十七届六中全
会确定"建设社会主义文化强国",强调把文化强国作为国家战略的重要
内容。文化强国战略从宏观层面是指增强国家文化软实力、国家形象国
际亲和力、中华文化国际影响力,通过创新与创造进一步解放文化生产

力、文化产业的国际竞争力;从微观层面是指知名的文化作品、举足轻重的创意产业、世界认同的文化理念与价值观。文化是一种"软实力",也是一种生产力,是经济社会发展的重要支撑,能为经济社会发展提高精神动力和智力支持,文化竞争是国际竞争的重要表现,文化实力是综合国力的重要因素。建设文化强国有利于增强中华民族的凝聚力和创造力,有利于促进经济社会发展,提高我国的综合国力和国际地位。

面临的机遇与挑战。从科教兴国战略到经济赶超战略,从东部沿海先行战略到西部大开发战略,从出口导向型发展战略到内需驱动型发展战略,从经济增长战略到文化强国战略,国家发展战略思维和发展模式在不断调整变化,是中国几十年来探索历程的轨迹和缩影,也是宁波经济社会发展的一次次机遇。宁波在过去的每一次发展战略调整中,积极应对,及时变革,取得了不朽的成绩,宁波的实力和竞争力不断提高,在国际国内的地位不断提升。国家的文化强国战略对宁波来说既是机遇,也是挑战。文化既是推动经济社会发展的重要手段,也是社会文明进步的重要目标,我们要更加重视文化在城市发展中的作用,深入思考和积极探索文化跨越式发展对策,推动文化跨越式发展;不断加大资金投入、政策支持和市场培育的力度,促进宁波文化企业和行业的发展。但是宁波文化战略定位不够明确,城市发展战略定位需要修订,文化发展过程中的一些重大关系需要理顺,宁波的总体发展规划、五年发展规划、各专项发展规划或战略以及有关政策与国家文化战略、宁波文化强市战略不相适应,与宁波经济活力城市、历史文化名城和现代化国港口城市的城市地位不适应。文化的公共性认识不到位,政府投入不足,体制创新与政策措施不到位,公共文化服务能力不强;文化专业人才相对匮乏,文化产业化程度不高,文化供求不对应,有效供给和有效需求均显不足。

丰富与调整宁波的国家历史文化名城战略。河姆渡遗址文化、天一阁藏书文化、越窑窑址陶瓷文化、镇海口海防遗址文化、宗教文化、五口通商口岸文化等,见证了宁波的演进历程,凸显出宁波独特而深厚的文化遗存和内涵积淀,也是千年历史文化名城的基本特征。文化传承,是城市文化战略定位的一个重要内容,但城市文化战略定位更重要的是如何丰富和发扬。随着人们生活水平的日益提高,人们对文化的需求在不断变化,宁波文化战略不应仅仅局限在历史文化,更要体现出现代性,与国际化港口城市、长三角南翼经济中心等发展规划相适应。宁波要适应文化强国战略,调整文化战略,在打造长三角南翼经济中心的过程中打造长三角南翼文化中心,在国际现代化港口城市建设中发展现代港口文化和文化"国际化",由"城镇乡村文化"向"都市社区文化"转变,从"文化大市"向"文化强市"跨越,文化基础设施建设加大公益化,文化产业与文化管理走向市场竞争化。

(二)上海金融航运中心发展战略

2009 年 3 月,国务院审议通过关于推进上海加快发展现代服务业和先进制造业、建设国际金融中心和国际航运中心的意见,提出到 2020 年,将上海基本建成具有全球航运资源配置能力的国际航运中心、与中国经济实力和人民币国际地位相适应的国际金融中心。上海金融航运中心发展战略主要内容包括:整合长三角港口资源,完善航运服务布局,优化现代航运集疏运体系,实现多种运输方式一体化发展,发展航运金融,建立国际航运发展综合试验区;致力金融改革创新,建设比较发达的多功能、多层次金融市场体系,加强金融机构和业务体系建设,完善金融服务设施和布局规划,提升金融服务水平,健全金融法制,加强金融监管;中央地方高效联动,在新产品推出、新机构引进、市场的开放、现代金融混业经营等方面实现突破,提高国际金融中心效率。

上海国际金融中心和国际航运中心建设成为国家战略,对于长三角区域一体化发展,合力打造亚太地区重要国际门户提出了新的要求。宁波与上海具有特殊的渊源关系,在金融、航运业的发展中既是竞争对手,又是合作伙伴。上海打造金融航运中心对宁波的影响表现在:

一是港口软环境建设是基础。2009 年,上海港的货物吞吐量排世界港口第一,集装箱吞吐量排世界港口第二,从规模指标看可以说已经是国际航运中心,国家还要把上海作为国际航运中心来发展,主要是软环境建设和发展。宁波港的货物吞吐量和集装箱吞吐量等规模指标也不差,可以说称得上世界级,但在金融、保险、关税、检验检疫、临港产业、联运、物流、法律等软性服务方面离真正的国际强港还有较大差距,对城市发展的带动作用还很弱,宁波港口的发展同样需要软实力的提升。

二是航运中心与金融中心融合发展。威尼斯、阿姆斯特丹、伦敦、纽约、东京、香港、新加坡，这些逐次兴起的城市，以港立市，航运与金融交互发展，最终成为世界级经济大都市，说明航运中心与金融中心是相辅相成的。宁波走以港兴市的道路，离不开航运业与金融业的共同发展。

三是主动融入问题。上海金融航运中心发展战略对宁波经济社会发展是一个难得的机遇。面对这一机遇，宁波必须紧抓不放，主动融入，否则就会边缘化。宁波要运用市场经济方式，找到利益共同点，成为"两个中心"利益共同体成员，把宁波作为上海航运中心的核心区、上海国际金融中心副中心来发展。

四是竞争与合作。上海与宁波两港在腹地方面竞争激烈，但各有优势。在航运方面，上海航运服务功能全面、层次高，且收费较低，但主要在集装箱运输为主，大宗散货运输较弱。宁波有自己的竞争优势，宁波港在液化、矿石、煤炭、原油等大宗散货运输方面有优势，集装箱揽货队伍强。宁波需要发挥优势，加强与上海的合作，共同提升包含宁波在内的上海国际航运中心国际竞争能力。

上海"两个中心"建设战略为宁波加强与上海合作、拓展发展空间、实现经济和产业的升级转型提供了新的机遇，宁波要主动融入，作为上海"两个中心"建设重要组成部分来思考和发展。全面推进宁波融入上海"两个中心"建设，有利于我市更好地承接上海辐射，进一步完善金融体系、壮大金融产业，加快建设区域性国际金融服务中心，有利于促进上海港、宁波港两大港口的"强强联合"，提升港口物流发展水平，共同推动国际航运中心建设。结合宁波国际强港战略定位和《加快打造国际强港行动纲要》，在上海"两个中心"战略影响下，宁波"国际港口城市"将定位上海国际航运中心重要组成、国际物流枢纽中心、国际航运服务中心和现代化国际港城。

（三）江苏沿海发展战略

江苏是长三角的重要组成部分，也是我国沿海、沿江（长江）和沿桥（欧亚大陆桥）三大生产力布局主轴线交会区域，区位优势独特。2009 年6 月，国务院通过《江苏沿海地区发展规划》，江苏沿海地区发展正式上升为国家战略。《规划》主要内容是"以三极为中心，以产业和城镇带为依托，以沿海节点为支撑，促进互动并进，形成'三极、一带、多节点'的空间布局框架"。"三极"指的是加快连云港、盐城和南通三个中心城市建设，"一带"是以沿海高速公路、沿海铁路、通榆河等主要交通通道为轴线，加快沿线城镇发展，形成功能清晰、特色明显的沿海产业带和城镇带；"多节点"是指以临近深水海港区域为节点，加快布局临港产业和城镇，使之成为提升沿海地区整体发展水平的"支撑点"。江苏沿海战略的实施，不仅为长三角提供更为广阔的腹地和产业支撑，还将推动江苏乃至长三角地区产业结构优化和整体实力提升，对我国沿海地区生产力布局将产生重要影响。

沿海地区的发展离不开港口和港口城市的双轮驱动，"以港兴市、以市促港、港城相长，互动共荣"已经成为世界范围内沿海地区发展壮大的普遍规律。江、浙沿海地区分别处于长三角北、南两翼，具有相似的区位优势和深水海港资源优势，宁波是浙江省沿海地区最重要的组成部分。很长一段时间以来，由于江苏的发展重点不同，江苏沿海港口建设滞后，沿海地区临港产业和港口生产发展慢于宁波，港口、港城、临港产业联动发展效果也不明显。

1978 年，宁波港货物吞吐量 214 万吨，而江苏南通港、连云港货物吞吐量分别 302 万吨、594 万吨，宁波港的货物吞吐量只相当于南通港的 0.71、连云港的 0.36 倍。经过 30 年的发展，2008 年，宁波港货物吞吐量达到 36139 万吨，南通港 13214 万吨、连云港 10060 万吨，宁波港是南通港的 2.73 倍、连云港的 3.59 倍。江苏实施沿海发展战略后，江苏沿海地区包括港口生产在内的经济和城市发展地位将得到有效提升。2012 年，连云港港口完成货物吞吐量 1.85 亿吨，同比增长 11.4%，而宁波港货物吞吐量 4.53 亿吨，增幅仅为 4.5%。由于江、浙两省间产业的趋同性和竞争性，特别是港口功能的强相似性，江苏沿海发展战略的实施对港城宁波的发展势必产生重要的影响，这种影响主要表现在两个方面：一是港口生产经营，影响最大的是因货物分流使宁波港吞吐量下降；二是促使不同城市之间进一步加强分工合作。有以下经验值得宁波借鉴：

一是递进发展。江苏在沿江、沿线得到全面发展后，提出重点发展沿海的战略，这种有步骤、有重点的递进式发展取得了很好的效果。目前，江苏沿江城市实力雄厚，发展势头不减；沿海城市在实施沿海发展战略后发展加速。宁波在沿海建设和经济发展达到一定程度后，沿杭州湾发展得到了市委市政府的高度重视,但还没有形成共识,也没有整体开发规划,沿山发展也没有提到一定的战略高度。

二是合作发展。宁波与江苏沿海城市既有竞争也有互补,从港口来说,虽然货源有竞争、腹地有交叉,但无论是港口条件、生产能力、集疏能力、配套服务能力,还是知名度、揽货能力,宁波都具有一定的优势,宁波要利用这些优势,通过港口联盟、投资控股或参股、参与经营管理等方式,加强与江苏沿海港口的合作,整合资源,与江苏沿海港口和城市协同发展。

三是联动发展。港口城市发展离不开现代化的港口,港口有强烈的外向性,城市是一国或地区经济走向现代化的关键,是工业化的依托和载体,港口、产业和城市三者相辅相成。宁波要以深水海港为基础,以临港产业发展壮大为核心,以中心城市功能提升为依托,统筹推进港口、产业、城镇三位一体的联动开发,城市之间错位共同发展,并正确处理好发展与生态环境保护的关系,将打造成我国重要的综合交通枢纽、重要产业基地和生态环境优美、人民生活富足的宜居区。

(四)浙江"四大国家战略"

这里的浙江"四大国家战略"是指浙江海洋经济发展战略、舟山群岛新区发展战略、义乌国际贸易综合改革试点区发展战略、温州金融综合改革试验区发展战略。2011 年 2 月,国务院批复同意《浙江海洋经济发展示范区规划》,标志着浙江海洋经济发展示范区建设正式上升为国家战略,《规划》提出"一核两翼三圈九区多岛"的浙江省未来海洋经济总体发展布局。2011 年 3 月国务院批复《浙江省义乌市国际贸易综合改革试点总体方案》,义乌成为经国务院批准设立的第 10 个综合配套改革试验区,也是我省第一个国家级综合改革试点区,也是全国首个由国务院批准的县级市综合改革试点区。2011 年 6 月,国务院批准设立舟山群岛新区,这是我国继上海浦东、天津滨海和重庆两江新区后又一个国家级新区,也是首个以海洋经济为主题的国家级新区。2012 年 3 月国务院批准实施《浙江省温州市金融综合改革试验总体方案》,决定设立温州市金融综合改革试验区,这项改革涉及地方金融机构改革、新型金融组织发展、民间融资规范等多个领域,是我国金融改革的重要尝试。宁波是浙江海洋经济核心示范区之一,义乌、温州是宁波港的重要腹地,舟山是宁波向外的门户和宁波舟山港口一体化的主体,可以说宁波是四大战略的主要参与者,四大战略与宁波的发展息息相关。宁波必须抓住四大战略机遇,在未来的发展中赢得主动。

《浙江省海洋经济发展示范区规划》明确提出要发挥浙江开放型经济、民营经济、港口经济和体制机制的综合优势,强化陆海统筹,大力推进"三位一体"的港航物流服务体系、海洋新兴产业、海岛开发开放等重点领域发展,拓宽发展空间,为全国海洋经济发展探索新路子。宁波作为浙江海洋经济核心示范区的重要组成部分,可以充分利用好国家战略举措加快发展,培育新的经济增长点和竞争优势。

《浙江省义乌市国际贸易综合改革试点总体方案》提出要探索新的新型贸易制度和管理体制,率先实现贸易发展方式转变,明确提出了建立新型贸易方式、探索现代流通新方式、开拓国际市场等九方面的任务。宁波可以将其全球性、高密度的集装箱航线以无水港的形式深入义乌,将其灵活高效的贸易网络与义乌全面对接。

《浙江舟山群岛新区发展规划》明确提出将逐步把舟山群岛新区建设成为中国大宗商品储运中转加工交易中心、东部地区重要的海上开放门户、重要的现代海洋产业基地、海洋海岛综合保护开发示范区和陆海统筹发展先行区。宁波可以利用港口的先发优势,与舟山共同打造世界级物流枢纽。

《浙江省温州市金融综合改革试验总体方案》提出要创建民间资本管理服务公司、发展小额贷款公司、发展股权投资业、做强股权营运中心、创办民间借贷登记服务中心等。宁波要加强与温州在金融及其他领域的合作,创新投融资体制,缓解中小企业融资问题。

三、提升宁波在长三角地位的战略思路

通过对宁波与长三角主要城市的产业竞争力、开放驱动力、持续发展力、社会软实力等方面的对比分析,我们比较系统、清晰的把握了宁波的发展优势和劣势,初步总结了提升宁波产业竞争力、开放驱动力、持续发展力、城市软实力面临的机遇、挑战以及发展途径。思路决定出路。这里的战略思路是指为了提升宁波在长三角地区的地位,对影响宁波城

市长远和全局发展的、具有方向性的战略性认识。为提升宁波在长三角地区的地位，我们认为要选择以下五大战略性思路：一是确立宁波城市发展战略定位，明确宁波发展方向；二是建立经济驱动机制，保障经济持续稳定发展；三是搭建战略性发展平台，牵引宁波快速健康发展；四是优化产业结构，构建更高层次的产业体系；五是形成具有宁波特色的城市核心竞争力，保持宁波活力。

（一）定位宁波城市发展战略，明确宁波发展方向

宁波城市发展战略定位不能脱离几个文件的规定：一是《宁波市城市总体规划（2006—2020）》中关于长三角南翼经济中心、现代化的国际性港口城市、国家历史文化名城的定位；二是《浙江海洋经济发展示范区规划》中的海洋经济发展示范区定位；三是《长江三角洲地区区域规划》中全国大型物流中心、国际港口城市、先进制造业基地的定位。但是这些定位中重点不突出，特色不明显，更多的是注重经济，没有将社会发展特别是人民生活的质量和环境定位。历史文化名城定位，容易出现重历史、轻未来的解读，发展有很强的局限性。因而我们建议结合"十八大"提出的"美丽中国"，把"幸福港城"纳入宁波的战略定位，2013年至2020年期间，宁波的发展战略目标定位于幸福港城、世界级物流枢纽、全国先进制造业基地和现代服务业中心城市。

1. 幸福港城，是城市发展的长期追求

（1）幸福港城的内涵

党的"十八大"提出"美丽中国"和新型城镇化建设，为宁波幸福港城建设提供了战略机遇。何为幸福港城？

幸福就是人们对于客观现实生活满足状况的一种主观反映和心理体验，不同的人有不同的幸福观，对幸福城市评价也有不同的理解和观点。《现代汉语词典》中关于幸福词条的解释有两种描述：一是使人心情舒畅的境遇和生活，二是生活、境遇称心如意。韩康从"为大多数人幸福"角度提出幸福城市评价体系，分高、中、低收入人群三个层次，基于马斯洛的五种需求来评价中国幸福城市。南京在全国同类城市中率先编制了《幸福都市考核评价指标体系》，包括客观指标和主观指标两部分构成，客观指标全面反映幸福都市建设的工作重点和主要内容，分为综合

指标和民生工作指标两大部分,综合指标主要包括收入分配、社会保障、公共服务、生态环境、公共安全、权益维护和社会活力等方面 32 个指标,民生工作指标包括终身教育、就业创业服务、社会保障、基本医疗卫生、住房保障、养老服务、公共交通、公共文化、人口和家庭公共服务等十大体系 10 个指标;主观指标主要是群众满意度指标,包括幸福都市综合满意度和收入状况满意度、工作状况满意度、创业环境满意度、社会保障水平满意度、住房状况满意度、教育状况满意度、医疗服务水平满意度、文化生活满意度、体育健身满意度、食品药品安全感、生态环境满意度、交通出行状况满意度等 21 项指标。

我们认为,宁波的幸福港城战略应该包括四个方面的内容,即宜居城市、文化名城、生态文明城市、管理创新城市。

(2)宜居城市

城市首先要适合人民长期居住。1996 年 6 月联合国在伊斯坦布尔召开全球城市峰会,并形成大会报告《人居议程》,把建设宜居城市作为全球城市发展的共同理想。宜居城市建设是城市发展到后工业化阶段的产物,是指具有良好的居住和空间环境、人文社会环境、生态与自然环境和清洁高效的生产环境的居住地,它应该满足居民的生理、社会和心理方面的需求,同时有利于居民的自身发展,令人愉悦而向往的城市还要满足和反映居民在文化方面的高层次精神需求。① 宜居城市是一个由自然物质环境和社会人文环境有机结合、协调发展的复杂系统,人们能够在其中安居乐业,自然物质环境为人们提供了舒适、方便、有序的物质生活的基础,而社会人文环境则为居民提供了充分的就业机会、浓郁的文化艺术氛围以及良好的公共安全环境等。新世纪以来,宁波宜居城市建设成效显著,生态建设取得阶段性成果,国家环保模范城市通过复查验收;强化源头管理,严控新增污染物排放量,主要污染物减排目标基本实现;主要区域、重点项目和行业专项治理顺利进行,环境污染整治取得明显成效;畜禽养殖粪便实现无公害处理,农村环境整治稳步推进;机动车尾气污染治理、油气回收治理、施工扬尘污染防治全面铺开,空气更加清洁;生活污水集中处理、生活垃圾无害化处理设施不断完善,处理方式

---

① 引自百度百科观点。

更加科学；绿化造林成绩显著，森林覆盖率为 50.2％；就业率高，市区居民人均可支配收入 37902 元，农村居民人均纯收入 18475 元，[①]高于全国平均水平。宁波实施宜居城市战略就是通过城市的建设和发展，努力达到：经济持续稳定发展，使居民有充分的就业机会和稳定的经济收入，使政府和社会有足够的资金去完善基础设施；城市社会运行有序，财富分配公平，治安良好，社会保障体系完善；居住条件舒适，教育、医疗、卫生保健等配套服务设施先进、完备，居民生活与出行方便、快捷；环境卫生整洁、天蓝水碧、空气清新、景观怡人；文化遗产多、现代文化设施丰富、文化氛围浓，城市文明程度高。

实施宜居城市的战略措施：一是通过制定城市发展战略、城市规划和政策法规，组建高效的管理组织机构，确保城市的正常运行。二是干预资源要素的空间流动，形成合理的产业结构和城市地域结构，促进经济稳定增长，确保居民收入持续增加。三是加强生态城市建设，优化经济环境和生活居住环境。四是完善城市基础设施，解决城市交通和住房等问题，向公众提供丰富的公共产品和公共服务。五是完善社会保障制度、收入分配制度，解决城市失业和贫困等问题，缩小贫富差距，营造和谐的社会氛围。六是加强社会治安管理、自然灾害和突发性社会事件的应急管理，提供安全的城市生活环境。七是加强城市和农村废物处理能力，改善城市生态环境。八是保护城市文化古迹，加大公共文化设施建设，塑造浓郁文化氛围。

（3）文化名城

文化对城市而言，既是实力和形象，更是内核和灵魂，它保存城市记忆、明确城市定位、决定城市品质、展示城市风貌、塑造城市精神、支撑城市发展。用文化引领未来，已成为国内外众多城市的价值追求和战略选择。"千城一面、城城雷同"已成为中国城市发展中的弊病，没有个性的城市就没有特色，没有吸引力，更没有生命力。因此，挖掘城市文化内涵，构筑城市个性特色，已成为城市发展的时代特征。文化名城战略就是要把宁波努力打造成全国公共文化名城、国家历史文化名城、全国现代文化产业名城和港口文化名城。

---

　　① 　为 2012 年度数据。

①全国公共文化名城。去广场跳跳舞、去公共球场打打篮球、去博物馆回顾宁波历史、去图书馆看看书报、去画廊看看宁波名家画作……宁波居民生活越来越惬意。宁波公共文化建设取得了显著的成绩,各级文化馆(站)设施建设投资力度大、条件逐步完善,一批标志性文化设施相继落成,群众文化活动开展得丰富多彩,其中社区文化、广场文化、村落文化和节庆文化特色鲜明,"天一讲堂"、"双城论坛"、"群星课堂"、"天天演"等都产生过很好的社会影响,形成了一定的品牌效应。全国公共文化名城战略就是在此基础上,以更大的投入力度、更富创新性的思路,推进与完善公共文化服务体系建设,提高公共文化服务辐射能力,进一步加大对承载公共文化服务体系建设具有基础地位的文化馆(站)、图书馆等文化事业单位的投入,增加宁波公共图书馆的藏书,有效扩大公共文化服务的供给水平。优化公共文化设施运行效益,促进社会多元投入,使宁波成为国家公共文化服务体系建设示范区,为我国公共文化服务体系建设探索一个"宁波模式",切实保障人民群众看电视、听广播、读书看报、进行公共文化鉴赏、参加大众文化活动等基本文化权益。

实施全国公共文化名城的战略措施:加快基层文化设施建设,城乡统筹发展,增强乡镇综合文化站公共文化服务能力,使公共文化服务全面覆盖城乡。加大标志性大型文化基础设施建设,提高公共文化服务集约程度,改善市图书馆等现有公共文化设施的配置,提高服务水平,提高服务质量,探索先进的管理模式,提高公共文化服务的辐射力。加强网络化、信息化建设,提供网上公共文化服务,为公众提供便捷的公共文化信息服务。完善农村公共文化服务体系,改造农村电子阅览室,避免网吧化。加强公共文化事业单位建设,建立专兼职结合的基层文化工作队伍,组建稳定的群众文艺创作队伍,使群众文化活动常态化、经常化,繁荣群众文化。制定公共文化政策,强化公共文化服务的管理,建立有效的评价考核与监督体系,促进公共文化服务的社会效率。

②国家历史文化名城。历史文化名城具有文化底蕴厚重、文明传承久远、历史意义重大、经济根基深厚、辐射范围广泛等基本特征。长期以来,历史文化名城在形成和演变过程中,蕴涵着自然、民族、经济、文化、科技发展等因素的历史积淀,有着丰富和不可替代的历史与现实价值,对于继承和发扬民族优秀文化传统、增强民族自信心和凝聚力具有重要

而深远的意义。"书藏古今，港通天下"，看到宁波这一城市形象主题口号，就会想到宁波深厚的历史积淀和丰富的文化遗存。自 1986 年宁波被批准作为传统风貌型、地方特色型和特殊职能型相结合的第二批国家历史文化名城以来，历史文化名城建设工作有序开展，成绩显著。在机制体制建设上，制定了《宁波市历史文化名城保护规划》，颁布了文物保护蓝皮书，划分了历史保护街区，出台了《宁波市文物保护点保护条例》；在文保方面，新增 20 余处国家级重点文物保护单位，位居全国 110 座历史文化名城前列，奉化市溪口镇岩头村等 6 个村入选中国传统村落；在申遗方面，梁祝传说、奉化布龙、宁海平调、朱金漆木雕等 13 个遗产入选中国非物质文化遗产代表名录，并公布了宁波市首批 27 项非物质文化遗产代表名录，建立了 23 个非物质文化传承基地；在资金投入方面，市、县两级财政每年用于文物保护经费 3000 万元左右。宁波历史遗迹数量多、分布广，历史遗迹品位高、名气大，历史建筑遗产规模大、价值高，1995 年就定位规划国家历史文化名城，因而具有创建国家历史文化名城的基础。但是，受到城市化进程冲击、手工艺绝活传承人不断逝去、实物资料大量遗失、自觉保护意识缺乏等因素的影响，历史文化名城建设总体形势不容乐观，还没真正形成具有宁波特质的整体文化特色，与居民文化精神需求仍有较大的差距。国家历史文化名城战略就是继续加大抢救、保护和发展宁波物质文化遗产、非物质文化遗产的力度，保持和凝练宁波文化基因和血脉特质，保持宁波文化的独立性，同时运用文化来凝聚人心、鼓舞力量，促进和谐社会和美丽宁波建设的加速。

实施国家历史文化名城的战略措施：推进物质文化遗产和非物质文化遗产保护，对近现代城市基本设施、工业遗产、名人故居、涉台文物等专题性文物进行保护，强化非物质文化遗产保护与传承，完善非物质文化遗产代表性项目、传承人和传承基地"三位一体"保护体系；开发新型的传承和发展形式，建立传承人培育奖励机制，鼓励国内外单位和个人参与传承；正确处理保护、传承、利用、发展的关系，把文化遗产保护与利用相结合，鼓励文化遗产资源在市场竞争中实现传承和可持续发展，将非遗题材融合进宁波商贸文化节，打造区域的新节庆品牌，实现文化遗产保护与商贸经济休闲旅游的发展联动；对历史文化街区与建筑、特色民居群、商业"老字号"实施重点抢救、重点整治、重点保护和建设，复建越窑青瓷展陈,建设象山国家级海洋渔文化生态保护区,开展海上丝绸之路相关考古、水下考古调查及河姆渡遗址保护;大规模振兴和弘扬宁波的特色饮食文化,保护、塑造、提升一批能够代表宁波饮食文化的"饮食名店"、"饮食街",创新和丰富饮食的品种、花色,标准化管理、工业化生产饮食产品;加大宣传和推广力度,出版反映宁波历史文化的作品和书籍,在城市建设中广泛融入历史文化元素,推动文化遗产申遗和升级。

③全国现代文化产业名城。宁波的文化产业发展形势喜人,以和丰广场为代表的创意文化产业、以象山影视城为代表的影视文化产业、以节庆、古镇和农家乐为代表的旅游文化产业等特色明显。根据宁波"十二五"文化发展规划,宁波将重点投资420多亿元,实施文化产业发展"1235"工程,即扶持10个产业集聚区、20个文化品牌、30个产业项目和50家文化企业发展。全国现代文化产业名城战略就是要结合"十二五"规划,重点培育扶持一批特色鲜明、产业链长、成长空间大的文化项目,重点引进一批国际文化企业(工作室),重点培育壮大一批实力强、品牌响、带动大龙头型企业,重点打造一批高起点、规模化、代表未来发展方向的特色文化产业示范园区(基地),通过重大项目带动,全面提高宁波文化产业的竞争力,将宁波打造成我国现代文化产业名城。战略目标就是力争拥有一大批聚集效应明显、辐射力强的文化创意产业园区(基地),拥有一大批优势行业、强势品牌和核心产品,形成定位鲜明和效益先进的产业链,形成科技含量高、创新能力强的现代文化产业品牌群,拥有完善文化产业信息交流、公共技术服务、投融资和博览交易等平台,文化产业成为宁波城市经济发展的重要增长极。

实施文化产业名城的战略措施:壮大出版印刷、广播电视、会展旅游、教育培训、体育休闲等文化服务产业,不断提高文化服务业在国民经济中的比重;积极培育动漫设计、网络文化、创意文化、数字媒体等战略性新兴文化产业,使产业发展从资源驱动不断转向创意驱动;应用现代信息技术,促进包装策划设计、文化产品制造等传统文化产业升级;设立文化产业名城建设专项资金、鼓励文化企业上市融资、引导民间投资、创新文化产业融资投资方式,保障文化产业发展资金需求;成立文化产业名城建设管理部门和咨询机构、搭建文化产业发展服务平台、出台文化产业发展政策、建立文化产业促进机制,促进文化产业的健康快速发展。

④港口文化名城。港口文化一般是指人类在港口这个特定区域所创造的物质财富和精神财富的总和。宁波地处浙东沿海,拥有优良的岸线资源,公元前473年始建句章港,唐代以来,陆续开辟了明州、新碶、穿山等港口,成为"海上丝绸之路"的重要通道,是沟通东南亚、南亚及阿拉伯各国的主要港口,明州港是北宋的五大港口之一、南宋最为繁华最重要的港口、元朝国内三大主要贸易港口之一。随着20世纪70年代北仑港的建设,"东方大港"逐步形成,宁波依托港口发展成为一座现代化港城,而基于港口的文化底蕴挖掘和发扬,也取得了显著成就。宁波帮博物馆展现了宁波商帮的敢闯天下的商帮文化,每两年一届的中国宁波国际港口文化节促进了国际港口文化的交流和繁荣,中国(宁波)港口博物馆的奠基为展示港口历史文化迈出了第一步;从码头文化到航海文化,到宁波商帮文化和海派文化,再到目前的港城协同发展的城市文化,港口文化进一步提升和发展。可以说,宁波港口文化建设是推进城市国际化的重要平台、是提升城市软实力的重要因素、是营造城市特色文化的重要途径,也是海洋文明的核心内容之一。由于港口文化概念提出较晚,人们对港口文化及其作用的认识不够甚至漠视和无知,港口文化的建设还处于前期探索阶段。港口文化名城战略就是要确立港口文化在宁波城市特色文化建设中的优先地位,以文化项目为引领强化载体建设,把"开放、服务、创新、包容、守信"的港口文化转化成为国际化、多元化、时尚化的城市形象,提高宁波港口和城市在在国际上的地位与影响力。

实施港口文化名城的战略措施:研究提炼总结港口文化的内涵,挖掘港口文化资源的价值,推进港口文化产品体系的开发建设;培育具有地域和时代特色的港口文化品牌,发挥品牌带动作用,把港口文化培育成标志性文化品牌;加强港口文化遗产的保护,做好海上丝绸之路和大运河(宁波段)的申遗前期规划工作,对具有保护价值的港口文化遗存进行修缮或修复,如重要历史码头和渡口;加快推进融会议会展、休闲娱乐等功能于一体的"港口博物馆"项目建设,集中展示与港口有关的文物古迹、风俗民情、产业发展等内容,打造成宁波港口文化的标志性建筑;结合场馆建设,搭建国际港口文化的交流与合作平台,举办"国际港口文化节"、"中国开渔节",开展"国际港口文化双年展"等活动,带动港口旅游的发展；积极引进和发展邮轮经济，深度开发港口旅游线，扩大港口文化的影响力；培育和壮大港口文化产业，着重培育与港口文化相关的文化旅游业、文化休闲娱乐业以及文化创意产业，实现经济效益与社会效益的双赢。

（4）生态文明城市

生态文明是人类文明的一种形态，它以尊重和维护自然为前提，以人与人、人与自然、人与社会和谐共生为宗旨，以建立可持续的生产方式和消费方式为内涵，以引导人们走上持续、和谐的发展道路为着眼点。可以说，生态文明是人类对传统文明形态特别是工业文明进行深刻反思的成果，是人类文明形态和文明发展理念、道路和模式的重大进步。

①实施生态文明城市的战略意义。宁波实施生态文明城市战略是适应新形势的需要。建设生态文明城市就是建设以资源环境承载力为基础、以自然规律为准则、以可持续发展为目标的资源节约型、环境友好型社会。面对资源约束趋紧、环境污染严重、生态系统退化的严峻形势，必须树立尊重自然、顺应自然、保护自然的生态文明理念，把生态文明建设放在突出地位。党的十八大报告首次把大力推进生态文明建设独立成章，提出必须树立尊重自然、顺应自然、保护自然的生态文明理念，把生态文明建设放在突出地位，融入经济建设、政治建设、文化建设、社会建设各方面和全过程，努力建设美丽中国，实现中华民族永续发展。实施生态文明城市战略，促进宁波经济社会又好又快发展，这是贯彻落实中央生态文明建设重大战略部署、巩固提高宁波建设成果、构建绿色发展模式、推动科学发展的战略举措。

宁波实施生态文明城市战略是加快转变经济发展方式的内在要求的必然趋势。改革开放以来，随着宁波经济的迅猛发展，能源消耗量越来越大，污染排放越来越多，如果不从根本上改变高消耗、高污染、低效益的传统发展方式，宁波的发展道路将会越走越窄，最后将难以为继。只有把生态环境作为最稀缺的发展要素，以生态文明建设为重要着力点，加快经济结构调整和发展方式转变，才能开辟新的发展空间，确保生态环境安全，增强经济核心竞争力。

宁波实施生态文明城市战略是人民群众的共同愿望和美好期待。随着生活水平不断提高，广大人民群众对干净的水、清新的空气、安全的食品、优美的环境等方面的要求越来越高。加强生态文明建设,着力解决损害群众健康、影响社会稳定的突出环境问题,节能减排,为群众创造良好的生产生活环境,反映了广大人民群众的愿望。

②宁波实施生态文明城市战略的基础。生态文明建设和污染减排工作深入推进。2005年颁布了《宁波生态市建设规划(2003—2020)》,2011年颁布实施了《宁波市加快建设生态文明行动纲要(2011—2015)》,这些文件的出台确保了生态文明城市建设的有序进行。2012年,制定了《宁波市加快建设生态文明工作行动计划》,确定了环境基础建设、城镇建设、产业升级、环境提升和民生保障等重大项目,112个生态建设项目有序推进,市本级通过国家环保模范城市现场复核验收,慈溪市、鄞州区通过省级生态考核验收,宁海县通过国家级生态县技术评估。建立健全产业发展与污染减排绩效、环境质量等指标相挂钩的工作机制,实施城镇污水处理厂运行情况信息公开和通报制度,环保部门加快实施重点水、气减排工程,强力推进火电企业脱硝减排项目,强化减排项目运行监管,严把项目准入关,严控"两高一资"行业规模,重点加强烟气脱硫脱硝设施、城镇污水处理厂和垃圾处理设施的日常管理和监督检查。

环境专项整治和重点区域生态保护成效明显。稳步推进北仑青峙化工区和镇海精细化工行业等企业的废气治理,基本完成印染、电镀行业污染整治验收,制定完成化工、造纸、铸造等八个重污染行业整治方案;编印了《宁波市饮用水源地环境保护规划》,进一步完善了饮用水源地的长效管理机制,累计建成地表水监测点位80个、自动监控点位3个、建成乡镇以上饮用水水源地监测点位35个、自动监控点位4个;推进农村生活垃圾分类与太阳能生化减量化处理设施建设,基本建成太阳能生化减量处理设施400多座、分散式村级生活污水处理设施建设项目100多个,建设县市区机动车排气检测站9处,建有大气自动监测站28个,率先在省内发布中心城区PM2.5监测值;累计淘汰改造燃煤锅炉465台。

③生态文明城市战略目标。总体目标是以科学发展为主题,以加快转变经济发展方式为主线,统筹经济社会与资源环境协调发展,实行最严格的资源环境管理制度,以保护生态环境优化经济增长,以节能减排倒逼转方式调结构,加强法规制度、经济政策、科学技术、行政监管和生态文化体系建设,努力建设经济繁荣、人民富裕、环境优美、社会和谐的宁波。

　　具体目标是到 2020 年,基本形成经济社会发展与资源环境承载力相适应的生态经济发展格局,可持续发展能力显著增强,城乡环境质量全面改善,自然生态系统得到有效保护,生态文明观念更加牢固,人民群众富裕文明程度明显提高,率先建成具备发达的现代产业体系、高度国际化开发格局、浓郁江南水乡特色的生态型现代化国际港口城市,努力走出一条生产发展、生活富裕、生态良好的文明发展道路。[①]

　　分项目标是到 2015 年,第三产业占 GDP 比重达到 45%,单位建设用地生产总值比 2010 年提高 20%,单位 GDP 水耗控制在 36 立方米/万元,单位工业增加值用水量控制在 15 立方米/万元,农业灌溉水有效利用率系数达到 0.58,城市清洁能源使用率达到 80%,循环经济总体发展水平走在全国前列,主导农产品中无公害农产品、绿色食品及有机食品种植面积比重达到 50%以上;单位生产总值能耗、单位生产总值二氧化碳排放量以及化学需氧量、氨氮、二氧化硫、氮氧化物排放总量完成国家下达指标,主要重金属污染物排放量比 2009 年降低 15%以上,铁矿石烧结、炼钢、再生有色金属生产、废弃物焚烧等重点行业单位产量(处理量)二恶英排放强度比 2008 年消减 10%;水环境功能区水质达标率大于70%,城市集中式饮用水水源地水质达标率继续保持 100%,城市空气主要污染物年平均浓度值达到国家二级标准,区域环境噪声平均值小于 56分贝;市区城市污水处理率达到 95%,县(市)城市污水处理率达到 85%,城市生活垃圾无害化处理率大于 95%,农村生活垃圾集中收集处理的行政村覆盖率大于 97%,城市污水处理厂污泥全部无害化处理,工业固体废物处置利用率达到 95%,危险废物、医疗废物全部无害化处置,重点工业污染源实现稳定达标排放,规模化畜禽养殖场排泄物综合利用率达到97%以上;森林覆盖率达到 50.5%,新增治理水土流失面积 200 平方公里,需治理与修复的废弃矿山治理率达到 98%以上,重要水域、海域生态环境、生物资源得到有效修复和保护;环境质量、重点污染源环境在线监测监控系统有效运行,"绿色系列"创建覆盖面持续扩大,生态消费模式初步形成,8 个以上的县市、区创建成为省级以上生态县(市、区)、3 个县

---

　　① 参考宁波市环保局《宁波市加快建设生态文明行动纲要(2011—2015)》和山东省委、省政府《关于建设生态山东的决定》。

级市创建成为省级以上环保模范城市；进一步健全符合科学发展要求、有利于推动生态文明建设的干部政绩综合考评机制，资源节约、环境保护领域的机制和制度政策创新积极推进，资源环境要素市场化配置改革取得实质性进展。[①]

④生态文明城市的战略措施。优化城市空间格局。空间是生态文明建设的空间载体，要按照人口资源环境相均衡、经济社会生态效益相统一的原则，控制开发强度，调整空间结构，促进生产空间集约高效、生活空间宜居适度、生态空间山清水秀，给自然留下更多修复空间，给农业留下更多良田，给子孙后代留下天蓝、地绿、水净的美好家园。加快实施主体功能区战略，推动各地区严格按照主体功能定位发展，构建科学合理的城市化格局、农业发展格局、生态安全格局。提高海洋资源开发能力，发展海洋经济，保护海洋生态环境，建设海洋强市。根据规划，宁波市域划分为西部与南部山地生态管护区、北部平原与南部丘陵农林生态控制区、城镇及城郊发展生态重建区、近海海岸带生态区等四个生态功能区，明确了生态功能区与城市化、产业化的关系，发挥区间优势、优化中心城各区间功能，推进产业园和产业集聚区建设。

节约高效使用资源。要节约集约利用资源，推动资源利用方式根本转变，加强全过程节约管理，大幅降低能源、水、土地消耗强度，提高利用效率和效益；推动生产和消费革命，加快产业结构优化升级，深入推进清洁生产，控制能源消费总量，加强节能降耗。积极培育生态理念，大力倡导绿色消费，建设文明先进的生态文化体系；优化生态交通网络，优先发展公共交通，推广慢行方式和慢城建设；积极发展生态农业、生态工业和现代服务业，建设以循环经济为核心的生态经济体系，促进生产、流通、消费过程的减量化、再利用、资源化。加强人口综合管理，完善社会保障体系，发展公共卫生事业；优化配置水资源，加强用水总量管理，推进水循环利用，创建节水型城市；集约利用土地资源，严守耕地保护红线，严格土地用途管制，提高土地利用效率；加紧调整能源结构，加强废弃物的资源化综合利用，支持节能低碳产业和新能源、可再生能源发展，增强能源保障能力；加强矿产资源勘查、保护、合理开发，建设可持续发展的生态支撑体系。

---

① 参考宁波市环保局《宁波市加快建设生态文明行动纲要（2011—2015）》。

保护生态环境。良好的生态环境是人和社会持续发展的根本基础。加快水利建设,增强城乡防洪抗旱排涝能力;加强防灾减灾体系建设,提高气象、地质、地震灾害防御能力;以解决损害群众健康突出环境问题为重点,强化水、大气、土壤等污染防治;构建生态大通道、绿色生态走廊、生态隔离带、防护带及绿化带,建设山川秀美的生态环境体系;加强环境污染综合防治,全面推进水环境整治、强化大气环境整治,深入开展城镇环境整治,着力抓好农业面源污染防治;修复水生态系统,提高水体环境质量;严格管理开山采石,保护自然生态环境;注重抓好生态林建设,完善林业生态体系;保护生物多样性,优化生物生存空间;保护海洋生态环境,合理开发海洋资源;加强城镇基础设施建设,强化城镇环境综合整治,提升城镇绿化水平,推进生态住区建设,建设优美和谐的生态人居体系;完善公共绿地系统,美化城镇生态景观,改善农村生态环境,推进城乡生态建设。

建立健全生态文明制度。将资源消耗、环境损害、生态效益纳入经济社会发展评价体系,探索绿色 GDP 考核体系,建立体现生态文明要求的目标体系、绩效考核办法、奖惩机制。建立国土空间开发保护制度,完善和严格执行耕地保护制度、水资源管理制度、环境保护制度。深化资源性产品价格和税费改革,建立反映市场供求和资源稀缺程度、体现生态价值和代际补偿的资源有偿使用制度和生态补偿制度,积极开展节能量、碳排放权、排污权、水权交易试点。构建生态环境信息网络,建立生态安全评估、监测、预警与应急机制。健全完善相关的政策法规,加大政策引导和扶持力度。拓展多元化投融资渠道,推进生态建设市场化、产业化进程。加强环境监管,健全生态环境保护责任追究制度和环境损害赔偿制度。加强生态文明宣传教育,扩大对外交流合作,增强全民节约意识、环保意识、生态意识,形成合理消费的社会风尚,营造爱护生态环境的良好风气。[①]

(5)管理创新城市

城市管理是城市发展的永恒主题,它是一项社会系统工程,这里的

---

① 　参考宁波市环保局《宁波市加快建设生态文明行动纲要（2011—2015）》和《宁波生态市建设规划(2003—2020)》。

城市管理既包括常说的城管,也包括行政管理。实施城市管理创新战略,是城市走向国际化大都市的必由之路,也是新型城镇化建设的重要内容。管理创新城市战略就是树立以居民需求为导向的城市管理理念,推动和倡导高效的城市"大管理"格局,建立一个整体协调的运行机制,全面推进"人性化、精细化、智能化、网格化"管理,杜绝推诿扯皮现象,实现城市管理效能最大化。积极推进城市管理创新,建设创新型城市,为居民提供良好的学习、生活和工作环境,是政府最大的社会管理和公共服务。无论是东京、伦敦、纽约等世界标志性城市,还是北京、深圳等国内先进城市和上海、杭州、苏州、无锡等长三角地区城市,无一不将创新城市管理作为城市发展的重要战略。当前,宁波的产业要升级,社会在转型,加强和创新城市管理比任何时候都显得迫切,建设公共服务型政府离不开城市管理创新,建设高效宁波和国际化都市离不开城市管理创新,拓展城市功能空间、开发软资源离不开城市管理创新。改善民生、促进民富、保障民安、推进民主、激活民力、提高民智成为宁波新时期的城市建设管理的主要任务。

①战略目标。紧紧围绕全面建设小康社会和国际化大都市的总目标,牢牢把握中央提出的最大限度激发社会活力、最大限度增加和谐因素、最大限度减少不和谐因素的总体要求,以解决影响社会和谐稳定突出问题为目的总体要求,以建设服务型政府和服务型基层组织为基础,积极推进城乡社会管理理念、体制、机制、方法创新,着力完善城乡社会管理格局,着力优化政策举措,着力加强城乡社会管理能力建设,优化政策举措,着力促进社会公平正义,不断提高城乡社会管理科学化水平,为国际化都市建设和城乡一体化发展营造良好的社会环境,努力打造全国管理创新示范城市。保障和改善民生、造福市民是实施城市管理创新战略的根本目的。

②宁波实施城市管理创新的战略基础。"十一五"期间,宁波城市管理取得突破性进展,创新体制机制,建立了统一领导、属地负责城市管理体制;城市公共设施投入加大,城市公共服务能力增强,城市容貌不断改善和提升;城市管理信息化取得较大发展,一个现代化的城市管理体系基本形成。"十二五"开始,宁波加快了构筑现代都市的步伐,确立了全面建设小康社会和提前实现现代化的新目标,以创建程序规范、服务高

效、保障有力、管理科学为城市管理目标,着重推进智能化管理、精细化管理、标准化管理,着力推进和实现城市管理科学发展水平。

③宁波实施管理创新城市的战略措施。树立以人为本的城市管理理念,大力推进社会管理创新。改变过去重建轻管、重利益轻生态、重经济效益轻社会效益的管理理念,重新认识城市管理对象、管理内容和管理目的。现代城市是一个由经济、社会、环境三个子系统所组成的大型复合系统,三大系统在持续发展过程中相互作用、相互影响,城市管理既涉及生产、生活、环境各类基础设施管理,还包含城市规划管理、建设管理和功能管理。从动态讲,不同历史发展阶段的管理重点不同,当前在社会改革开放和城镇化过程中,城乡居民流动性强,社会矛盾复杂,城市管理的重点是要创新社会矛盾纠纷排查化解体系、流动人口与特殊人群管理和服务体系、社会管理服务体系、公共安全体系、非公经济组织和社会组织监管体系等,创新工作方式方法,围绕人民群众最关心、最现实的重大需求,推进公共健康、公共安全、社会公平、社会保障、防灾减灾等民生领域的重大项目,提升我市教育、医疗、卫生等各项社会事业发展水平。

创新城市管理机制,不断激发城市活力。建立城市管理例会制度,由市级领导牵头定期召开城市管理专题会议,纳入市长常务会议日程,从宏观上解决城市管理难题;建立城市目标管理责任制,将总目标层层分解到每一个管理环节和每一位管理者,不留死角,市、区、街道、社区层层落实责任,消除城市管理上的职责不清、相互扯皮、交叉管理和管理黑洞问题,实现城市管理的制度化、科学化、长效化;建立社会参与城市管理机制,建立政府主导、社会组织和公众共同参与的城市管理机制;实行城市管理市民听证制度,让市民从决策、执法、监督全过程参与城市管理;建立城市管理咨询机构,广泛吸纳社会各方面意见,择优配置社会民意和社会智力,实现城市管理的社会化;建立城市管理市场化运作机制,借鉴国际新公共管理理论经验,在公共管理领域中引入竞争机制、利益机制和为人民服务理念,通过委托、招标、租赁、承包等形式,把政府公共管理职能转移给企业、社区和私人机构,政府负责建设规划、标准制定、监督;建立城市管理绩效评价机制,构建城市管理的效率指标、效益指标和百姓满意度指标的综合评价体系,发布城市管理发展指数;建立行政监督机制,把城市管理绩效作为考评各级政府和官员政绩的主要指标;建立司法监督机制,对政府行政行为进行法律监督;建立群众监督机制,通过投诉电话、投诉信箱和群众接待日,随时接受群众监督;建立舆论监督机制,利用报纸、广播、电视、互联网等大众媒体,广泛接受社会舆论监督。

推动城市建设管理创新,提高城市综合承载力。积极学习借鉴其他国际化大都市建设的成功经验,用国际视野规划城市,用国际标准建设城市,用国际规则管理城市;优化城市空间布局,构建主城区、副中心城市、中心镇和小城镇四级城镇体系,进一步形成组团式发展的新格局;围绕建设创新型城市需求,把生态建设与经济发展、改善民生有机结合,努力建设人与自然和谐共生的山水城市、低碳城市、绿色城市、健康城市,加强城市重大基础设施建设,实现可持续发展,增强城市综合承载力;开展专项整治活动,抓住群众关注的重点、热点和难点问题,集中整治,狠抓突破,对户外广告、店招店牌、配套亮化、街面景观、排档整治、集镇环境、车辆秩序、非法运营等管理规范,实行"多管齐下、多项并举",切实提升城市对外形象,有效化解和消除城市管理难题。

创新行政管理,提高政府效率。政府效率的提高,不仅可以提高办事效率,提高为民服务质量,同时也可以减少公共成本支出,使政府有更多的资金用于民生工程。首先是实施电子政务。目前,计算机在行政管理中得到了广泛的应用,要加快推进联网连通,通过互联网使所有计算机相连相通,各主体(终端)利用网络传输、获取信息,要将物联网和云计算技术等新技术应用到电子政府中,实现智慧行政管理。加大软件系统的应用,通过计算机网络和应用软件实现网上服务、网上办事,目前各行业或部门开发使用的一些应用软件,通用性、兼容性以及推广都有待改进,当前重点需要解决电子政务整合、共享与协同问题,站在全市乃至全国互联、全网通用的高度,统筹处理政务、信息、应用、技术和机制等要素之间的关系,统一标准,统一设计。其次是基于电子政务实施政府流程再设计和重构。在分解和诊断原有流程的基础上,整合政府内部职能,实施流程优化,达到公共管理便捷化、自动化。政府流程再造追求的是一种彻底的重构,重新设计完成行政工作的快捷方法,对公共行政运行系统的战略性革新,强调组织的创新能力。政府流程再造应着重搞好规划、程序建设和行为监管,尽量减少部门摩擦,再造过程遵循法治化、制度化、程序化和全员参与的原则,新构流程要科学、系统、可行,流程运行达到标准化、规范化、人性化和公开透明。最后是转变政府职能,构建服务型政府。引入竞争机制,用市场的力量改造政府,用企业化的方式引导政府行为,达到公共资源的优化配置;树立服务理念,变"行政唯上"思想为"为人民服务"的理念,变"管制的官僚观念"为"管理"的理念;通过市场竞争机制让政府机构与外部竞争,实现公共部门非垄断化,提高行政效率和公共服务质量;三是"权、责、利"的统一,限制官员的自由裁量权,确保行政活动的有效性;公共机构内部引入竞争机制,将预算、考核、奖惩等与服务挂钩,迫使行政部门及其工作人提高工作效率。

　　2. 世界级物流枢纽,是宁波经济社会发展的现实需要

　　世界级物流枢纽战略就是以宁波海港为基础,内河港、航空港为补充,充分发挥现有港口、储备、物流、加工等功能,加快大宗商品和进口消费品交易平台建设,大力发展国际转口贸易、国际采购、国际配送、国际中转等物流增值服务,构建连接国际与国内物流网络的重要节点,力争成为国际物流枢纽中心,使宁波港从"东方大港"迈向"世界强港"。从吞吐量上来说,宁波港是世界前 6 的港口。2012 年,宁波港完成货物吞吐量 4.53 亿吨,居中国内地港口第 3 位、世界前 5 位,完成集装箱吞吐量 1567 万标准箱,箱量排名保持中国内地集装箱港口第 3 位、世界港口前 6 位。但与国内外的主要港口城市相比,宁波的城市地位、宁波港的竞争力和知名度远不如吞吐量排名。实施世界级物流枢纽战略是宁波经济社会发展的现实需要,建设世界级物流枢纽是宁波港口经济转型升级、服务国家海洋经济发展示范区建设大局的战略举措。当前,全球港口海运业务重心向亚洲特别是我国沿海转移,为宁波港的转型发展带来了重大契机,上海"两中心"的建设为上海国际航运中心主要组成部分的宁波港有可能获得政策创新的更大空间,浙江海洋经济示范区建设为宁波港全面提升增值服务能力创造了战略机遇。舟山上升为国家示范区后,因舟山港的货种以及规划未来的业务种类与宁波港交叉多,势必对宁波港的吞吐量产生一定的影响,宁波港如果不升级,原有优势和港口地位将难保。面对港口发展面临的新形势,加快打造世界级物流枢纽,对于充分发挥港口对区域经济和城市发展的辐射带动作用,具有十分重大的战

略意义。

(1)世界级物流枢纽的内涵

纵观围绕港口发展起来的世界物流枢纽发展历史,从海运货物的装卸和仓储为主要业务的储运中心,到服务工商业活动并使货物增值的服务中心,再到依托现代信息技术将贸易、航运和物流相结合的国际物流中心,最后发展为全球资源配置中心。目前,国际上公认的世界强港枢纽,业务各有侧重,形成了不同的发展模式。如以伦敦为代表高端航运服务比较突出的服务型国际强港枢纽,以汉堡、鹿特丹为代表港口物流服务比较突出的腹地型国际强港枢纽,以新加坡、香港为代表中转服务比较突出的中转型国际强港枢纽。同时,港口与城市协同发展,世界强港枢纽往往又是最具影响力的国际经济中心城市。宁波要发展成为世界级物流枢纽,应符合几个标准:完善的港口设施和畅通的集疏运网络,货物吞吐能力强;港口生产技术先进,物流作业信息化、智能化、机械化、自动化程度高;物流供应链完善,港口物流功能强;港航金融支撑能力强,高端航运服务产业发达;口岸贸易发达,港口资源配置能力强;港城互动能力强,港城协同发展程度高。综上所述,这里的世界级物流枢纽,就是指国际强港枢纽,是指港口发展具有较高的国际化水平和较强的国际竞争力,以完善的港口设施和畅通的集疏运网络为基础,以先进的港口物流为核心,以发达的贸易、金融、信息等港航服务业为支撑,以功能齐全、集约高效的管理机制为保障,具有较强全球资源要素配置能力、可持续发展的综合性物流枢纽。

(2)宁波实施世界级物流枢纽战略的现实基础

改革开放以来,宁波港充分发挥得天独厚的资源优势,港口发展取得了历史性突破。但总体上看,宁波港仍属于大进大出的交通运输港、港口增值服务能力比较薄弱,要实现世界物流枢纽还任重道远。

①港口基础设施不断完善,国际航线不断优化,但资源约束加剧。宁波港拥有各类泊位500多座,其中经营性泊位300多个,集装箱泊位20多个,万吨级以上大型泊位80多个,10万吨级以上特大型深水泊位近20个。累计开辟集装箱航线228条,其中远洋干线121条。但是,港口资源总体利用效率还不高,主要表现在:对港口与城市关系认识的相对落后,港城发展缺乏统筹规划;港口岸线资源日益紧张,规划的170公里

港口岸线只剩余不到 70 公里,其中可规模化开发的剩余大陆岸线仅 1.8 公里;业主码头建设随意性较强,港口资源利用不尽合理;进港航道和锚地资源缺口较大。

②公路建设快速发展,港口集疏运体系逐步健全,但过多依赖公路运输。随着象山港大桥的通车,"一环六射"高速公路网基本建成;甬台温铁路建成通车,疏港铁路运输能力明显提高;海铁联运发展迅猛,重点开发了江西地区集装箱海铁联运业务;随着嘉兴等水运支线开通,内贸、中转运输量快速提升。但是,港口集疏运能力还有待提高,疏港货物过多依赖公路运输,329 国道、通途路等疏港道路大货车比重过高,通行能力有限。

③临港工业规模不断扩大,但产业整体质量不高。宁波临港区域集聚了石化、能源、装备制造等六大临港产业群,形成了全国重要的石化产业基地、能源基地和先进制造业基地,临港工业占全市工业经济的 1/3。但是,宁波临港工业规划滞后,产业布局不够合理,集聚效应差;产业链条不长,大多处于产业的中上游,没有形成具有核心竞争力的产业集群;钢铁、能源、石化等临港工业投入产出比低于全市平均水平,导致全市工业增加值率偏低,而万元产值能耗远高于全市平均水平。

④港口生产发展迅速,口岸服务环境不断改善,但物流增值服务和创新能力弱。宁波港域年货物吞吐量达到 4.5 亿吨,年集装箱吞吐量达到 1500 万标准箱,已基本形成了集装箱物流、保税物流、矿石、煤炭、原油和液化品物流相对集聚发展的临港区域布局。港口物流企业蓬勃发展,世界排名前 20 位的船公司和一些国际知名物流企业均在宁波设立了营运机构。推进电子口岸建设,与省市地方电子口岸实现互联互通,构建了"一站式"报检报关通关服务平台,在全国率先实施口岸大通关建设,实现了省内出口商品通关单直通放行,实现通关服务。但是,港口物流体系总体运作效率不高,物流功能设施结构性矛盾依然存在;物流企业集中度不高,大多数港口物流企业业务比较单一,商贸、物流流通加工等增值业务拓展不够,规范建设、诚信建设、信息化建设有待加强,上规模、上档次的港口物流企业少;口岸管理体制和信息系统还无法适应日益增长的贸易发展需求。

⑤港航服务初具规模,大宗商品交易蓬勃发展,但市场竞争力还不

强。目前,宁波拥有数量众多的大宗商品交易专业市场,产品涵盖液体化工、煤炭、塑料、有色金属、食品,交易额居浙江首位,余姚塑料城等部分专业市场在全国具有举足轻重的地位。航运金融服务发展迅速,融资规模大,融资创新能力强,开发了船舶融资租赁、仓单质押融资、航运保险等新业务。但是,大宗商品交易市场仍处于初步发展阶段,市场竞争力和影响力还不够强,现有大宗商品交易市场功能布局不够合理,大部分货种交易规模化程度不高,部分货种交易市场重复建设问题较为突出,造成了市场的过度竞争,区域竞争力较弱;大宗商品交易的信用与认证标准体系未形成,金融配套服务滞后;航运金融机构专业化程度较低,航运金融市场规模小,金融品种不丰富,还不能满足港航发展的需要。

(3)构建世界级物流枢纽的战略目标

①战略定位。结合宁波强港战略和"六个加快"战略,综合考虑未来一个时期全球经济和贸易发展趋势,联系我国沿海、长江沿线和中西部地区转型发展的实际,宁波世界物流枢纽战略定位于:

国际物流枢纽。充分发挥现有港口、储备、物流、加工等功能,积极开展多式联运,加快大宗商品和进口消费品交易平台建设,大力发展国际转口贸易、国际采购、国际配送、国际中转等物流增值服务,构建连接国际与国内物流网络的重要节点,力争成为国际物流枢纽中心。

国际航运服务中心。充分发挥航运服务集聚区效应,大力促进高端航运要素集聚,推进现代航运服务业发展和口岸综合服务系统建设,加快形成集金融保险、船舶交易、航运定舱、信息咨询、后勤补给、海事商务等多种服务功能于一体的现代航运服务体系,进一步增强航运综合服务功能,力争成为国际航运服务中心。

现代化国际都市。充分发挥港口对城市发展的带动作用,积极推进港城一体化,加快构筑以先进航运制造业和现代航运服务业为主导的现代产业体系,全面提升城市功能和环境品质,增强城市辐射力和影响力,力争成为区域性现代化的国际中心城市。

②战略目标。立足当前,着眼长远,在港口生产、航运服务、口岸管理上取得突破性成效。

近期目标。到2015年,港口货物吞吐量和集装箱吞吐量分别超过5亿吨和1900万标箱,在全球港口排名力争前进一位;大宗商品交易额超过 4000 亿元,港口物流业增加值超过 1000 亿元,力争形成若干个在长三角、全国乃至全球有影响力的交易市场,基本建成集装箱物流、保税物流、大宗货物物流、液体化工物流系统,建成国内重要的干线机场和长三角地区国际航空物流枢纽;临港工业产值达到 8000 亿元,形成若干具有国际一流水准、集聚能力强的新型临港工业基地;力争形成若干高端航运要素集聚、航运资源配置功能突出的航运服务集聚区,基本建成以金融保险、后勤补给、海事服务等为主导的产业支撑系统;把宁波口岸建设成为与现代化国际港口城市相适应,口岸监管服务高效、电子口岸及第四方物流信息系统完善的大口岸,安全便捷、通关效率、物流成本等方面处于国内领先地位。

远期目标。争取到 2020 年港航服务体系全面建立,港城一体化格局全面形成,港口集散功能、服务功能和资源配置功能全面完善,基本建成上海国际航运中心的主要组成部分、国际物流枢纽中心、国际航运服务中心和区域性现代化的国际中心城市。

(4)实施世界级物流枢纽战略措施①

①构筑适应现代航运业发展的港口设施,提升港口承载能力。以集约化、规模化为目标,加强规划,整合岸线资源,有效保护和集约利用港口岸线资源;加快梅山、三门湾等区域的开发,提升宁波港的整体规模;加快港口码头、航道锚地建设,提升作业能力;加快老码头的升级改造,积极推广采用新材料、新技术、新能源,推进船舶岸边直供电、龙门吊油改电、集卡油改气等节能项目,推进港口节能减排。

②加强港口集疏运体系建设,提升港口综合集疏运能力。以发展综合运输为导向,进一步完善港口集疏运道路和城市道路立体化交通网络,充分发挥铁路、水路、航空在港口集疏运交通中的作用,努力构筑衔接顺畅、运行高效的现代化港口集疏运交通体系。加快建设支线铁路,重点抓好宁波铁路集装箱中心站、大榭及穿山港区铁路支线建设;完善水运疏港通道体系;抓住宁波被交通运输部和铁道部列为国家首批铁水联运六大示范通道的有利时机,大力发展海铁联运;积极推进海河直达船舶研发和船舶标准化,加快海河联运作业区建设,大力发展海河联运;

---

① 参考浙江省委常委、宁波市委书记王辉忠所作报告《宁波建设国际强港的对策研究》。

加强与沿海、沿江港口和内陆无水港的合作,提升水水中转比例;加强与上海、北京、广州等枢纽机场的合作,开辟日本、欧美、澳洲航线,增加与国内主要城市的直达航班密度,并推动航空公司和航空货代企业的深度合作,促进全货机航线发展。

③加强新型临港工业体系建设,提升临港工业带动能力。以集群化、高端化为方向,根据地理环境,调整完善临港工业空间布局,加快推进临港工业集聚和整合,做大做强优势产业链;择优发展临港工业,提高产业准入门槛,优先发展高科技、低能耗、低污染项目,着力构建附加值高、竞争力强、带动作用明显的新型临港工业体系;综合运用土地、财税、节能、环保等相关法律法规、产业政策及行政手段,分批淘汰能耗高、污染重、水耗大的落后产能和企业;立足现有石化、造船、装备制造等优势产业基础,明确产业链延伸方向和发展重点,大力拓展临港工业产业链。

④加强现代港口物流体系建设,提升港口贸易物流服务能力。以贸易物流港建设为目标,加快发展港口现代物流,拓展服务领域,增强服务功能,逐步形成集商品交易、信息传递、物流服务等多种功能于一体的现代港口物流体系。鼓励引进国际国内大型航运龙头公司,争取多设区域总部,培育壮大市内航运骨干力量,大力发展煤炭、矿石、油品、集装箱等专业化、大型化运输船队;培育一批货运代理、集装箱运输、多式联运经营、综合物流服务等不同类型的示范企业,支持通过兼并或重组组建大型港口物流集团;分区域加快建设临港特色物流园区,成立宁波大宗商品交易所,组建航运交易所。

⑤加强港航服务建设,提升航运服务能力。以基础航运金融服务为切入点,增加航运金融服务有效供给,加快航运金融业务、产品、服务的创新步伐,创新航运融资方式,培育发展离岸金融市场,发展航运保险业,努力打造金融功能完善、航运服务功能健全、配套环境优良的航运金融产业体系;以提升国际强港服务功能为目标,加快发展船舶补给、海事法律咨询与仲裁、国际邮轮等港口辅助服务,延伸港口服务链,建立完备的港口支持系统和辅助服务体系。

⑥加强口岸服务建设,提升口岸综合服务能力。以优化口岸服务环境为根本,创新梅山保税港区等口岸监管模式,探索推进自由贸易区建设,改善口岸通关环境,增强口岸服务功能,拓展电子口岸功能,强化物

流信息服务,推动物流信息公共服务平台和数据中心建设,提高口岸信息化水平,全面构建功能完善、机制灵活、便捷高效的现代口岸服务体系,为国际强港建设提供重要支撑。

⑦加强港城互动,提升港城集聚辐射能力。以现代化国际港口城市建设为目标,进一步加大港口、城市互动发展力度,调整优化港城空间布局,城市空间逐步向海域延伸,与港口产业形成有效互动;加快东部新城、杭州湾新区、滨海新城、梅山保税港区等核心功能区建设,尽快促进象山港湾、三门湾区域、大目湾区域、石浦港区域等新平台建设,推动现代大都市组团框架的形成;以贸易、物流、航运金融、临港工业、海洋新兴产业为重点,以资本、技术、品牌为纽带,加快推进宁波都市经济圈建设,争取在海洋经济核心示范区建设中取得突破;不断增强城市综合服务功能,把宁波建设成为区域性现代化的国际中心城市。

3. 全国先进制造业基地和现代服务业中心城市,是提升宁波城市地位的经济基础

宁波要率先基本实现现代化,建成现代化国际港口城市和宜居宜业的幸福城市,离不开产业的发展,需要高度发展的现代产业体系作为经济基础和物质保障。今后一个时期,宁波经济社会发展正处于重要的机遇期,也是矛盾凸现期,明确产业定位,加快推进结构调整和经济增长方式转变,对于宁波经济社会持续协调发展具有至关重要的战略意义。从宁波的地理位置、产业基础、禀赋优势、所处的历史发展阶段分析,宁波的产业选择方向要把握好两个重点:一是要推进现代服务业发展,加快打造现代服务业中心城市;二是积极推进产业集群,打造先进制造业基地。先进制造业与现代服务业紧密相连、相互促进,不可偏废。制造业的转型升级可以支撑、推动现代服务业,现代服务业的蓬勃发展可以调整、提升制造业。

(1)全国先进制造业基地

先进制造业基地是指以高新技术为先导、核心企业和优势主导产品为龙头,规模经济显著、竞争优势突出、技术创新能力强、国际化程度高、专业化分工协作的产业集群区。全国先进制造业基地战略是指,以制造业战略性结构调整和转型升级为主线,以持续增强产业综合实力和国际竞争力为目标,坚持创新和开放并举,围绕现代产业体系构建和"一核三

带"的空间布局,以建设重大项目、龙头企业、产业集群和低碳工业等主要任务,推进产业规模化、高度化、集聚化和国际化,努力建设全国重要的先进制造业基地,为全面建设小康社会、提前基本实现现代化夯实基础。

①建设全国先进制造业基地的意义。未来几年是宁波全面建设小康社会的关键时期,也是全面调整经济结构、加快转变发展方式的攻坚时期。全国先进制造业基地的战略定位,既是优化产业结构、促进制造业转型升级的需要,也是顺应国际产业分工格局、适应我国经济发展阶段和消费需求结构的需要,更是提升宁波制造业竞争力、实现制造业由小到大、由弱转强的根本途径。

适应世界经济环境变化的需要。2008年金融危机以来,世界经济格局正在发生改变,世界性的产业结构调整和转移加快,以及国内区域间生产要素日趋强劲的流动,产业梯度转移趋势加剧,沿海地区的劳动密集型简单加工业正在向内地转移,经济实力雄厚的长三角正在谋求打造高端制造业和现代服务业基地。全球能源资源、气候变化等全球性问题日益突出,发达国家加快推动形成"碳交易"等新的国际规则,信息技术、生物技术、可再生能源等新技术正在酝酿新的突破。对宁波来说,"智慧城市"的加快建设,海洋经济的加快发展,资源要素和生态环境的制约趋紧,传统产业加速转移、工业转型升级将步入战略机遇期和关键阶段。宁波要充分利用现有的工业基础,利用中国制造业在国际市场上的竞争优势,利用长三角及其国内的巨大需求市场,大力发展先进制造业,承接国际产业转移、突破价值链"低端锁定"、实现战略性新兴产业局部跨越,将宁波建设成为在国内有重要影响力的先进制造业基地。

建设创新型城市的需要。从创新实践看,先进制造业是推进自主创新的主体行业和主要载体。从发达国家的实践看,虽然在服务业中也可以进行技术创新,但是对经济社会进步有重大促进作用的革命性技术创新,大都还是发生在先进制造业领域。特别是一些具有战略意义的新兴产业技术创新,更是离不开先进制造业。所以,在国家规划的战略性新兴产业中,基本上是制造业,宁波要建设创新型城市,自然也需要大力发展高端、先进的制造业,从而支撑区域科技创新中心的形成。

提升城市整体竞争力的需要。先进制造业基地建设对城市功能的整体提升,具有强大的、不可替代的基础支撑作用。先进制造业最能够体现城市的集散功能,是处于制造业产业体系的最高端的产业,集聚了大量的高端设备、高端人才和高端技术,较长的产业链一般需要跨区域、跨部门、跨行业进行零部件、原材料、技术供应等方面配套,需要对高端要素进行控制性集聚与扩散。同时,先进制造业既可以强劲拉动物流业、会议展览业、金融保险业等生产性服务业的发展,也可以研发设计、品牌推广、广告营销和人力培训等配套高科技产业和服务产业的发展,还可以带动传统产业升级。

②全国先进制造业基地战略定位的现实基础。"十一五"以来,宁波工业经济快速增长,工业继续保持国民经济的主导地位,对全市经济社会发展的支撑作用不断增强。2012年,完成全部工业增加值3170亿元,比上年增长6.0%。规模以上企业累计完成工业增加值2132.5亿元,完成工业总产值11962亿元、销售产值11610亿元、出口交货值2659亿元,累计实现利税总额1057.5亿元、利润总额520.3亿元,同期工业对全市生产总值的贡献率达到48.77%。至2010年底,全市规模以上工业企业数量达到12404家,规模以上工业就业人数达到180.6万人,规模以上工业全员劳动生产率达到11.3万元/人/年。技术创新投入显著加大,创新载体建设、产品创新和品牌建设取得了显著进展,产业结构加快调整,信息化水平较快提升,自主创新能力有较大提升。2012年规模以上企业科技活动经费支出156.5亿元,全市发明专利授权量2065件,规模以上工业新产品产值2415亿元,新产品产值率达20.2%,创历史新高。高新技术产业累计实现产值3434.0亿元,软件产业实现业务收入178亿元,高于规模以上工业总产值增幅2.7个百分点,占规模以上工业总产值的28.7%,比上年提高2.7个百分点。截止2012年底,全大市互联网宽带接入用户达221万户,光网覆盖家庭户数累计达185万户,实现城镇化地区光纤到户全覆盖,具有3G业务的用户达到200万户,3G的无线宽带网络已覆盖城区。扎实推进节能降耗和工业循环经济建设,积极构建生态型临港工业产业链、废弃物综合利用产业链、农产品加工循环产业链等,生态工业建设取得显著成绩。

宁波制造业也存在着一些突出的问题和矛盾,比如,自主创新能力仍较为薄弱,高端创新要素有待进一步集聚;工业经济增长方式仍较为粗放,资源环境约束进一步加剧,工业结构的战略性调整有待进一步向纵深进;开放带动能力仍相对不足,对内对外开放的范围、层次和水平有待进一步提升等。

③构建全国先进制造业基地的战略目标。坚持走新型工业化道路,大力实施市委市政府"六个加快"战略部署,进一步发挥工业在国民经济和社会发展中的主引擎作用,以提升工业现代化水平为目标,以自主创新、深化改革和扩大开放为动力,以大平台、大产业、大项目和大企业建设为重点,突出延伸产业链、提升价值链、强化创新链,加快构建具有较强国际竞争力的创新驱动型、"两化"融合型、开放带动型、效益提升型、产业集群型、绿色低碳型的现代工业体系,为宁波全面建成惠及全市人民的小康社会、率先基本实现现代化奠定坚实的基础。

总体目标。加快推动从"宁波制造"向"宁波智造"转变,加快实现从工业大市向工业强市转变,基本形成具有较强国际竞争力的现代工业体系,成为全国工业转型升级先行区、国际重要的先进制造业基地和国内先进的生产性服务业集聚区。

近期目标。力争到"十二五"期末,工业总量位居全省第一。具体指标包括:综合实力迈上新台阶,工业增加值突破4700亿元,工业总产值突破24000亿元,其中规模以上工业企业利税突破2000亿元,工业全员劳动生产率超过18万元/人/年。继续推进创新能力建设,着力提升工业企业自主创新能力,力争规模以上工业企业科技活动经费支出占销售收入的比重达到1.5%左右,专利授权量超过35000件,国家级技术中心达到12家,力争使一批重点企业在技术水平、工艺水平上处于国际领先水平或国际先进水平。发展战略性新兴产业、高新技术产业和装备制造业,促进产业结构战略性调整,力争规模以上新兴产业产值达到6000亿元以上,占规模以上工业产值的比重达到25%,高新技术产业增加值占规模以上工业增加值的比重达到28%左右,装备制造业增加值占规模以上工业增加值的比重达到36%左右。推进块状经济向现代产业集群升级,加快培育一批规模大、实力强的现代产业集群,力争形成一个年销售产值超4000亿元、两个超2000亿元、五个超1000亿元的大型产业集群。推进龙头企业建设,加快形成组织结构合理的工业企业梯队,力争年产值超亿元的工业企业达2000家左右,超100亿元的达20家,超500亿元的达 5 家。提升工业项目能效水平,积极淘汰落后产能,促进绿色低碳经济发展,力争万元工业增加值综合能耗、万元工业增加值的废水、废气和固废排放达标率达到国内(或国际)领先水平,淘汰落后产能工作走在全国前列。

远期目标。到 2020 年,宁波工业产业结构更加合理,战略性新兴产业和生产性服务业支撑作用日趋明显;创新对工业发展的驱动能力更加强劲,重要领域科技创新接近或达到世界先进水平;区域产业布局更加协调,分工合理、各具特色的产业空间格局基本形成;生态环境明显改善,单位工业增加值能耗接近或达到国内先进水平,宁波基本实现工业现代化。

④实施全国先进制造业基地的战略措施。明确产业发展重点。坚持先进制造业和现代服务业双轮驱动,紧密围绕战略性新兴产业培育发展和优势产业改造提升两大领域,构筑"4+4+4"现代工业体系。一是按照特色化、差异化的发展战略,重点发展和培育新材料、新能源、新装备、新一代信息技术等 4 大战略新兴产业,形成未来一段时期的主导产业和长期的经济新增长点。力争到 2015 年,使宁波成为国内先进的高性能有色金属材料基地、国内重要的稀土永磁材料和改性工程塑料基地,成为国内领先的新材料产业基地和研发中心,成为国内先进的光伏新能源应用示范基地和产业发展高地,成为国内领先的高端机械制造基地及国内领先的海洋工程造船基地,成为国内领先的信息技术产业基地,成为电子信息产业研发设计、生产与承接国际转移的中心。二是积极发展和培育节能环保、生命健康、海洋高技术、设计创意产业 4 大新兴产业,使其成为今后较长一个时期内宁波工业经济发展的新增长点。力争到 2015 年,使宁波成为国内重要的节能环保产业基地,成为国内先进的 LED 新光源应用示范基地和产业发展高地,初步形成具有较强竞争力的生物医药与医疗器械产业基地,成为国内领先的海洋高技术产业基地,成为国内先进的海洋装备产业基地,成为国内先进的设计创意产业基地、设计之都。三是着力对优势产业的改造提升,重点改造提升石化、汽车及零部件、纺织服装、电工电器等 4 大优势产业,增强区域工业经济竞争力。以纺织服装、塑机、家电为主的优势产业要以集约化发展推动高端发展,以石化、钢铁为主的临港重化工业要在深化发展中向高加工度发展,要

有效发挥临港产业之间及其与其他产业的关联效应,在提高工艺技术水平和开发新产品方面形成互动,再创优势产业新优势。力争到 2015 年,使宁波成为国内最大、亚洲领先的石化产业基地,全球最大的 MDI 和 PTA 生产基地,成为全国重要的经济型和中级轿车及零部件的制造基地和配套中心之一,成为区域性轿车研发基地,成为国内领先、国际先进的现代纺织服装制造和运营中心,成为具有较强国际影响力的"服装之都",成为国内领先的电工设备和电工器材生产基地,成为全球智能家电产业发展高地。

优化产业空间布局。根据《宁波市城市总体规划》、产业空间布局以及产业发展现状,围绕建设现代化国际港口城市、亚太地区重要国际门户城市及国内领先、国际先进的制造业基地和国内先进的生产性服务业集聚区的战略目标,着力构筑"一核三带"的产业空间格局。"一核"为市中心区都市型工业圈;"三带"分别为沿湾产业带、沿海产业带和环象山港产业带。"一核"主要包括海曙、江东、鄞州、江北、国家高新区等区块,定位为宁波城市经济转型的主要载体,也是全市战略性新兴产业及总部经济、商务会展、设计创意等生产性服务业发展的核心区。"三带"包括沿湾产业带、沿海产业带和环象山港产业带,是大平台、大产业、大项目、大企业布局的重要区域和工业经济增量优化的主要载体。沿湾产业带西起余姚市黄家埠镇,东至慈溪新浦镇,着力打造海洋经济大平台,打造具有鲜明特色的杭州湾南岸加工工业产业带,打造成浙江海洋新兴产业重点基地。沿海产业带主要包括镇海、北仑、宁波保税区、大榭开发区、梅山保税港区等区块,打造浙江海洋经济发展的核心区、浙江临港大工业发展的核心区和宁波现代物流核心区。环象山港产业带主要包括象山、奉化、宁海等区域,在现有工业基础上通过建设城镇化大平台的新布局来推进产业基地的新开发和建设,积极促进转型升级。

强化任务措施。一是加强创新驱动,推动渐进式与跨越式创新。大力推进创新型企业建设,进一步强化企业创新主体地位,从面上带动全市工业企业自主创新能力提升;进一步集聚创新资源,推动形成一批产学研紧密结合的产业联盟,进一步完善区域创新体系;深入实施知识产权战略、标准化战略和自主品牌战略。二是加强融合引领,推动信息化与工业化融合。牢牢把握全球信息化和信息通信技术发展新趋势,围绕

"智慧城市"建设,通过加快智能宽带基础设施建设和"两化"融合技术突破促进"两化"高水平融合,通过在企业、行业和区域等层面推进促进"两化"多层次融合,推动信息化应用全面渗透,促进信息化和工业化全方位、多层次、高水平的深度融合,引领全市工业转型升级。三是加强开放带动,推动高层次与高水平开放。充分利用国际国内"两种资源"和"两个市场",加快资本、技术和人才等高端要素资源"引进来",加快集群、企业和产品"走出去",积极推进工业品市场结构优化升级,在更大范围、更广领域、更高层次上参与全球价值链分工,推动工业经济高层次与高水平开放,带动全市工业转型升级。四是建设重大项目,加快形成工业投资新结构。按照大项目建设的要求,着力推进新兴产业项目建设,加快推进优势产业领域技术改造,切实引导民间资本和外资向重点投资领域集聚,加快形成工业投资新结构。五是建设龙头企业,加快形成企业组织新格局。立足当前工业企业发展基础,着眼全产业链发展,大力实施"百强企业培育计划"和"中小企业成长计划",努力创建一批管理现代化示范企业,加快形成企业组织新格局。六是建设产业集群,加快发展产业组织新形态。按照现代产业集群的要求,紧密围绕专业化协作配套体系建设,大力推进传统块状经济向现代产业集群转型升级,着力推动园区整合提升,纵深推进特色产业基地建设,积极建设生产性服务业集聚区,加快发展专业化分工细、协作配套好、创新成本低、要素配置活的产业组织新形态。七是建设低碳工业,加快开创绿色发展新局面。迎合工业绿色发展趋势,实施"千百十"节能工程,加快淘汰落后产能,加快建设生态工业园,大力发展工业循环经济,加快推进低碳工业建设,努力开创绿色发展新局面。①

(2)现代服务业中心城市

①建设全国现代服务业中心城市的意义与基础。发展现代服务业,既是宁波加快经济转型升级的重要抓手,也是提升城市品位形象和群众生活品质的必然要求。随着信息通讯技术的快速发展和经济全球化进程的不断加快,全球产业结构发生了巨大的变化,服务业在就业和国内

---

① 参考宁波市信息产业局《宁波"十二五"工业转型升级发展规划》、《2012 年宁波市工业运行情况综述》以及黄晖:《宁波发展先进制造业的行业选择》,《经济地理》2011 年第 3 期。

生产总值中的比重不断加大,逐渐成为经济增长的中坚力量。我国服务业虽有较大发展,现代服务业在国民经济中所占比重一直保持40%左右,但与发达国家乃至和收入水平相比,仍存在较大差距,发达国家普遍在71%以上,说明在中国现代服务业大有潜力可挖。随着浙江海洋经济发展示范区和舟山群岛新区建设、海陆统筹和陆海联动战略全面推进,这将为服务业发展注入新的活力;制造业转型升级与现代服务业融合互动的趋势加速推进,将催生出巨大的生产性服务需求;新型城市化、城镇化的快速发展将极大地促进城乡居民收入水平不断提高,为生活性服务业发展创造广阔空间;社会和体制转型全面推进将引致扩大就业、改善民生、共享发展成果的要求更加迫切,促进劳动密集型服务业和公共服务业快速发展;加快打造国际强港、构筑现代都市、推进产业升级、创建智慧城市、建设生态文明、提升生活品质等"六个加快"的战略部署,这些目标的实现都离不开现代服务业的有效支撑,为现代服务业发展提供巨大需求和发展动力。

改革开放以来,宁波服务业发展取得了较好成绩,初步构建起了与长三角城市群重要中心城市、现代化国际港口城市定位相适应的现代服务业体系。服务业已经成为全市经济发展的重要支柱、地方财力的重要来源、吸纳和扩大劳动就业的重要途径和拉动投资的重要引擎。依托港口优势和产业基础,基本形成了营销贸易、港口物流、现代金融、现代会展为主体的产业优势,为宁波现代服务业发展奠定了良好的基础。2012年,服务业对经济增长的贡献增强,全年服务业增加值比上年增长10.9%,增速居全省首位,对GDP贡献率为56.5%,拉动GDP增长4.4个百分点,占GDP比重达42%,同比提高1.5个百分点;全年限上服务业企业实现营业收入9750.2亿元,增长7.7%,实现利润总额591.5亿元,总量持续扩大,地位日益提升,现代物流业、信息服务业、服务外包、商业模式创新、楼宇经济等现代服务业成为投资热门,梅山保税港区、和丰创意广场、国际贸易展览中心等现代服务业产业基地建设扎实推进,国际航运服务中心、国际金融服务中心、第四方物流信息平台示范引领作用增强,出现了一批行业龙头企业。

宁波作为我国民营经济的聚集地,经济发展迅速,但宁波在长三角城市的服务业发展呈现相对滞后的局面,现代服务业发展还存在不少矛盾和问题,表现在:服务业比重偏低,服务业增加值占 GDP 比重位列 7 个比较城市的末位;内部结构层次较低,生产性服务业增加值占服务业增加值比重仅为 40.9%,与制造业密切关联的国际商务、专业咨询服务、中介服务等规模小,科技开发、技术转化等产前服务更弱;市场化程度较低,产业融合度不强,品牌竞争力较弱;大企业、大集团数量少,集聚效应差;企业总体规模小,经营水平和管理水平较低;适应于产业转型升级发展需求的研发设计、商务中介、供应链管理、国际金融、大宗商品交易等高端服务业人才严重不足,一定程度上影响了现代服务业产业化和国际化发展进程。

②建设全国现代服务业中心城市的战略目标。以加快转变经济发展方式为主线,以提速、提质、提能级为要求,以国家服务业综合改革试点为契机,着力打造"三位一体"港航物流服务体系,加快发展总部经济、电子商务、服务外包等新兴服务业态,全面提升"安民、乐民、健民"的生活服务功能,努力构建结构合理、特色鲜明、支撑有力、竞争力强的现代服务业体系,初步建成服务长三角、联合中西部、对接海内外的生产性服务业中心城市和宜居宜业的现代都市。

强化服务业发展对产业、港口和城市转型发展的重要支撑功能,做大规模、做优结构、做足特色、做强实力、做新业态。到 2015 年,服务业主营业务收入达到 20000 亿元,增加值达到 4500 亿元,占 GDP 比重达到 45%,全市服务业地税收入达 550 亿元,从业人数达 220 万人;生产性服务业增加值占服务业增加值比重达到 55% 左右,为制造业两端延伸提供强有力支撑;新兴服务业增加值占服务业增加值比重超过 10%,成为拉动我市服务业发展新的增长点;利用港口、海洋优势,大力拓展航运中心功能,国际贸易、现代物流、现代金融、现代商贸等生产性服务功能进一步增强,对区域集聚、辐射和带动效应显著提升。到 2015 年,进出口总额达 1500 亿美元,金融业增加值突破 1000 亿元,社会消费品零售总额和国内商品销售额争取翻一番;服务业品牌、主体培育实现突破,培育 500 家省市级现代服务业示范企业,形成一批在国内具有较大影响力的知名服务品牌;鼓励与引导服务企业大力发展需求层次高、推进经济社会转型效率高、科技含量高、附加值高的新型服务业态和服务方式,实现服务业创新发展。

③建设全国现代服务业中心城市的战略措施。优化发展生产性服务业，支撑其他产业发展。积极参与上海国际航运中心和国际金融中心建设，适应产业、港口和城市转型发展的需要，大力发展国际贸易、现代物流、现代金融、现代商贸等优势生产性服务业，培育壮大商务中介、科技信息、现代会展、文化创意等新兴服务业产业规模，加快提升生产性服务业能级，努力将宁波打造成为服务长三角、联合中西部、对接海内外的生产性服务业中心城市。

积极发展生活性服务业，丰富人们生活。顺应城市化快速推进和居民消费升级新趋势，加快发展休闲旅游、社区服务、房地产等生活性服务业，全面提升"安民乐民健民"的生活服务功能，努力将宁波打造成为"宜居宜业"的现代都市。

加快培育新兴服务业态，扩展经济增长极。顺应信息化、低碳经济、环境保护、产业升级等现代经济社会发展趋势，积极培育壮大大宗商品交易、总部经济、电子商务、服务外包等具有巨大增长潜力、引领产业转型升级的新兴服务业态。以新兴服务业态的率先发展，促进产业链向高端延伸，增强宁波经济的持续发展能力，提升城市服务功能。

优化空间布局，打造各自特色。以现有经济发展和城市功能定位为基础，强化中心城区集聚功能，积极打造增长极，大力构筑辐射网，形成区域分工明确、产业节点分明的服务业体系，实现区域内的差别化竞争和错位发展，形成以海曙、江东、鄞州、江北、北仑与镇海六区为核心，以余姚、慈溪、杭州湾新区为协同北翼，以象山、宁海和奉化为协同南翼的"一核集聚、两翼协动"的互动格局。海曙区与江东区定位主要发展高端商贸服务业、金融业、商务中介、航运服务等高端服务业态，鄞州区、江北区重点发展总部经济、电子商务、创意设计、服务外包等服务产业，北仑区与镇海区重点发展港口物流业、交通运输业、大宗进口商品专业市场。北翼利用块状经济和特色农业发达、处于跨海交通运输节点、旅游资源丰富等优势，发展功能区块特色鲜明、具有较强的聚集与辐射效应的宁波服务业增长极。南翼利用沿海与临港、旅游资源丰富、城乡一体化进程加速的优势，重点发展旅游业、临港服务业和城乡商贸流通业，形成区位功能明确、特色鲜明的宁波南翼增长极。

制定发展政策，强化政策扶持和引导。根据国际国内宏观发展变化,及时调整服务业发展规划,进一步完善现代物流、现代金融、国际贸易、现代商贸、商务中介、科技信息、现代会展、创意设计等行业子规划,细化和完善服务业发展指导目录,明确鼓励类、限制类和禁止类行业,引导资金投向重点行业;鼓励金融机构积极创新融资方式,开发金融产品,提高信贷审批和发放效率,支持现代服务业的发展;加大财政投入,设立市级服务业发展引导资金,调整和优化扶持结构,协同推进现代服务业发展,引导社会资金投资服务业;减免企业税费,降低服务业的行政成本;实行支持服务业发展的土地政策,优先保证符合城市规划的服务业重大项目、特色园区建设用地,降低服务业用地成本。①

(二)建立经济驱动机制,保障经济持续稳定发展

1. 建立驱动机制的理论依据

经济发展理论认为,一个国家或区域,在不同的时期,由于其所处战略发展阶段和战略发展目标不同,需要有不同的发展动力机制。经济发展与经济增长是既有区别又紧密相连的两个概念,经济发展是在经济增长的基础上,一个国家或地区经济结构和社会结构持续高级化的创新过程或变化过程,既反映和体现财富与产出量的增加以及有关经济方面的发展问题,也很注重社会一般关系的发展变化,与我们常说的经济社会发展含义相近。经济增长是经济发展的基本动力,是经济发展的物质条件,没有增长,谈不上发展;反之,有发展必然有增长,没有发展,长期的持续增长也是不可能的。

美国著名经济学家罗斯托(Walt Whitman Rostow)通过对世界各国,特别是英、美经济增长历史的考察,提出经济成长阶段理论,认为所有国家从不发达到发达过渡都必须经过一系列的阶段。其在1960年出版的《经济增长的阶段》一书中把人类社会发展分成传统社会阶段、起飞准备阶段、自我持续增长阶段、成熟发展阶段、高额群众消费阶段等五个阶段,在1971年出版的《政治与增长阶段》一书中又加进了第六阶段,即追求生活质量阶段。他认为,经济增长最关键的几个阶段是为起飞准备

---

① 参考《宁波市"十二五"服务业发展规划》以及郑堤、许勤彪:《宁波市现代服务业发展研究》,浙江大学出版社2009年版。

阶段、自我持续增长阶段和成熟阶段。罗斯托认为,每一阶段表现出不同的经济特征,经济成长的动力机制也不一样。

传统社会阶段不存在现代科学技术,主要依靠手工劳动,农业居于首位。起飞准备阶段中,近代科学知识开始在工、农业中发生作用,主要是进行基础设施建设和创造有利于制造业发展的农业和贸易业的基础,驱动因素主要是以自然资源和劳动力等初级资源的要素驱动。自我持续增长阶段即经济史上的产业革命早期的工业化开始阶段,新的技术在工、农业中得到推广和应用,投资率显著上升,工业中主导部门迅速增长,农业劳动生产率空前提高,驱动因素主要是资本驱动。成熟发展的阶段中,现代科技得到普遍推广和应用,经济持续增长,投资扩大,新工业部门迅速发展,国际贸易迅速增加,驱动因素主要是技术驱动,这一阶段大约要经过60年左右。高额群众消费阶段,社会的主要注意力就从供应转到需求,从生产问题转到消费问题和最广义的福利问题,主导部门转到耐用消费品生产方面,驱动因素主要是财富驱动。追求生活质量阶段,主导部门是服务业与环境改造事业。综上所述,驱动机制一般依次经历要素驱动、投资驱动、技术驱动和财富驱动四个阶段。

2. 建立"四轮"驱动机制是宁波经济社会发展的现实需要

"四轮"驱动是指以投资、消费、外贸和创新"四轮"驱动并重,在注重三驾马车对经济拉动作用的同时,通过产业创新、科技创新、人才支撑创新、制度创新、管理创新,引领经济转型发展,保障宁波经济持续稳定发展。

(1)宁波的发展需要投资驱动

①宁波还没有超越投资驱动阶段。城市建设还需要大量的投资。宁波的都市建设、新型城镇化建设、基础设施建设等需要大量的投资。1992年以来,宁波通过大量的城市建设投资,使城市面貌起了翻天覆地的变化,但是,与世界先进城市相比,与建设国际化大都市的目标相比,宁波的城市建设标准还比较低。例如,城市轨道交通网络还未建成,城市道路、停车场库等城市交通系统还需要进一步建设,污水、垃圾处理系统还没有完善,城市雨水、污水还没有分流,城市的直饮水系统还需要建设,城市功能区还需要进一步完善,旧城区改造任务还相当繁重,教育、卫生、文化设施还比较落后,卫星城(中心镇)才刚刚起步,新宁波人融入

建设、新农村建设和城市化建设还任重道远等,这些城市建设项目还需要大量的投资,宁波的城市建设还需要大量的投入,到 2015 年,仅交通基础设施投资就需要投入 1000 亿元。

构建现代产业体系需要大量投资。宁波无论是着力发展新材料、新能源、新装备、新一代信息技术等四大战略新兴产业,积极发展节能环保、生命健康、海洋高技术、设计创意等四大新兴产业,着力改造提升石化、汽车及零部件、纺织服装、电工电器等四大优势产业,还是优化发展业国际贸易、现代物流、现代金融、现代商贸等优势生产性服务业,培育壮大商务中介、科技信息、现代会展、文化创意等新兴服务业,加快发展休闲旅游、社区服务、房地产等生活性服务业,加快培育壮大大宗商品交易、总部经济、电子商务、服务外包等新兴服务业,都需要长期的、大量的资金投入。

②投资依然是宁波经济增长的驱动力。在世界经济增长放缓、货币战争加剧等不确定因素增多的复杂形势下,宁波外贸增长乏力,消费增长持续力减弱,作为拉动经济增长三驾马车之一,投资依然是宁波经济增长的关键驱动力,宁波的发展现状还远远没有超越投资驱动阶段。尽管在转变经济增长方式和提高经济增长质量的大背景下,长期看投资的拉动作用可能会渐渐弱化,但在短期内投资对经济的影响还不可撼动,从逆周期和稳增长的角度出发,拉动投资依然是当前宏观政策的必然选择。在经济不景气的情况下,固定资产投资对于整个经济发展的稳定作用更加突出,加大投资既能起到直接带动经济增长,暂缓经济加速下滑的效果,又能增加就业、扩大内需,为新一轮的经济增长奠定物质基础。2012 年宁波累计完成投资 2914 亿元,同比增长 21.6%,创 2006 年以来新高,对 GDP 的贡献率达到 41.4%,拉动经济增长 3.2 个百分点①。

(2)消费对经济增长的拉动作用需要增强

①消费需求是拉动社会经济发展的最终力量。经济增长主要取决于消费、投资和外贸这"三驾马车",但是投资需求只是中间需求,只有消费需求才是真正的最终需求,消费需求规模的扩大和结构升级才是经济增长的原动力。生产的目的是为了满足人们的生活需要,只有满足人们

---

① 固定资本形成额实际增量按浙江省前两年的投资折算系数 R=0.927 折算。

日益增长的物质文化需要，才能实现社会生产的目的。市场经济是需求导向型经济，而市场需求中最重要的是消费需求，没有消费，生产将难以持续进行下去，更谈不上经济增长。只有扩大消费需求，调整消费结构，才能不断为市场注入动力，促进产业结构优化升级，促进经济持续快速发展，提高经济增长的质量、效益和水平。只有消费需求不断扩大，才能吸引投资，以消费需求科学引导投资导向，避免盲目投资和无效投资。也只有消费结构和生产结构优化升级，增加有效供给，才能引导消费，提高整个社会的生活水平和质量，使居民消费由以生存型消费为主逐步转变为以享受和发展型消费为主，促进居民素质的全面提高和人类文明的进步。

②社会消费需求不足是制约经济增长的重要因素。目前，宁波由于经济外向度高，GDP增长主要靠出口和投资拉动，宁波经济增长中消费贡献度长期偏小，经济增长主要依靠投资和出口，并大大低于国际平均水平，特别是2008年金融危机以来，消费占GDP的比重处在一条低水平的通道上，消费对GDP的贡献率长期徘徊在20％左右。由于消费需求不足，拉动经济增长的"三驾马车"失去平衡，造成经济发展的内生原动力不足，只能过多地依赖投资和出口。而没有消费需求支撑的投资往往容易成为盲目投资和无效投资，很难保证可持续性。过多依靠出口也容易受制于人，国际上一有风吹草动，就很容易受到冲击，同时造成产业结构不合理，制约第三产业发展。正因为这样，金融危机一来，出口受到严重冲击，经济增速下降特别明显。为了保持平稳较快增长，需要启动内需来弥补外需留下的缺口。

③影响宁波消费增长的因素。2012年以来，受城乡居民收入水平较快提高、物价涨幅回落以及国家不断出台的扩大消费政策等利好因素刺激，消费仍处于较快增长区间。全年商品销售额首次突破万亿大关，达10610.8亿元，增长13.1％，商品房销售回升，汽车消费增速趋缓，智能手机成消费市场新亮点，网络购物火爆。未来，支撑消费较快增长的因素：十八大提出的居民收入倍增计划，将使城乡居民收入增长明显加快；扩内需的各项政策有利于稳定消费信心，持续促进消费；今年以来物价涨幅持续回落，居民实际消费能力增强，同时央行出台非对称加息举措，居民财产性收入增长得到保护；我国消费金融快速发展拓宽了消费市场空

间,激发了居民消费热情。同时,制约消费增长的因素依然存在:受经济增长速度放缓和就业前景不明朗影响,消费者信心指数降至较低水平;有效供给不足,产品质量和消费环境有待进一步完善,节能家电补贴促销作用不显著;高档商品和奢侈品的国内外价格倒挂导致部分高端消费外流,不利于国内消费增加;股市持续低迷,资本市场难有起色,降息使居民储蓄存款的利息收入不断减少,存款保值增值前景不乐观,不利于扩大消费。

④构建经济增长的消费驱动机制。提高居民收入,增强居民的消费意愿。要扩大社会消费需求,就必须提高居民收入,着力通过扩大就业、转移支付、税费减免、财政补贴等途径,多渠道增加居民收入,积极改善居民对未来的收入预期,提高广大中低收入者的收入,特别是农民的收入;继续加大对农村、农民、农业的投入力度,促进农业产业化、农村城镇化、农民居民化,不断提高农民收入,畅通农产品流通渠道,重点在农村居民社会保障、新农村建设、农村市场建设下工夫;采取更有力措施促使城镇居民就业和再就业,增加城镇居民中低收入者收入;逐步调整收入分配制度、就业创业制度,缩小居民收入差距;完善教育、医疗、养老和住房等社会保障体系,扩大社会保障覆盖范围,减轻或消除居民的后顾之忧。

引导居民转变消费观念,合理消费。倡导和鼓励消费,明确和重视消费需求对经济发展的拉动作用和导向作用;引导和建立与市场经济相适应的现代消费观念,引导居民由单纯的吃、穿、用的生存消费向发展型消费扩展,由简单消费向多样性消费转变,鼓励大家提高生活质量,拓宽消费领域;消费不是浪费,要正确引导居民追求文明、健康的生活方式,使居民学会花钱,舍得消费,敢于消费,改善消费结构。鼓励大家增加在科技、文化娱乐、信息、教育等方面的投入,更新传统的消费观念,培养科学消费、理性消费、健康消费、安全消费、可持续性消费的理念。

规范市场秩序,改善消费环境。加强对商品的质量监管,加大对市场秩序的整顿规范力度,依法严厉打击伪劣假冒,严厉制裁商业欺诈,提倡、鼓励"诚信促销",切实保障消费者的购物安全和企业的交易安全;健全消费者权益保护的组织体系,为广大消费者创造放心的消费环境,对消费品价格波动实施预警,保证消费品的正常供应,稳定消费市场。

　　优化商品结构,增加有效供给,培育新的消费热点。消费需求的个性化特征越来越强,消费的实现,必须要有能与个性化消费需求相匹配的商品供给,苹果的全球热销说明供给也能创造消费,因而通过产业的升级,提高产品的加工深度、科技含量和附加值,改善供给结构;加快发展第三产业特别是文化、教育、科技、旅游、信息、休闲、健身、社区生活服务等产业,在培育网购、绿色、低碳等新消费热点上下工夫,培育新的消费热点,扩大消费领域;针对不同群体,制定相应的消费政策,分层促进消费,对于高收入群体应积极创造投资环境,丰富消费内容,提升消费品位;对于中等收入群体,应主要引导他们改善收入预期,增加即期消费;而对于那些低收入群体,则主要应千方百计帮其增加收入,提高购买力。

　　(3)外贸驱动作用需要巩固

　　①外贸依然是宁波经济发展最重要的动力之一。在很长一个历史时期内,外贸特别是出口一直是宁波经济发展最重要的动力之一。宁波是一个外向型港口城市,外贸对宁波经济的贡献是全方位的,港口、工业、外贸物流、服务等。产品出口直接拉动内需,从而拉动相关产业的增长。同样进口对经济增长也有巨大的促进作用,稀缺资源进口可以实现资源的优化配置,弥补本市资源不足,优化产业结构;先进设备进口,可以将资本转化为生产能力,提高生产效率和技术水平;消费品进口可以刺激消费需求,进而影响生产。通过外贸,可以帮助宁波利用国际国内两个市场、两种资源,优化生产要素的配置效率,推动技术进步、产业升级,通过生产过程促进经济增长、就业和增加利税,从而全面影响经济社会的发展。近几年,外贸对宁波国民经济的贡献率约为35%,2011年宁波外贸总额增长17.1%,以此测算拉动宁波国民经济增长约6个百分点,宁波经济增长的60%与外贸直接相关。虽然2008年全球金融危机以来,宁波外贸受到了较大冲击,生产性企业进出口依然表现平稳态势,对经济拉动作用仍然明显,2012年宁波实现外贸进出口总额965.7亿美元,其中出口614.4亿美元,增长1%;进口351.3亿美元,下降5.9%。

　　②影响宁波外贸增长的因素。未来几年,推动宁波出口增长的有利因素:一是稳外贸政策激发企业积极性。国家出台了政府出口退税、出口保险、加工贸易转型、贸易结算便利化等稳定外贸政策,宁波也出台了《关于努力促进当前外贸稳定增长的若干政策意见》和《关于加快进口贸

易发展的若干意见》,在支持企业拓展国际市场、降低企业贸易风险、扩大进出口规模等方面出台了扶持措施。将会对出口起到一定支持作用。二是宁波在外贸伙伴结构、贸易方式结构、出口产品结构、贸易主体格局、区域外贸结构等方面都有所改善,企业竞争力和出口产品质量继续提高,外贸出口实力继续增强。

但抑制出口增长的不利因素仍然较多:一是外需持续低迷。反映国际间贸易情况的领先指数,波罗的海综合运价指数(BDI)一直在低位震荡,国际贸易情况仍不容乐观。外需市场持续低迷导致宁波出口增长仍将乏力。二是贸易保护升级的风险加大。一方面贸易调查的手段越来越复杂并且难以量化,而且正在向高端制造延伸,另一方面,在欧美等国家对我国贸易调查不降反增的背景下,发展中国家对我国发起的贸易调查也呈现增多趋势。一向乐观的 WTO 发布的最新报告提示了贸易保护主义可能抬头的风险。三是订单短期化现象常态化。受国际市场复苏缓慢、成本上升和人民币升值预期等各种不确定因素影响,企业更倾向于接短单、小单,以避免价格波动风险、汇率风险和违约风险,订单的短期化不利于宁波出口持续稳定增长。

③构建经济增长的稳定外贸驱动机制。发挥宁波港口和保税港区、保税区、保税物流中心等特殊功能优势,加快建设国际贸易产业基地与物流基地;搭建培育平台,加快推进国际贸易市场集成,大力培育进口交易市场、重点产品出口基地和境内外营销平台;扶持中小外贸企业成长壮大,培育外贸龙头企业,提升贸易主体,实施外贸增量奖励和外贸质量质量效益奖励,优化国际贸易结构;扩大先进技术、装备进口,积极发展服务贸易,做优外贸产品结构,提升国际贸易产业竞争力;实施境外参展展位补贴,支持企业赴境内外参展,引导企业深度拓展市场,扩大国际贸易市场份额;实施进口、出口信用保险保费补贴政策和贸易救济措施费用补助政策,建立外贸出口重点商品预警机制,支持企业防范贸易风险;强化组织领导,稳定外贸扶持政策,积极拓展融资渠道,优化国际贸易发展环境。重点完善进口市场体系、拓展进口渠道、培育进口平台,加大政

策支持、金融支持和贸易便利化，促进进口的发展。①

（4）以创新驱动支撑经济转型发展和持续发展

①创新驱动是宁波经济发展长期选择。创新驱动与投资、消费、外贸的拉动对宁波的发展缺一不可，但依靠"三驾马车"拉动的传统发展模式越来越难以为继。一是世界经济复苏放缓、国际市场竞争日趋加剧，靠出口拉动的快速发展模式越来越难；二是在资源、环境、劳动力成本等制约加大的背景下，依赖物质资源投入的增长方式越来越难；三是依赖高耗能、高排放、低附加值的传统产业发展越来越难。只有依靠创新，创新发展思路，强化科技、人才要素投入，发展高新技术产业，形成内外需协调拉动的新模式，培育区域竞争新优势，才能破解资源、环境对经济发展的制约，才能占领产业发展的制高点，才能保障经济运行的安全和长期稳定。各种数据分析表明，当前宁波在创新方面，落后于国内先进城市和长三角兄弟城市，因此，宁波必须将提高自主创新能力放在首要地位。宁波制造业发达、民营经济活跃、对外开放程度高、海洋经济特色明显等，这些是创新驱动的有利条件。党的十八大明确提出，要实施创新驱动发展战略。宁波也非常重视创新驱动，2006 年以来先后出台三个文件，强调建设国家创新型城市促进经济转型升级。2013 年 1 月，宁波又通过了《关于强化创新驱动、加快经济转型发展的决定》，明确提出要进一步解放思想、改革创新，强化创新驱动，加快经济转型发展，把强化创新驱动摆上经济社会发展全局的核心位置。

②建立具有宁波特色的创新驱动体系。创新是一个系统工程，创新驱动将贯穿于经济社会发展的各个环节和全过程，通过理念创新、技术创新、制度创新、管理创新和其他各方面创新，形成全面、系统、协调推进的创新格局。宁波创新型城市建设核心是推进科技创新，关键是培植和激发全社会的创新力，通过城市环境的全面优化，加速集聚高端创新要素，以各个领域的全面创新来增强城市发展的活力。强化创新驱动加快经济转型发展，强调了创新的系统推进，注重产业创新、科技创新、人才支撑和制度管理等创新，注重创新对经济转型发展的引领。以创新推动

---

① 参考宁波市《关于加快优化外贸结构争创国际贸易中心城市的若干意见》、《关于努力促进当前外贸稳定增长的若干政策意见》和《关于加快进口贸易发展的若干意见》。

产业转型升级,加快构建以高新技术产业为主导、服务经济为引领、先进制造业为支撑、现代农业为基础的现代产业体系;统筹科研院所、科技园区、服务平台和高校学科建设,引导创新资源向企业聚集,加快形成以企业为主体、市场为导向、产学研用相结合的技术创新体系;大力引进、培育各类高层次创业创新人才和团队,建立健全有利于促进创业创新的发展机制,为推动经济转型发展提供强大智力支撑;深化重点领域体制创新,加大政策支持力度,建立创新的利益诱导机制和知识产权保护机制,构筑创新驱动政策和制度保障体系,形成实施创新驱动发展战略的强大合力。①

(三)搭建战略性发展平台,牵引宁波快速健康发展

世界先进城市的历史经验和我国先进城市的发展实践表明,一个城市要实现其发展战略,需要有一批高规格、高水平的战略性发展平台作为支撑,一个好的平台会带动一个行业、一个城市的发展,硅谷的出现使美国得以继续领跑知识经济,班加洛尔园区使印度信息软件业异军突起,并成为其主要的出口产业。这种平台既包括具有地理空间意义上的有形功能区、集聚区,如各种经济特区、开发区、科技园区、出口加工区、保税区、CBD、会展中心、批发展销市场等,也包括在地理空间意义上不明显,但功能意义明显的虚拟平台,如证券交易所、期货交易所、产权交易所、人才市场等。

1. 先进城市依托战略平台发展的成功经验

(1)深圳

深圳 30 多年的发展历程,书写了一部中国式传奇,从一个小渔村发展到有 1400 多万人口的国际大都市,城市竞争力名列中国内地城市排行榜榜首,经济总量在全国内地大中城市中位于第四,仅次于上海、北京、广州。深圳的成就,离不开深圳经济特区这个最大的发展平台,可以说,是中国创新——改革开放的样板,全国第一家外汇调剂中心、第一家投资管理公司、最早实施国有企业股份制改革、最早实行土地拍卖、第二家证券交易所、首个有立法权的试验区。1980 年 8 月 26 日,全国人大常委

---

① 参考宁波《关于强化创新驱动、加快经济转型发展的决定》。

会批准在深圳设置经济特区,在这个平台上,优惠的税收、高度的自主决策权、宽松的对外开放政策以及毗邻香港,优越的地理位置、各种令人羡慕的政策集于一体。正是当时这种稀缺性的政策资源,造成了极大的洼地效应,国内外的资本、技术、人才等各种资源,纷纷云集,从而形成了世界城市发展史上罕见的"深圳速度"。

（2）苏州

高水平的工业园区也是增强区域经济发展后劲的有效载体,可以说苏州是依托工业园区发展起来的典型城市。目前,苏州市共有中新合作的苏州工业园区、苏州新区、昆山经济技术开发区、昆山高新区、常熟经济开发区、吴江经济开发区等 8 个国家级开发区和 14 个省级开发区,高水平的工业园区、开发区已经成为苏州经济发展的体制创新区、新的经济发展模式的试验区和重要的经济增长极。苏州工业园区在中新两国政府的大力支持和直接推动下,具备"不特有特、特中有特"的政策优势,通过借鉴新加坡的先进管理经验,营造了低成本、高效率的投资运营环境,成为高新技术产业集群和国际科技园、软件园、信息产业园发展的重要载体。2012 年,苏州 GDP 突破了 1.2 万亿元,其中,苏州工业园区实现 GDP1750 亿元,苏州经济实力为全国地级市之首,紧逼北京、上海、广州、深圳,该市 80％以上的新认定高新技术企业和技术先进型服务企业集聚在开发区。

（3）上海

上海的发展也如此,上海在设立浦东新区之前,经济增长速度较慢,1990 年经济规模（名义 GDP）与 1980 年相比十年仅增长 1.1 倍,低于天津的 2 倍、重庆的 2 倍、北京的 3 倍、广州的 4 倍,远低于深圳（深圳 1986—1990 年四年间就增长 3 倍）,也低于全国平均增长 2 倍的水平。自 1990 年设立浦东新区发展平台后,上海实现了跨越式的发展。1990 年 4 月国务院宣布开发开放浦东,在浦东实行经济技术开发区和某些经济特区的政策,8 月成立陆家嘴金融贸易区、金桥出口加工区、外高桥保税区,标志浦东开发进入项目启动阶段,9 月宣布浦东新区的 9 项优惠政策,使上海获得了广阔的地理发展空间和国家级政策聚焦平台。1990—2000 年十年间经济规模（名义 GDP）增长 4.2 倍。另外,在上海中心城区,上海证券交易所、上海中国外汇交易中心暨全国银行间同业拆借中心、上海人民币结算中心、上海保险交易所等现代金融市场平台的形成，使上海建立了当今中国最具代表性的金融体系。进入 21 世纪，上海着力打造国家级微电子产业基地、世界级石化基地、国家级精品钢铁基地、国际汽车城等四大产业基地，成了上海产业体系发展的关键。上海国际航运中心平台的打造，是上海成为亚太门户的核心城市。这一批战略性发展平台的建成，带动了上海的快速发展，1992—2008 年 GDP 年均增速为17.4％，高于全国平均 2.2 个百分点，上海可以说是我国的"经济引擎"。

（4）天津

天津是我国老牌的直辖市，2006 年以前，经济发展缓慢，1980—2006年间的经济增速远低于深圳、广州等开放城市，低于同为直辖市的北京、上海，也略低于全国平均水平。2006 年国家同意天津设立滨海新区，实施开发开放优惠政策，打造我国北方对外开放的门户、高水平的现代制造业和研发转化基地、北方国际航运中心和国际物流中心，使天津在发展大产业、大项目上具备了国家政策支持优势，加上本身土地资源优势、区位优势，天津的经济迈上了快车道。目前，天津形成了航空航天、石油化工、电子信息、汽车及装备制造、港口物流等八大优势产业，百万吨乙烯、千万吨炼油、空客 A320、中航直升机、维斯塔斯风电设备等重大项目建成投产，拉动了天津经济的高速跨越式发展。2006—2012 年，天津的经济增长速度超过深圳、广州、北京、上海、重庆等兄弟城市，到 2012 年，滨海新区生产总值占天津全市生产总值的一半以上。

（5）重庆

1997 年设立直辖市之后，得益于国家的投资等优惠政策，重庆经济社会加快发展，特别是 2008 年国务院批准设立全国唯一的内陆保税港区——重庆两路寸滩保税港区、2010 年设立"两江新区"后，重庆的经济出现了"弯道超车"式发展，2008—2012 年四年间 GDP 翻番，增速远超过全国平均水平（增长 0.7 倍），2012 年 GDP 增速位列全国各省市第二、西部第一。重庆两江新区是继上海浦东新区和天津滨海新区之后，我国设立的第三个副省级国家新区，紧紧围绕先进制造业和现代服务业，打造轿车和新能源汽车、轨道交通和电力装备、电脑整机和信息家电、生物制药和医疗器械、碳纤维和高温超导材料、节能产品和环保设备等六大制造产业和创新金融、会展物流、资讯研发等三大现代服务业。奥地利奥特斯集团（AT&S）、福特汽车海外最大汽车生产基地、新加坡海皇集团重庆全球服务中心等大批的国内外战略性企业进驻重庆，亚洲最大的笔记本电脑基地和电子信息基地、"中日产业园""中韩产业园"等一批项目（平台）正在建设。

2. 战略性发展平台应该具备的功能效应

平台是一现实或虚拟的场所，通过提供统一和共用的硬件基础设施与软件基础设施服务，引导双方或者多方主体进行交易，使入驻的主体通过相互协同和交易实现共同发展，平台提供方从中获取适当的、不同形式的利益。战略性发展平台本质上提供一定功能的开放公用系统，向接入平台的双边或者多边提供通用的服务，在吸引企业入驻、促进产业集群发展等方面具有鲜明的特征。不同的平台功能有所不同，作为战略性发展平台一般应以下功能：

（1）产业集聚与培育功能

产业集聚功能是指各种产业和经济活动在空间上向平台集中，具有吸引经济活动向一定地区靠近的向心力，是导致城市形成和不断扩大的基本因素。产业集聚是一种常见的经济现象，如美国的硅谷聚集了几十家全球 IT 巨头和数不清的中小型高科技公司，苏州工业园聚集了大批外资企业。作为战略性发展平台，会集聚大量相关产业，因而会产生产业集聚效应，在促进创新、降低成本等多个方面发挥作用，从而提高平台内的产业效率，同时培育市场主体特别是扶持中小企业的发展是经济发展平台的重要功能之一。

（2）人才集聚功能

人才构成一个城市发展的基础和根本，资本和自然资源都是城市发展中的被动因素，人才是城市发展中的主动因素，不管什么政策都要由人来制定，不管多少投资和自然资源都要由人来开发。一个城市或平台如果没有高层次的人才，即使投入了大量资金引进了高新技术的项目都不可能搞好。人才集聚是人才流动过程中的一种特殊行为，它是指人才由于受某种因素影响从各个不同的区域或企业流向某一特定区域或企业的过程。好的事业发展环境和生活环境是人才聚集的原因，战略性平台内不仅要有高端产业的集聚，更要提供良好的生活和工作环境才能集聚人才。人才的集聚会产生知识、技术外溢效应，合作、模仿、启发、竞争等机制,有利于资源要素的优化配置和产业的发展,使集聚地获得先行发展的机会,也能加速创新和进步,促进经济社会持续高效地发展。

(3)政策与创新功能

战略性平台是国家和地区为实现某种战略性目的而设置的特殊区域,因此会在这些区域里集中实施、试验某些特殊及创新性政策,如重大产业项目有限布局政策、财政补贴政策、税收优惠政策、人才引进政策、金融创新政策、管理权限政策、建设土地指标倾斜政策、关键领域改革开放的先行先试政策和理念创新、技术创新、流程创新、管理创新、服务创新、体制机制创新等,这些政策和创新将会产生显著的经济效应。

(4)管理服务和社会功能

成立管理和服务机构,为进驻平台的主体提供管理服务是战略性发展平台的基本功能,如提供项目审批服务、项目跟踪管理服务、政府扶持资金申报服务、咨询与培训服务、银企对接服务以及市容物业、银行、电信、医疗等人员的生产与生活配套服务,协助企业解决项目实施过程中遇到的问题,推动项目顺利实施。同时,园区还要强调扩大就业、增加税收等社会功能。

3. 宁波现有发展平台及其局限性

(1)宁波发展战略平台现状

宁波经过改革开放30多年来的发展,已经建设了一批战略性发展平台,如宁波经济技术开发区、宁波高新技术产业开发区、宁波保税区、宁波保税物流园区、宁波出口加工区、宁波梅山保税港区、宁波空港物流园区(宁波栎社保税物流中心)、大榭开发区、宁波化工区。目前,宁波市共有开发区、保税区、高新区、出口加工区、保税物流园区、保税港区等各类开发园区21个,涵盖"海陆空"三大类型。此外,也有一些其他的发展平台,杭州湾新区、三门湾新区、宁波高教园区、宁波会展中心、中国塑料城、宁波大宗货物交易市场、禾丰创意广场、浙洽会、消博会等。这些有形的和无形的战略性发展平台,特别是像宁波经济技术开发区、大榭开发区这样的较早建设起来的重点发展平台,为宁波的历史性腾飞作出了不可磨灭的贡献。

(2)战略性发展平台建设存在的问题

与先进城市比较,宁波在战略性发展平台的建设上已经严重滞后。

①影响力不高。宁波虽然拥有众多的开放（园）区，成为全国少数几个拥有全部类型海关特殊监管区的城市，但是，除了宁波经济技术开发区、大榭开发区外，这些开放区开发规模小，开发水平低，开发速度慢，一些还处在起步阶段，对城市的贡献度不高。在这些产业园区内，除石化、钢铁外，真正具有国际国内影响力的骨干企业和产业项目偏少，具有战略意义的高新技术项目就更少，从而影响平台的发展后劲和引领集聚效应，不利于国内外高层次企业和项目的进入。

②资源整合程度低。宁波大部分的开放区、产业园区，在发展重点、产业分工方面没有进行统一的规划，没有真正找到自身发展重点，没有形成宁波特色，基本是各自为战，相互竞争，无法对外形成统一的高端产业区域形象。与宁波的标杆城市或标杆开发开放区以及国内的滨海新区、浦东新区、两江新区、中关村等比较，平台资源整合程度偏低。

③虚拟战略平台建设滞后。宁波的资本、期货、产权、技术等方面的交易机构偏少，除中国塑料城外，缺失有影响力的交易市场，因而削弱了宁波在这些领域中的地位，影响了这些行业在宁波的发展。

④平台创新力度不够。宁波各类产业园区及所属公共平台，在战略研究、园区规划、管理体制、招商模式、政策设计与争取等方面，趋于保守，缺乏创新，如大部分开放区功能与其他地方同类开放区功能雷同。

4. 宁波建设战略性发展平台需要注意的问题

宁波要加快发展，提升竞争力，提高城市地位，必须要建设好战略性发展平台。

（1）做好平台规划，整合资源

根据宁波"十二五"发展规划和《宁波市城市总体规划（2006—2020年）》，按照产业转型升级的要求和战略定位的要求，对各类发展平台的实施情况进行评估，研判国内外经济社会发展变化趋势，重新修订发展平台特别是开发区规划，进一步深化宁波现有的各类产业园区的发展定位和产业规划，尽量做到各产业园区之间既分工明确、错位发展，又互相支撑，提高发展平台的整体合力。

（2）扩充空间，提高效能

宁波经济开发区等平台因为规划较早，又与宁波港同处北仑，其他一些发展平台如保税区、物流园区也在区域内，当地资源承载力已经饱和,没有空间继续招商,现有空间已经不适应发展的需要,急需扩展空间。大榭开发区剩余拓展空间也不多。从理论上讲,战略性发展平台是高效率的区域,是带有实验性的功能区,试验成功,就应该扩大范围,以取得更大的发展成效。由于资源有限,特别是土地资源越来越少,拓展空间既要考虑增加横向面积,又要向高度空间发展,可以把厂房建成多层,而不是现在的一层,也可以提高建筑密度;更要提高资源的产出率,可以根据资源的回报率如每平方公里工业产值、税收等指标来选择项目、选择企业。

（3）加强建设,完善功能

资源集聚与扩散是城市的基本功能,发展平台需要具备辐射、带动作用,财富增值、知识创新、资源配置、文化引领、贸易、国际交流、国际物流、配套服务,而不仅仅是房地产开发或简单的商贸。宁波的战略性发展平台建设要将完善功能放在重要地位。一些平台因为功能不完善而制约发展,如大部分平台自主创新功能不完善,一些平台缺少贸易、物流、金融、配套服务等功能,需要加强建设予以完善。

（4）争取政策,增添活力

国内外的经验证明,建设战略性发展平台需要特殊政策支持。相对于经济特区、国家级新区等,宁波由于体制上的原因,政策资源比较缺乏。因此,要充分发挥战略性平台的作用,必须创造条件,积极向国家、省和相关部委争取政策资源,如争取管理权限、提升级别、争取试点等。

5. 宁波需要重点打造的战略性发展平台

宁波要在发挥现有平台的基础上,注重平台资源的整合,以创新驱动为着力点,以产业发展为抓手,着力打造新的平台。根据宁波《关于加快培育和发展战略性新兴产业的若干意见》,构建"一区多园"管理体制,同时突出产业集聚区、各类开发区（园区）、产业功能区块优势功能和整体特色,形成"一核、两翼、40 专业园（基地）"的总体布局框架。"一核"包括海曙、江东、江北、北仑、镇海、鄞州等市六区。依托中心城区现有城市功能及宁波市高教园区、宁波国家高新技术产业开发区现有研发实力,重点开展新材料、新一代信息技术、新能源、新装备等优势产业关键技术研发,加快发展创意设计产业,大力推进战略性新兴产业科技创新及中介服务基地建设,建设成为长三角重要的战略性新兴产业国际贸易服务中心和华东地区重要的战略性新兴产业基地。"两翼"是指慈溪、余姚等北部区块和奉化、宁海、象山等南部区块。北部区块以宁波杭州湾产业集聚区、慈东滨海区、余姚工业园区和余姚经济开发区为重点,打造长三角地区战略性新兴产业先行区。南部区块以沿象山港、三门湾和各类开发区(园区)为重点,建设成为浙江省海洋新兴产业示范区和战略性新兴产业重要基地。"40专业园(基地)"即在省级及省级以上开发区(园区)、各县(市)区特色优势产业基地、卫星城市新兴产业基地和特色城镇工业功能区块等重点区块,因地制宜培育发展40个在省内、国内甚至国际上有重要地位的战略性新兴产业专业园(基地),提高产业集聚效率,促进新兴产业集群发展。①

"十二五"期间要通过产业空间布局的优化,进一步整合提升现有生产能力,重点打造石化、新材料、新能源、汽车、轨道交通、船舶、家用电器、模具、文具、电力设备、纺织服装、塑料机械、医疗器械、海洋高技术、电子信息、设计创意、生产性服务和军民结合产业等十八大产业基地,推进产业集群,引领经济发展。

重点争取和打造三大平台,即梅山自由港、三门湾新区和空港经济区。

(1)梅山自由港区

梅山既是国际级保税港区,也是省级产业集聚区。根据国务院批复精神,重点发展保税仓储、转口贸易和增值加工产业,建设浙江港航物流服务先行区。按照建设"三位一体"港航物流服务体系的要求,以建设集装箱物流平台为导向,着力发展进口分拨、出口配送、国际中转及大宗商品交易以及航运服务、港口金融与信息服务。集中各方资源,努力争取在区内实施自由贸易港和单一税收管辖权改革试点,把梅山建设成为又一个"香港"。

加快产业配套基础设施建设。到2015年,建成保税港区集装箱码头3—5#泊位、面积50万平方米保税仓库,加快建设出口货物增值加工区、进口货物配送区,推进进口商品采购配送中心、分拨分销中心建设,规划建设高端制造业保税组装和配送基地、大宗商品进口分拨分销基地,做

---

① 摘自宁波2012年12月发布的《关于加快培育和发展战略性新兴产业的若干意见》。

好 6－10# 集装箱码头工程、多用途码头工程等项目的前期工作。

梅山主要发展四大物流核心业态。一是大宗商品交易。充分发挥保税港区港口优势、政策优势，以大容量港口物流为支撑，进一步提升集聚区大宗商品交易功能，努力形成特色大宗商品的价格形成中心。加快推进船舶交易、石化产品以及进口酒类三大交易平台建设，积极推进进口有色金属、医疗器械、化妆品等交易市场招商，尽快培育出一批新的保税港区大宗商品交易市场。积极争取保税期货交割等政策试点落地，开设国际期货保税交割仓储专区，努力形成若干商品的国际期货市场交割中心。二是进口分拨业。开展生产资料、原材料的进口分拨分销业务，重点集聚以 PTA、初级形状塑料等为主的固体化工产品，以钢材、镍、铜、铝等为主的金属材料的进口分拨分销。三是出口配送业。重点发展以电子信息产品、化纤产品和汽车零配件为重点的出口国际配送业。依托浙江省内的大型专业市场，建成浙江省专业市场国际采购配送中心；依托宁波传统优势产品，建成优势制造业产品采购配送中心。四是国际中转业。以中转国内出口集装箱为切入点，拓展国际集装箱中转箱源，强化拆拼箱能力，努力完善港口功能体系。积极引进国际一流的港航运营企业和船务、船运公司，增强保税港区的港航运营、揽货能力和航线服务功能。大力开展国际中转和国际转口贸易，发展国际海运货物装卸、仓储、集装箱整箱及拆拼箱中转、集装箱运输和多式联运、无船承运等业务，拓展新兴市场和国际航线。

（2）三门湾新区

三门湾区建设的重点是做前期准备工作，力争国家级新区政策。三门湾的发展定位是"生态港湾，产业蓝海，宜居新城"，至 2030 年区内常住总人口规模约为 350 万人。三门湾整体发展框架"三县协同，两翼联动"。北翼为象山港，以特色海洋旅游休闲、海洋产业为主导功能，延伸发展港口物流、生态居住功能，保障城乡生活和生产基本功能的生态经济型港湾。南翼为台州湾，以循环经济集群集聚创新发展为主线，以加快体制机制突破、重点项目见效、结构优化推进、空间协同深化为重点，着力增强循环经济示范能力、创新带动能力、区域协作推进能力、资源要素保障能力和生态保护优先能力，加快推进台州湾循环经济产业集聚区建设和发展。港口定位为浙江省沿海地区性重要港口、浙中地区对外交往的重要口岸、承担腹地经济发展所需能源物资、原材料的中转运输,未来发展定位为由集装箱运输的喂给港,逐步发展为现代化、多功能的综合性港口。规划形成健跳港区、宁海的三门湾港区及象山的石浦港区、南田港区等"多港拥湾"的布局结构。健跳港区以能源运输为主、兼顾杂货运输的大型专业性深水港区,包括"一港、三区、九点";宁海三门湾港、田湾港区具有装卸储存、中转运输、临港加工、信息服务、战略储备,以煤炭、钢材等散杂货为主要物流对象;石浦港区是集渔、贸、工、旅为一体的综合性港口,形成"一港、两区、七亚区"的布局结构;南田岛作为货物中转、临港产业和物质储备需求服务。

(3)空港经济区

空港经济区是指依托机场优势以及机场对周边地区产生直接或间接的经济影响,促使资本、技术、人力等生产要素在机场周边集聚,发展具有明显的航空枢纽导向性的产业集群,而在空港周边所形成的经济区,其核心特征表现为传统港区与经济开发区双重功能的统一。宁波有着雄厚的区域经济背景、良好的基础设施和高效政府服务,物流业发达,栎社机场紧邻宁波城区和空港物流园区,具备了发展空港经济的必要条件。建议在空港物流园区的基础上建设宁波空港经济区,发展临空经济。

①启动空港经济区的规划研究。按照高水平规划建设空港经济区、高标准发展空港的要求,科学谋划空港地区发展定位、产业指向和布局。主要研究空港经济区的功能定位、发展目标、发展战略、空间总体规划、重点区块规划、产业发展规划等。

空港经济区的空间定位。空港经济区的规划空间可以分为核心区和临空经济区,核心区为现有空港物流园区的规划范围,即北至鄞州大道、西至甬金高速连接线、东至雅戈尔大道、南至机场一期征地边界,规划用地598公顷;临空经济区扩大至古林镇和石碶街道部分区域,主要用于临空产业的发展和城市建设。具体区块功能规划待进一步研究编制。

空港经济区的产业定位。主要包括四个方面的产业:一是以航空运输为主体的航空产业,如航空维修、航空配餐、航空给养以及航空服务等直接服务于航空运输航空产业;二是与电子商务、国际贸易对接的航空快件集散中心;三是集保税、仓储、分拨等功能的进口商品交易平台,交易品种以进口奢侈品等为主；四是产品利用航空货物运输为主的临空型高新技术产业，如精密仪器、生物药品、珠宝等。

②有序推进空港经济区的开发建设。由物流园区和鄞州区分别推进核心区和临空经济区的开发建设，建立互动合作开发建设体制，明确双方开发建设的目标任务，确保核心区和临空经济区相互支撑、无缝对接、协调发展。加快机场三期工程建设，园区重点做好资金统筹、项目报批、工程建设等工作，鄞州区重点做好机场三期扩建工程的土地拆迁、居民安置、基础设施配套等工作。

（四）优化产业结构，构建更高层次的产业体系

1. 构建自力更生的综合产业体系

自力更生的综合产业体系从地域上来说有几层含义，一是人们的基本生活产品和服务在宁波本地要能生产出来或能够提供，需要健全和发展生产基本生活品的农业、支撑农业发展的生产性服务业、满足生活需要的服务业，2013 年中央一号文件提出的私人农庄发展模式对宁波的农业发展不失为一种好的模式；二是宁波的核心主导产业要拉长产业链，从设计、原材料或零部件供应、人力资源供应、供应与销售配送，形成完整的产业链，特别是原材料或零部件的供应在本地要有生产或者在周边地区要能找到，从而产生集聚效应；三是在我国要形成完整的产业体系和经济体系，无论是工业还是其他产业，都要依靠自己的力量，以免受制于人，在国际分工的情形下，外国力量是应该争取的，但不能作为国家发展的主要依靠和动力，特别是我国目前的政治经济环境和所处的发展阶段，构建自力更生的综合产业体系更为紧迫。四是要在全国构建一个产业门类齐全、布局相对合理、比例基本协调、产业相互支撑、核心工业先进的综合产业体系。

毛泽东提出的自力更生经济理论，就强调在中国必须构建完整的产业体系，只有经济上自力更生，力求自给，才能达到政治、经济、军事等方面的独立自主，这一理论在中国革命和建设史上有着举足轻重的地位。目前，高新尖端科学技术受国际制约没法学、买不来，经过 30 多年的改革开放，普通产品的生产设备、生产工艺技术、管理技术中国已经学得差不多，在很多领域走在了前列。因而无论是高新产业还是一般产业，都要

以自我创造为主,建立独立的比较完整的产业体系,才能真正全面实现农业、工业、国防和科学技术的现代化。

产业永远是城市发展的根本动力,产业发展的层次决定城市发展的层次。综观世界大城市产业发展史,城市发展产业选择有综合性、专业性两种模式,如曾经的冶金城芝加哥、曾经的纺织城曼彻斯特、石油城大庆、煤城大同等专业性模式,美国纽约、日本东京、上海、深圳等综合性模式。从历史的经验看,产业专业性很突出的城市,在其产业属于朝阳型产业的时期内,效率特别高,财富创造力特别强,对资源的吸引力特别大。但是,一旦城市的支柱产业进入衰退期,如果城市产业没有及时转换升级,城市也很快进入衰退,如底特律、曼彻斯特、大庆等。产业单一的城市容易衰落的主要原因在于,城市在选择和发展支柱产业时,需要搭建特殊的运营平台,集中各种资源,投入大量的基础设施,以维持专业性,达到高效率。但产品有生命周期,产业有梯度转移的特征,一旦该城市的商业成本上升到使该产业的赢利空间接近于零的时候,该产业就会从城市退出。如果该城市对产业的发展前景缺乏一个远景的认识,没有提前采取产业转换措施、主动转换城市产业,后续产业没有及时跟上,这个城市必然进入衰退。

由于产业门类众多,一些产业因为产业生命周期而退出了,其生存空间很快就会被其他产业代替,东方不亮西方亮,综合性产业体系抗风险能力强,综合性产业城市可持续发展能力强。综合性产业体系创新能力强,一个综合性产业体系城市,各种产业聚集在一起,会无限地蔓延出新的需求,正如简·雅各布斯所说:“各种小产业不断地分离出新组织,催生出新产业”。从综合型特征看,宁波是开放型港口城市,在过去的几十年中,围绕港口已经形成了门类齐全的工贸产业体系,这种综合型产业体系维持宁波经济的稳定发展,使宁波20多年一直保持着长三角南翼中心城市的地位。但是,综合性产业体系相对于专业性产业体系,在一定程度上效率较低。一个城市的产业仅仅具有综合性特征显然也是不够的,因为城市的发展不仅要保持其可持续性,也要有一定程度的高效性和前瞻性,对于国家级或世界级大都市来说,需要有领先的产业,带动和引领城市经济的发展,这里的领先产业就是在区域经济中起主导作用的产业,是指那些有一定的产值比重、技术先进、增长率高、产业关联度和带动力强、对其他产业和整个区域经济发展有较强带动作用的产业，是目前或者将来对经济增长的速度与质量产生决定性影响、极有可能在国民生产总值中占有较大比重的产业。城市产业体系的建设要处理好产业效率和产业的可持续发展问题，对于宁波来说，主导产业应该定位于先进制造业和现代服务业，产业体系是先进制造业和现代服务业为主导的现代综合产业体系。

2. 以先进制造业和现代服务业为主导

宁波选择主导产业应考虑的几个问题：一是主导产业对其他产业的带动作用或推动作用，能对较多产业发展产生作用，因而要考虑选择发展的主导产业与前后产业或横向产业的关联度，选择关联度较大的产业；二是资源的支撑性和利用效率，资源有限，选择主导产业要考虑土地、人才、政策制度等的承载能力；三是社会发展的不同阶段，借鉴发达国家先进城市主导产业演进规律和经验，随着社会的进步不断更新主导产业，避免 2012 年 11 月份镇海 PX 项目的群众反对事件再次发生；四是层次性，以主导产业引领城市产业结构调整和优化，一般讲的主导产业就是一个主导产业群，并呈现产业多层次、目标多重性的特点。

进入新的发展时期，宁波经济和社会发展面临的土地、能源、环境、劳动力等因素的制约越来越突出，加快转变经济发展方式，构建以先进制造业和现代服务业为主导的现代产业体系，全面提升产业竞争力和整体发展质量，在区域发展竞争中继续领先追兵、赶超标杆城市。在制造业方面，主要是构筑"4＋4＋4"现代工业体系。强化、规划、引导和政策扶持，发展和培育新材料、新能源、新装备、新一代信息技术等四大战略新兴产业，发展和培育节能环保、生命健康、海洋高技术、设计创意产业四大新兴产业，形成具有较强竞争力的战略性新兴产业群；以装备更新、工艺革新、产品创新为目标，以技术改造和信息化带动为抓手，优化产业链、价值链，改造提升石化、汽车及零部件、纺织服装、电工电器等四大优势产业。在现代服务业方面，抓牢工业化城市化紧密互动以及二、三产业加速融合的机遇，优化发展国际贸易、现代物流、现代金融、现代商贸、商务中介、科技信息、现代会展、文化创意等生产性服务业，加快发展休闲旅游、社区服务、房地产等生活性服务业，积极培育大宗商品交易、总部经济、电子商务、服务外包等新兴服务业，使现代服务业发展提速、层次提升、产出提效,成为经济转型的新引擎、产业升级的又一极。

3. 综合产业体系空间布局

结合宁波市《工业转型升级"十二五"总体规划》、《"十二五"服务业发展规划》和产业空间布局,提出宁波综合产业体系空间布局设想,即"一核两翼"产业空间布局,就是把宁波比作一架飞机,产业要腾飞,即要发挥机体的动力和承载作用,又要发挥两翼的平衡作用。"一核"是以市六区组成的产业核心区,两翼是余姚慈溪组成的北翼产业区和奉化、宁海、象山组成的南翼产业区。

一核:海曙区重点支持总部经济、商务金融、贸易服务、会议展览、文化创意、管理咨询等生产性服务业发展,打造以知识技术密集型和资金密集型产业为主的总部经济高地、高端商贸服务业集聚区。江东区重点发展金融保险、现代物流、设计创意、进出口报关、商品检测、会展服务、咨询、金融服务、航运服务、大宗商品交易、电子商务、创意设计等生产性服务业,打造宁波大宗商品交易集聚区和高端金融、航运、贸易服务核心区。江北区重点发展以先进电子信息软件、精密机械为主的高端制造业和以工业设计与创意、现代物流、现代商贸、农村商贸流通、服务外包为主的生产性服务业以及旅游文化业,打造宁波先进生产性服务业引领、高端制造业支撑的产业转型示范基地和城乡一体化配套综合试点区。鄞州区重点推进都市工业的集聚,积极发展电子信息、新材料、新能源、电气、机械装备、汽车配件、现代商贸、电子商务、科技创意、软件动漫、教育、总部经济等产业,打造电子信息、新材料、新能源等战略性新兴产业发展高地和机械装备、汽车零部件等优势产业发展基地。镇海区重点发展石油化工、新材料、精密机械、专业物流等产业,打造石化、化工新材料和特色机电产业基地以及液体化工、钢材和煤炭等具有港口物流特色的现代物流基地。北仑区重点发展汽车及零部件、半导体、电子信息、生物工程、石化、船舶、精密机械、纺织服装、钢铁、半导体封装、大宗商品交易、现代物流、保税物流等产业,打造石化、船舶、汽车及零部件、精密机械、电子信息、半导体、液晶光电产业基地和自由贸易港、世界级物流枢纽。另外,高新区重点发展以先进电子信息、新光源、新材料等产业为主的高新技术产业和战略性新兴产业,打造宁波科技创新和高新技术产业示范区。大榭开发区重点发展新材料、石化产业,重点推进港口物流和能源中转基地建设,打造宁波重要的石化产业基地和华东地区重要的能源中转基地。

北翼:慈溪市重点发展家用电器、仪器仪表、汽车零部件、新材料、塑料模具、高端机械、光机电一体化、精细化工等产业,打造家用电器、光机电一体化、精密仪器、新材料产业基地和低碳经济示范区以及现代物流园区和专业市场。余姚市重点发展海洋高技术产业和农业服务、特色旅游、商贸流通业,大力发展新能源、新材料、电子信息等战略性新兴产业和家用电器、机械、模具、仪器仪表等优势产业,打造电子信息、新能源、新材料、家用电器和模具产业基地和专业交易市场。另外,杭州湾新区重点发展海洋高技术、电子信息、光电子、汽车及零部件、新材料、新能源、海洋观光旅游、配套物流等产业,重点打造汽车、新装备、智慧产业和金属新材料产业基地。

南翼:奉化市积极发展机械、造船、服装、电子信息、电动汽车、食品、生物、旅游等产业,打造传感元器件、造船、服装产业基地和海内外著名的旅游目的地。宁海县积极发展文具、机械电子、模具、汽车配件、新能源、生态文化旅游、展览、会议服务、现代商务、现代物流等产业,重点打造模具、文具和光伏新能源产业基地,打造华东汽配中心;三门湾北部区块要大力发展海洋新兴产业,打造浙江海洋经济发展的重要平台。象山县重点发展机械、模具、汽配、电力设备、临港装备制造、海洋旅游、农渔产品商贸、海鲜餐饮和海洋新兴产业,打造电力设备、造船、海洋工程产业基地和对台经贸交流开放合作试验区、长三角金色港湾休闲区和国家海洋文化生态建设示范区。[①]

(五)形成具有宁波特色的城市核心竞争力,保持宁波活力

城市竞争力又称区域竞争力,是在社会、经济、文化、制度政策等多个因素综合作用下,创造和维持一个城市为其自身发展在其从属的大区域中进行资源优化配置的能力,从而获得城市经济的持续增长。城市竞争力对于促进城市现代化和提高城市经营水平及资源配置效益有着重要作用。世界影响力最大、由著名的国际管理开发研究院(IMD)(瑞士

---

① 参考宁波市《工业转型升级"十二五"总体规划》、《"十二五"服务业发展规划》。

洛桑)每年发布《国际竞争力年度报告》(简称《洛桑报告》),衡量竞争力的指标分为经济表现、政府效能、企业效率、基础设施四个方面,设立20个二级指标、310项具体指标,国内外其他机构和学者对城市竞争力评价也提出了一些观点,比如倪鹏飞从综合市场占有率、综合长期增长率、综合地均GDP和综合人均收入水平四个维度选择构成显示性城市竞争力的模型及指标体系,"综合市场占有率"反映域外对该城市产品需求的大小,体现了一个城市创造价值的相对规模;"综合长期经济增长率"反映了城市价值扩展的速度及潜力;"综合地均GDP"是城市创造价值的投入产出效率的一个集中体现;"综合居民人均收入水平"能把城市的域外收益表现出来,反映城市对外吸引和控制的能力。把城市竞争力概括成硬竞争力系统和软竞争力系统两类共12项指标,硬竞争力＝人才竞争力＋资本竞争力＋科技竞争力＋环境竞争力＋区位竞争力＋基础设施竞争力＋结构竞争力,软竞争力＝文化竞争力＋制度竞争力＋政府管理竞争力＋企业管理竞争力＋开放竞争力,54个指数指标、162个指标要素。

　　城市竞争力是一个城市发展水平的综合反映,而城市核心竞争力是城市的生命力。城市核心竞争力是城市特有而不易被其他地区所模仿或学习、能够获得长期竞争优势的能力,体现在经济实力、服务功能、发展环境、创新能力、管理水平、市民素质上,本地需求、本地供给、政府管理、企业素质与模式、创新能力、文化科技教育容易形成城市核心竞争力。一个城市应该把城市的资源都配置到城市核心竞争力培育上去,专注城市核心特质发展,把城市特质做大做强,这样城市才会有旺盛的生命力。前面我们从产业竞争力、开放力、社会文化软实力、资源承载力等方面对宁波的竞争力与长三角主要城市进行了比较分析。那么,宁波的核心竞争力有哪些呢? 不同机构、不同学者提出了不同观点。总结宁波的发展史,我们认为宁波的核心竞争力主要体现在三个方面:民营经济、港口、政府效能。

　　改革开放以来,宁波经济发展可以分成三个阶段。第一阶段是20世纪80年代,计划体制后期,以农民为主的城乡居民纷纷抓住改革的机遇,干个体、开作坊、兴办乡(村)镇企业①,短短几年,小规模的"轻工业、加工业、商贸集市"如雨后春笋遍布宁波城乡,并以星火燎原之势蔓延。宁波民营经济得到快速发展是宁波人的特质、民营企业的特质与时代特质共同作用的结果,说民营经济是当时宁波的核心竞争力当之无愧。第二阶段是 20 世纪 90 年代,利用宁波地处沿海开放城市的地理优势,外向型经济得到快速发展,服装、文具等产业通过贴牌加工形式纷纷走出国门,确立了宁波传统产业和外向型经济的比较优势。20 世纪 90 年代后期,一些加工业注重规模的发展和品牌的创建,出现了杉杉、雅戈尔、罗蒙、一休、帅康、贝发等一批知名品牌。在这一阶段,民营经济和宁波港发挥了至关重要的作用,当然,宁波港不仅仅指港口的吞吐,更包含东方大港——宁波港这块招牌。第三个阶段是最近 10 多年间,钢铁、石化、造船等临港产业在宁波迅速崛起,港口物流业蓬勃发展,传统经济强势不改,使宁波的城市地位迅速提高,城市定位也由 1986 年的"华东地区重要的工业城市、对外贸易口岸和浙江省的经济中心"变成 2006 年的"现代化国际港口城市、国家历史文化名城、长三角南翼经济中心"。② 这一时期,港口的作用自不用说,而民营经济在传统产业中发挥了关键的作用,同时也促进了新兴产业的发展,如信息技术、电子商务、现代物流等。这一阶段政府的作用更加明显,政府通过招商引进发展大项目、大企业,通过改善服务为企业和居民创造优良的环境,为产业集聚、安居乐业提供保障,当然这与宁波享受相对特殊的政策权是分不开的,比如省一级的经济管理权限、地方立法权、保税权等。

民营经济、港口、政府效能不仅是宁波发展史上的核心竞争力,也将是未来城市发展不可或缺的竞争手段。

1. 继续保持宁波民营经济的先发优势

宁波是民营经济大市,继续保持民营经济在宁波的先发优势理所当然,这也是宁波经济发展的活力和基础所在。因而,我们需要为民营经

---

① 宁波的乡镇企业、村办企业在 20 世纪 80 年代名为集体企业,实际上是依靠一个或几个人的能力和闯劲发展起来的,20 世纪 90 年代初实行了私有化改制,基本上都由原企业负责人接手。

② 参见国务院批复的《宁波市城市总体规划(1986—2000)》、《宁波市城市总体规划(2006—2020)》。

济营造更好的发展环境,鼓励民间资金投向实体经济,鼓励民营企业转换市场定位,鼓励企业和个人创新创业。一是放宽市场准入,让民间富裕的资金寻找到投资出路,把民营经济优势引入垄断行业;二是进一步提高政府效能,降低"人际关系成本"等奉行成本;三是鼓励城乡居民创业,也要尊重摊贩等劳动者为谋生的创业;四是鼓励民营企业创品牌、拓市场、扩大技改投资,为其参与国际合作、收购或创立品牌、发展营销网络、构建研发团队提供政策和财税支持,支持有条件的高科技民营企业上市,推动企业向高新技术产业发展。五是加大对中小企业的支持力度,健全信用担保体系,拓宽融资渠道,尝试农村集体土地、宅基地及所建厂房抵押融资或入股、入资,有效地解决民营企业、个体工商户的融资难问题;六是引导企业集聚,鼓励企业延伸产业链,扶持企业做大做强做优,使民营经济由块状经济向产业集群转化。

2. 继续发挥宁波国际强港的门户优势

港口是宁波最具有特色发展资源和最重要的战略资源,也是宁波城市核心竞争力之一和最具有潜力发展优势,更是宁波海洋经济的主要抓手,港口吞吐量与城市经济发展的正相关性达到了 0.98。宁波要实现世界级物流枢纽和现代服务业中心城市的战略目标,离不开港口的发展,离不了港口国际竞争力的提升。港口国际竞争力是指港口在长期竞争与发展过程中,通过对自身要素的整合、优化以及对社会资源合理配置,相对于其他竞争对手所表现出来的生存能力和持续发展能力总和。影响港口国际竞争力的因素很多,涵盖地理位置、腹地经济实力、自然条件、政策环境、口岸服务、基础设施、集疏运条件以及潜在发展机遇和挑战、管理服务水平、经营策略等诸多要素。经过 20 多年的开放发展,宁波港已经具备一定国际竞争力,但是与国内外先进港口相比还有不小的差距。需要借鉴国内外先进港口发展经验,进一步壮大宁波港综合实力,培育特色优势,保持良好发展态势,继续发挥宁波国际强港的门户优势,为宁波打造国际先进城市提供强力支撑。一是优化港口岸线利用,鼓励建设港口公共泊位和共建共用泊位,加快老港区码头结构功能调整,发挥港口资源优势。目前宁波港可开发的深水岸线少,港口深水岸线资源异常珍贵,要改变过去的港口规划单纯定位为码头建设的理念和做法,以港口开发主要是推动经济增长、扩大税收就业、提升城市地位为目标指引,突出临港产业发展对城市发展的带动作用,拓展港口金融、商贸、物流等服务功能,城市空间逐步向海域延伸,统筹优化基础设施、功能平台、服务业和港口及临港工业的空间布局,形成功能清晰、特色鲜明、布局合理的港城体系,优先安排产业链长、带动力强、资源使用效率高且确需使用岸线资源的临港工业项目。二是通过强化揽货体系、推进海铁联运发展、开发"无水港"、发展港口企业联盟,大力拓展港口经济腹地,推动港口经济做大做强。三是多途径发展航运及相关代理业、船舶服务业、港口物流业以及航运金融、咨询、法律、保险、交易平台服务等高端航运服务业,推动港口经济做优做强。四是大力发展港口贸易平台,大力发展大宗商品交易,培育和壮大重点商品进口市场,推动贸易港发展。

3. 继续提高政府效能

城市发展是复杂因素共同作用的结果,但城市发展是在政府的引导和控制下进行的,政府为了实现地方效益最大化,通常成为城市发展的主导力量之一。政府效能指政府从事公共管理过程中一定的成本(资源)投入实现的政府产出,可以理解为在一定时间、空间内行政活动取得的成果,即政府工作效率。在当今的国情下,政府效能高低在很大程度上决定了一个城市的发展快慢、发展成本和发展取向,一个长期高效能的政府会提高整个城市的运行效率。政府既是城市发展的规划者、决策者、管理者,也是一个地方经济发展的主要参与者,在制度经济政策环境创建、城市基础设施投资、创业就业引导、技术创新激励、中介组织发育、资源要素配置、人才培养引进、区域品牌营销、公共产品和服务提供等方面发挥着重要的作用。

市场是配置资源的有效手段,但"市场失灵"依然存在,需要政府来干预,政府干预过多,又会产生"政府失效",降低资源的有效利用,所以明确政府职能范围,是政府效能提高的首要任务。在很多城市管理体制中,多头管理或无人管理现象依然存在,宁波也是如此,需要理顺管理体制,在维持现有行政职能权限和职能机构划分的格局下,需要建立一个部门间的协调机制,根据社会经济发展变化及时调整理清各部门的职责范围,降低办事成本。简化决策程序,强化民主决策,提高决策的科学化水平,减少决策失误成本。优化公共服务部门的办事程序,提升公务人员的专业能力和素质,提高工作信息化水平,明确工作人员职责,改变工作作风,把"实干兴邦、空谈误国"落在实处,提高办事效率。提倡管理创新、政策制度创新,变城市管制为城市服务,提高政府和城市的活力。建立第三方评价机制,优化评价指标,让第三方来评价政府部门的行政效能,促进政府效能的提升。

第八章   提升宁波在长三角地位的关键举措

明确提升宁波在长三角地位的战略思路之后,宁波应该采取一些什么关键措施,来促进城市的持续健康发展,来促进城市竞争力的不断提高? 我们认为,未来几年内,宁波可以采取九大关键措施,提升宁波城市在长三角的地位:建立企业联系机制,发挥政府的引领作用;加快区域创新体系建设,提升宁波创新发展能力;多渠道拓展港口腹地,巩固和提升港口国际地位;整体布局三门湾发展,打造宁波经济增长极;甬台共建现代产业园,培育新的经济增长点;加大招商引资力度,加速杭州湾新区发展;加快梅山港建设,打造政策试点示范区;打造领军型旗舰型企业,提升产业整体影响力;加强民生建设,提高居民幸福水平。

一、建立企业联系机制,发挥政府的引领作用

我们经常提到要发挥政府的引领作用,到底什么是政府的引领作用呢? 引领,包括"引"和"领"两个方面,"引"即指引、导引的意思,就是为企业和个人指明发展方向,或为他人提供示范榜样;"领"即带领、牵拉的意思,就是要政府带领企业向前走,是政府拉着企业走,而不是企业推着政府走。产业的转型升级、市场经济的健康发展、居民消费习惯的改变乃至国民素质的提高,都离不开政府的强力引导。目前,为了引领经济社会发展,各级政府制订了不少产业规划、扶持政策、便民措施。要发挥这些规划政策的引领作用,首先必须让企业和老百姓知道,而不能只停

留在纸面上、停留在媒体报道上,要让规划政策走出政府大院、走进企业决策者和老百姓的心中。现在企业对政府出台的规划、政策知之甚少,即使是财政补贴政策,往往拿到补贴的总是那几家与政府关系比较好的企业,政策效应难以有效发挥出来。其次是要把规划政策落实好,也就是政府不仅要让企业知道政策的内容,还要结合企业的实际情况,解决企业的实际问题,指导企业去按规划政策办事。

目前,政府与企业间缺乏有效的沟通联系桥梁,规划政策的引领作用难以充分发挥,建立长效的企业联系机制是发挥政府引领作用的有效途径。通过领导干部下企业,既可以了解民情社意,全面掌握经济发展状况,从政府层面解决企业出现的矛盾和问题,进而达到融洽政企关系、干群关系;又可以总结可以推广的企业经验、企业发展模式和可以避免的教训,为制定规划政策打下良好的基础,出台的规划政策也更具针对性和可行性;还可以宣讲政策,落实政策,开展企业跟踪服务,发挥政府的引领作用,促进企业快速健康发展。

在宁波也有部门、行业协会尝试过重点企业联系制度,比如原宁波市物流办(发改委)与宁波市物流协会在早期根据原国家经贸委的文件精神,推行了重点物流企业联系制度,于2007年在自愿申报的基础上评出过20家重点联系企业,效果不错;宁波交通委于2011年推行了重点交通物流企业联系制度,评出93家市级交通物流重点联系企业;北仑工商分局也建立了重点物流企业联系制度。但现行的企业联系制度还存在一些问题急需解决,比如"企业申报、政府评审"的"官本位"理念,重前期企业评选、轻后期工作联系的务虚作风,只评一届、没有后续评选的非连续方式,重形式、不深入的工作过程,联系行业企业覆盖范围太窄,参与企业联系的部门和领导太少,缺乏规范具体的联系内容和长效的企业联系机制等。江苏(苏州)太仓的经验值得总结借鉴,太仓实行的企业联系制度要求干部包企业,联系时间上要求"白加黑、5+2"等上班制,即不分白天与黑夜、不分双休日与正常工作日,企业什么时候需要就什么时候与企业联系;工作作风上是主动下企业调研,而不是集中企业开会,也不是把企业负责人叫到办公室谈工作,更不是企业给领导送礼,请领导吃饭,求领导办事,更多的应该是领导恳请,不能等同于现在一些部门的领导接待日;工作方式上是与企业协商沟通,引导和督促企业前行,有时为了达成政企一致,领导干部甚至需要打感情牌。正是实施了许多这样的制度,使太仓的政治、经济、环境得到和谐发展,经济得到快速持续增长,人居环境得到有效改善。因此,宁波要提升在长三角的地位,必须建立和完善企业联系机制,把相关政策落到实处,发挥政府的引领作用。

第一,要明确企业联系的目的。领导下企业,要有目的,带着问题下企业,事先要有计划,也要避免给企业带来负担和压力。建立企业联系机制,目的是要丰富、畅通政府部门与企业交流、互动的渠道,规范服务企业的行为,提升工作人员的服务素养和工作作风,在政策允许的权限内及时、有效解决企业反映的困难和问题,总结推广企业发展经验,融洽政企关系、干群关系,优化经济发展软环境,提高政府效能和服务质量。

第二,要明确企业联系的任务。建立长效企业联系机制,要让领导干部们知道自己的任务,定期下企业的次数,走访企业的家数,走访的对象,要完成哪些任务,解决什么问题,达到什么效果,不得出现哪些情形,否则会让联系机制流于形式。企业联系一般的任务内容包括:及时宣传与企业相关的国家、省、市方针政策,告知政策规定和办理程序,加强政企间的沟通与协调,鼓励企业适应并利用政策;了解企业生产经营状况和企业工作、生活状况入,收集资料,为政府出台政策提供一手资料;聆听企业意见,分析企业困难,在职权范围内提供解决方案;提供政策、市场、人才、宏观形式等环境变化方面信息,为企业发展建言建策;疏导和化解企业、员工矛盾,融洽政、企关系,与企业交朋友;总结企业经验教训,提出分析报告,向有关部门提出建议;协助企业申办相关项目,与其他部门协调。

第三,要建立企业联系制度推进机制。一是由书记或市长牵头,建立企业联系制度推进和协调办公室(简称协调办),督促各部门建立企业联系制度、落实包干企业和相关人员责任,督促、检查、考评、总结各部门的企业联系制度实施情况。二是构建企业联系信息网络公开平台,网上发布涉企政策,及时调整已废止的政策,及时更新新出台的政策,行政许可事项实行网上申办,便于联系领导学习查询,便于企业查询、申办,便于政府行政监察,从而提升涉企行政效能。三是建立干部挂联走访企业制度,做到人人包企业、月月有任务,各部门相关工作人员应联系一定数量的企业,通过定期、不定期走访挂联企业,完成企业联系任务。四是建立企业问题综合处置机制。走访人员针对企业反映的问题和意见建议，若不属于政策允许或职权范围内，要向企业说明，明确告知大致期限，并向走访人员所在局委主管处室汇报处理；若问题不属本局委职责权限范围内的，应建议将有关问题和意见向市主管局委反映；若问题涉及多个政府部门的，应建议将有关问题和意见向市协调办汇报，由市协调办定期召开协调会，会诊处理解决。五是建立多样化的政企互动交流机制，建立"恳谈日"制度、座谈会制度、联谊会制度、结对制度、行业企业集中评议制度等。六是要建立企业联系台账制度，做好投诉受理、走访企业和事项处置等相关活动记录。七是建立责任制，落实责任。各部门要把企业联系工作列入重要议事日程，并明确班子成员分工，落实相关责任，各部门党政主要领导作为第一责任人，要切实履行第一责任人的职责，每月至少要安排一次走访企业活动，并及时参加问题、意见建议的调研处理。

第四，要强化督查、严格考核。要加强对部门企业联系工作的指导，并对执行企业联系制度的情况进行不定期的督查和通报。要把企业联系工作开展情况纳入市委市政府对县、市、区和各部门的年终综合目标考核内容，作为人员晋升晋级的依据。

二、加快区域创新体系建设，提升宁波创新发展能力

创新是城市发展的不竭动力，是衡量一个城市综合科技实力和可持续发展潜力的重要标志。没有创新就缺乏竞争力，没有创新也就没有价值的提升。在当前激烈的国际竞争中，创新成为关键的竞争手段。创新包括理论创新、制度创新、科技创新、文化创新等，理论创新是指导，制度创新是保障，科技创新是动力，文化创新是智力支持，而以体制机制创新为重点的区域创新体系是提升城市自主创新能力的关键所在。区域创新体系（RISS）就是指在区域创新文化背景下，由政府和市场合力形成利益诱导机制，将区域的创新资源链接起来而进行创新活动的促进体系。美国硅谷的神奇崛起让人们认识到区域创新体系在城市发展中的重要作用，特别是在产业集聚领域。区域创新体系的主体包括区域内的企业、大学、科研机构、中介服务机构和地方政府，功能内容包括区域内的制度创新、技术创新、管理创新和服务创新，环境条件包括政府制度调

控、基础设施建设和保障条件等。

当前,宁波区域创新体系建设还存在一系列问题:一是以中小企业为主,缺乏具有自主创新能力和核心竞争力的大企业、大集团,企业研发投入少,科技人才缺乏,研发创新能力弱。二是高新技术产业发展缓慢,产业规模小,实现产值低,科技企业孵化器发展慢。三是地方财政科技投入少,科技经费不足,难以满足区域创新体系建设和经济社会发展的需求。四是科技人才资源不足,引进力度不够,企业 R&D 科学家和工程师占全社会比重低,近期存在人才净外流的趋势。五是专业的科技服务机构缺乏,科技中介服务机构规模小、数量少,科技投融资体系尚未形成,科技服务能力不强。在我国当前的文化背景下,能否形成一套能够将区域创新资源高效地链接起来而进行创新活动的利益诱导机制是区域创新体系形成的主要标志,深圳等城市的区域创新体系之所以取得成功,关键之处是形成了一套高效的利益诱导机制。创新对企业来说既需要投入,也会产生较大的风险,区域创新体系建设不能全依靠市场,需要发挥政府的主导作用。因此,宁波要以政府为主导,以形成利益诱导机制为重点,加快区域自主创新体系的建设。①

第一,要构建市、县(区、县级市)、乡(镇)三级政府创新系统。目前市、县两级政府都设有科技创新管理行政管理部门,科技创新工作稳步推进,我们要学习江苏、广东等地的先进创新城市的经验,推动科技工作向乡镇延伸,把创新型企业建设纳入县区政府的考核范围。

第二,要优化创新政策环境。一是要制定和落实诱导政策,通过税收减免、财政补贴、土地供给优惠、行政收费减免等措施,引导企业和个人加大创新投入。比如税收优惠政策方面,要落实好企业研究开发经费150%抵扣应纳税所得额,高新技术企业减按 15% 征收所得税等优惠政策。经认定的新办软件生产企业自获利年度起实行"两免三减半"的企业所得税优惠政策,集成电路设计企业可视同软件企业享受软件企业所得税政策;经认定的技术先进型服务企业享受税收优惠政策;创新型企业发生的职工教育经费支出不超过工资薪金总额 2.5% 的部分准予税前

---

① 参考浙江省科技厅《浙江省科学技术"十二五"发展规划》、宁波市科技局《宁波市"十二五"科技创新发展规划》。

扣除,超过部分,准予在以后纳税年度结转扣除;科技型企业、国家技术中心等单位进口设备免征进口关税和进口环节增值税、消费税等。二是严格执行国家有关知识产权的法律法规,要组织力量主动帮助企业维护创新成果,为知识产权保护提供咨询、法律服务,特别要做好尚未获取产权保护的创新、创新过程或阶段性成果的知识产权保护。

第三,要进一步加大政府投入。一是要贯彻落实国家科技进步法和浙江省科技进步条例,确保财政科技投入高于财政经常性收入的增长幅度,提高财政科技支出占财政支出的比重,积极争取财政资金,保障区域创新体系建设的公共科技投入。科技管理部门要加强调研,提出切实可行的加快建设或完善区域创新体系的方案,明确财政投入需求,加强经费管理使用,力争取得更好的绩效。二是要加强平台建设投入,启动宁波新材料科技城和县级高新园区和研发园区建设,推进集聚创新资源基地、转化创新成果基地、培育创新产业基地建设,加大科技企业孵化器投入,新建或改造一批科技企业孵化器和加速器,引进集聚一批国内外一流的企业研发机构、科研院所和大学研发机构,引进培育一批科技服务机构。三是加大对专利授权的补助力度,激励企事业单位申请专利的积极性。四是改革财政科技资金投入方式,积极推进科技资源与金融资源的对接,积极探索设立财政科技金融专项资金,通过贷款贴息、担保和保险费用补助、科技信贷奖励等方式,建立风险补偿和激励机制,鼓励金融和投资机构加大对科技型中小企业的投融资。五是要发挥政府科技投入的最大效应,创新投入方式,通过全额资助、部分补贴、首期启动、贷款贴息、无息贷款、有偿投入等方式,带动社会资金投入到科技研发当中来。

第四,要大力推进创新型主体建设,提高企业创新能力。一是培育发展创新型企业。创新型企业是拥有企业研发机构、创新领军人物、创新团队、自主知识产权并具有持续创新能力的高新技术企业。要通过示范一批、试点一批、带动一批的方式全面开展建设创新型企业工作,用足用好国家扶持高新技术企业发展的政策培育、认定一批高新技术企业;积极引导和推动行业龙头企业创新创业发展高新技术企业,发挥国家扶持高新技术企业的政策,着力培育一批高新技术龙头骨干企业;发挥科技企业孵化器、科技创业园、大学科技园的作用,孵化培育一批科技型中小企业,引进高校、科研院所和企业的科技人员、留学回国人员、海内外浙商领办和参与创办的科技型中小企业。二是加大企业研发机构建设。鼓励和引导企业建设研发中心和工程技术研究中心,在高新技术企业和行业龙头企业建设一批重点实验室和工程技术研究中心,支持企业联合高校、院所共同组织实施重大重点科技项目,支持企业引进培育高层次创新人才特别是高端专业技术人才。三是推进产研联盟建设。各县(市、区)、各在甬高校要围绕本地经济转型升级的需求,组建一批由高校、院所、企业研发机构组成的产业技术创新联盟,开展协同攻关,解决产业和产业链发展急需突破的关键技术难题。

第五,加强科技服务体系建设。一是大力培育发展一批重点科技中介机构,各县(市、区)都要结合本地需求,做实做强一批为创新创业需求提供研发设计、技术转移与交易、科技咨询与评估、创业孵化、知识产权、投融资、检验检测等专业化服务科技中介机构。二是依托本地重点科技中介机构,大力发展技术交易和科技会展业,加快网上技术市场、成果转化服务平台建设,推进技术成果供需方对接。三是以科技研发、工业设计、技术中介及推广等服务为重点,培育壮大科技服务企业,推进一批科技服务业集聚区建设发展,形成开放协作、高效运行的科技服务体系。四是加强金融对科技创新的支撑力度。大力发展创业风险投资,进一步扩大创业风险投资引导基金的规模,鼓励风险投资资金加大对处于种子期和初创期的科技企业的投资力度;加快推进科技信贷专营机构建设试点,筹划建设科技小额贷款公司,鼓励引导组建各种形式的信贷基金、债权基金等,增加科技信贷供给;探索建立科技型企业融资担保损失补偿机制,设立为科技型企业提供融资服务的担保公司,积极引导商业性担保公司发展科技型企业融资担保业务;全面推进知识产权质押融资,积极探索科技保险。

三、多渠道拓展港口腹地,巩固和提升港口国际地位

宁波港是一个综合性的资源,在宁波经济社会发展中扮演着重要的角色,不仅支撑宁波的经济发展,同时港口经济也是宁波经济的重要组成部分,对宁波的城市影响力、要素资源集聚力有至关重要的作用。宁波港口完成货物吞吐量居中国内地港口第 3 位、世界前 5 位,集装箱吞吐

箱量排名中国内地港口第 3 位、世界港口前 6 位。但宁波港的发展面临许多问题,这些问题不加以重视和解决,宁波港的国际国内排名将会下降。一是宁波港吞吐货物以外贸货为主,在世界经济持续不景气的情况下,宁波外贸难以出现持续增长甚至将会下滑,从而影响港口吞吐量的持续发展。二是中国沿海地区港口发展迅速,与宁波竞争货源的对手越来越强大,上海自不必说,台州、温州、连云港对宁波港的压力也越来越大。三是舟山海洋综合开发试验区上升到国家战略后,对宁波港的影响比较大。首先是分流。从舟山试验区发展规划看,包括大宗商品交易、铁矿石等主要货种、保税区等,大部分内容与宁波港目前和正在发展的业务重叠,势必分流部分货源;其次,加大了宁波集疏运压力。因此,要巩固和提升港口的国际地位,必须创新发展理念、思路和方式,多渠道拓展港口腹地,保证港口生产持续稳定发展。我们建议:

第一,强化揽货体系。通过在异地设立揽货网络或分支机构、与外地货代合作、吸引外地货代企业来甬设立分支机构等途径,拓展赣、闽、皖、湘、鄂等省的出口货源市场;加强与地中海、中远、中海、马士基等重点船公司的沟通与合作,加大国际中转拓展力度;加强与钢铁、发电、石化、化工、汽车等大货主合作,直接揽货,巩固现有基础货种货源,稳定和拓展其他大宗货物货源市场;要完善乍浦—宁波内支线服务网络,增加温台内支线的航班密度。

第二,大力推进海铁联运发展。今后几年要大力推进海铁联运发展,充分发挥铁路运输优势,重点发展 300 公里～500 公里圈及以外的腹地。一是积极争取海铁联运综合实验区,积极争取国家系列优惠政策为宁波海铁联运综合实验区发展提供持久动力,以运输价格、运输组织、信息互通等多项功能引领海铁联运发展,以货源开发、市场服务、多元化发展建设创新体制模式。二是扎实推进宁波—华东铁水联运示范项目工作,优化宁波港域现代集疏运体系,拓展宁波港域内陆经济腹地和辐射范围,增强宁波港域对中西部地区的辐射和带动效应。力争到 2015 年,宁波港集装箱铁水联运达到约 15 万 TEU,且以每年近 40% 的比例增长。三是加强运输组织管理,巩固和加强集装箱班列开发建设,重点稳固现有鹰潭、上饶—宁波、台州—宁波的货物快速班列,加密班列开行对数,打造精品班列品牌。四是开发和培育铁水联运市场主体,支持港口、航运和铁路运输企业发展铁水联运业务,提升现代物流服务能力,鼓励和支持船公司参与铁水联运业务,发挥船公司在培育市场方面的作用。五是尽快编制好宁波港铁水联运发展规划,合理布局铁路运输通道和网络,开展宁波—华东地区集装箱铁水联运示范项目建设,进一步提升港口集疏运能力和水平。加强港口管理部门和铁路部门协调和沟通,完善铁路干线网路、疏港铁路支线、铁路场站的规划,规划上加强铁路与当地查验机构、港口、物流园区、产业布局的衔接,实现铁路直达港区,减少两端短驳运输,降低全程物流成本。

第三,大力推进"无水港"开发建设。一是转变"无水港"的服务功能,通过无水港的功能联动、规划联动、信息联动和运营联动,逐步完善运输、仓储、装卸、搬运、海关、检验检疫、信息等服务功能,提高物流服务水平,推进"无水港"向物流园区转型发展,扩大无水港的辐射区域。二是加强内陆无水港布局及基础设施建设,依托铁路站点,在有条件内陆节点建设无水港,重点推进浙赣铁路沿线金华、衢州、上饶、鹰潭、新余、宜春、萍乡、长沙等地区的无水港建设,不断完善无水港网络布局。

第四,宁波与舟山互动发展,稳固货源。一是充分发挥港口联盟的作用,发挥宁波港的先发优势,强化宁波港的战略核心地位,提升宁波港的影响力。二是加大对舟山港航设施和企业的投资力度,融入舟山试验区开发,提高宁波港的话语权。三是利用各自优势,集中做大做强优势项目,提升整个宁波—舟山港的国际竞争力。四是加强政府间的合作,加快宁波—舟山一体化进程,特别是政府要加强协调宁波地区各港区、保税区,避免自相恶性竞争。

四、整体布局三门湾发展,打造宁波经济增长极

南三县是宁波经济腾飞的南翼,而其中的宁海、象山县又是南翼中经济实力最强的两个县,2012年经济总量(GDP)占南翼总量的71%,发展基础好,地理位置佳、可发展空间大,极具发展潜力。三门湾区域涉及宁波和台州两市,包含三门湾两岸的宁海县、象山县、三门县等三个县,三门湾区域具有岸线、港湾、滩涂等资源禀赋优势和区位优势,环境承载能力较强,开发前景良好,三门湾区域可以说是一块静候雕琢的旷世宝玉。三门湾区域如果能有效开发,对浙江来说,作用和地位可比肩上海

的浦东、天津的滨海,三门湾区域也朝着这个目标发展运作。对宁波的经济来说,不仅宁海、象山两县的经济得以发展,还能使宁波的南北两翼经济达到平衡,彻底改变北强南弱的不平衡格局,从而推动宁波经济的持续快速发展。三门湾区域对于宁海、象山乃至宁波市域发展全局而言,具有重要的战略意义。三门湾区域的开发建设,将和杭州湾新区的开发建设一起,构成宁波在新的历史时期实现新发展新跨越的战略支点,也将成为宁波实现新的跨越的腾飞之地。要加快三门湾新区的发展,我们建议:

第一,要充分发挥政策的支撑作用。首先要梳理法规政策,明确国家、省、市已有哪些法规政策,哪些法规政策需要进一步贯彻落实,还需要出台哪些法规政策,需要争取中央、省出台哪些法规政策。其次要分析研究上海浦东、天津滨海在发展过程中,寻找不同阶段促进经济快速发展的关键因素,在此基础上,制定三门湾发展的相关政策措施。再次是要通过不同途径争取中央政策支持,抓住国家新一轮沿海开发战略机遇,力争享有类似上海浦东、天津滨海等新区相同的发展政策。

第二,要强调协同发展,制定三门湾区域发展规划实施细则。三门湾区域既具有很高的生态价值,又具有很高的开发价值,是一个矛盾统一体,要长远打算、综合考虑,整合资源,发挥三门湾区域的整体优势。《宁波三门湾区域发展规划》2011 年 9 月起开始公示、2012 年 12 月通过专家评审,该规划提出了宁波三门湾区域未来"两轴两带三核四片"的空间发展结构,明确各空间的功能和重点发展产业,联动象山、宁海和三门县共同发展。宁波三门湾区域重点规划地区包括宁海、象山两个县共 14个乡镇,陆域面积约 1400 平方公里,海域面积约 500 平方公里,但目前尚处不发达地区,资源利用率相对较低。该规划分析了宁波三门湾区域的现实基础、制约因素和区域发展面临的机遇和挑战,在此基础上提出了区域发展的总体思路,将宁波三门湾区域的功能定位于全国海湾经济综合试验区、长三角海洋新兴产业基地、国家现代农渔业基地与海洋生物多样性保护示范基地、海峡两岸交流合作示范基地等四个方面,明确要大力培育海洋新兴产业、加快发展海洋服务业、优化提升传统优势产业与现代农渔业。虽然规划从战略发展框架、产业经济协同发展、一体化支撑体系、生态保护、资源与设施协调、实施政策等方面做出了规划安排,但目前的规划还比较粗,资源的整合力度不够,区域特色不明显,与其他规划之间存在一定的矛盾,需要站在长三角乃至全国、全球协同发展的高度对规划进一步优化和细化,出台实施细则,通过细则来强化区域资源的整合力度、突出区域特色、提升区域发展竞争力。

第三,建立组织机构,推进区域开发建设。一是要成立综合协调管理机构。因为三门湾区域涉及两地三县,需要建立一个由省有关部门、三县政府以及宁波和台州市政府参加的、制度化的区域协调监管机构,协调解决区域性事务,对重大事项进行统一部署、综合决策。各级政府部门和职能部门成立相应的领导协调机构,各重点功能区成立管理机构,形成分级管理、部门协调、上下联动、良性互动的推进机制,形成三门湾区域保护与开发的合力,在整体上保障三门湾区域统筹协调发展。二是成立项目推进工作机构。为了保障三门湾区域开发建设的顺利进行,需要成立不同的项目推进工作机构,主要任务包括:畅通项目生成的各种渠道,紧盯国家产业政策和投资方向,争取国家和省市政策性投资项目,尽可能得到更多支持;做好需审批、审核项目的报批工作以及开工建设的政策处理;做好征地拆迁和移民安置工作;采取多种形式,开展招商引资工作,积极向大型跨国企业和港台、中东、日本、新加坡等地进行专题招商。

第四,加快港口等基础设施建设。基础设施是三门湾区域发展的重要基础,而港口物流业、临港工业又是三门湾区域未来发展的重要主导产业,港口在三门湾区域的发展中意义重大,所以要加快港口的开发建设。首先,要明确港口定位。三门湾港口可以定位为浙江省沿海地区性重要港口、浙中地区对外交往的重要口岸、承担腹地经济发展所需能源物资、原材料的中转运输,未来发展定位为由集装箱运输的喂给港,逐步发展为现代化、多功能的综合性港口。其次,明确港口空间布局。三门湾港口空间布局以石浦港区为核心,形成健跳港区、宁海三门湾港区及石浦港区、南田港区等"多港拥湾"的结构。最后,合理设置港口功能。石浦港区是集渔、贸、工、旅为一体的综合性港口,形成"一港、两区、七亚区"的布局结构;宁海三门湾港田湾港区具有装卸储存、中转运输、临港加工、信息服务、战略储备,以煤炭、钢材等散杂货为主要物流对象;南田岛作为货物中转、临港产业和物质储备需求服务。

五、甬台共建现代产业园,培育新的经济增长点

借鉴苏州工业园区、昆山深化两岸产业合作试验区的成功发展经验,在浙台(象山石浦)经贸合作区的基础上,宁波与台湾共建现代产业园,培育新的经济增长点。苏州工业园区是中国和新加坡两国政府的合作项目,在吸收国内外开发区成功经验的基础上,形成了一套自身的运作模式,取得了巨大的成功,生态环境、社会发展、体制创新名列全国 90 家国家级开发区第一,2012 年地区生产总值达到 1760 亿元。浙台经贸合作区是浙江省对台经贸合作和海洋经济发展的一个重要平台,也是三门湾区域的重要组成部分。2012 年 5 月浙江省批复设立浙台(象山石浦)经贸合作区(以下简称"合作区"),2012 年 7 月合作区挂牌成立。合作区包括象山经济开发区及石浦港地区的石浦镇、鹤浦镇、高塘岛乡、晓塘乡和新桥镇盐场,规划建设范围陆域面积约 338 平方公里,海域面积约 4000 平方公里,主要推动对台小额贸易、对台经贸加工、两岸农渔产业合作、海岛综合开发等若干功能区块开发建设,努力建设成为两岸经贸合作的创新平台、海岛开发的实践平台、农渔产业的合作平台、人文交流的示范平台和共建共享的海港新城。自合作区成立以来,对台贸易较快发展,去年石浦对台小额贸易额近 1 亿元,在全国名列前茅。但是,全国各省市的对台经贸合作区不少,仅浙江东南地区就有舟山普陀、台州玉环、温州苍南,这些沿海地区的对台经贸合作区功能大同小异,发展方式也少有特色,基本上是利用东南沿海与台湾地区的地缘优势发展对台贸易,所以发展速度受到限制,发展潜力不大。我们建议,借鉴苏州工业园区的经验,把象山浙台经贸合作区改为浙台现代产业园区,并与台湾地区的相关部门行业或县市共建。

建设象山现代产业园是宁波产业转型升级、增强宁波发展后劲的重要平台,建设好产业园意义重要。在象山建立现代产业园的优势在于五个方面:临海、沿湾、靠港、周边景点多,具有现代产业发展和人居的基础优势;与台湾地区一水相连,距离较近,地理位置优越;可以开发利用的土地资较丰富;生态环境优良,综合开发具有后发优势;宁波对于台湾地区有特殊意义(蒋氏故里)。现代产业园建设的直接目标是形成知识、技术、资金密集型产业高度集聚的产业园区,聚集一批科技创新服务平台、

一批具有知识密集型产业、一批高端科技人才与管理人才。

为了实现象山现代产业园的建设目标,我们认为要着重抓好以下几项工作:

第一,要高标准做好园区发展规划。园区发展规划要吸取一般工业区规划的教训,不能因为急于求成而降低标准,也不要局限于原来的农渔产业和经贸加工,要有长远眼光,着眼于未来发展需要,包括产业布局、环境保护、生活配套等。在产业布局规划上,要坚持产业的战略性和引领性,在产业园落户的产业一定要对宁波市甚至全国的长远发展具有战略性价值,是能够代表宁波参与国际竞争的产业。在环境保护方面,关键在于对区域地貌最大限度地进行原生态保护,要最大限度地将产业园区和居住区自然和谐地嵌入原生态环境之中。在生活设施规划建设方面,要考虑象山石浦远离市区的现实,强调配套性,建设生态型、文化型的高品质居民生活区,这样才能吸引高端人才,留住高端人才,为现代产业发展提供人才保障。

第二,要选择好合作共建伙伴。合作共建伙伴可以是台湾地区的行政主管部门或县市政府,也可以是行业协会、大型产业园区,但要具有较强的影响力和集聚力,也要具备较强的经济实力。在共建合作上要注重创新,出资模式、建设模式、管理模式、运作模式、利益分配模式、产业发展模式等等都可以创新。

第三,全力开展招商引资工作。现代产业园区建设成功与否,很大程度上取决于招商引资。当今,区域与区域之间、城市与城市之间的竞争,本质上是对资源尤其是高端资源的竞争。宁波要利用与台湾地区的合作,利用宁波开发区多年来积累下来的经济基础、产业基础、环境基础和国际声誉,切实抓好招商引资工作。招商在面向甬台企业的基础上,不仅要面对国际市场,也要面对国内市场;不仅要面向境外跨国公司,也要面向国内大型企业,包括中央企业和民营企业;不仅要面向境外资本和技术,也要面向国内民间资本和本土技术;不仅要面向现代服务业,也要面向先进制造业。

六、加大招商引资力度,加速杭州湾新区发展

把三门湾区域比作宁波经济腾飞南翼的核心,那么杭州湾新区就是

未来引领宁波北翼经济发展的核心。宁波杭州湾新区位于浙江省宁波市北部，规划陆域面积 235 平方公里，海域面积 350 平方公里，是整个杭州湾产业集聚区的核心区域，是宁波对接上海的前沿。宁波杭州湾新区定位为"国家统筹协调发展的先行区、长三角亚太国际门户的重要节点区、浙江省现代产业基地、宁波大都市北部综合性新城区"以及"宁波北翼国际化新城区、产业转型新基地"，重点发展海洋高技术、电子信息、光电子、汽车及零部件、新材料、新能源等产业，重点打造汽车、新装备、智慧产业和金属新材料产业基地。2011 年新区实现地区生产总值 101.5 亿元，完成全社会固定资产投资 102.2 亿元，完成财政一般预算收入 20.3 亿元。

杭州湾新区临近上海港、宁波港两大国际性港口和栎社、萧山、虹桥、浦东四大国际机场，周边铁路、公路网络完善，背靠宁波余慈地区。余慈地区是中国市场经济发育最成熟、民营经济最发达的地区之一，集聚人口 200 多万，拥有民营企业 13 万多家，工业产值近 4000 亿元，产业基础雄厚，百姓生活富裕。其中慈溪是中国三大家电制造基地之一，拥有 10 大支柱产业，3000 多个产品系列，36 个特色块状经济，综合开发和配套能力堪称国内一流。余姚有"塑料王国、模具之乡"之称，工业门类齐全，形成了仪表等七大传统支柱产业和汽车配件材等 20 多个行业块状经济区。

杭州湾新区经过多年的发展建设，特别是杭州湾大桥的建设通车，已经具有了较好的产业发展基础和较高的知名度，交通便捷，基础设施建设不断完善，人居环境得到改善，管理体制进一步理顺，但是杭州湾新区优势没有发挥出来，达不到引领宁波北翼经济发展的地位。我们认为，要加速杭州湾新区（这里简称"新区"）的发展，既要加大基础设施建设、优化人居环境、扩大新区范围、整合资源，为经济发展创造良好的环境条件，更要加大招商力度，这也是现阶段加速新区发展的关键所在。

第一，教育资源招商。区域内有多少高校和研究机构，是吸引高端投资和大项目落户的重要因素，也是欧美发达国家产业园区招商的重要卖点和成功关键，因为产业要发展，需要高校和科研机构为产业提供科技支撑，解决技术难题，同时高校和科研机构的科技成果又可以为产业的发展开辟新的路径。另外，产业发展需要高素质的职业人才，职业教育可以为产业的发展提供人力资源支撑,引进职业教育资源也非常重要。所以要加大力度进行教育招商,通过各种途径引进教育资源。一是通过优惠条件吸引国内外高等院校和科研院所来新区设立分院、分所;二是通过资源整合,让在甬高校在新区设立校区,让高校和研究机构研究团队来新区开设工作室,同时迁入或新建一所综合性高职院校;三是引入知名国际性培训机构;四是加快宁波城市职业技术学院 TEAF 学院等教育资源入区的工作进程。

第二,对接上海产业转移招商。受发展空间和资源的限制,上海释出部分产业。新区要利用区位优势,有针对性地开展招商引资活动。一是要紧盯上海产业政策变化趋势,分析哪些产业、哪些企业可能会向外转移或因发展需要在外地新建基地,以便及时跟进。二是要利用华交会、浙洽会等平台,加大针对沪商的招商宣传力度。三是要选择一些大企业,组织专业队伍,制订工作方案,开展针对性的招商。

第三,产业链招商。针对汽车制造、海洋装备、船舶制造、医疗器械、智慧产品、生态农业、现代物流、商贸、金融等产业链不完整的现状,开展产业链招商。着力引进一些在国内外有影响力的大型企业入区,完善宁波的支柱产业链、主导产业链、高新技术产业链,形成自我配套和抗风险能力强的产业体系。

第四,大项目招商。针对新区产业结构中大型企业、大型项目偏少的现状,实施大项目招商。余慈地区乃至宁波的产业门类齐全,企业数量众多,但进入全国百强的企业偏少,这就削弱了整个宁波地区产业在国际国内的影响力、辐射力和控制力。因此,要积极向国际推介招商,努力在新能源、新装备、新材料、汽车及零部件、现代服务等重点领域,争取引进若干个具有国际先进水平的大项目,尤其要引进具有战略引领功能的跨国公司和中央企业进驻新区

第五,成长性小项目招商与培育。在积极开展大项目招商的同时,也要重视适合园区产业发展规划并具有高成长性的小项目招商和培育。小项目招商与培育,就是要善于在国内外市场上发现和引进小企业、小项目,通过场地支持、租金优惠、税费减免、代办服务等引导小企业和高层次人才创业。国内外发展的实践经验告诉我们,这样的小项目、小企业,在政府的扶持下,通过几年的发展往往容易成长为龙头骨干企业或

行业引领企业,如杭州的阿里巴巴等,因此,要特别注重发现和引进这种极具发展潜力的小项目、小企业。

第六,创新招商模式。一是学习天津、深圳、苏州等先进城市的招商引资经验;二是树立"亲商、荣商"观念,把投资者当作最珍贵的客人、新区发展的贡献者看待,给予客商应有的地位和荣誉;三是建立大项目快速反应机制,在客户跟踪服务、项目推介、来区考察等方面,积极主动,争取让有意投资的项目优先落户新区。四是根据客商的不同、项目的不同,制定不同的服务方式,提供高效的个性化服务,满足客商需求。

七、加快梅山区域建设,打造政策试点示范区

宁波梅山保税港区(产业集聚区)(这里简称"梅山区域")是由梅山岛、春晓镇和白峰镇的郭巨、上阳片区组成,总面积约 240 平方公里,重点规划区面积 68.15 平方公里,是经国务院批准的第五个保税港区,也是浙江省产业集聚区。宁波梅山保税港于 2010 年 6 月通过国务院验收,2010年 8 月集装箱码头投入试运营,2012 年梅山港区口岸获批开放、汽车整车进口口岸、进口罗汉松特定口岸获批,口岸优势进一步突出,产业基础也更加夯实,滨海新城建设框架进一步形成。2012 年完成固定资产投资102.4 亿元,新引进企业 872 家,实现一般预算收入 20 亿元,完成集装箱箱量 87.4 万标箱,已成为韩国、西非、南美等 30 余条国际航线挂靠港区,启动了保税业务。

梅山区域的定位为"亚太地区重要国际门户城市的核心功能区、我国沿海对外开放先导先行区、国家建设自由贸易区的先行试验区、长三角建设资源配置中心和浙江'三位一体'港航物流服务体系建设示范区、浙江海洋新兴产业发展引领区、宁波现代化国际港口城市新城区。"重点发展以国际贸易为龙头、以港航运营为基础、以现代物流为支撑、以离岸服务和休闲旅游为配套的现代服务业。目前,宁波梅山保税港还处于基本条件建设阶段,业务刚起步。与国内其他保税港相比,特色并不突出。要实现梅山区域的定位目标,达到省、市"两个前列、一个重要增长极"的发展要求,我们认为要从两个方面着手:一是要加快梅山区域的基础设施建设,完善梅山保税港区(产业集聚区)发展的环境条件;二是要积极向中央争取更多的更为开放的特殊政策,实施政策试点,成为真正的对

外开放先导先行区和实验区。

第一，加快梅山区域基本建设。紧扣产业培育和城市建设主线，突出重大项目落地和区域环境提升的重点，加快梅山区域的基础设施建设。一是加快码头设施建设，提升港口的吞吐能力和集疏能力，夯实港口经济基础。主要推进梅山保税港区 3—5# 集装箱码头建设，使十万吨级集装箱泊位达到 2 个，七万吨级集装箱泊位达到 3 个，年通过能力为 300 万 TEU；做好梅山港区多用途码头工程、梅山港区 6—10# 集装箱码头工程上报项目申请报告，尽早报批、尽早开工建设。二是加快交通设施建设特别是集疏运体系建设，重点是做好梅山港区 15 万吨级进港航道项目前期工作，尽早开工建设；配合舟山做好六横疏港高速公路（六横大桥宁波接线工程）前期工作，力争早日开工。三是加快物流仓储服务项目设施建设，提升供应链的竞争力。主要加快保税物流配送中心、中拉贸易物流中心、屹隆温商国际物流基地、涌金物流大厦、镍矿及镍产品贸易物流中心、机械装备及配件保税物流中心、医疗器械贸易物流中心、日用消费品国际采购配送中心、冷链保税物流中心、物流园区项目的前期和建设进程，力争早日开工投产见效。四是加快现有产业项目建设进程，形成示范效应。重点加快已开工的泰甬汽车零部件、海天全电动注塑机、进口加工组装等项目的建设的力度。五是高质量建设生活配套设施。由于梅山离宁波市区和北仑城区较远，要吸引人才和充分发挥保税港和产业园战略平台的作用，除了要加快建设临港商务中心、宾馆、商场和必要的衣食住行设施及其水、电、气、通讯、照明设施外，还要健全金融、保险、教育、文化、医疗、休闲、城市街道等都市功能设施建设，营造良好的商务和居住环境，提高区域的吸引力和支撑力。

第二，积极争取国家政策资源。特区政策促成了深圳实现了爆发式成长，新区政策促进了上海、天津的跳跃式发展。宁波既没有深圳的特区政策、也没有上海、天津的新区政策，在税收上缴、国家资源配置方面处于劣势。因此，宁波要抓住国务院批复的梅山区域"我国沿海对外开放先导先行区、国家建设自由贸易区的先行试验区"定位的优势，积极创造条件，争取更多的政策在区内试点。一是要加大区港一体化力度，争取更大的开放权和自主管理权，探索自由贸易港试点。自由贸易港是指一国境内、受海关保护的、无贸易限制的关税豁免区域，是世界经济自由区中开放程度最高的一种形式。二是争取作为税制改革的实验区。首先,1994 年建立的中国税制体系需要进行大的调整,以适应宏观社会经济环境的变化,我们要抓住这一时机,争取将宁波作为中国税制改革的试验区。其次,以"营改增"为契机,总结前期试点经验,向国税总局提出建议,进一步完善修订增值税制度,包括:适当降低交通运输业过渡期的增值税税率,建议将交通运输业税率降低至 8%~10%;扩大进项税额的抵扣范围,将道路桥梁通行费、汽车保险费等成本列入可抵扣项目;对"营改增"后税负增加的企业在纳税时给予即征即退政策。三是探索和争取在区内实施税收单一管辖权试点。倡导在全球范围内各国实行单一的收入来源地管辖权、避免国际重复征税的呼声越来越高,一些资源缺乏的国家或地区通过实施单一税收管辖权和较低的所得税率来吸引外国投资,因为跨国企业可以通过在这些国家和地区注册达到避税的目的,从而吸引了大量的外国企业注册。目前世界上只有少数国家和地区实行单一的税收管辖权,比如中国香港、法国、荷兰、巴拿马等,中国是同时实行居民管辖权和地域管辖权的国家。四是探索建立国际港航发展综合创新区。创新国际港航业务模式,探索建立船舶保税登记体系,创新中转集拼监管机制,推动期货保税交割模式试点,探索沿海干线重箱捎带业务试点,探索开展船舶融资、航运保险等高端金融服务,积极发展国际采购、进口货物分拨、出口货物分拨、国际中转、国际集拼等业务。

八、打造领军型旗舰型企业,提升产业整体影响力

　　根据城市发展理论和经济规模理论,要提高一个城市的地位和竞争力,提升产业竞争力,需要有一批行业内具有影响力的领军型企业。波音与空客瓜分了世界大型客机市场,欧美日几大汽车巨头控制了全球汽车的生产与销售。宁波的服装行业之所以全国有名,之所以发展迅速,就是有像雅戈尔、杉杉等一批大型知名服装企业,值得注意的是近几年宁波很多龙头或骨干服装企业在实施多元化发展战略,大力投入房地产,服装这一主业的影响力在削弱。然而,宁波大部分行业存在企业"小、散、弱、乱"的状况,规模小,实力弱,传统作坊式的企业仍占据较大的比例,缺少领军型旗舰型企业,导致整个行业创新难、盈利水平低、驾驭风险能力差。2008 年的全球金融危机,使得一大批宁波企业一蹶不

振,这也是宁波这几年经济增长速度落后于长三角兄弟城市的重要原因。宁波企业的"散小"特征不仅削弱了宁波产业在国内外的影响力,而且也制约到宁波系列产业链的形成及其完整性和稳定性。因此,打造一批具有领军功能的旗舰企业,是宁波建立现代产业体系、实现产业转型升级的当务之急。通过打造具有领军功能的旗舰企业,发挥旗舰企业的带动、辐射、集聚、控制和创新功能,降低产业成本,提升宁波产业整体竞争力。

我们建议,通过以下五条途径打造旗舰型企业:

第一,延伸产业链。立足于现有的产业资源和优势,着力推动产业链延伸发展,重点推进企业向高端产业链延伸。比如农产品生产,在集约生产的基础上,前可以向农产品销售、储运物流、系列加工、餐饮、农业旅游延伸,后可以向种子生产、农技服务甚至农业生产资料生产延伸,横向可以向套种套植、多种经营延伸。又如工业产品加工企业,可以向原料零部件配套加工、产品销售、供应与分销物流、产品开发设计、包装设计、产品检测等延伸。再如,国际货代物流服务企业,可以向产业链两头延伸,上游可以成立外贸代理公司开展外贸代理服务,下游可以购买集卡或者集中社会集卡开展集装箱运输服务,建设集装箱堆场开展堆存服务,成立报关行开展代理报关报检服务,甚至开展港口码头服务、信息服务,随着车辆和员工的增加,还可以开展停车场、加油站、修理部、食堂等服务。通过延伸产业链,扩大话语权,整合资源,提高整个产业链的运转效率,降低供应链运行成本。

第二,同业兼并重组。这也是宁波打造旗舰型企业的关键路径之一。国内外大型企业的成长史表明,在同业内实施兼并重组,是企业在短期内实现规模扩张的最有效的途径。宁波的块状经济和散小特征很适合兼并重组,各级政府要扶持一些有现代经营理念和发展思路的企业业主,在同业中实施兼并重组,扩大企业规模,当然扶持的关键内容是融资和引导。要结合宁波的支柱产业、战略型产业、主导产业的发展,鼓励和支持本地有实力的企业积极实施扩张战略,比如汽配、模具、电子与IT、家用电器、五金、纺织服装、塑料与塑机、文具、外贸、交通物流、航运、商贸、房地产等行业的兼并重组,支持行业中的龙头企业向全国扩张。

第三,战略联盟。战略联盟即企业组织虚拟化。随着行业利润率水平的下降,以资本、品牌、技术为纽带,通过不同方式实施联盟,抱团发展,促进货源的规模化、集约化,提高规模效益。一是横向联盟和共同化,即同业间的联盟及生产共同化(如共线生产)、渠道共同化、物流共同化。联盟是行业竞争加剧的必然趋势,更是行业集约化发展的内在需要,联盟的方式可以是紧密型的相互参股,也可以是松散型的协议合作关系,还可以是缴纳年费式的会员联合体。但不管是哪种形式,都要有领头企业或盟主企业,有制度和合同约束,推行统一的质量标准和信息标准,共享资源。二是纵向联盟,即和牵头企业与供应链中的上下游企业联盟,比较可行的方式是参股和协议合作形式,通过章程或协议约定国际物流运作标准和信息一体化要求。联盟要建立和发展,联盟成员的资格、信息接口和信息标准、生产服务质量标准、成本分摊标准、权利与义务、管理制度等都必须明确规范。

第四,推动上市。上市是发展现代经济、夯实城市微观经济基础的有效途径,也是当今企业扩大规模的快捷之路。宁波要大力推动本地企业上市,利用资本市场筹集资金,发展地方经济。宁波要建立由专业机构、专业人士组成的咨询委员会,采取发调查函、走访企业、组织培训等形式对企业进行政策指导、知识宣传,建立拟上市企业数据库,免费辅导企业上市,及时协调解决企业上市过程中碰到的各种问题。要利用资本市场的倒逼机制,促进企业建立健全现代企业制度,推动企业实现规范发展,完善公司治理结构,夯实企业管理基础,进一步增强企业的生命力。政府要设立专项基金或政府特别奖,奖励上市企业。在财政补贴、税费、工商登记、土地房产、专利、商标等方面制定出台优惠政策,吸引企业上市,鼓励企业建立激励机制吸引人才、留住人才,为企业的长期稳定发展奠定基础。

第五,招商引进。引进战略型、领军型企业,始终是改善产业组织结构、提升产业竞争力的重要途径之一。宁波要创造优惠的条件、高效的服务和良好的环境,在装备制造、高新技术、新能源、新材料、现代服务等领域引进一批战略性领军型大型企业,以带动整个产业的发展。

九、加强民生建设,提高居民幸福水平

随着经济的发展,民生的问题也越来越受到重视。民生问题是现阶

段构建和谐社会、国家长治久安的根本,对民生问题的重视是城市进步的表现。从就业、住房、医疗到教育、环保、养老乃至食品安全、文化建设、反腐倡廉,每一项都关系百姓生活和权利的民生内容,都体现了百姓最直接、最现实的利益诉求,是政府必须高度重视和切实保障的问题。目前,宁波各级党委政府非常注重民生问题,注重将公共财政重点投向民生领域,保障和改善民生状况,取得了巨大的成绩。但在生态环境、房价、农民工权利、公共安全等方面还存在不少问题,需要进一步改善;职业教育、社会保障、文化建设等方面还不能适应社会经济发展和人们生活的需要,需要进一步加强。我们建议:

第一,建立以 GNH 指标为核心的发展评价体系。GNH(Gross National Happiness)即国民幸福总值,或者称作国民幸福指数。指标体现导向,一个正确的指标体系对于经济社会的发展会产生极其巨大的作用,在过去很长一段时期内,以 GDP 指标为核心,宁波经济乃至全国经济取得巨大的成功,也出现环境污染、社会公平等一系列的严重问题。在科学发展观指导下,政府在不断转型,GDP 竞赛向公共服务转变,这一转型实际上是按照 HDI[①](人类发展指数)指标体系推进的。目前,发达国家提出了 GNH[②] 评价体系,宁波经济社会较为发达,我们建议越过HDI 评价阶段,直接使用 GNH 指标体系,将"幸福感"作为整个评价系统关注的中心,并放在评价系统的核心位置。

第二,坚持生态立市,加快"美丽宁波"建设。宁波实际上已经进入发达国家的初期水平,人民群众对生态环境改善有了更为迫切的期待。一是不断加大环境保护投入,使环境保护支出占地区生产总值比重达到2%左右。二是要不断优化区域生态功能和产业布局,注重区域和行业的整体提升,严控高耗能、高排放和产能过剩行业新上项目,突出企业的

---

① HDI 即人类发展指数。人类发展指数包括三方面的评分,一是按照购买力评价的人均 GDP,二是人均教育水平,三是平均寿命,这三方面评分的加权平均数即 HDI 指数。该指数介于〇到一之间,分数越高表明发展程度越高。

② GNH(Gross National Happiness)即国民幸福总值,或者称作国民幸福指数。幸福指数是衡量人们对自身生存和发展状况的感受和体验,即人们的幸福感的一种指数。不同的人对幸福感的理解和诠释不同,比如市民说:"幸福就是工资再高一点,晚上少加班。"而职业经理人认为:"最幸福的事情就是我要把公司做成一个世界品牌。"而专家认为,幸福感可以理解为满意感、快乐感和价值感的有机统一。

责任主体,把控好源头。三是逐步限行高污染车辆和淘汰"黄标车",强化生活垃圾和污水有效循环利用处理,严格落实水资源管理制度,加强城市和农居环境绿化,注重改善环境质量。四是建立重点区域、重点行业、重点领域环境信息发布制度,完善面向公众的环境信息查验和互动咨询平台,引导公众参与生态城市创建和监督。五是提高环境监管的精细化、规范化水平,严肃查处环境违法案件,零容忍企业环境违法行为。六是加快推进排污权有偿使用和交易工作,积极引入环境管理、污染治理第三方监管机制。七是完善和强化生态文明考评体系,将生态建设作为地方发展的重要指标之一。

第三,坚持文化活市,加快"欢乐宁波"建设。一是加大对公共文化硬件建设投入,建立基本满足群众文化需求、覆盖城乡、运行高效的公共文化服务体系。一方面,实现镇街综合文化站、文化共享工程、村文化室(农家书屋)、广播电视"村村通"、电影放映惠民工程全覆盖,推动公共文化服务体系升级档次。另一方面,重视文化普及活动,开展人民群众喜闻乐见的文化活动,把公共文化服务体系建设成为先进文化的主阵地。二是积极推进民间特色博物馆发展。宁波民间博物馆发展基础较好,今后要进一步创新博物馆运作模式,投资建设博物馆的主体可以是企业、景区、生产基地,也可以是市、区两级政府和个人,结合历史街区、名镇古村保护、旅游景区开发和新农村建设,引导发展一批结合地域"非遗"保护与传承、具有传统人文优势的专题博物馆和艺术馆,发展古建筑维修、陈列展览经营、文物拍摄与修复、文物复仿制、艺术品经营、拍卖与评估等服务行业。三是挖掘和提倡地域特色文化,如宁波的服饰文化、饮食文化、方言文化、历史文化、港口文化、海洋文化等,探索和形成能体现宁波文化特色的宁波名片。

第四,坚持公平安市,加快"友好宁波"建设。必须加大政府的调控力度,统筹城乡和区域发展,促进社会公平正义,建立公共服务均等化体系。一是完善就业和社保制度。制订计划,促进城乡居民充分就业,加快城乡居民乐业增收,实现农民、新宁波人和低收入家庭的收入快速增长,缩小贫富差距;扩大养老保险参保覆盖范围,新建、扩建居家养老服务中心,不断完善残疾人保障和服务体系;发展农村公共事业,让公共财政更多地覆盖到广大农村;重视外来民工的社会保障。二是促进教育优质均衡发展。不断提高教育投入占财政支出的比例,调整优化义务教育网点布局,扩大职业教育投入,将外来务工人员子女就学纳入教育服务范围。三是提高群众健康保障水平。积极推进公共卫生体系构建,增加公共卫生项目投入力度,完善城乡居民基本医疗服务体系;继续扩大国家基本药物制度覆盖面,深化公立医院综合改革,推广"一站式"服务等便民惠民措施,加快医院扩建增床;创新公共卫生服务模式,健全重大疾病保障机制,不断提高新农合保障水平,继续实施妇女健康提升工程。四是加快保障性住房建设。加强公共租赁住房后续管理,将农民工纳入廉租房保障对象,做好危旧房屋排查解危工作,推进非成套房、老小区改造。五是维护社会和谐稳定。深入推进社会治安防控体系建设,促进"平安宁波"建设;完善信访工作网络,化解社会矛盾;加大查处力度,创建餐饮服务、食品安全示范城市;健全防灾减灾体系和突发事件应急体系,减少突发事件造成的损失。

主要参考文献

[1] 牛文元.中国新型城市报告 2012.北京:科学出版社,2012.

[2] 山旭.中国城市竞争力十年变迁.瞭望东方周刊,2013(1).

[3] 周海燕.湖南省城市竞争力评价指标体系.中国城市发展网,2010(5).

[4] 冯彬.长三角人才合作:现状与对策研究.华东师范大学 MPA 学位论文,2006.

[5] 中国统计年鉴,2000,2005,2010.

[6] 杭州市"十二五"金融发展规划.

[7] 苏州市"十二五"金融发展规划.

[8] 宁波市政府工作报告.2005,2010,2011,2012.

[9] 宁波市土地利用总体规划(2006—2020 年).

[10] 高耀松,刘迪玲."长三角"对外开放 30 周年的发展历程与展望.国际贸易,2008(11).

[11] 刘志彪,张晔.中国沿海地区外资加工贸易模式与本土产业升级:苏州地区的案例研究.经济理论与经济管理,2005(8).

[12] 宁波市开放型经济"十二五"发展规划.

[13] 约瑟夫·奈.软力量——世界政坛成功之道.吴晓辉,钱程译.北京:东方出版社,2005.

[14] 北京国际城市发展研究院.中国城市"十一五"核心问题研究报告.北京:中国时代经济出版社,2004.

［15］倪鹏飞.中国城市竞争力报告 No.4.北京:社会科学文献出版社,2006.

［16］倪鹏飞.中国城市竞争力报告 No.9.北京:社会科学文献出版社,2011.

［17］牛凤瑞,潘家华.中国城市发展报告 No.1.北京:社会科学文献出版社,2007.

［18］潘家华,魏后凯.中国城市发展报告 No.4.北京:社会科学文献出版社,2011.

［19］倪鹏飞,王燕文.扬州城市国际竞争力报告.北京:社会科学文献出版社,2010.

［20］倪鹏飞,杨晓兰,章武.绍兴区域竞争力研究报告.北京:社会科学文献出版社,2010.

［21］倪鹏飞,姜雪梅,叶南客,李程骅.南京城市国际竞争力报告.北京:社会科学文献出版社,2011.

［22］王京生.和谐城市论.深圳:海天出版社,2008.

［23］陈志,杨拉克.城市软实力.广州:广东人民出版社,2008.

［24］徐京波,翟建军.区域软实力研究与建构.北京:红旗出版社,2011.

［25］马庆国,楼阳生.区域软实力的理论与实施.北京:中国社会科学出版社,2007.

［26］金民卿,林立群.文化:城市发展的引擎.北京:中国社会科学出版社,2010.

［27］季爱娟等.宁波文化产业竞争力研究.杭州:浙江大学出版社,2011.

［28］毛光烈.宁波社会建设研究.北京:人民出版社,2009.

［29］谢永康.宁波发展蓝皮书(2006年卷、2007年卷、2008年卷、2009年卷).宁波:宁波出版社,2006,2007,2008,2009.

［30］谢永康.宁波发展蓝皮书(2010年卷、2011年卷).杭州:浙江大学出版社,2010,2011.

［31］黄志明.宁波发展蓝皮书 2012.杭州:浙江大学出版社,2012.

［32］陶建杰.城市软实力评价指标体系的构建与运用——基于中国大陆50个城市的实证研究.中州学刊,2010(3).

［33］陶莹,陈钰芬.浙江省11市区域软实力评价体系的构建及测度.统

计科学与实践,2011(5).

[34] 孟东方.提升重庆市软实力发展战略研究.重庆邮电大学学报,2009(1).

[35] 周国富,吴丹丹.各省区文化软实力的比较研究.统计研究,2010(2).

[36] 华长慧.关于构建服务型区域教育体系的几点思考.教育研究,2009(2).

[37] 中共中央关于深化文化体制改革推动社会主义文化大发展大繁荣若干重大问题的决定,以及相关地区的国民经济和社会发展规划纲要、党代会报告、政府工作报告、相关文件等参考文献.

[38] 华弼天,胡宇杰.在长三角一体化进程中提升宁波城市能级.宁波日报,2009-05-25.

[39]《江苏沿海产业带建设》课题组.高起点构建江苏沿海产业带——江苏沿海产业带建设调查报告.光明日报,2009-08-11,(7).

[40] 韩康.构建"中国幸福城市评价体系"——2012"为大多数人幸福"的城市发展评价体系.国家行政学院学报,2012(5).

[41] 叶苗.关于加快宁波北仑港口文化建设的战略思考.宁波市北仑区人民政府网,2010-07-29.

[42] 黄莉莉,朱奇彪.中心镇转型为小城市后推进社会管理创新的战略思考.浙江农业科学,2012(12).

[43] 刘晓斌.我国公共管理中行政成本控制与政府效率提高.人大复印资料《管理科学》,2012(7).

[44] 简·雅各布斯,项婷婷.城市经济.北京:中信出版社,2007.

[45] 罗斯托.经济成长阶段论——非共产党宣言.北京:商务印书馆,1962.

[46] 王启富.增强消费需求对经济增长的拉动作用.宁波日报,2010-01-11.

[47] 人则.正确评价外贸对宁波经济增长的贡献.宁波日报,2012-09-18.

[48] 刘江华,张强,杨代友.标兵与追兵:广州面临的竞争态势与方略.北京:中国经济出版社,2012.

[49] 刘江华,杨代友等.整合与超越.北京:商务印书馆,2010.

[50] 郑黎.宁波:打造亚太国际门户城市——宁波转变经济增长方式调查.宁波通讯,2010(12).

[51] 方创琳等.2010中国城市群发展报告.北京:科学出版社,2011.

［52］程必定.从区域视角重思城市化.北京:经济科学出版社,2011.

［53］郁鸿胜.长江三角洲城市综合竞争力报告.上海:学林出版社,2007.

［54］郁鸿胜.中国经济引擎:长三角城市综合竞争力发展报告.上海:格致出版社,上海人民出版社,2012.

［55］魏家华,魏后凯.中国城市发展报告 No.3,北京:社会科学文献出版社,2010.

索　引

后　记

　　宁波地处长三角南翼,在长三角地区发展进程中担当着重要角色。宁波市第十二次党代会报告提出,全面实施"六个加快"战略,基本建成现代化国际港口城市,提前基本实现现代化,努力成为发展质量好、民生服务好、城乡环境好、社会和谐好的中国特色社会主义示范区。实现这一目标,需要从历史、现实与未来的维度把握宁波的城市地位,既要注重宁波发展历史的延续性,又要体现发展的阶段性和前瞻性。为此,梳理出宁波在长三角地区的地位演进过程,提出宁波在长三角地区地位提升的策略就具有非常重要的现实意义。基于这一背景,我们于2012年申报并立项了宁波市文化研究工程课题《宁波在长三角中的地位演进及提升研究》,本书就是该课题的最终研究成果。

　　课题研究过程中得到了宁波市社会科学院的大力支持。2013年,城市发展战略研究基地落户宁波城市职业技术学院,市社科院党组书记、院长、市社科联主席黄志明,市社科院党组副书记、副院长、市社科联副主席林崇建亲自到校揭牌并讲话。林崇建和市社科院科研管理处处长俞建文多次指导项目研究工作,提出了非常有见地的意见和建议。研究过程中,宁波市政府发展研究中心副主任沈小贤给予了悉心指导。

　　课题组是一个年轻而富有朝气的团队,虽然资历大多不深,但均能以严谨而积极的学术态度开展研究工作。当然,这也为我们在具体论述中多露捉襟见肘之处找到了一个托词。宁波市政府咨询委员会励效杰副处长的加入,则更加充实了我们的研究团队。研究过程中,成员们通力合作,集思广益,不定期进行交流,分享研究资料和成果。这种学术探讨的氛围和通过研究建立起来的合作意识,其实在一定意义上比成果的取得更为重要,也更有意义。宁波城市职业技术学院副院长吴向鹏主持课题研究,负责课题研究框架和专著框架的确定,承担全书各章节的指导及书稿审定工作;宁波城市职业技术学院副教授刘晓斌承担书稿整合及统稿工作,宁波城市职业技术学院傅祖栋承担具体编辑工作。参与本书撰写的有:吴向鹏(第一章、第二章)、励效杰(第三章)、孙春媛(第四章)、吴曙霞(第五章)、傅祖栋(第六章)、刘晓斌(第七章、第八章)。此外,谢秀琼、徐盛栋等同志也参与了部分研究工作。

宁波城市职业技术学院的领导和同事也给予了极大的帮助和支持。特此向李维维书记、李太武院长、胡坚达处长、舒卫英副处长、侯舒红、方磊等人,表示深深的谢意。感谢浙江大学出版社吴伟伟老师的热心帮助和精心编辑。

本书涉及大量统计数据,可能存在由于来源不同、口径不同,或者不是最终调整后的数据而导致的前后不尽一致的情况,务请读者在引用时注意核对。囿于时间和水平,本书难免存在不当和疏漏之处,恳请广大读者批评指正。

吴向鹏

2013 年 11 月 27 日